Di Eugenio Montale negli Oscar

Eugenio Montale

TUTTE LE POESIE

A cura di Giorgio Zampa

© 1984 Arnoldo Mondadori Editore S.p.A., Milano
© 2017 Mondadori Libri S.p.A., Milano

I edizione I Meridiani ottobre 1984
I edizione Oscar grandi classici ottobre 1990

I edizione Oscar Moderni novembre 2017

ISBN 978-88-04-68432-9

Questo volume è stato stampato
presso ELCOGRAF S.p.A.
Stabilimento - Cles (TN)
Stampato in Italia. Printed in Italy

I edizione Oscar poesia gennaio 2015

Anno 2020 - Ristampa   33 34 35

 librimondadori.it
anobii.com

Introduzione

Uno sguardo al corso del secolo che si sta avviando alla fine rende palese come a nessun poeta del nostro Novecento si possano ascrivere un'azione per durata e profondità pari a quella esercitata da Eugenio Montale. Dal 1925, anno in cui appaiono Ossi di seppia, al 1980, quando si pubblica L'Opera in versi, la presenza di Montale non è venuta mai meno, costituendo un punto di riferimento costante. Il nostro secolo ha avuto in lui quel «poeta centrale, normativo, integralmente novecentesco, che potesse fare scuola», di cui Montale avvertiva la mancanza nell'Ottocento. Anche se i prossimi tre lustri avranno un astro poetico di prima grandezza, che con la sua luce oltrepasserà la soglia del Duemila, un'intera epoca, quella che va dalla Prima guerra mondiale allo sbarco sulla luna, dalla Rivoluzione d'Ottobre alla scomparsa del mondo delle Georgiche, ha avuto Montale come poeta protagonista. Il fatto, che nella nostra letteratura moderna non si è mai in precedenza verificato, è rilevante. In un futuro forse anche prossimo, beneficiando della distanza, il fenomeno potrà essere considerato nella sua complessità e nei particolari meglio di quanto oggi è consentito. Appariranno tratti, è probabile, che adesso s'intravedono appena; altri sbiadiranno o spariranno. L'asserto di chi oggi vuole Montale rappresentante della borghesia, per esempio, è forse troppo esterno e generico per avere un significato durevole. Se è vero che per estrazione sociale, per taluni caratteri, per alcune dichiarazioni in Montale si può ravvisare un borghese, l'assunto anche si presta a essere capovolto. Lo stesso poeta del resto, nella seconda metà della sua opera in versi sottopone la sua immagine vulgata a verifiche e contro-

prove tanto numerose e minuziose, da rendere superflui altri accertamenti. Il fatto d'essere nato in piena epoca borghese lo fece reagire negativamente nei confronti della classe cui si trovava ad appartenere: dietro l'ideologia degli Ossi di seppia sono critica e condanna della borghesia. Nei due libri successivi il rifiuto dello Stato totalitario si fonda su posizioni morali, ma parte soprattutto da un rifiuto della vita qual è. Con Satura e le raccolte seguenti tale atteggiamento di negazione esistenziale muta ancora: non è la vita come energia, manifestazione dell'essere, a venire respinta, ma la storia, la società, la religione, la cultura, i prodotti dell'uomo sociale. Nessun carattere borghese in tutto questo, anche se l'osservatorio da cui i rilievi vengono compiuti si trova in piena zona borghese.

L'etichetta di «borghese» non contribuirebbe neppure in parte a spiegare la durata eccezionale dell'epoca montaliana; altrettanto insufficienti sembrano essere altre designazioni intese a caratterizzarla in senso politico o ideologico. Carducci è definito a ragione il poeta civile dell'Italia unita, se concentra la sua attività tra il 1870 e il 1900, vivendo con passione gli esordi del Regno, dopo avere partecipato alla sua nascita: la natura della sua influenza sul finire del secolo scorso e all'inizio del nostro trova in quella definizione un utile supporto. La poesia civile di Montale, riconducibile all'ultima fase della sua attività, ha una natura, soprattutto una funzione diversa. Nessun periodo della nostra storia recente può annetterlo con sicurezza: la sua astensione dal fascismo non è sufficiente per conferirgli un'impronta decisa, e ciò vale anche per il breve periodo della sua attività politica tra il '45 e il '47. Quanto al «tradimento» da lui perpetrato nei confronti dell'ideologia progressista con il suo ingresso, nel '48, nel maggiore organo di stampa della borghesia e con una sua successiva ipotetica involuzione, c'è da ritenere che chi formulò tale accusa si sia ricreduto. Più che Carducci, se mai, volendo cercare precedenti, punti di riferimento vistosi, Montale richiama Pascoli: a parte il periodo di attività, concentrato nel ventennio 1891-1911/13, assai più breve di quello del poeta genovese, l'intensità e l'ampiezza della sua irradiazione, che ha investito la poesia italiana di almeno due generazioni, possono rammentare quelle di Montale per novità di linguaggio, di soluzioni metriche e ritmiche. Ma Pascoli si trovava a vivere e a operare alla fine di un secolo, età per definizione di crisi e di sommovimenti:

*la sua azione di rottura non poteva andare oltre un certo limite. Seb-
bene coevo* (Primo Vere *è del 1879, il quarto libro delle* Laudi, Me-
rope, *del 1910; la stagione aperta dal* Poema paradisiaco *e chiusa da*
Alcyone *va dal 1893 al 1902), d'Annunzio ha esercitato un'influenza
più durevole: il suo lessico e la sua metrica sono stati coattivi o quasi
fino agli anni Venti, ma anch'essi come portati del secolo precedente,
quindi attivi parzialmente e, alla fine, negativamente. Montale al suo
esordio pagò uno scotto all'uno e all'altro (più considerevole quello a
d'Annunzio). Non si trattò di tributi pagati per debolezza costituzionale ma di fatti, come è stato detto e si ripete, di ordine pratico, di reazione di carattere culturale. Alla stessa stregua possono considerarsi i
contatti con Gozzano, e a maggior ragione quelli con poeti stranieri, da
Baudelaire a T.S. Eliot: come mirabili traduzioni-rifacimenti stanno a
dimostrare. Di carattere e importanza diversi il mai allentato rapporto con Dante, avvertibile nella sostanza di tutta la lirica montaliana:
esso investe non la zona della letteratura ma della poesia, è ispirazione e nutrimento, come il rapporto con Leopardi, raramente dichiarato
ma trascorrente anch'esso l'opera intera.*

*Calata nella dimensione scolastica, radicata dunque nei manuali ed
entrata nella cultura comune, la triade Ungaretti-Saba-Montale, fab-
bricata come riscontro utile se non altro mnemonicamente e figurati-
vamente della triade ottocentesca, appena se ne chiede giustificazione
si palesa nella sua gratuità. Ungaretti (nato nel 1888) fu fino all'inizio degli anni Trenta, fino cioè alla stagione di* Sentimento del tempo *(1933), il poeta più seguito dalla giovane letteratura, ma alla terza
edizione di* Ossi di seppia *(1931) il suo peso viene bilanciato da quello
di Montale, che dopo* Le occasioni *(1939) occupa, per poi mantenerlo,
il posto di maggiore spicco nel panorama della nostra poesia. Montale
non poté non seguire con attenzione l'evolversi della poesia di Ungaretti, da* Il Porto Sepolto *a* Allegria di Naufragi *in modo particolare, testi che precedono* Ossi di seppia; *liriche di Ungaretti appaiono in «Primo Tempo», la rivista che ospita le prime poesie di Montale.
Ma le strade dei due erano diverse e un incontro non avvenne mai:
Montale si astenne sempre dall'esprimersi su Ungaretti; tipico è il necrologio del giugno 1970, di un'evasività che rivela distanza e persino
insofferenza. Più lontano ancora Saba (coetaneo di Gozzano, di tredici anni maggiore di Montale), che nel '21 pubblica la prima edizione*

del Canzoniere *ma già nel '10-12 aveva scritto* Trieste e una donna: *tra i due non sono rilevabili interazioni né parallelismi, come del
resto appare chiaro nei due saggi dedicati da Montale a Saba. Quanto i tre poeti del secolo scorso si succedono in modo, si direbbe, organi-
co, mostrando affinità e dipendenze reciproche, tanto gli elementi della triade successiva appaiono arbitrariamente accostati.*

*Libero dunque da influssi e suggestioni di contemporanei anche
stranieri, nel senso di un'azione diretta sulla sua poesia (nessuno fa
più oggi, a proposito di* Ossi di seppia, *il nome di Valéry, come, orec-
chiando, si fece negli anni Venti), Montale visse una stagione culturale in un ambiente ristretto, la Genova del primo quarto di secolo; e di
ciò occorre tenere conto. Sono di quel periodo letture formatrici, che
vengono assimilate nel profondo; l'appropriazione di Keats, Shelley,
soprattutto di Baudelaire, di Robert Browning, è dovuta all'atmosfera
che l'autodidatta Montale respira grazie alla sorella Maria e a qualche
amico. Si tratta di letture compiute su testi di fortuna, il più delle volte su traduzioni mediocri; i simbolisti francesi sono conosciuti attraverso la diffusa antologia di van Bever-Léautaud. Può essere fatto risalire a quegli anni il sentimento più d'insofferenza che di soggezione
sempre provato nei confronti d'istituzioni accademiche e di loro rap-
presentanti: sebbene Montale non si sia mai espresso al riguardo, c'è
da ritenere che un sentimento in lui a volte affiorante di frustrazione
fosse il residuo della rinuncia a un corso di studi mai seguito al diploma di ragioniere. L'ambiente genovese spiega la scarsezza di letture
sul versante tedesco (con la sola eccezione di Nietzsche, ma Nietzsche
era più europeo che germanico), praticato soltanto nel '22, quando arriva a Genova l'informatissimo triestino Roberto Bazlen; all'inverso,
dà ragione dell'attenzione rivolta a opere di filosofia francese e dell'interesse per figure e opere del modernismo, le prime conosciute anche
in ambito familiare, le seconde lette per la diffusione che se ne faceva
a Genova. La venatura della religiosità di Montale ha conservato fino
all'ultimo traccia di tali letture: queste e le altre prima rammentate co-
stituiscono il semenzaio della sua lirica, il terreno da cui ha tratto nutrimento; per mezzo secolo arricchito, ma nella sostanza mai cambiato.*

*Occorre cautela nell'indagare su questo lungo, buio periodo d'incu-
bazione e di prima formazione, per Montale più importante che per altri. Se da una parte è opportuno separare gli anni che precedono il '17,*

quando avviene il primo allontanamento da Genova, dall'arco '20-25/26 con le prime amicizie letterarie in altre città, qualche rapporto con l'estero; d'altro lato occorre tenere conto della natura risentita del giovane, tale che ogni elemento esterno, di qualsiasi natura, una volta recepito si dissolveva in essa.

Alla luce di tali considerazioni vanno esaminati i primi contatti avuti, probabilmente dopo il ritorno dal fronte, con artisti e letterati genovesi. Se la conoscenza di Camillo Sbarbaro (1888-1967) non arrivò all'amicizia per la diversità di natura dei due, la lettura di Pianissimo *(1914) e di* Trucioli *(1920) lasciò un segno, soprattutto come esempio d'identificazione della vita con l'arte.[1] La figura di Ceccardo Roccatagliata Ceccardi (1872-1919) dové colpire per la sua singolarità il giovane, come rivela l'epitaffio scritto in morte del poeta apuano, non indegno di figurare tra gli «Ossi di seppia» del libro omonimo. «La Riviera Ligure» (1909-1919), diretta a Oneglia da Mario Novaro, rivista di alta qualità letteraria ed esempio sorprendente per anticipo di periodico aziendale, fu certo seguita dal «ragazzo col ciuffo» che in essa ritrovava nomi noti della «Voce»: in particolare, per restare in ambito ligure, quelli di Mario Novaro, che nel 1912 aveva pubblicato* Murmuri e echi, *e soprattutto di Giovanni Boine (1887-1917), la personalità da Montale sentita più prossima. Boine rappresenta l'unico caso che consente di accertare un influsso diretto, sia pure limitato a quella che dovrebbe essere la poesia più antica di* Ossi di seppia, *«Meriggiare...»: riportabile, per dichiarazione del poeta, al 1916, l'anno in cui su «La Riviera Ligure» del marzo appare il poemetto in prosa di Boine* Conclusioni d'ottobre, *tematicamente e formalmente molto vicino alla lirica montaliana.[2]*

Il Montale che sulla soglia della giovinezza cercava se stesso, incerto su tutto, in un ambiente non favorevole alle Muse, non poteva non

---

[1] Nel recensire *Trucioli* su «L'Azione» di Genova del 16 novembre 1920 Montale scrive: «Tira in queste pagine un vento di malattia; una calma quasi sorridente, quasi compiaciuta di sé. Il centro dell'ispirazione qui è l'amore del "resto", dello "scarto", la poesia degli uomini falliti e delle cose irrimediabilmente oscure e mancate: bolle di sapone, épaves, trascurabili apparenze, arsi paesaggi, strade fuori mano...». In questo passaggio, cominciando dal titolo, si prefigurano *Ossi di seppia*.

[2] Montale a Francesco Meriano, 4 agosto 1919: «[...] pensa al carattere di quella mirabile prosa e pensa agli ultimi poemetti di Riviera Ligure».

avvertire una consonanza nelle pagine di Ceccardi, di Mario Novaro, di Boine e di Sbarbaro. Le loro parole erano più intelligibili e assimilabili per quello che avevano di antico e di familiare. In Ceccardi Montale avvertiva la nobiltà della forma, l'incanto di sensazioni sottili; in Sbarbaro non poteva non attirarlo la desolazione musicale, il cupio dissolvi espresso con parole lievi attraverso luoghi e ambienti noti anche a lui, la concezione di un mondo affascinante e ingannevole. In Novaro l'avrà colpito l'impiego di parole desunte dalla parlata della sua terra, la tagliente, vetrina compagine di certe strofe. Ma l'affinità maggiore l'avrà trovata in Boine, con la sua religiosità sofferta e ribelle, con la durezza esercitata sulla parola, prima di affidarla alla pagina. È possibile che le scelte lessicali, gli esperimenti ritmici di Boine, forse anche di Novaro, incoraggiassero il ragazzo, in cerca di equivalenti espressivi alle sue inquietudini, a tentare soluzioni arrischiate ma sentite d'istinto come giuste.

Nell'isolamento e nell'angustia culturale in cui vive (la sola forma di cultura attiva che conosce è quella del melodramma, vissuta in famiglia), lo sguardo rivolto verso l'irraggiungibile Firenze, Montale legge di tutto e seleziona d'istinto, con sicurezza da rabdomante. Segue come può le novità di quegli anni in modo critico, con una cautela, se non diffidenza, che non lo abbandonerà mai. La prima antologia de I Poeti futuristi *(1912) lo interessa nella misura in cui un giovanissimo può venire attratto da una novità clamorosa.[3] Dichiarazioni dello stesso Montale (1946), le lettere a Francesco Meriano ove è questione del progetto di una rivista futurista, «Trotyl», messo a punto a Parma durante l'inverno '17-18, farebbero pensare a un interesse non troppo episodico, non fossero le pagine di un diario del '17, pubblicato nel 1983 con il titolo di* Quaderno genovese, *a mostrare come già nel «Protomontale» i quesiti relativi a forma aperta o chiusa, verso libero o tradizionale, dibattuti all'inizio del secolo sulla marinettiana rivista «Poesia», vengono risolti con fermezza nel secondo senso: se prove ci*

---

[3] «Poco si capirà della poesia d'oggi senza dare un'occhiata a quel campionario di movimenti stilistici, ipotetici, rimasti inattuati ma vivi come semi buttati nel terreno, che è stata la prima marinettiana *Antologia dei poeti futuristi*» (recensione a *La letteratura italiana del Novecento* di Mario Bonfantini, in «Corriere d'Informazione», 10 ottobre 1949).

furono in contrario, in forma di composizioni comico-satiriche, furono distrutte e i primi versi che conosciamo, nella loro esilità, non rivelano propositi di rottura.

Al loro apparire Ossi di seppia *parvero tenere nascosta la loro novità, che palesarono con lentezza negli anni successivi, secondo un ritmo proprio alle opere di Montale, a eccezione forse di* Le occasioni, *recepite immediatamente grazie alla loro consonanza con il periodo storico.* (La bufera *impiegò molto tempo per essere intesa come merita e anche* Satura *richiese un periodo considerevole di riflessione.*) *L'opzione di Montale di fronte al dilemma posto dai «moderni» va riportata alle ragioni di fondo della sua poesia, fa tutt'uno con i dati esistenziali che la determinano poggiando su esperienze avvertibili nel profondo dell'intera sua opera, legate al nome di Dante anzitutto, e di Leopardi.*

Se la partecipazione dantesca è, nel complesso, tanto manifesta, come materia organicamente assimilata, da poterci qui limitare a un enunciato, segreta, sottile, quasi misteriosamente diffusa è l'influenza di Leopardi. Il contrasto tra negazione della vita e affermazione del suo cieco potere manifesto in Ossi di seppia, *come la dichiarazione della nullità individuale, della miseria del vivere e la coscienza del valore della propria solitudine, della volontaria esclusione, sono stati a giusto titolo ricondotti a una «suprema e nativa congenialità». Manifesta è la comune matrice stoico-epicurea, desunta da Epitteto, Marco Aurelio, Epicuro.*[4] *L'interazione poesia-filosofia, costitutiva della personalità leopardiana, lo è altrettanto, come s'è veduto e si vedrà, per Montale, che mantiene tra le due un rapporto costante, specialmente nella seconda parte dell'opera. Sono da cercare nel Montale «invernale»,*

---

[4] A Sergio Solini, lettera inedita, Genova 17 aprile 1920: «[...] L'arte per l'arte, va bene, cioè l'arte per il piacere; ma la grande figura di Epicuro mi ammonisce che il piacere massimo è nella virtù, nell'armonia, nell'equilibrio, nella dignità. Tutta l'arte contemporanea e quasi tutta quella moderna non conoscono nessuna di queste qualità; al bello si preferisce l'*originale*. [...]». E ancora: Monterosso (Spezia) 4 agosto 1920: «[...] Scegliere, signori! Io per mio conto che mi professo allievo di Marco Aurelio e di Epitteto e di Epicuro, di Amiel e di Maurice de Guérin (e non dico d'altri) ho diritto di scegliere una via intermedia e di invocare quell'arte d'equilibrio di cui ti parlavo. Arte di modesta apparenza e pur ricca di vasti sottintesi; chiudendo un libro voglio poter esclamare: Ecco un uomo! Del resto una piccola confessione: l'arte mi interessa sempre meno! Dove arriverò? [...]».

quello del rovescio della poesia, da Satura *in poi, una quantità di temi che coincidono con altrettanti sollecitati da Leopardi: il fondamentale, mai dimesso atteggiamento escatologico, le idee di storia e di progresso, la funzione del poeta, l'ironia sui contemporanei, con la relativa satira di costume; la vanità del tutto nella consapevolezza che è necessario, costi quello che costi, enunciarla e descriverla.*

Se riferita agli usi della nostra casa letteraria, l'opera di Montale già dal suo inizio si pone sotto il segno dell'anomalia. L'educazione anzitutto, poi il lungo, ancora oggi oscuro tirocinio. A un poeta degno del nome, non un facitore di versi o un mestierante su commissione, correva l'obbligo di avere un'educazione letteraria tradizionale. Con il sorgere del secolo le eccezioni si erano fatte, è vero, abbastanza frequenti. I crepuscolari e ancora più i futuristi, si volevano fuori della norma; ma Montale non intendeva apparire fuori dei ranghi né arruolarsi in gruppi eversivi. Se la classe da cui un poeta proveniva era di solito, e, dopo tutto, ancora è, quella della piccola borghesia, educazione finiva col significare istituto religioso, quindi greco, latino e i così detti classici italiani: lo stesso accadde in Germania dalla prima metà del Settecento in avanti, con i figli di famiglie non abbienti, avviati allo studio della teologia, l'unico loro consentito. Montale nasce in una famiglia che annoverava notai nel ramo paterno e materno, ma che con l'ultima generazione si era data all'esercizio del commercio. Messo in rapporto con questo tipo di attività, lo studio poteva apparire non proprio superfluo, ma certo accessorio. Se la sorella Maria, intellettualmente molto dotata, dovette in un primo momento contentarsi di un diploma di Scuola Normale, buono per un impiego immediato nelle scuole elementari, il cadetto dei cinque fratelli, Eugenio, di salute cagionevole e privo di attitudini particolari, fu avviato a prendere il diploma di ragioniere, titolo più che sufficiente per il lavoro nello scagno paterno. Che tale cursus studiorum *fosse sentito come anomalo dallo stesso Montale, come qualcosa d'incongruo, in una carriera letteraria rispettosa della tradizione, lo prova il silenzio mantenuto sino alla fine sul titolo di ragioniere pure conseguito: come se una sorta di pudore gli impedisse di attribuirsi una qualifica che gli competeva.*

Sta di fatto che fino al 1915 il tempo a disposizione del giovane, che certo avvertiva aspirazioni, sia pure confuse, e interessi differenti da quelli manifestati intorno a lui, è dedicato a tutt'altro che alle lettere; anche se non gli mancarono nelle materie umanistiche insegnanti di un certo nome. All'Istituto Vittorio Emanuele, per esempio, ebbe per un periodo come docenti Sabatino Lopez e Giulio Natali. Gli anni successivi, essenziali se non decisivi, sono quelli di un autodidatta privo di qualsiasi maestro, vicino o lontano. Il quaderno pubblicato nel 1983, relativo alla prima metà del 1917, offre una possibilità ad oggi unica di conoscere il mondo di un giovane dalla vita interiore ricca fino al tumulto, esigente verso di sé, bisognoso di aprirsi, di espandersi in un ambiente che poco lo consente. Le letture, come avviene in età capace di assimilazioni prodigiose, sono quasi miracolosamente orientate in senso giusto. Nell'elenco di quelle compiute nel '17 colpisce anzitutto l'alternarsi di titoli di poesia con quelli di filosofia, in una proporzione che non muta nel corso d'una vita. Nell'ambito di tale misura colpisce la sicurezza con cui il giovane si muove tra i simbolisti francesi; e il piglio con cui ardui temi filosofici vengono discussi attraverso autori che ne offrono occasione. Fino ad ora appare evidente un tratto costitutivo della natura di Montale: l'immediatezza con cui affronta i massimi problemi, compresi quelli di natura religiosa, discutendone le soluzioni; si ha l'impressione che quanto la sorella Maria, finalmente iscritta alla Facoltà di Lettere e interessata ad argomenti mistico-religiosi, gli consiglia, venga considerato a seconda dell'uso personale che se ne può fare, e come tale valutato. I nomi, molti e tra loro molto differenti, possono oggi stupire: il ricordo della collana «Cultura dell'anima» diretta da Papini per Giuseppe Carabba, che Montale conosceva bene, nella sua eterogeneità aiuta a capire un tipo di attenzione e la singolarità di alcuni rapporti. Sono letti con avidità testi allora in circolo: Amiel, Chestov e Berdiaeff (in francese), Theodor de Wyzeva, Marie Bashkirtseff. Non è rammentato Nietzsche, di cui Zarathustra e L'eterno ritorno furono sicuramente meditati, e neppure Schopenhauer, conosciuto almeno nella porzione offerta da Carabba. I nomi di Boutroux, di Bergson sono fatti insieme con quello di Ravaisson, filosofo prediletto dalla sorella Maria che lo scelse come soggetto per una tesi di laurea mai conseguita. Croce e Gentile sono certo studiati, il secondo (con difficoltà) dopo il '20; il primo fu sempre un punto fermo nella coscienza di Montale, che in Diario del '71 e del '72 gli dedicò una lirica «in devoto ricordo».

Ritorniamo al punto d'avvio, al carattere anomalo dell'opera di Montale. Di alcune letture fondamentali compiute negli anni di formazione non un cenno in diari, in note autobiografiche, in lettere, dichiarazioni. Non una parola su Dante né su Leopardi; silenzio o quasi su d'Annunzio, silenzio sui Colloqui, *che pure dovettero essere libro a Genova molto letto, considerati i rapporti che Gozzano ebbe con amici del posto. Quello che il poeta stesso chiama ironicamente il Protomontale presenta brevi tratti illuminati in mezzo a vaste zone d'ombra. La sua intelligenza vorace e rapace rivela subito, come mostra il quaderno del '17, il suo contrassegno più nobile, il senso della qualità. Nell'isolamento in cui è costretta, sarebbe potuta andare soggetta a deformazioni. Se da tale solitudine sortì intatta è un miracolo: oppure riporteremo alla solitudine, alla durezza di questa la sua integrità affilata, la capacità di non cedere a banalità spacciate per tradizione, allo sterile orgoglio della provincia?*

Il carattere anomalo, più evidente all'inizio dell'opera, la contrassegna intera. Quando nel 1925 escono Ossi di seppia, *poco si palesa della loro novità, che stenta a rivelarsi nel quadro della lirica coeva. Erano presenti Saba e Ungaretti, s'è visto quanto alieni dalla sostanza della poesia montaliana; per il resto, ben poco che presentasse consonanza o affinità, che si prestasse a richiami. Singolare anche il fatto che il volumetto uscisse presso un editore come Gobetti, che lirica non pubblicava. I libri che avevano o avrebbero lasciato un segno appartenevano al decennio precedente, a un periodo particolare, dal ritmo più ampio e dilatato, segnato all'inizio dalla dichiarazione di guerra. I* colloqui *di Gozzano sono dell'11, i* Frammenti lirici *di Rebora del '13, i* Canti orfici *di Campana del '14: queste date ci paiono remote rispetto all'anno che vede la promulgazione delle leggi speciali del fascismo, preludio alla morte di Gobetti. Anche i libri di Renato Serra, autore da Montale sempre taciuto ma da considerare tra i suoi prossimi, sono per definizione libri prebellici. I* Frantumi *di Boine, apparsi in volume nel '18 ma già conosciuti in rivista, accanto e non insieme a* Trucioli *di Sbarbaro (1920) sono l'antefatto più evidente di* Ossi di seppia; *ma a un esame ulteriore non solo la loro natura, ma la loro tessitura, rispetto alla compattezza del nuovo libro, appaiono diverse. Papini e Pancrazi avevano pubblicato nel 1920* Poeti d'oggi, *fornendo una scelta orientata in senso vociano, se pure sostanzialmente*

giusta. Non è comunque in tale antologia,[5] *uscita in 2ª edizione nel
1925, che va cercato il gusto dominante del tempo. I lirici apprezzati
dal pubblico di quegli anni, seguiti dalla critica ufficiale, erano Francesco Chiesa, Francesco Pastonchi, Angiolo Silvio Novaro, Ada Negri;
Opera* prima *(1917) di Papini aveva avuto buona, anche se limitata
accoglienza. I filtri che oggi applichiamo ai nostri obiettivi non colgono questi nomi, ne rilevano altri; occorre tuttavia tenere conto che al
momento della pubblicazione di* Ossi di seppia *il panorama generale lasciava emergere i nomi rammentati. Il libro di Montale dové apparire scabroso, ostico, a tratti oscuro; poteva essere annesso alla letteratura regionale e accettato da tale angolazione, come, sempre nel
'25, accadde a* Sillabe ed ombre, *una raccolta postuma di Ceccardi.*

Ossi di seppia *trovarono subito un terreno, poco importa se ristretto, su cui attecchire e ciò fu dovuto soprattutto all'istinto critico,
alla sensibilità di un giovane e di un giovanissimo che in quel torno
di tempo esprimevano il meglio della nuova cultura torinese. Se Gobetti fu l'editore, e quindi, in ultima istanza, lo scopritore ufficiale del
poeta, Sergio Solmi e Giacomo Debenedetti, delegati alla poesia nella Redazione di «Primo Tempo», che contava anche Mario Gromo e
Emanuele F. Sacerdote, posero primi il seme a dimora. Furono essi a
pubblicare nel giugno e nell'agosto-settembre 1922 le prime liriche:
Riviere, «Accordi», «L'agave su lo scoglio», ponendo il poeta sconosciuto accanto a Saba, a Sbarbaro, a Ungaretti; fu l'ambiente torinese
a sostenere la poesia nascente di Montale e non, come ci si sarebbe potuto aspettare, quello fiorentino che in quegli anni, chiusa da un pezzo la stagione della «Voce», viveva in una sorta di sospensione. Non
bisogna poi dimenticare che fu Mario Gromo a stampare nel '28 la
seconda edizione di* Ossi di seppia, *con giunte considerevoli, e una
prefazione, diventata quasi normativa, di Alfredo Gargiulo; e questo
quando Montale si era già trasferito a Firenze. Nella città toscana a*

---

[5] Montale la cita in una lettera inedita a Solmi, riferendosi soprattutto a Cardarelli: Monterosso (Spezia) 4 agosto 1920: «[...] c'è una sua lirica: "Adolescente"
che troverai nella recente antologia di Papini e Pancrazi, la quale mi sembra da
mettersi tra le più riuscite pièces che conti la nostra magra lirica. Leggila, se
puoi. Anche nei "Viaggi nel tempo" ci sono belle prospettive di sfondo e una
dolorosa eloquenza affatto banale. [...]».

partire dal 1926 uscì «Solaria», un organo attento alle nuove tenden-
ze letterarie europee, in contrasto con il toscanesimo venato di cleri-
calismo e di fascismo di altre riviste locali. Sebbene non figurasse tra
i soci fondatori né tra i redattori della rivista, Montale ne divenne in
breve il consigliere più ascoltato. Oggi sappiamo che tale posizione gli
fu resa possibile all'inizio anche dal sostegno degli amici di Torino, che
a Firenze avevano una solida testa di ponte. Il ligure capitato a Firen-
ze senz'altro bagaglio che un libretto di versi e alcuni articoli, divenne
presto, in una città difficile e chiusa, uno degli arbitri della sua situa-
zione letteraria: un fatto, ancora una volta, anomalo.

Ossi di seppia *non sono una raccolta di liriche raggruppate per*
generi e soltanto in modo relativo lo sono per temi. Non seguono una
linea di sviluppo parabolica. Sono opera di un giovane ma non si pre-
sentano come lavoro di esordiente. Se può colpire un linguaggio in-
solito, marezzato di termini liguri, la secchezza di formule che a volte
rischiano, nella loro concisione, l'oscurità, contrabbandano la loro no-
vità dietro metri e ritmi tradizionali.

L'opera si presenta, nell'anno in cui appare, come un prodotto ano-
malo nei confronti tanto dei paroliberi e versoliberisti, come dei conti-
nuatori della tradizione, e non può essere bene accetta né agli uni né
agli altri. La sua struttura ruota intorno a un centro, la sezione «Ossi
di seppia» che titola il volume: ventidue componimenti che vanno dall'i-
*dillio all'epistola, dalla considerazione morale all'*intermittence*, da un*
epigramma a una riflessione gnomica. Il titolo della sezione era dap-
prima «Rottami»; il richiamo quasi inevitabile a Trucioli *di Sbarbaro*
dové indurre al cambiamento, orientando la scelta verso un'immagi-
ne di Riviere*. Nell'insieme il ciclo, nonostante il titolo, non conferma*
l'impressione di «pietrosità» che avvertì e descrisse Alfredo Gargiulo,
considerata a lungo carattere preminente del primo Montale. Durezza,
aridità, secchezza, non sono contrassegni specifici del libro. L'essenza
di Ossi di seppia *è espressa piuttosto da atmosfere di una luminosità*
traslucida, da accalmie abbacinanti che inducono a uno stupore iner-
te e presago. Dell'età dell'oro, corrispondente forse alle origini, si può
avere un presentimento nella smemoratezza dell'ora meridiana, nella
grande pace. È l'istante della sospensione, dell'abbandono, se si vuole
dell'abdicazione ma anche della divinazione, per fuggevole che sia. In

tali istanti meno avvertibili si fanno «il male di vivere», «il vento che nel cuore soffia», «il morso / secreto», la «pena invisibile». In un'atonia che non lascia sentire l'accidia come peccato, in ore arcanamente segnate, la natura concede una remissione, una tregua. Basta abbandonarsi alla vita irriflessa, per arrivare alle propaggini del Nulla: la parola è sentita come vana: «Non domandarci la formula che mondi possa aprirti, / sì qualche storta sillaba e secca come un ramo». L'ambiente marino-agreste in cui avvengono tali esperienze non presenta caratteri che lo rendono individuabile con precisione. Esso è sostanza di poesia, esprime senza mediazioni verbali una Weltanschauung. Su una resa fedele di linee e di colori prevale un'inquietudine psicologica a sfondo morale e conoscitivo nei confronti della vita sentita quale forza estranea e indifferente.

La sezione «Ossi di seppia» ha come contrappeso o meglio come complemento le nove liriche di «Mediterraneo». L'integrazione è legittima: l'assenza precedente di caratteri definiti è qui compensata con larghezza, tanto da far parlare di eccesso di descrizione. L'elemento equoreo è rappresentato nelle sue particolarità specifiche, nei suoi tratti localmente riconoscibili, mentre le parole ad esso rivolte riguardano il suo carattere cosmico, di elemento primigenio. I due nuclei hanno un lungo preludio, e su tale parte si esercita in particolare l'acribia del poeta.

Mentre i maestri della triade ottocentesca avevano largheggiato nel pubblicare le loro prove iniziali, in conformità, del resto, al costume di un'epoca e a una certa concezione della poesia, Montale sacrifica quanto si trova oltre una certa soglia, ponendo all'inizio dell'opera le composizioni più recenti, alcune di poco anteriori alla chiusura del manoscritto. Il titolo della sezione, «Movimenti», esprime l'intenzione di conferirle significato musicale, di preludio in cui si saggiano modi poi ripresi o magari abbandonati, come i quattro «Sarcofaghi». Alcune liriche recano titoli eloquenti: Corno inglese, Quasi una fantasia, Falsetto, Minstrels *(in prima edizione* Musica sognata*); anche* I limoni, *che le precede, è posta sotto il segno del canto.[6] I «Meriggi», sigillati da* Riviere, *raccontano quanto in precedenza era stato og-*

---

[6] Tra le poesie disperse sono: *Ritmo, Musica silenziosa, Suonatina di pianoforte,* «Accordi (Sensi e fantasmi di una adolescente)» che comprende: *Violini; Violoncelli; Contrabbasso; Flauti-fagotti; Oboe; Corno inglese; Ottoni.*

getto di rappresentazione distaccata o di riflessione. È questo l'inizio di quello che viene anche qui indicato come il «romanzo» di Montale, la storia frammentaria di una vita che si è raccontata fino all'ultimo: riflessi balenanti nel buio, in un tentativo considerato disperato e ogni volta riuscito. L'infanzia e l'adolescenza trascorse nell'ambiente marino prima descritto sono vedute alla luce di un'inconsapevolezza o illusione di cui si comprende ora il senso. Vengono ricreate situazioni atmosferiche per significare il trascorrere del tempo, il senso del transitorio e insieme la sua ineluttabilità: venti nubi luci acque suoni piante alberi ancora una volta, ma come fissati in un giro che li sottrae all'effimero. Prima, in prevalenza, paesaggi, situazioni senza figure o con un lieve staffage*; adesso il teatro è lo stesso, ma con la presenza di un personaggio, Arsenio, figura destinata a diventare centrale, e di personaggi femminili. Di questi uno ha un nome, posto dapprima come titolo di* Incontro*, poi cancellato: appare per la prima volta Arletta, presentata come fantasma e come fantasma destinata a percorrere l'intero canzoniere.*[7]

---

[7] Mentre *Casa sul mare*, «Godi se il vento...», *Crisalide, Marezzo* sono idealmente dedicati a Paola Nicoli, «Il canneto rispunta i suoi cimelli...», *Vento e bandiere, Delta, Incontro, I morti* sono sotto il segno di Arletta. Le tre ultime poesie del '26, accolte nella seconda edizione di *Ossi di seppia*, formano un gruppo cui vanno annessi *Il balcone* e *Vecchi versi* in apertura delle *Occasioni*. Se Arletta si identifica con Anna degli Uberti (1904-1959), una giovane frequentata per alcune estati, dal 1919 al 1923, a Monterosso, poi visitata a Roma, dove abitava, rimarrebbe inesplicabile che Montale si rivolga sempre a lei come a una defunta. A proposito de *La casa dei doganieri*, altra lirica destinata ad Arletta, Montale dichiarò: «[...] "La casa dei doganieri" fu distrutta quando avevo sei anni. La fanciulla in questione non poté mai vederla; andò... verso la morte, ma io lo seppi molti anni dopo». La spiegazione del poeta, contenuta in una lettera a Sergio Leone del 19 giugno 1971, sarebbe forse deliberatamente «depistante»? La casa dei doganieri fu davvero demolita nel 1902? Si trattava forse di un edificio che rientrava nella proprietà di famiglia? Villa Fegina, appartenente in parte al padre del poeta, fu cominciata a costruire nel 1900 e ultimata nel 1905. Per gli abitanti di Monterosso la casa dei doganieri è oggi una torretta con questo nome, già proprietà demaniale, poi privata, a picco sul mare, poco prima della galleria che dalla stazione porta all'abitato. Montale considerò Arletta «morta», sottratta cioè alla sua vita, per lui perduta, quando la ragazza con il 1924 smise di andare a Monterosso? Il poeta rimase in relazione con la famiglia Degli Uberti, specie con la madre, signora Rita. A lei inviò nel giugno 1925 un esemplare di *Ossi di seppia* con la dedica: «A D. Rita Degli Uberti con amicizia e gratitudine»,

Insieme con Arsenio, *le tre liriche del '26 dedicate ad Arletta, appartengono già a* Le occasioni *per tematica, struttura, immagini e linguaggio. Con «Meriggi e ombre» il mare tranquillo, al più un poco mosso, di «Ossi di seppia» e di «Mediterraneo», si agita fino a diventare tempestoso; ne «L'agave su lo scoglio» si ha una casistica meteorologica degli effetti che i venti hanno su di esso. Si affacciano il nembo, la tromba marina; rotola il tuono in* Arsenio: *si odono segnali che crepiteranno nelle* Occasioni. *Siamo ormai fuori della chiave di* Ossi di seppia. *Il libro d'esordio è posto sotto il segno dell'accalmia accidiosa, della sospensione meridiana, d'un momento di segno contrario a quello panico di d'Annunzio. Come le marine, le pinete, le macchie, gli uliveti di d'Annunzio, colti nei momenti di più profondo abbandono, trovano una definizione nell'istante in cui paiono toccare una coscienza arcana del loro essere, in* Ossi di seppia *essi inducono a un sopore uggioso, alla consapevolezza della vanità della vita. Il timbro, il contrassegno della raccolta è dato dal sentimento affiorante sulla superficie di una coscienza inerte e presaga.*

Libro di interrogazioni davanti ai fenomeni d'una natura ora muta, ora troppo eloquente, formulate quando si crede di intuire il moto di un eterno ritorno non esaltante come quello celebrato da Zarathustra, ma avvilente quale condanna alla iterazione, alla monotonia. L'epilogo Riviere *non tragga in inganno. La collocazione di opportunità nella prima edizione del libro, quasi a volere rendere meno dense, alla fine, le ombre dell'interno, diventa quasi imbarazzante nell'edizione del '28, che si pone come definitiva.*[8]

e continuò a scrivere da Firenze almeno fino al 1931. Risulta che partecipò a un ricevimento per nozze De Andreis-Orsini, i primi imparentati coi Degli Uberti, avvenuto in una proprietà dei Degli Uberti a Cerasomma, in Lucchesia. Cerasomma è ricordata per i suoi buccellati in *Una visita* di *Altri versi*. Come epigrafe la lirica reca: «Roma 1922»; e qui i conti tornano. Fu, precisa il poeta in una postilla, il suo primo viaggio a Roma.

[8] La vicenda della ristampa di *Ossi di seppia* proposta da Mario Gromo e accettata da Montale nell'estate del 1927 si può seguire in ogni fase grazie a lettere inedite di Montale a Sergio Solmi. La prima notizia è datata: «Firenze, 28 anzi 29 7 27 Anno V Casella 449»:
«[...] Gromo vuol ristampare gli *Ossi di Seppia*: io ho annuito e cercherò di avere la prefazione di Gargiulo, per rifare un poco di verginità al libro. Che ne pensi? Sarei del parere di lasciare il libro, salvo lievissimi ritocchi, com'è e di non

In un primo momento Montale pensa di ristampare il libro sostanzialmente immutato, senza aggiungere nulla: avverte infatti la diversità

aggiungervi le mie ultime cose, che mi sembrano un poco diverse nello spirito. Ma vorrei sapere il tuo parere in proposito, molto schiettamente. [...]».

Da Monterosso, il 16 agosto '27, scrive ancora a Solmi: «[...] Vorrei sapere se hai avuto la mia lettera, e se mi consigli (per la riedizione degli *ossi*) di unire alle vecchie le nuove poesie (6) che conosci, mettendo *Riviere* tra le pièces giovanili, e *Arsenio* in fondo al volume. Forse è un errore. Che ne pensi? In questo momento mi pare quasi impossibile arrivare a scrivere tante altre cose da farne un secondo libro. Credi che debba sopprimere qualcosa dalla nuova edizione? [...]».

Firenze, 22 8 27

«[...] Gli Ossi saranno ristampati in 450 copie più 22 di lusso da L. 45 la copia. Gargiulo ha accettato con piacere di scriverne l'introduzione. Credi che si darà qualche peso alla cosa o parrà una delle solite prefazioni trascurabili? Io non vorrei, e non lo penso perché G. non ha mai fatto cose simili e dei giovani, tranne Ungaretti, non ha mai pensato né scritto nulla di bene. [...]

Io ho quasi deciso di ristampare senza aggiunte né ritocchi importanti il libro. In ogni caso il gruppetto, assai sparuto, delle nuove liriche non si potrebbe aggiungere ma semmai *premettere* al libro, come ha fatto Ungaretti per la nuova edizione del Porto Sepolto, alla quale premise le liriche tipo *Noja, Stagioni* Etc. Ma era un gruppo meno smilzo e forse c'era più sviluppo, magari nelle intenzioni. Che ti pare? [...]» Lettera senza data, ma di poco anteriore al 22 settembre 1927: «Ed ora vorrei chiederti un enorme favore. Di rileggere gli *Ossi* nell'ordine della lista-indice acclusa, che è l'indice che proporrei a Gromo per la riedizione, intercalandovi le liriche indicate che tu conosci e possiedi (credo). Dimmi che te ne pare *subito subito*. (Naturalmente qualche brutto verso qua e là è stato rabberciato, il nome di Arletta sparisce etc.). L'"intercalamento" (che parola!) mi pare possibile ma ne risulta vieppiù a *Riviere* il carattere di trombonata giovanile, con quelle camelie pallide, quelle voci d'oro ecc. ecc.!! Scrivimi subito il tuo parere. Intanto mando a Gromo la prima metà, fino a Mediterraneo compreso, al quale non ho fatto ritocchi: nemmeno la pagina 60, come voleva Lanza. In una lirica del tipo, nella quale la misera onda del canto va e viene è inevitabile che in qualche momento si vedano i sassi... del fondo. Il che non toglie che l'osservazione dell'amico L. non possa esser giusta. Che ne dici? Scusa se ti secco con queste faccende idiote. [...]

OSSI DI SEPPIA (2 ediz.)
Indice

PREFAZIONE (A. Gargiulo)
In limine (corsivo)
MOVIMENTI:
I limoni
Corno inglese
Quasi una fantasia

delle cose scritte negli ultimi due anni. Si tratta di tre gruppi di liriche pubblicate su «Il Convegno» (I morti; Delta; Arletta *[poi* Incontro*])*

> Falsetto
> Caffè a Rapallo
> Epigramma
> Versi: «La folata che alzò etc.» (Solaria)
>   «Fuscello teso dal muro» (id.)
> Sarcofaghi

OSSI DI SEPPIA (come I edizione)
MEDITERRANEO (id. id. id.)
MERIGGI E OMBRE:

> I.   Fine dell'Infanzia
>   L'agave su lo scoglio
>   Vasca
>   Egloga
>   Flussi
>   Clivo
>
> II. Crisalide
>   Marezzo
>   Casa sul mare
>   I morti (Convegno)
>   Delta (id. id.)
>   Incontro (ex «Arletta» del Convegno)

RIVIERE

Nota.
Resta esclusa dal libro, oltre il recente *Arsenio,* (che uscirà fra 10 anni col resto) la vecchia *Musica sognata. Debbo escludere altro? Rispondi a questo punto.* La Lirica di Solaria (La folata che alzò ecc.) l'ho messa tra le juvenilia, perché ho visto che nell'ultimo gruppo portava qualcosa di *mièvre. Che ne pensi?* Sparisce anche il nome: *Arletta,* che così da solo non regge».
Firenze 13/9/1927
«Nella presente preferisco includere un biglietto di Cecchi che mi pare lusinghiero per tutti e due, *con preghiera* di restituzione. [...]
Tornando ora – e pour cause – a questi porcissimi *ossi,* a quanto può rilevarsi dalla lettera acclusa, i Dioscuri romani [Cecchi e Gargiulo] aggiungerebbero al libercolo anche l'*Arsenio.* Ma davvero non saprei dove! (E tutto sommato starà fuori). [...] Scrivimi un rigo appena puoi, e rimandami la lettera di Cecchi. [...]».
22 settembre 1927
«[...] Sono sempre seccatissimo per questi porci *ossi* e per il prezzo esorbitante voluto da Gromo[1]. Aggiungo *Arsenio* come entremets tra i *meriggi* e le *ombre,* che risultano perciò divisi in tre parti anziché in due. Mario Praz ha tradotto questa lirica (già devo avertelo detto) in versi inglesi, ottenendo un calco ottimo. Vuole pubblicarla sul Monthly Criterion (di T.S. Eliot), ma chissà se ci riuscirà. [...]
(1) al quale debbo fornire 50 prenotazioni!! (non di mia tasca però)».

e su «Solaria» (Vento e bandiere; Fuscello teso dal muro...) contemporaneamente, nel dicembre 1926; e di Arsenio, *apparso su «Solaria» nel giugno 1927, poco prima della richiesta di consigli a Solmi. Il poeta sente che l'unità del libro, uscito relativamente tardi e quindi definitivo, rischia di venire compromessa dalla giunta di poesie «diverse nello spirito»; quando avanza l'idea di includerle, vorrebbe porre* Riviere *tra gli* juvenilia *e* Arsenio *in fondo al volume. Nello stesso tempo valuta la possibilità di sopprimere altri componimenti (cadranno* Musica sognata, *reinserita molto più tardi, e le ultime due strofe di* Vasca*). La soluzione* Riviere-Arsenio *non è più mantenuta pochi giorni dopo, quando le sei liriche più recenti sarebbero da premettere al libro, secondo un esempio di Ungaretti.*

L'indice proposto dopo sarà quasi quello definitivo: Vento e bandiere, Fuscello teso dal muro... *concludono la prima parte, con il titolo «Altri versi».* Arsenio, *di cui si avverte la natura troppo diversa dal resto, è ancora escluso. Il piano successivo, con l'inclusione di* Arsenio, *sembra dovuto a un consiglio di Cecchi e di Gargiulo: le perplessità permangono, specie quelle relative alla collocazione, finché non si arriva alla decisione di ribattezzare «Meriggi» in «Meriggi e ombre», lasciando intatta la successione delle prime otto liriche, collocando come intermezzo* Arsenio, *invertendo l'ordine di* Casa sul mare, Marezzo, Crisalide *e ponendo alla fine* I morti, Delta, Incontro. Riviere *suggella ancora una volta il libro.*

Quando si parla di Ossi di seppia *in senso stretto, sarebbe meglio riferirsi all'edizione Gobetti del '25. Il libro è più compatto: nella sua secchezza e nei suoi abbandoni, nella rigidità delle sue articolazioni restituisce meglio l'immagine del poeta come si presenta ai contemporanei: un Montale più omogeneo rispetto a quello di tre anni dopo, anche se meno ricco, di raggio più breve, ma con un carattere che non consente ipoteche regionali: vedere in quest'opera un segmento della così detta «linea ligustica» è operazione criticamente poco fondata e fuorviante. La qualità della pronuncia, il suo timbro, si staccano da ogni precedente: la novità, in alcuni casi sconcertante, del lessico, le sprezzature deliberate nell'ambito della metrica, la raffinatezza nell'uso della rima, che pochi allora sono in grado di cogliere, l'abbandono di norme tradizionali, sono tali prove d'indipendenza che alcuni con-*

tatti inevitabili di natura ambientale paiono accessori. Colpiscono la perentorietà, la decisione con cui l'opera si stacca da quanto la precede e accompagna.

Costruito con un'impalcatura libera e sorvegliata, nato nell'isolamento, nella solitudine, nel rifiuto, fedele a pochi temi, il libro si pone come espressione di dissenso, o almeno di non-partecipazione in un momento storico che esige obbedienza, consenso. Nella loro novità dissimulata, Ossi di seppia *avrebbero potuto essere scambiati per un prodotto tra Pascoli e «La Voce». Le novità non solo interne del libro: la ricchezza e complessità del gioco di rime, la libertà e aderenza dei ritmi, la musica spiegata o celata saranno scoperti dai più attraverso i libri successivi.*[9]

Se il nome di Gobetti, scelto quando la stagione di Ossi di seppia *era conclusa, conferisce all'opera un carattere di cui siamo in grado d'intendere le numerose implicazioni, Sergio Solmi rimane punto di riferimento per molti anni centrale, e in ogni modo costante, nel corso di una vita. Breve invece il rapporto con Giacomo Debenedetti, che non sembra andare molto oltre la partenza per Firenze. Nell'estate del '25, quando il giovane Montale avviato al commercio fa la sua apparizione in pubblico come poeta e dichiara con ciò la sua scelta, chiude un lungo periodo d'incertezze, assumendo una responsabilità morale fino a quel momento elusa. Nelle composizioni aggiunte nel '28 il paesaggio prima deserto cui si rivolge l'io monologante sembra animarsi*

---

[9] Non sono stati ancora studiati i rapporti tra *Ossi di seppia* e le correnti figurative del loro tempo, che Montale seguiva con attenzione. Che la *suite* di «Sarcofaghi» vada debitrice almeno per qualche suggestione a Francesco Messina, da Montale per un certo periodo frequentato quotidianamente, sembra riconoscerlo anche la dedica, fatta appunto a Messina. Il pittore degli amici torinesi è Felice Casorati. A parte l'interesse sempre mostrato per la nostra pittura dell'Ottocento, di cui testimonia la recensione alla monografia di Cecchi (1926), non si è troppo informati su quelle che negli anni Venti erano le predilezioni del poeta in campo figurativo; la testimonianza di Mario Bonzi, poeta e critico d'arte, coetaneo di Montale e per anni a lui più vicino di ogni altro, avrebbe potuto essere preziosa al riguardo. Un accostamento al Casorati del realismo magico, non ancora dimentico di preziosità viennesi, potrebbe dare qualche frutto come indicazione di temperie e per sottolineare certo «stile severo» del gruppo torinese. Non va trascurata neppure l'amicizia con i pittori genovesi Oscar Saccorotti e Paolo Rodocanachi.

in funzione dei personaggi che vi figurano. Principale interlocutore non è più il Mediterraneo, che ormai scompare come soggetto lirico. La vita non è più colta e auscultata nei suoi aspetti naturali; certo descrittivismo di Ossi di seppia *è assorbito, eliminato. All'abulia, all'inerzia come atteggiamenti di fondo, succedono interesse, partecipazione, dedizione; alla descrizione enumerativa un'inquietudine che può raggiungere il* pathos. *Si profilano, cominciano a distillarsi* Le occasioni; *un libro che «si compone» in modo diverso dal precedente. Anche le opere successive si faranno da sole, dando l'impressione di formazioni naturali, di aggregati organici; ma* Le occasioni, *forse per il periodo che coprono (1925-1939), centrale nella vita del poeta, fanno sentire tale maturazione in modo più drammatico.[10]*

Nel secondo libro, pure tanto diverso, si ritrova in parte l'ordinamento del primo. Il suo nucleo è dato da «Mottetti», ventuno brevi componimenti, uno dei quali, Il balcone, *è posto in apertura del volume. Nell'insieme essi formano un canzoniere fondato sul motivo dell'assenza, della privazione della donna amata. Le sedici liriche che precedono «Mottetti» riflettono situazioni cronologicamente antecedenti; l'amata assente torna in* Tempi di Bellosguardo, *terza parte, e nella quarta e ultima. Figure muliebri entrate nella mitologia del nostro Novecento, Gerti, Liuba, Dora Markus, la fanciulla morta Aretusa,[11]*

---

[10] Il libro che si annuncia, abbiamo visto, nel '28, ampliando se non forzando la cornice di *Ossi di seppia*, dà di sé un altro annuncio nel 1932, quando escono in opuscolo *La casa dei doganieri* e altre quattro liriche (*Cave d'autunno, Vecchi versi, Stanze, Carnevale di Gerti*). Attraverso la corrispondenza con l'editore Giovanni Scheiwiller è possibile accertare che Montale nel 1930 aveva in animo di pubblicare due anni dopo un volumetto di un'ottantina di pagine. Se non lo pubblicò e lo sostituì con la *plaquette* di Vallecchi fu per mancanza di materiale: tra il '28 e il '32 compose soltanto otto liriche. Quando, alla fine del '36, propone ancora a Scheiwiller un altro opuscolo, precisa che dovrà essere sulle quaranta pagine, per contenere «circa 20 poesie e qualche nota». Neppure di questo progetto si fece nulla, apparentemente per ragioni tipografiche: il formato della collana di Scheiwiller non consentiva versi troppo lunghi, e Montale non voleva spezzarli. Di fatto, dovettero ripetersi le ragioni della volta precedente: tra il '32 e il '36 nacquero undici poesie: neppure con la giunta delle cinque di *La casa dei doganieri* si sarebbe arrivati a venti. Se *Le occasioni* poterono uscire nel '39 fu grazie alla fertilità dell'anno precedente, che dette otto poesie.

[11] Da identificare forse con Arletta. Ad Arletta sono indirizzati, oltre *Il balcone*, *La casa dei doganieri, Bassa marea, Punta del Mesco*.

*tramano e arricchiscono la presenza della figura che assume una po-
sizione centrale nell'universo di Montale, ove prende i nomi di Clizia,
Iride, Iris, nomi intesi a significare il suo passaggio da oriente a occidente e la sua capacità di metamorfosi.*[12]

*Libro compatto, dall'interno ordinatamente, armoniosamente ric-
co,* Le occasioni *derivano il loro titolo da Goethe a significare non gli
inviti, le divagazioni cui obbediva la lirica di circostanza lungo l'arco d'una vita intesa come serie di avvenimenti da celebrare, ma l'attesa d'un evento miracoloso, di un portento: segno, presagio, annuncio
mistico, l'opposto della ripetizione e della prevedibilità.* Le occasioni *(da notare l'importanza dell'articolo) sono dunque gli istanti fata-
li dell'esistenza, quando in un baleno è possibile intravedere una realtà diversa o una diversa disposizione della realtà, afferrare un senso,
un rapporto imprevisto e imprevedibile. Istanti solenni, cui è da attribuire per la loro pregnanza un significato religioso, capaci di conferire all'effimero, riscattandolo, sembianza di eterno.*

*Istanti e insieme situazioni oggettive, enigmatiche nella loro quoti-
dianità, nell'apparenza convenzionale, dimessa, con cui si presentano.
La poesia dispone a volte del privilegio di risolvere i rebus con cui si
presenta la realtà. È il momento in cui l'esito formale coincide con una
evocazione, con una formula di natura incantatoria. Il lettore ha familiari queste apparizioni portentose, il repertorio di immagini vivide e
bizzarre: gli sciacalli di Modena al guinzaglio, il topo bianco d'avorio
di Dora Markus, la gabbia o cappelliera di Liuba, il nuotatore di* Verso Vienna; *non simboli, ma elementi capaci di sovvertire la realtà. La
poesia sembra agire qui magicamente e la sua azione è tanto più certa
quanto più alta è la perfezione formale raggiunta. Nei «Mottetti» in
particolare le soluzioni strofiche, metriche e ritmiche, l'uso infallibile
della rima, la perentorietà e imprevedibilità delle clausole raggiungono
esiti tra i più sicuri di Montale. In essi si impone un impiego diverso
del «tu», in* Ossi di seppia *usato il più delle volte in modo istituzio-
nale, in appelli rivolti al mare, al vento, alla vita, a un dato interlocutore. Un sentore del cambiamento di funzione si avverte in* In limi-

---

[12] Il nome della donna appare siglato nella dedica apposta a *Le occasioni* per la
prima volta nel 1949: I. B. La sigla, sciolta di recente, si riferisce a Irma Brandeis.

ne, *poesia del '24, quindi recente, indirizzata con altre di «Meriggi e ombre» a un personaggio preciso ma collocata come premessa (l'autore dice summa o congedo) al libro. Qui il «tu» spersonalizzato ha un senso che è quasi quello delle* Occasioni: *l'interlocutore è identificabile con il lettore che entra nel libro o ne esce: ma la mobilità del pronome è già in atto. Nelle* Occasioni *il «tu» è spersonalizzato anche quando è rivolto a un individuo determinato. Ricerche volte a illuminare aspetti biografici, a precisare riferimenti reali, potranno essere di ausilio per la scoperta o la lettura di immagini particolari, ma saranno di scarsa rilevanza per l'intelligenza profonda della poesia, come sapeva l'autore che più volte si è espresso su questo punto e ha considerato inutili quanto indiscrete certe domande rivoltegli da esegeti. L'oggetto del «tu», il destinatario anagraficamente accertabile, non può essere che assente: «le occasioni» sono i segnali dell'assenza, i pinnacoli che emergono per un attimo dal buio della memoria o dal caos della vita, e il «tu» è il mezzo conduttore che consente l'ascesa, lo spiegamento delle «corrispondenze».*

Il gruppo dei «Mottetti» è seguito dalle tre liriche di «Tempi di Bellosguardo». Con le cautele del caso si può forse assegnare a questa parte la funzione e il significato che in Ossi di seppia *hanno «Sarcofaghi». Naturalmente la densità della materia e la sua perspicuità, il taglio delle immagini, rivelano la maturità raggiunta sotto il segno del Foscolo delle* Grazie, *cui si deve forse il titolo del poemetto. Si tratta di un tributo alla classicità pagato nella consapevolezza della sua eccezione; di un omaggio com'è inteso in pittura, quale appropriazione di alcuni modi di stile, per raggiungere un'espressione diversa. Il movimento dell'opera, nell'insieme, è ascensionale: l'ultima parte, con* Palio *(1938), «Notizie dall'Amiata» (1939),* Elegia di Pico Farnese *(1939) (*Accelerato, *che è del 1938, è posto a chiusura della prima parte), è la conquista più alta di Montale, in un periodo drammatico della sua esistenza. La pienezza, l'intensità della poesia cercano forme nuove, duttili e malleabili, trovandole in versi lunghi e lunghissimi, modellati su una sorta di esametro, alternati con altri brevi (i settenari di* Accelerato, *gli ottonari delle litanie dell'*Elegia di Pico Farnese).

Potrà apparire singolare che un libro di motivazioni private, prodotto di un'introspezione che non teme d'affrontare il rischio dell'oscurità, in cui la vita sembra specchiarsi senza lasciare altra immagine che quella della non-appartenenza, possa essere stato fatto proprio da una generazione che ha partecipato a movimenti di massa, degenerati in conflitti. Non pochi tra i giovani spediti in Grecia, in Libia, in Russia, prima ancora in Etiopia, in Albania, mandavano a memoria poesie delle Occasioni *che uscivano su riviste e giornali, crescendo con esse. Il libro andava incontro a un'aspirazione inespressa ma diffusa in animi presaghi. Nella biografia immaginaria che proponeva, nel disegno di un destino sconfitto ma non distrutto, i forzati dell'ottimismo educati nella retorica, nell'esteriorità, nell'aggressività, videro un modello di virtù opposte. Quello che più li colpì fu la capacità di rinuncia, di rispondere al male con il silenzio; soprattutto la possibilità di cavare un senso dalla realtà, di affidare a una facoltà diminuita e asservita, quella poetica, il miracolo di conferire una ragione alla vita, di mutare forse il corso di un destino. Ogni valutazione o giudizio sul rapporto di Montale con la politica, in qualsiasi periodo della sua esistenza, che non tenga anche conto dell'influsso esercitato sui giovani degli anni Trenta e Quaranta, sarà manchevole. La sua poesia valse allora forse più di appelli clandestini, che per essere tali raggiungevano poche persone, e almeno quanto imprese generose ma condannate dall'inizio. D'istinto si avvertì il valore di esempio che avevano il distacco, la non-partecipazione, il rifiuto di accettare come risolutivo per la vita quello che dall'alto veniva imposto: come i migliori tra i giovani tedeschi portavano al fronte Rilke e Hölderlin, gli italiani, s'è detto, avevano nello zaino Montale. Il prestigio intellettuale dell'uomo era cresciuto di pari passo con quello del poeta. I suoi interventi critici, rari e brevi, per di più pubblicati spesso in sedi eccentriche, avevano un peso, acquistavano una rilevanza pari almeno a quella dei maggiori professionisti della critica; li faceva apprezzare la qualità sottile e tagliente, la tensione e ricchezza d'intuizioni. Da Firenze l'autorità del critico, rafforzata e garantita da quella del poeta, s'era estesa all'intero Paese: nella stessa persona si riconosceva un'alta istanza in sede di giudizio letterario, quindi implicitamente, morale, e la voce poetica più intensa del tempo.*

È necessario sottolineare questa doppia componente perché la seconda parte dell'esistenza del poeta fu caratterizzata dal potenziamento reciproco e dalla fusione delle due facoltà. L'interazione si manifesta con chiarezza poco dopo la fine del conflitto quando, per ragioni forse solo in apparenza diverse da quelle di prima, l'uso della ragione nella

*vita collettiva non è quello che si sperava; Montale interviene spesso
in questioni di ordine generale, anche di carattere politico, poi raccolte in* Auto da fé. *Nella seconda parte de* La bufera *la protesta è resa
esplicita, viene dichiarata: il contemplatore di* Ossi di seppia, *protagonista del romanzo delle* Occasioni, *rievocato il periodo fiorentino e
ordinate in un ciclo brevi liriche che bruciano il presente come* flashes
*(il loro titolo è infatti «Lampi e dediche») arriva dopo due meandri, che
tali possono dirsi «Silvae» e «Madrigali privati», a quelle «Conclusioni provvisorie» che il futuro muta in definitive.*

La bufera e altro *esce nel 1956, dopo essere stata preceduta nel
'43 da un fascicolo di quindici poesie intitolato* Finisterre, *ristampato nel '45 con la giunta di quattro liriche e di due prose. L'intervallo
tra questo e il libro precedente, più lungo di quello che aveva separato*
Le occasioni *da* Ossi di seppia, *aveva creato un'attesa che contribuì
a rendere contrastata l'accoglienza dell'opera. Nella raccolta si vollero
scorgere segni di stanchezza e persino d'involuzione, sensibili nel lessico, nella metrica, nelle immagini. Vivaci fino all'animosità gli appunti di carattere politico che rimproveravano al poeta l'abbandono della
sua intransigenza antifascista e il passaggio nelle file della borghesia
retriva. Per Montale è un momento delicato; costretto alla difesa non
esce dal riserbo, opponendo il silenzio alle interpretazioni faziose. Pochi anche se di qualità gli interventi che rendono giustizia al «terzo»
libro, cui il poeta in seguito dichiara la sua preferenza: in un contesto
generale la critica lo considera un'ardua prova superata con fermezza,
unita saldamente alle precedenti.* La bufera *rappresenta un'evoluzione rispetto a* Le occasioni, *è la loro prosecuzione con l'annessione di
zone prima non toccate, la maturazione di elementi in quelle accen-
nati o solo potenzialmente contenuti; mentre anticipa la svolta di* Satura, *la prova di maggiore vitalità fornita da Montale. In tale continuità di rapporto, nella connessione della raccolta con la precedente e
la seguente, quindi nella sua organicità, è la riprova del valore del libro, il più difficile, per le responsabilità di cui è gravato, tra quelli di
Montale: opera di conferma, di sviluppo e di annuncio, come la seconda parte del titolo (*La bufera e altro*) fa intendere.*

*Le prime tre parti («Finisterre», «Dopo», «Intermezzo») riprodu-
cono senza mutamenti la seconda edizione di* Finisterre *(1945): se-*

gno della coscienza di un'evoluzione oltre Le occasioni. *La guerra che queste evocavano allusivamente in* «Nuove stanze» *si manifesta nella sua brutalità, investendo l'intera esistenza. Le vicissitudini private diventano drammatiche per ragioni esterne e per la febbre che cresce interiormente. Parallelo al motivo dell'assenza, al tema fondamentale delle* Occasioni *qui variato in modo ancora più dolorosamente enigmatico, come condizione ineluttabile di vita, si sviluppa quello dei morti, già comparso in* Ossi di seppia. *All'assenza-presenza dell'amata, lontana ormai per sempre, si affianca la presenza-assenza dei morti* (Proda di Versilia; Voce giunta con le folaghe). *Il motivo dell'estuario, della foce, in cui avviene lo scontro, la commistione, ma anche lo scambio tra vivi e morti, metafora frequente in* Ossi di seppia *dove l'acqua che il mare spinge verso terra o quella che finisce da terra in mare stanno a significare incontri di vita e di non-vita, trova qui nuove figurazioni* (L'arca; A mia madre), *evocando personaggi che nel primo libro erano rimasti nell'ombra. Il procedimento è quello attuato prestissimo nei confronti di Arletta: considerata morta quando il distacco è avvertito come definitivo (e per essere tale non può essere soltanto fisico), fa sentire la sua presenza non solo come emanazione del passato (la capinera, la fanciulla morta Aretusa), ma come personaggio cresciuto insieme con il poeta.*

«Finisterre» *si chiude nel segno della post-emergenza* (Ballata scritta in una clinica). *Dopo un* «Intermezzo» *costituito da due prose e da una poesia del 1926 sottoposta a molti interventi, ancora un nucleo di liriche per lo più brevi, che sembrano seguire una serie di digressioni* (Gran Bretagna, Portogallo, Siria, Palestina) *variamente dedicate che ricordano, sotto il titolo di* «Lampi e dediche», «Ossi di seppia» *e* «Mottetti». *La materia verbale è meno compatta che non in questi ultimi, le clausole non altrettanto fulminanti; e ciò non dipende da impoverimento dei temi, ma da una maggiore scioltezza di linguaggio, che sta avviandosi verso la trasformazione di* Satura. *È uno sviluppo non facile da cogliere, indirettamente confermato dal titolo della sezione seguente,* «Silvae», *anticipo di quelli che costellano la fase del* «secondo Montale». *Come* «Satura» *e* «Xenia», «Silvae» *sta a indicare fondamentalmente un insieme di componimenti d'occasione e d'argomento vario, intesi come offerta; Poliziano e Lorenzo de' Medici impiegarono il nome derivandolo da Stazio, che lo usò per designare una raccolta* di liriche di soggetto vario. Montale lo usa per undici liriche d'amore composte tra il '46 e il '50, con l'eccezione di Iride *che è del '44, centrate sul tema del distacco e dell'assenza per la guerra che tocca ogni parte del mondo; dell'identificazione con la persona amata che si trasforma in pianta per lui (un precedente si ha nell'*Incontro di Ossi di seppia, *con la metamorfosi delle foglie di una fronda in capelli); della missione religiosa che riporta idealmente l'amata alla terra dei padri, alle origini di una religione che lei sembra vivere per tutti. «Silvae» allude dunque alla varietà dei motivi in cui si sfaccetta il tema principale, quello del sacrificio in nome di un amore che ne assorbe ogni altro.*

Con L'anguilla *Clizia, protagonista di* Le occasioni *e personaggio dominante nella* Bufera, *esce dalla vicenda attiva, dalla trama delle passioni e della storia. Riappare in seguito, ma in modo diverso, come di là da un confine che la trattiene e la isola. Una lunga vicenda di speranza e di sconforto, di devozione e di ammirazione, di aspirazione e di rinuncia per porre due destini sotto un segno unico è conclusa: d'ora in avanti anch'essa è oggetto di commento distaccato, da una dimensione diversa.*

Considerato alla luce della sconvolgente esperienza consumata nel *segno di Clizia, il breve canzoniere intitolato «Madrigali privati» potrebbe sembrare d'importanza accessoria, non fossero le aperture che consente, preziose in una difficile congiuntura esistenziale. Consumata la maturità, il poeta entra nella vecchiaia; bruciata la speranza di una vita civile diversa, dopo gli entusiasmi del '45, ecco il tempo delle fazioni, del compromesso, del sofisma elevato a regola di vita. Nei «Madrigali» l'aura tragica della prima parte del libro, la tensione delle successive, consumate in un'attesa satura di passato, animata dalla presenza di defunti che urgono verso la vita, cedono a un disincanto che può tingersi di sarcasmo (Le processioni del 1949). La raccolta si chiude con* Piccolo testamento *e con* Il sogno del prigioniero *che introducono il tema politico-civile nell'ambito privato se in un caso e nell'altro con il richiamo a Iride, cioè a Clizia, la donna è chiamata a testimoniare sulle ragioni di un'esistenza.*

Con La bufera *la parabola di Montale può sembrare conclusa. Troppo difficile, diciamo pure impossibile dare alla poesia ragioni vitali quando l'esistenza è ridotta a poco; troppo arrischiato sollecitare il pro-*

prio universo verbale, quando le grandi costellazioni sono impallidite. Il mondo ha perduto di colore e di fascino, i prodigi non accadono più, il tempo non precipita né si arresta, scorre secondo il calendario. Con l'istinto critico, l'autocontrollo di cui dispone, Montale avverte il punto di crisi e ne trae le conseguenze. Con La bufera e altro *i più ritengono che il poeta, passati i settanta, si sia espresso definitivamente. C'è chi, tuttavia, in anticipi d'apparenza occasionale resi noti ancora una volta in modo semiclandestino (*Satura *1962;* Xenia *1966 e 1970) scorge novità che si preparano; e crede di capire che la prova difficilissima rappresentata da un inizio nuovo per quanto concerne linguaggio e disposizione verso la realtà può essere superata. Quando* Satura *apparve nel 1971 (il poeta scarta all'ultimo momento il titolo riduttivo di* Rete a strascico*) i lettori indugiarono di preferenza sulle due serie di «Xenia», per considerare il resto in blocco, come un tutto abbastanza indistinto. In realtà, nessun libro precedente era stato composto con attenzione e sagacia maggiori di questo; ed è noto quanto peso desse il poeta alla compagine di ogni raccolta. Del significato attribuitogli nell'opuscolo per nozze del '62, una pubblicazione di circostanza e tuttavia non accidentale, il titolo ritiene, nove anni dopo, piuttosto che il significato di vassoio colmo di vari frutti o di piatto vario, quello di offerta senz'ordine di cose disparate. E come altro poteva presentarsi un libro che risolutamente si staccava dai precedenti, al punto da prendere come motivi personaggi, luoghi,* topoi *di essi; che non aveva più centri intorno ai quali disporre le parti ma una miriade di punti in movimento intorno a un assunto: la fine della poesia come presa sul reale, come tentativo di agire su di esso, e il suo innalzamento a seconda potenza, come poesia della poesia.*

Le conseguenze derivanti da tale passaggio furono inattese anche per quelli che avevano avvertito la novità di Xenia. *Un ribaltamento di quella specie compiuto per assicurare continuità e legittimità a una poesia arrivata a una definizione completa lungo un binario parallelo a quello della vita era imprevedibile. La prima conseguenza non poteva essere che di carattere semantico. Se le due serie di «Xenia» inducevano qualcuno per l'incisività delle immagini, per la forma strofica e per il soggetto a un'annessione alla trilogia '25-56, le liriche successive finivano col lasciare sospesi. Del fatto di maggiore rilievo, la novità semantica, si tardava a cogliere la portata; si indugiava su eventi, figure, figurazioni già noti senza tenere conto della loro sostanza verbale, che li poneva su un piano diverso.*

Arrivato nel tratto che separa la vita dalla zona d'ombra; distaccato dalla prima, anche se non indifferente, e con gli occhi fissi sulla seconda, Montale assume come soggetto il poeta che era stato e i personaggi entrati nella sua opera. Tale distacco comporta un alleggerimento, una decolorazione della materia verbale, che si riflettono sul ritmo, sulla metrica, sul tipo e sulla disposizione delle rime; un allentamento apparente del tessuto, che invece conserva la sua elasticità, assumendo come mai prima andamento discorsivo-narrativo. Il poeta sembra arrivato alla conquista di quel faux exprès di cui spesso parlava da giovane; a uno sviluppo particolare del romanzo di cui aveva dato frammenti al calor bianco, schegge incandescenti; e infine a un impiego adeguato di un senso del comico manifestato soltanto in alcune prose o in private poesie d'occasione. Il romanzo di un lirico dei nostri giorni, in cui la materia specificamente umana non si distingue da quella etica, religiosa, sociale, politica, letteraria; un romanzo d'idee cui piacerebbe riconoscere come remoto punto di partenza l'Education sentimentale. Le boe, le spie di tale esigenza di fondo sono date dalle tre serie di «Botta e risposta» in apertura ai capitoli principali del libro. A una breve missiva indirizzatagli da una donna, il poeta replica con una risposta che è confessione e giustificazione. E ogni volta, di seguito, in disordine apparente, una serie di quesiti, di accertamenti, di dubbi rettifiche accuse evocazioni, tutti d'ordine escatologico anche quando la materia sembra aneddotica. Episodi minimi, ricordi slegati, riflessioni sospese; la poesia propria e la Poesia, xenia contrabbandati (Nel fumo; Gli ultimi spari; Luci e colori); la Storia, la Filosofia con i loro gerghi, stralci di lettere immaginarie, le rivendicazioni della scienza, il Tempo, l'ambiguità e il ridicolo della parola, la Specie, il Futuro, i satelliti, il Genio, l'Altro.

La parodia (Piove; Le stagioni), la satira (Gerarchie, Fanfara) si alternano a composizioni che sarebbe difficile ricondurre a un genere, ma alle quali è possibile attribuire un denominatore ricavato da un titolo tra gli altri: Nell'attesa. Satura è il libro dell'Attesa scritto da un lirico che guarda a se stesso come da un altro pianeta e alla propria poesia, alle figurazioni, ai motivi di questa come a realtà in mezzo ad altre. Sotto il segno dell'Attesa tutto assume carattere escatologico, *rientra tra le Grandi Questioni, si colora di tinte che conservano trac-ce solo sbiadite di quelle del mondo. Il processo di scoloritura ne porta con sé un altro, di alleggerimento verbale; al tono alto delle* Occasioni *e della* Bufera *ne succede uno dimesso, a volte trito. Il processo conoscitivo è ripreso da capo, ma dall'estremità opposta, come se, al momento delle conclusioni, tutto venisse rimesso in gioco.*

Questo è l'assunto di Satura, *tale da far considerare la raccolta non conclusiva, ma perno del Libro che grazie ad essa ormai s'intravede. Non si tratta di un volume di riflusso, ma di un'opera «attiva», che pone in atto un procedimento di decantazione verbale cui l'ultimo Montale si mantiene fedele. Il poeta converte i termini della propria poesia e di altri sistemi chiusi, carichi di valenze particolari (riferiti tutti, s'è veduto, alle Cause Ultime), in linguaggio colloquiale, ironicamente trito; e da tale conversione ricava nuove ragioni di poesia, l'unica consentita. Sulla complessità del libro, sulle difficoltà relative alla sua composizione, dovute alla consapevolezza del valore assunto dall'intersezione di piani differenti, dicono abbastanza i progetti di ordinamento fino ad oggi noti. Per alcuni versi* Satura *è, come* Ossi di seppia, *opera di avvio e di conclusione, che ne contiene altre in potenza. Non per nulla* Diario del '71 e del '72, Quaderno di quattro anni, Altri versi *mancano delle suddivisioni presenti in altre raccolte.*

Diario del '71 e del '72 *si allaccia senza soluzione di continuità a* Satura, *nell'anno di stampa di questo sono composte numerose poesie della nuova raccolta, che viene continuata l'anno successivo. Il titolo rende ragione della natura di una poesia che ha rinunciato al dono e alla condanna delle* Occasioni: *ritirata sul margine della vita, essa ascolta soltanto la propria eco nelle rifrazioni che questa le rimanda, potenzialmente infinite. L'ordine che* Satura *aveva chiesto non è sacrificato o negletto, ma dato come implicito per l'impiego fatto della poesia come interrogazione quotidiana su fatti attuali o remoti: il più delle volte al fine di constatare la loro molecolare incoerenza. «Diario» designa con esattezza il significato della raccolta: un'attenzione portata giorno per giorno al fluire della vita, non distinta tra interna e esterna. Si hanno l'andamento, la regolarità del giornale; la poesia che le pagine restituiscono è quella piana, appena mormorata, a volte inudibile, di un'esistenza confusa con l'ombra. La satira continua a esercitarsi sui campioni della moda, sulle superstizioni della scienza, sul luogo comune; trova soluzioni epigrammatiche; ed è attenuata rispetto a* Satura.

Tra Satura *e* Quaderno di quattro anni, Diario del '71 e del '72 *segna una pausa in cui l'Attesa si dispone ancora una volta di fronte al Tempo, in un tempo delimitato. Affiorano figure e svaniscono, il Carubba e il cieco di corso Dogali, si evocano Bobi, Croce, Traverso, il dialogo con Clizia non è mai interrotto, anche se si svolge senza voci, compare sempre più Annetta con il suo vero nome, e tra le quinte s'intravede una nuova figura, Diamantina/Adelheit: la commistione tra viventi e scomparsi è più stretta che mai. Sul corso uniforme dei giorni spiccano le apparizioni, adducono o calamitano pensieri, mentre altri ne suscitano i fatti quotidiani, quelli della vita domestica sentita come fragile difesa sugli abissi delle ère geologiche, sui vortici immaginari o no dell'élan vital, sulle spirali della dialettica. Alla fine della prima parte,* pour prendre congé, *l'indirizzo sorprendente:* «La mia valedizione su voi scenda / Chiliasti, amici! Amo la terra, amo // Chi me l'ha data // Chi se la riprende»; *e al termine della seconda la dichiarazione:* «Non sono un Leopardi, lascio poco da ardere / ed è già troppo vivere in percentuale. / Vissi al cinque per cento, non aumentate / la dose».

Si è parlato di scoloritura della materia verbale, di appiattimento del rilievo, di attenuazione dell'incisività, rispetto alle prime tre raccolte. Da Satura *in avanti, il colore dominante è quello della grisaglia; ogni tanto, sempre più di rado, viene lasciata cadere qua e là una tinta isolata. Il bianco e nero di* «Xenia» *con effetti di contrasto quasi iperreali cede allo sfumato, alla linea divagante. Il lettore abituato alla morfologia netta, spesso tagliente, di Montale, alla sua scansione, nota come i segni d'interpunzione vengono a volte tralasciati, mentre aumentano le ipallagi (oggetto di una satira) e gli anacoluti. Il verso diventa sempre più discorsivo, la poesia assume il mimetismo di una quasi-prosa piena di solecismi, luoghi comuni, frasi fatte senza neppure il soccorso o l'alibi delle virgolette. La metrica stenta a uscire indenne da impacci tanto fitti, le strofe faticano a mantenere la loro compattezza. Il bisogno di espressione e quindi di contatto, l'esigenza di corrispondere in qualche modo con un mondo che sembra avere ridotto la sua oggettività a nominalismo, privando di consistenza persino i ricordi, rispondono all'isolamento che età e circostanze impongono. Unica ragione di vita è diventato il verbale, tenuto coraggiosamente a giorno, della propria sconfitta quotidiana. È un'abdicazione della forma, una rinuncia agli incanti della poesia? Il ritmo del Montale estremo e postremo è un'invenzione continua, capace di restituire gli imponderabili d'una coscienza in ascolto di sé, criticamente atteggiata nei propri confronti. Il suo sfioccarsi, dilatarsi, appannarsi, sfibrarsi, prosciugarsi può trovare forse un equivalente nell'ultima pittura di grandi maestri: Lotto specialmente, Tiziano, Turner. Il ritmo che corre sotto parole disadorne e sorvegliatissime, come mostra spesso il lavoro sui manoscritti, è di una precisione e aderenza biologiche, riproduce il movimento del pensiero che si pensa. Poche volte il* De Senectute *è stato illustrato in modo altrettanto nobile, con pari pietas e crudeltà.*

Mentre i primi tre libri «in positivo» richiamano luoghi abitati a lungo o amati in modo particolare: Monterosso, Firenze, la Versilia; nei successivi Milano, che ne è quasi unica scena, non è mai nominata. Vengono rappresentati interni, si disegna qualche scorcio dal balcone o da una finestra, senza mai un'indicazione diretta anche se l'atmosfera è milanese, della Milano agitata dalle folle degli anni Sessanta e Settanta. Quattro libri, a non considerare una buona porzione di La bufera, *affondano le loro radici in suolo ambrosiano, popolato da colonie di immigrati, privato del suo carattere e condannato, si può ben dire, a rappresentare il Progresso. Non si tenta, con questo, di stabilire rapporti; si vuole soltanto delineare la cornice che contiene la parte finale del Libro. La maturazione dell'ultimo Montale avviene a Milano; qui il poeta lavora presso un giornale. Se e quanto l'immersione quotidiana in un ambiente in cui i temi del tempo trovano pronta e fuggevole accoglienza ha influito sulla dimensione dello sterminato repertorio dei motivi montaliani sarebbe azzardato dire; forse non del tutto infondato potrebbe essere il tentativo di stabilire un rapporto tra lo stile «comico», seguito a* La bufera, *con la pratica assidua della professione giornalistica.*

Neppure Quaderno di quattro anni, *che raccoglie la produzione dal '73 al '76 con una breve incursione fino al giugno del '77, e dunque può dirsi l'opus degli Ottanta, sembra avere una struttura visibile. Basta tuttavia addentrarsi in esso per avvertirne il movimento interno, la giustezza del ritmo con cui si succedono le composizioni. La loro disposizione è diversa da quella del* Diario, *anche se la materia e il modo di considerarla non sono cambiati. Nella prima parte l'attenzione è portata sull'equivocità del linguaggio, sulla sua usura, sulla necessità d'impiegarlo con tutta la diffidenza di cui si è capaci. D'altra parte: «L'unica scienza che resti in piedi / l'escatologia / non è una scienza, è un fatto / di tutti i giorni. / Si tratta delle briciole che se ne vanno / senza essere sostituite»: al centro è sempre l'attenzione per i Grandi Problemi, in particolare per quello del Tempo, cui gli altri sembrano ridursi, dall'osservazione quotidiana alla riflessione sugli eoni (se tali possono dirsi le creature che umane o no fanno la spola tra l'eterno e l'accidentale).*

Non appendice ma raccolta conclusiva, Altri versi *deve il suo ordinamento ai curatori dell'edizione critica, cui il poeta affidò inediti dal '72 in avanti (ma il frammento di apertura «... cupole di fogliame da cui sprizza...», nonostante la data 1977 apposta dall'autore, sembrerebbe precedente) e le poesie composte fino al luglio del 1980. Nella prima parte sono liriche dedicate allo* Zeitgeist *mentre la seconda rievoca aspetti, figure, situazioni della vita trascorsa e della poesia che con essa s'identificò. Le ultime cinque poesie, che concludono il* Libro, *sebbene non siano cronologicamente le ultime, sono dedicate ad Annetta: quattro risalgono al '78 e quella di chiusura al '76. Il canzoniere per la diletta, aperto più di mezzo secolo prima, trova conclusione nell'ultimo foglio della silloge per desiderio del poeta che in calce al dattiloscritto della lirica annota: «forse il libro potrebbe finire con questa poesia».*

A correzione o integrazione dell'opinione diffusa, secondo la quale l'astro di Clizia è il più fulgido dell'universo montaliano, nel Libro *formatosi per strati che sembrano ripetere morfologicamente le epoche della vita, la stella Arletta / Annetta nella sua fissità è la più costante, e il suo influsso non è meno profondo di quello dell'altro astro. Se a Clizia si debbono i «mottetti», alla «capinera», come Annetta viene anche chiamata alla fine, vanno* Accelerato, *forse la lirica più arcana e intensa di Montale,* La casa dei doganieri, Il balcone, Ah!

Soltanto ragioni esterne, infine, possono indurre a considerare Quaderno di traduzioni *un'appendice del* Libro. *I nomi degli autori tradotti rendono ragione degli interessi d'un poeta che conside-*

ra alcuni incontri con altri poeti alla stregua di eventi vitali. Sono in gioco affinità elettive, «occasioni» in senso meno drammatico di quello altrove inteso, ma altrettanto nobile: la riprova è data dalla qualità altissima del linguaggio, dal ritmo immediatamente riconoscibile. Più che di traduzioni è giusto parlare di originali eseguiti su spinta, dietro accensione di motivi sentiti come propri. Se i nomi di Eliot e di Guillén, risalenti al '28-29 e al '31, riportano alla temperie della Firenze di «Solaria», visitata sovente da Mario Praz, i rifacimenti dei sonetti di Shakespeare, che il poeta in una lettera attribuisce significativamente a un Guglielmo Crollalanza, sono anteriori al '38 e posteriori al '33; corrispondono al periodo delle Occasioni e all'interesse per una fase della letteratura inglese ispirato da Clizia. Agli stessi anni, forse, è da ricondurre la stupenda Bellezza cangiante di Hopkins, resa nota nel '48; mentre le quattro liriche di Yeats su temi della vecchiaia sono da riportare agli anni Settanta, al periodo più o meno in cui vennero pubblicate (1974). Queste repliche o rifacimenti si disegnano in filigrana sulle pagine delle singole raccolte, secondo una tradizione costante nella nostra lirica.

Le Poesie disperse, edite e inedite, sono distribuite in quattro gruppi. Quello dei dintorni di Ossi di seppia, il più interessante, quello che segue l'apparizione di Satura; in mezzo, una breve sezione raccoglie alcuni componimenti estemporanei o conviviali, d'intonazione giocosa, noti per trasmissione orale, campioni di un repertorio più ampio, che cautela consiglia di lasciare per ora nell'ombra. E in fondo le traduzioni. Le occasioni e La bufera non hanno lasciato residui, depositi di alcun genere.

«La mia poesia va letta insieme, come una poesia sola. Non voglio fare il paragone con la Divina Commedia, ma i miei tre libri li considero come tre cantiche, tre fasi di una vita umana» dichiarò Montale nel 1966, quando Satura era ancora lontana. E nel giugno del '77: «Ho scritto un solo libro, di cui prima ho dato il recto, ora do il verso». È probabile che dal 1981, da quando hanno a disposizione il Libro al completo, i lettori guardino alla poesia montaliana in modo diverso da come facevano. Se è vero che ogni suo singolo libro trovava una definizione migliore, più netta, se guardato dal libro successivo, altrettanto vero è che ora ciascuna delle otto raccolte, considerate ca-

pitoli di un'opera unitaria, possiede ed esprime un significato suscettibile d'integrazioni, aggiustamenti, interpretazioni desuete. Questo libro fattosi da sé, cresciuto su se stesso, non è la testimonianza, il resoconto, la storia di una vita, ma il calco di un'esistenza che ha lasciato una spoglia consustanziale.[13]

Montale era consapevole del significato che la sua opera avrebbe assunto, una volta chiusa; a lungo riluttò a porvi il sigillo. Quando l'ebbe fatto, non cercò più la sua biro, non sollevò più la fodera dalla sua Olivetti. E pochi mesi dopo lasciava Milano, per il poco eppure infinito spazio di San Felice a Ema.

Giorgio Zampa

---

[13] In una lettera a Giovanni Comisso, di cui non è stato fin qui possibile stabilire la data, ma da riportare all'estate del 1925, Montale scrive: «Sono lieto che gli *Ossi* ti trovino benevolo. Non so che valgono; ma sono un libro *fisiologicamente* mio (scritto coi nervi) e per questo mi ci ritrovo».

Cronologia

1896
Eugenio Montale nasce a Genova alle ore ventitré del 12 ottobre in corso Dogali 5 da Domenico (1855-1931) e Giuseppina Ricci (1862-1942). Sembra che i Montale, originari di Corvara o Crovara, antica podesteria nei pressi di Pignone passata dagli Estensi ai Malaspina, si sarebbero insediati a Monterosso al Mare, uno dei paesi delle Cinque Terre, nel 1633, svolgendo in prevalenza attività di notari. Anche la madre, nata a Nervi, appartiene a famiglia di notari.
25 novembre: battesimo nella chiesa parrocchiale di San Tomaso Apostolo impartito da don Francesco Dellacasa.
Prima di Eugenio, Domenico e Giuseppina avevano avuto cinque figli: Salvatore (1885-1972), Ugo (1887-1963), Ernesto (morto subito dopo la nascita, avvenuta nel 1889), Alberto (1890-1978), Marianna (1894-1938).

1902
Iscrizione alla Scuola Elementare Maschile Ambrogio Spinola in via Spinola, dove frequenta i primi quattro anni.

1907
Licenza elementare nella Scuola Giano Grillo in Salita delle Battistine, la via abitata da Friedrich Nietzsche.

1908
Nel gennaio semiconvittore nell'Istituto Vittorino da Feltre, in via A.M. Maragliano, diretto dai Padri Barnabiti. Vice-rettore è padre Giovanni Semeria.
21 maggio: riceve la cresima.

1910
5 maggio: sempre nella cappella dell'Istituto Vittorino da Feltre gli viene impartita la prima comunione. Respinto agli esami, nel 1910-11 ripete la Terza Tecnica.
Come d'abitudine, la famiglia trascorre l'estate a Monterosso, in zona Fegina, nella villa che il padre Domenico, chiamato Domingo, cominciò a costruire insieme con i cugini Domenico e Lorenzo nel 1900.

1911
Iscrizione al Regio Istituto Tecnico Vittorio Emanuele in Largo Zecca.

1913
La famiglia si trasferisce in via Privata Piaggio 8/8.

1915
Durante la prima metà dell'anno, lezioni di canto dal maestro Ernesto Sivori, ex baritono. Letture alla Biblioteca Comunale Berio.
Maggio: all'entrata in guerra dell'Italia, i fratelli Salvatore, Ugo, Alberto sono chiamati alle armi.
Giugno: si licenzia ragioniere al Vittorio Emanuele con buoni voti.
Ottobre: una prima visita militare lo fa «rivedibile».
Prende a frequentare l'ufficio (*scagno* in genovese) della Ditta G.G. Montale e C., in piazza Pellicceria 5/10, che Domenico Montale conduce insieme con i cugini Domenico e Lorenzo. La Ditta importa acqua ragia e colofonia.

1916
Tiene un diario, in seguito distrutto, dove appunta impressioni di lettura, motivi lirici, giudizi ecc.

1917
Letture alla Biblioteca Berio, alla Società di Letture e Conversazioni Scientifiche in piazza Fontane Marose, alla Biblioteca Universitaria. Sodalizio intellettuale con la sorella Marianna che, preso il diploma di Scuola Normale (le attuali Magistrali) nel 1911, nel 1916 ottiene dalla famiglia di iscriversi alla Facoltà di Lettere e Filosofia.
Continua a tenere un diario, pubblicato nel 1983 con il titolo *Quaderno genovese*.
Marzo: alla fine del mese ascolta nel Teatro Carlo Felice un concerto del violoncellista André Hekking e del pianista Luigi La Volpe che eseguo-

no *Les collines d'Anacapri* e *Minstrels* di Claude Debussy: «musica descrittiva e impressionistica piena di sconnessione, di colori e di metri».
13 agosto: terza visita militare. Dopo alcuni giorni di osservazione presso l'Ospedale Militare è dichiarato abile, inviato al Deposito e arruolato nel 23° Reggimento Fanteria di stanza a Novara.
A fine ottobre o ai primi di novembre passa alla Scuola di Applicazione di Fanteria a Parma, per frequentare un corso accelerato come allievo ufficiale.
Incontra a Parma Sergio Solmi, il poeta Francesco Meriano, direttore a Bologna (insieme con Bino Binazzi) della rivista «La Brigata», il futurista Cesare Cerati, Francesco Ettore Crovetta, diventato sacerdote, poi vescovo, Marcello Manni, autore delle parole di *Giovinezza*.

1918
26 gennaio: scrive *Elegia*.
Sempre nel gennaio è assegnato come allievo ufficiale al 158° Reggimento Fanteria, Brigata Liguria. Offertosi volontario, a Schio, quando vengono chiesti due ufficiali da inviare al fronte in Vallarsa (Trentino), gli viene affidato il comando di un posto avanzato in prossimità del villaggio di Valmorbia. Con la data «Monte Lonez ottobre 1918» scrive *Musica silenziosa*.
Alla fine del conflitto è trasferito a Kiens (Val Pusteria), poi al Distaccamento Prigionieri di Guerra di Eremo di Lanzo (Torino), infine al Deposito di Genova.
8 novembre: a Francesco Meriano: «Sono qui a Rovereto, dove sono entrato nel glorioso 3 novembre, e non fra gli ultimi! Dopo sette aspri mesi di guerra e di sacrifizi la fortuna mi concesse di prendere parte anch'io alla riscossa finale [...]».
Novembre: ottiene una licenza di due mesi come studente.
Comincia a corrispondere con Sergio Solmi, che si trova a Torino.
26 novembre: invia a Solmi *Suonatina di pianoforte*.
Risale a quest'anno anche *A galla*, accolta poi in *Satura*.

1919
3 giugno: da Genova, a Francesco Meriano: «Io ti scrivo da una lurida fureria di caserma: sono rientrato al mio deposito, e mi sento tutto pieno di tristezza per aver lasciato Torino dove ho passato in compagnia di Crovella alcuni giorni meravigliosi».
4 agosto: da Genova, a Francesco Meriano: «[...] faccio il travet in un ufficio militare e leggo molto per conto mio: strambissime cose per lo più.

Ogni tanto scribacchio, ma sono proprio della triste categoria degli in-
contentabili. Non importa: cinque o sei pièces serie mi par già di averle
nei cassetti: e se anche una sola di queste valesse sul serio, mi parrebbe sempre abbastanza per proclamarmi qualcuno. [...] Il nostro povero Roccatagliata Ceccardi è morto. Qui era popolarissimo. Era il canto-
re della gente del mio sangue, perché d'origine sono Apuano anch'io».
Dicembre: viaggio a Trieste e a Venezia.

1920
2 gennaio: a Francesco Meriano: «[...] giorni fa conobbi F. de Pisis che
venne a Genova a trovar Bonzi [...]».
Frequenta Angelo Barile, Adriano Grande, Oscar Saccorotti, lo scultore Francesco Messina, soprattutto Mario Bonzi. Pensa a un impiego in banca.
Marzo: compone *Riviere.*
26 maggio: è congedato con il grado di tenente.
Durante l'estate conosce e frequenta a Monterosso la famiglia dell'am-
miraglio della Riserva Guglielmo degli Uberti, che trascorre la villeggiatura nella villa di Lorenzo Montale, contigua a quella abitata da
Eugenio. Conversazioni e gite con le sorelle Mimmina e Anna degli
Uberti; quest'ultima, sedicenne, sarà chiamata da Eugenio «Arletta».
Settembre: incontra a Rapallo Filippo De Pisis, «giovane letterato di
belle speranze».
10 novembre: su «L'Azione» di Genova appare il suo primo articolo,
dedicato a *Trucioli* di Camillo Sbarbaro.

1921
Lamenta con Solmi, oltre a una grave forma di insonnia, «[...] nervi esauriti, costituzione debole, e psicologia pochissimo aderente alla
vita di tutti i giorni; ecco ciò che mi affligge da anni in modo sempre
più grave rendendomi inadatto alla vita pratica non meno che a quella intellettuale».
Riprende a studiare canto con il maestro Ernesto Sivori.

1922
Escono su «Primo Tempo», n. 2, Torino, 15 giugno 1922 *Riviere,* con dedica ad Angelo Barile, e *Accordi,* con il sottotitolo *Sensi e fantasmi di una
adolescente;* nel n. 4-5 dell'agosto-settembre *L'agave su lo scoglio* che comprende *Scirocco, Tramontana, Maestrale.*
28 agosto: da Monterosso scrive a Solmi che è a Torino: «Qui ozio e fac-

cio bagni; appena tornerò in città mi troverò – spero – un impiego per un anno o due e lavorerò anche per "Primo Tempo". In seguito... vedremo – meglio vivere alla giornata».

1923
16 luglio: scrive da Genova a Solmi, che nel frattempo si è trasferito da Torino a Milano: «Questo settembre mi cercherò un impiego a Genova (probabilmente in qualche banca), sperando di non restarci tutta la vita. Non so se resisterò a una vitaccia del genere, posso anzi dubitarne; quel che non posso più fare decorosamente è rimanere disoccupato. In sostanza continuo a camminare in filo di rasoio: né letterato né uomo pratico. [...] Quanto ai versi ne ho scritti più ben pochi, del tipo di quei tre *rottami* che conosci».
23 luglio: muore a settant'anni il maestro Ernesto Sivori. Eugenio interrompe lo studio del canto.
Nel numero 9-10 di «Primo Tempo», ultimo della rivista, appare un saggio su Emilio Cecchi, primo dei tanti con cui Montale accompagna sino alla fine il lavoro di uno scrittore cui rimane sempre fedele.
Comincia a corrispondere con Cecchi.
La famiglia Degli Uberti, che ha la propria residenza a Roma, trascorre per l'ultima volta la villeggiatura estiva a Monterosso; Anna ha diciannove anni.
Nell'autunno primo viaggio a Roma.
Nell'inverno 1923-24 conosce Roberto Bazlen («Bobi»), passato da Trieste a Genova per lavorare presso una ditta d'importazioni, chiamato dal commerciante di origine greca Alessandro Psyllàs. «Quando venne a trovarmi [Bazlen] mandatomi non so da chi, egli fu per me una finestra spalancata su un mondo nuovo. Ci vedevamo ogni giorno in un caffè sotterraneo presso il teatro Carlo Felice di Genova. Mi parlò di Svevo, facendomi poi pervenire i tre romanzi dell'autore stesso; mi fece conoscere molte pagine di Kafka, di Musil (il teatro) e di Altenberg» (*Ricordo di Roberto Bazlen*).

1924
31 maggio: escono su «Il Convegno» cinque liriche della serie *Ossi di seppia* (titolo che appare qui per la prima volta).
27 agosto: da Monterosso, a Solmi: «Non so se ancora ti ho detto che Gobetti mi ha scritto parole di lode e sembra tentatissimo di farsi mio editore».

1° settembre: appaiono, su «Le Opere e i Giorni», *Fine dell'infanzia, Gloria del disteso mezzogiorno...* (quest'ultima con titolo *Meriggio), Vasca.* Conosce a Viareggio Enrico Pea.

Frequenta a Carrara la casa di Cesare Vico Lodovici, dove conosce l'architetto Nicoli e la moglie Paola.

Ottobre: a Roma, dove Montale si era recato, Alfredo Gargiulo gli parla di un possibile impiego presso la biblioteca dell'Istituto Internazionale d'Agricoltura, in cui egli stesso lavora. Sempre a Roma visita Emilio Cecchi.

Novembre: è a Milano per cercare un posto di giornalista. Conosce Enzo Ferrieri, direttore di «Il Convegno», Carlo Linati, Sibilla Aleramo, Margherita Sarfatti.

1925

Nel gennaio esce su «Il Baretti» il saggio *Stile e tradizione,* cui seguono nel corso dell'anno due recensioni (Valéry Larbaud, Ivan Cankar). Altre recensioni su «Il Lavoro», «La Rassegna», «Il Convegno», «L'Esame»; nel numero novembre-dicembre di quest'ultimo appare *Omaggio a Italo Svevo.*

5 aprile: a Solmi: «Il mio libretto *Ossi di seppia* va in macchina ora [...]». Roberto Bazlen lascia Genova per tornare a Trieste.

2 giugno: a Bazlen: «Il mio libro – ancora tagliato da me – esce in scorretta e brutta edizione. Debenedetti non se n'è curato, credo, né mi ha scritto nulla. Gobetti idem – [...]».

26 settembre: a Solmi: «Se vai da Somaré fatti mostrare il Convegno ultimo, dove Linati avalla l'opinione di [Alessandro] Pellegrini ch'io sono un *imitatore* di Valéry! (Del quale conosco solo, e da 3 mesi, le tre pièces stampate nell'Antologia du Sagittaire!)».

Si reca a Roma per ringraziare di persona Emilio Cecchi, che il 31 ottobre ha recensito su «Il Secolo» *Ossi di seppia.* Lo accompagna sino a Firenze Francesco Messina.

15 dicembre: a Solmi: «Ho saputo [...] che se Ansaldo si fermava al *Lavoro,* mi avrebbe preso con sé, parrebbe a buone condizioni. Amen!».

1926

30 gennaio: esce, su «Il Quindicinale», *Presentazione di Italo Svevo.* Comincia la collaborazione a «L'Italia che scrive» e a «La Fiera Letteraria».

16 aprile: a Solmi: «Accetterei in realtà un impiego, ma è difficile trovarlo, e le mie alte (!) conoscenze mi rendono ancor più ardua la cosa. Sono in parecchi a consigliarmi questa decisione (Svevo, Bobi, Cecchi

etc.), ed io stesso ne vedo la necessità assoluta. Nelle condizioni in cui mi trovo, da anni, non dedico agli studi o alle lettere più di mezz'ora al giorno. Un tempo che nessuno mi potrebbe sottrarre, anche nella vita del travet».

28 maggio: a Solmi: «Salvo novità io m'impiegherò a Milano, in Agosto o Settembre – se troverò posto. E darò un addio alla letteratura. Vivessi mill'anni qui, non romperò mai quella scorza di camarille, di mafie ecc. che è infrangibile e impermeabile: almeno per me. A Milano mi riuscirà più dignitoso fare lo spazzino o simil mestieri. Se dovessi vivere ancora sei mesi nelle condizioni di questi ultimi due anni, son certo che impazzirei. Ma non lascerò passare sei mesi [...]».

2 giugno: a Solmi: «Qui poi sono un *outcast* in tutti i sensi, un pezzo fuori dell'ingranaggio. La stretta fascista qui è diventata forte, e chi non è dei loro non può vivere. Nelle 2 giornate del duce sono successi deliri incredibili. I giornalisti esteri erano sbalorditi [...]».

9 giugno: a Giacomo Debenedetti: «Fui tre giorni a Trieste, ospite di Svevo, e ho conosciuto Saba e Benco, coi quali ho stretto amicizia [...] Il ferragosto sarò probabilmente a Bocca di Magra coi Lodovici. [...] Da molti mesi sto assai male e ho sospeso ogni lavoro intellettuale. In Settembre vorrei stabilirmi a Milano, in qualità di travet in qualche azienda [...] Naturalmente do addio alle lettere, o entro, tutt'al più, in una "fase sotterranea" – come dice l'amico Gargiulo».

28 settembre: da Monterosso, a Solmi: «Debbo annunziarti [...] che avrò domani o dopo un colloquio con l'editore Bemporad per il quale ho una presentazione piuttosto buona, e spero potrà procurarmi del lavoro adatto per me, e forse assumermi ai suoi servizi».

8 ottobre: a Solmi: «Col 1° novembre entro da B[emporad] a Firenze, per un esperimento impiegatizio [...] Sarà un lavoro aridissimo (la produzione è quasi tutta scolastica), ma sono rassegnato [...]».

7 novembre: a Solmi: «Sono ancora qui! Ero andato a Firenze il 1°, non avendo ricevuto una lettera di Bemp.: che mi pregava di soprassedere al mio trasloco per un mese o al massimo due. E così son tornato, dopo molte spese, seccature etc. [...]».

Novembre: chiede a Orlo Williams, a Londra, l'indirizzo di T.S. Eliot.

1927

15 gennaio: a Solmi: «Bemporad mi ha scritto una lettera sibillina e credo si rimangi la formale promessa. Penso che deciderà entro Gennaio. Non so dove sbatterò la testa. Il peggior guaio è che mi vado *cristalliz-*

zando in uno stato d'animo da *raté*; e temo che non ci saranno rimedi. Meglio, molto meglio la vita del povero bancario!».

4-8 febbraio: tra il 4, giorno in cui indirizza a Debenedetti una lettera da Genova, e l'8, quando scrive a Solmi da Firenze su carta intestata «R. Bemporad & Figlio», arrivo a Firenze. Risiede in via del Pratellino 7, in una camera affittata dalle sorelle Colombini, gerenti l'omonima pensione; si iscrive all'anagrafe come residente il 9 giugno (per esserne cancellato il 3 giugno 1955).

29 febbraio: a Solmi: «Io ho passato giorni funesti. Ora, da due giorni, vado un po' meglio. Speriamo. Ma non ho un soldo e da mesi non leggo un rigo. Non parliamo della Musa. Credo di essere definitivamente secco [...]».

Nel gennaio comincia la collaborazione a «L'Ambrosiano»; nel marzo a «Solaria»; dal novembre tiene regolarmente su «La Fiera Letteraria» una rubrica di libri di poesia. Continua a scrivere su «Il Convegno».

25 marzo: a Solmi: «Lavoro stupidamente, non molto finora, ma con le otto ore d'orario, e senza sabato inglese; e credo che il lavoro crescerà. [...] Vedo parecchia gente senza cercarla: Papini, Sensani, Bastianelli, Palmieri, Carena etc., oltre i giovincelli di Solaria, fra i quali simpatico è Tecchi».

20 giugno: a Italo Svevo: «Ho conosciuto qui una simpatica e intelligente sua ammiratrice, parente stretta del suo vecchio conoscente (e amico?) dr. E. Tanzi. Questa ex-signorina Tanzi, che ha sposato il critico d'arte Matteo Marangoni, porta il bizzarro nome di Drusilla. [...] Abita qui a Firenze in via Benedetto Varchi 6, pian terreno».

21 giugno: a Sibilla Aleramo: «Qui non mi troverei male, se avessi un po' di tempo libero, o almeno un più ricco modo di sbarcare il lunario».

21 giugno: a Solmi: «È venuto qui due giorni Cecchi, e abbiamo parlato molto. Mi pare siamo ormai – nei limiti del possibile – molto amici. Siamo anche al *tu* da qualche tempo. Dapprima stentavo ad abituarmici». Sul numero di giugno di «Solaria» appare *Arsenio*.

29 luglio: a Solmi: «Gromo vuol ristampare Ossi di seppia: io ho annuito e cercherò di avere la prefazione di Gargiulo, per rifare un poco di verginità al libro».

22 agosto: a Solmi: «Gli Ossi saranno ristampati in 450 copie più 22 di lusso da L. 45 la copia. Gargiulo ha accettato con piacere di scriverne l'introduzione».

22 agosto: a Italo Svevo: «Io parlavo giorni fa con un poeta americano molto amico di Joyce ed Eliot, il poeta Ezra Pound al quale Ella deve farmi il favore di mandare *Senilità* che ammira attraverso il *sentito dire*

dei cenacoli. (Indirizzo: Via Marsala, Rapallo); e questo Pound che passa per un genio (Eliot gli ha dedicato un poema) mi dice corna del mondo anglosassone e un mondo di bene del nostro mondo. – Anche Bobi è ammiratore di Pound. Chi si orizzonta più?».

1928

2 gennaio: a Solmi: «[...] spero che avrai fatto buon anno; io con Bobi, Gerti (chiedere informazioni a Menassé) e i Marangoni. – A mezzanotte fusioni di piombi, liturgia, riti magici e libazioni ad honorem (anche per te). Dio ce la mandi buona. Ora sono partiti tutti».

11 gennaio: a Solmi: «Avevo cominciato per ordine di Bobi una poesia in francese, della lunghezza di 93 versi, in onore di una sua amica triestina-viennese, ma l'estro non m'ha per ora ripreso e dopo dieci mediocri alessandrini ho smesso».

17 gennaio: a Solmi: «Gli *Ossi* sono usciti: l'edizione è buona, a giudicare dalla copia di lusso che ho avuto; non ho visto le altre. Appena posso ti mando il libro; e tu mi dirai l'impressione d'insieme che t'ha fatta. Ma ormai per te e per me è una minestra riscaldata, che dà poco gusto».

20 marzo: a Solmi: «Il mio padrone dopo un anno (anzi un anno e mezzo) di promesse e sorrisi rifiuta di mettermi in grado di sbarcare il lunario, né oggi né per il futuro. (Testuale) [...] Finora avevo (e ho) una paga da dattilografa, e mi è stata anzi ribassata! Ergo, è assai probabile che debba lasciare Firenze e la Ditta B., e che mi trovi in alto mare. [...] Può perfin darsi che il buon Curzio che è magister alla Voce di Roma abbia bisogno di un impiegatuccio senza pretese come me. [...] Ripeto che non ho pretese: ma qui ero sulle spalle della famiglia».

17 aprile: a Solmi: «Ti unisco anche una mia recente poesia, l'unica che abbia scritta dopo Arsenio. Vorrei il tuo parere molto severo, specie sulla ripetizione finale che temo rettorica e sulla oscurità di alcuni "pretesti" che io non ho voluto apposta chiarire di più perché sono solo pretesti. (Sono però veri, esattissimi). È una poesia di commissione fatta per un'amica di Bobi [*Carnevale di Gerti*]».

21 maggio: a Solmi: «Io sempre maluccio ma pazienza! Sarà questione di poco tempo, poi sarò di nuovo a spasso!!».

26 giugno: a Solmi: «Con i primi di luglio se mi scrivi indirizza a Monterosso al mare (Spezia). Dalla Bemporad vado via con una specie di *aspettativa* che mi darebbe possibilità di rientrare in Settembre qualora siano avvenute (è molto dubbio) trasformazioni importanti. È persino possibile una fusione con la "Mondadori"...».

14 settembre: da Firenze, a Solmi: «Io vivacchio: non sono stato *riassunto* come credi: ero in aspettativa e ho ripreso. *Ma per poco* [...]».
Continua la rubrica "Libri di poesia" su «La Fiera Letteraria»; collabora a «L'Ambrosiano» e a «Solaria».

1929

26 marzo: dal Verbale di Adunanza della Commissione Amministratrice del Gabinetto G.P. Vieusseux, Firenze, estratto: «... omissis "il Presidente informa come, valendosi dell'aiuto dello stesso dr. Tecchi, egli abbia pensato a designare come successore di lui, nell'ufficio di Direttore, il signor Eugenio Montale. Il Consiglio approva la scelta del Presidente. Eugenio Montale è nominato direttore per un periodo di prova di sei mesi, come già fu fatto per il dr. Tecchi. Il suo onorario, nei primi sei mesi, sarà di L. 1000 nette"».
3 giugno: a Solmi: «Pel Vieusseux sono infatti contento; ma l'istituto è in tali condizioni finanziarie che mi preoccupano assai».
Con il giugno comincia a collaborare con recensioni a «Pegaso». Si trasferisce come ospite pagante nell'abitazione di Matteo e Drusilla Marangoni, in via Benedetto Varchi 6, dove occupa una stanza in un seminterrato.
Agosto: a Chamonix con Giansiro Ferrata.
Settembre: per la prima volta a Parigi.
16 settembre: da Firenze, a Solmi: «La città e in genere la Francia e la Svizzera mi hanno fatto molta impressione e ci tornerò più volte prima di crepare [...] Per me non ho fatto più nulla; non trovo un filone diverso da quello degli ossi o per lo meno lo intravedo appena. Lo stesso deve essere successo a Ungaretti dopo il primo libro. E anche il mio vecchio filo non dà che stanche ripetizioni delle prime cose. Avrei bisogno di vivere, di viaggiare e di maturare nuove esperienze; e chi può farlo?».
2 dicembre: a Solmi: «Io dovrei fare la 3ª ediz. del mio libro, esaurito; ma Gromo si rifiuta, faute d'argent. Il libro però è suo!».

1930

Assidua collaborazione con recensioni a «Pegaso».
18 febbraio: a Solmi: «Ieri sono stato riconfermato ufficialmente – e ormai definitivamente – nella mia alta (!) carica al Vieusseux».
27 marzo: a Solmi: «Comprendo bene le minacce politiche del R[...], ma non credo che riuscirebbe a scalzarmi dal mio posto, essendoci stato messo dal Segret. Federale di Firenze (Pavolini) che mi sa bigio e mi stima lo stesso».

14 maggio: a Solmi: «Io ho offerto il mio libro a Preda per una 3ª ediz. ma sono giunto troppo tardi».

3 giugno: a Solmi: «Sono stato due giorni a Venezia e tre giorni a Trieste, ma senza Svevo fa un po' di malinconia. Però è sempre una città viva [...] Ho volato da Venezia a Trieste, in idrovolante: non è molto divertente, però non fa paura. Qui ho visto Cecchi che va in California e al Messico».

8 luglio: a Solmi: «Io ho offerto il mio libro a Carabba. Staremo a vedere. L'ho conosciuto qui, e mi pare un buon uomo».

14 luglio: a Solmi: «Carabba ha accettato gli *Ossi*. [...] A Scheiwiller mi piacerebbe dare una plaquette, nel '31, se avrò un gruppetto di poesie nuove. Chissà...».

13 novembre: a Giovanni Scheiwiller: «[...] quel mio libro verrebbe di 80/90 pag. e inedito. Ma non so se sarà pronto prima del 2° semestre del 1932; [...] fra un anno le sarò quindi preciso, come si dice in commercio. A me interessa solo che mi sia riservato un posto fra i volumetti da stamparsi in futuro».

25 novembre: a Solmi: «Debbo rispedire il ms. del mio libro a Carabba per la 3ª ediz. Capasso mi suggerisce di eliminare del tutto la poesia *Vasca*, che nella 2ª parte è orrida; sarei anch'io del parere. Che te ne pare? Aggiunte non ne faccio».

1931

4 febbraio: a Solmi: «A giorni riescono gli *Ossi* con copertina barilliana di Scipione. Rideremo. Mi pare il libro di un altro».

19 febbraio: a Solmi: «A giorni esce la 3ª del mio libro con copertina *fantaisiste* di Scipione. Povero Carabba, sarà un cattivo affare».

8 maggio: a Solmi: «Sento da Giansiro che Carabba ti ha mandato gli *Ossi* con la copertina di Scipione; a me non dispiace troppo».

16 maggio: a Solmi: «I poemi per Scheiwiller andranno nel 1935 o nel 1960; I have no banane to day. Leggo romanzi polizieschi [1] per imparare l'inglese. [...] [In nota:] [1] e stamane ho anche arrestato un ladro!!!!!».

Giugno: muore a Genova il padre Domenico Montale.

22 luglio: a Solmi: «Io non riesco a leggere – e per conseguenza non riesco a recensire nessun libro [...] Mi trovo in condizioni che bisogna aver provato per comprendere. In un certo senso passo gli anni più difficili della mia vita. Se potessi arricchire la mia mente con qualche viaggio serio e un po' di letture urgenti (quanti vuoti nel mio cervello!) potrei avere una ripresa».

27 agosto: a Quasimodo: «Sono tornato da Ginevra e mi affretto a farmi vivo».
Durante l'anno pubblica sei articoli, dei quali tre su «Pegaso» e due su «Solaria».

1932
8 febbraio: a Giovanni Scheiwiller: «Le sono molto riconoscente di non aver dimenticato il mio vecchio desiderio di pubblicare presso di Lei un mio nuovo libro di versi. Trovare un editore per roba simile, a questi chiari di luna, è una vera rarità... Il guaio è che anche per quest'anno io non avrò nulla di pronto, e debbo contentarmi di manifestarLe la mia gratitudine e di attendere... il futuro».
19 maggio: a Solmi: «A giorni mi pubblicano la *plaquette* dell'Antico Fattore; è abbastanza carina, ma val poco».
Nell'agosto è a Londra.
10 ottobre: a Lucia Rodocanachi: «Del mio viaggio non ho scritto a nessuno. Norimberga è molto noiosa ma Vienna è bella e le donne tedesche mi sembrano meno brutte del prevedibile [...]».
Pubblica nell'anno cinque articoli, tre su «Pegaso», due su «L'Italia Letteraria».
A fine anno esce il fascicolo di «Circoli» dedicato alla moderna poesia nordamericana, con l'*Omaggio a T.S. Eliot*.

1933
In primavera Irma Brandeis, una giovane italianista americana che ha letto *Ossi di seppia*, si reca a salutare Montale al Gabinetto Vieusseux. È l'inizio di una relazione che tra alterne vicende dura fino al 1939. A I. B., protagonista del libro, sono dedicate *Le occasioni*.
Agosto: villeggiatura a Eastbourne, soste a Parigi e a Londra.

1934
31 luglio: a Solmi: «Ho avuto già una diecina di giorni che ho passato a Venezia dove ho assistito alla spaventevole recita shakespeariana e alla Bottega del Caffè, molto riuscita e piacevole».
Agosto: Irma Brandeis è di nuovo a Firenze.
Settembre: viaggio a Napoli, amicizia con Alberto Consiglio.
Escono durante l'anno tre articoli su «Pan».

1935
Cartolina postale a Solmi, con timbro postale del 12 ottobre, datata a

penna «12 ottobre 1896»: «[...] senza volere ho scritto la mia data... di nascita. Infatti compio oggi 39 anni, solo come un cane e senza voglia di vivere di più. [...] Se non ti scrivo quasi mai è sempre per il mio stato d'animo che non potrebbe essere più depresso e fallimentare. Non è stato saggio puntar tutto su un po' di letteratura e rinunziare alla vita, che dopo tutto è l'unica cosa che abbiamo. E non è stato neppure coraggioso. Ma ormai è inutile recriminare».

1936
26 febbraio: a Solmi: «Non scrivo perché sto peggio di prima e non intendo seccare gli amici. C'entreranno per la loro parte anche i tempi che attraversiamo e che io risento in modo spasmodico».
15 novembre: esce un solo articolo (recensione a *I due compagni* di Giovanni Comisso) su «Quadrivio», settimanale diretto da Telesio Interlandi.
12 dicembre: a Giovanni Scheiwiller: «Io potrei proporLe una via di mezzo tra il libro-Sinisgalli e il libro-Quasimodo: un volumetto di circa pag. 40 in tutto eguale a quello di Carrieri, e contenente circa *20* poesie e qualche nota. Copie *200*. Compenso: zero, ma varie copie in dono. Proprietà letteraria: mia, dopo due anni dalla pubblicazione (ma non ristamperei che con molte aggiunte, titolo diverso ecc. un altro libro, insomma). Titolo del volumetto: da stabilirsi. Consegna del ms: alla fine di Gennaio. Pubblicaz. Febbraio. Se non le conviene non faccia complimenti. [...] [P.S.:] Non vorrei assolut. più di 200 copie; non offro un libro ma un'anticipazione di libro».
28 dicembre: a Giovanni Scheiwiller: «Voglia scusarmi, ma è solo per ragioni tipografiche che non posso darle un libro per la piccola collezione: ho versi troppo lunghi, che andrebbero spezzati, e troppi spazi e strofe. Peccato!».

1937
5 gennaio: a Solmi: «So che hai fatto altre poesie, mi piacerebbe vederle e farne pubblicare qualcuna nella rivista di Bonsanti.
Io ne ho scritto 23 in 11 anni e alcune devono essere anche brutte assai; quando ne avrò una quarantina farò il mio 2° e ultimo libro».
11 gennaio: a Solmi: «Avrai visto lo scherzo che mi ha fatto *Meridiano di Roma*, ricopiando quel pezzetto che avevo dato come curioso autografo, e non senza un errore [*Dora Markus*]. È roba vecchia. Il buffo è che a molti piace più di altre cose mie; e dicono che sta benissimo a sé. L'art. di Consiglio è poi curiosissimo. Dì a chi si scandalizza che in

quegli amori epistolari c'è il 90/100 di esagerazione. Ma l'intenzione era di farmi onore [...]».
Nell'anno esce un articolo (sulle poesie di Henry Furst) in «Omnibus» del 16 ottobre.

1938
4 agosto: a Bazlen: «Come saprai (ma conserva *il segreto!*) ho il 90% di probabilità di andar via di qui [dal Gabinetto Vieusseux] entro il mese di settembre. Questo fatto, unito a certi recenti provvedimenti razzistici che sai e che seguiranno, mi ha fatto sentire come necessario di riunirmi coûte con chi supponi. [...] Non ti spaventare, non chiedo risposta a queste domande. Ma vorrei da te un'opinione sintetica. Che altra via di uscita ho, tra il colpo di rivoltella e il ... piroscafo?».
15 ottobre: muore a Milano a quarantaquattro anni Marianna Montale, sposata Vignolo.
29 ottobre: a Bazlen: «Riguardo all'America, per ora non sono neppure *licenziato*. [...] Per il passaporto (che non ho) il solo visto degli U.S.A. porterà via 1 mese. Potrò partire dunque, al massimo in febbraio. E tutto sarà terribile. Può anche succedere che mi tiri una revolverata prima di febbraio».
Escono in rivista quattro mottetti.
Nessun articolo né recensione.
1° dicembre:
«Verbale di Adunanza del Consiglio d'Amministrazione del Gabinetto G.P. Vieusseux, in data 1 dicembre 1938 in Palazzo Vecchio.
... omissis. "Il Consiglio prende quindi la seguente deliberazione:
Considerato come le condizioni finanziarie del Gabinetto G.P. Vieusseux siano in questi ultimi tempi tali da impedire la continuazione di un proficuo funzionamento del medesimo;
Udito il Presidente, il quale riferisce sulle trattative corse col Federale e col Commissario dell'Azienda di Turismo, in seguito alle quali la locale Federazione fascista si è dimostrata pronta a venire in aiuto dell'Ente purché questo si metta in grado di poter essere opportunamente utilizzato anche ai fini del 'Centro informazioni sul Fascismo per stranieri' che funziona presso la Casa del Fascio di Firenze;
Ritenuto come sia quindi necessario che la direzione del Gabinetto sia affidata a persona fornita anche di speciali requisiti occorrenti in rapporto all'accennata nuova funzione, fra i quali certamente da comprendersi l'appartenenza al P.N.F.;
Ritenuto come il signor Montale Eugenio, attuale direttore del Gabi-

netto, nonostante i suoi meriti letterari e lo zelo e competenza fin qui
dimostrati nell'adempimento delle sue funzioni, non sia fornito dei requisiti speciali suaccennati;
Visto il R.D.L. 13 novembre 1924, n° 1825;

DELIBERA

1° di dispensare il dottor Eugenio Montale dall'ufficio di Direttore;
2° di stabilire che al dott. Eugenio Montale sia corrisposta l'indennità
di preavviso e quella di licenziamento a forma del suindicato R.D.L.
13 novembre 1924, n° 1825;
3° di ringraziare il detto dr. Montale per l'opera dal medesimo fin
qui prestata con zelo ed intelligenza nell'adempimento delle sue
funzioni."
Sono presenti: il conte Paolo Venerosi Pesciolini, podestà di Firenze, il prof. Jacopo Mazzei, il marchese Niccolò Antinori, il prof. Mario Salmi, il prof. Carlo Pellegrini, l'avv. Paolo Teruzzi, il prof. Piero Rebora.»

1939
Escono in rivista tre mottetti.
Comincia l'attività di traduttore.
Aprile: si trasferisce con la signora Marangoni, familiarmente chiamata «Mosca», in un appartamento all'ultimo piano di viale Duca di Genova 38/A (oggi viale Amendola). Sulla facciata della casa nel 1982 è
stata apposta una lapide.
1° maggio: a Bazlen: «M'hanno offerto il posto di Direttore della Galleria dell'Arcobaleno di Venezia (arte dell'800 e di oggi). [...] Naufra-
ga completamente il progetto America al quale la mia disoccupazione
teneva le porte ancora aperte. Ho evitato due suicidi in due mesi e mi
sento proprio impazzire».
18 giugno: da Firenze, a Bazlen: «Ho spedito il ms. a Einaudi. Sono 50
poesie di cui 40 brevi e 17 sono inedite. Verrà un 120 pagine. Versi 1131
di fronte ai 1600 degli *Ossi*. Totale versi 2731; Leopardi ne ha scritto
(esclusa la Batracomiomachia) 3996. Sono in credito di versi 1265, ma
spero che creperò creditore. Ora la fontana si è ben chiusa per molto
tempo. Ho cominciato a tradurre Timone d'Atene, poi passerò al Racconto d'inverno. Devo consegnare entro Dicembre».
11 ottobre: si presenta all'Ospedale Militare per una visita di control-
lo. Ottiene sei mesi di licenza di convalescenza.
Fine ottobre: escono a Torino *Le occasioni*.

1940

Esce un solo articolo (recensione a *Il ricordo della Basca* di Antonio Delfini).

Esce la traduzione di *La battaglia* di John Steinbeck.

1941

Dopo una visita collegiale all'Ospedale Militare di Firenze viene messo in congedo definitivo per «sindrome neuropsicastenica costituzionale». Nella raccolta *Narratori spagnoli* a cura di Carlo Bo appaiono tradotti: *Il matrimonio truffaldino*; *Colloquio dei cani*; *Colloquio di Scipione e Bergonza* di Miguel de Cervantes; *Il raggio di luna* di Gustavo Adolfo Bécquer; *Frottole* di Ramón Gómez de La Serna.

Nel *Teatro elisabettiano* a cura di Alfredo Obertello, appare tradotta *La tragica storia del dottor Faust* di Christopher Marlowe. Nel *Teatro spagnolo* a cura di Elio Vittorini, traduzioni di: *Intermezzo della sentinella all'erta*; *Intermezzo del quadro delle meraviglie*; *Intermezzo del vecchio geloso* di Miguel de Cervantes.

Esce tradotto *Il mio mondo è qui* di Dorothy Parker.

Appare un solo articolo, su «Oggi», *La poesia come arte*.

14 novembre: da Firenze, a Bazlen: «Ho pochissimo tempo, forse non ne avrò presto più affatto, se verrà a bomba un certo pseudo-impiego che dovrebbe portarmi a Roma [...] E ho impegni grossi. L'antologia di De Foe mi porterà via 4 mesi e forse più [...] Inoltre dovrei fare per Corticelli un Foscolo: prefazione solo, ma che richiede un paio di mesi di letture. [...] (Ma non è sicurissimo che la faccia). C'è di più: è facile che completi gli Intermezzi di Cervantes (altri 5) per farne un libro da Bompiani. È un lavoro di due mesi. Inoltre Sansoni vorrebbe (ma ancora non ho accettato) un *Middlemarch* (1000 pagine) [...]».

1942

Settembre-ottobre: su «L'Italia che scrive» esce il saggio *Sulla poesia di Campana*.

Escono in *Americana. Raccolta di narratori dalle origini ai nostri giorni*, a cura di Elio Vittorini, traduzioni di racconti di Nathaniel Hawthorne, Herman Melville, Mark Twain, Francis Bret Harte, Evelyn Scott, F. Scott Fitzgerald, Kay Boyle, William Faulkner.

Esce *La storia di Billy Budd* di Herman Melville.

Novembre: muore a Monterosso, dove è sfollata dopo i bombardamenti di Genova, la madre Giuseppina.

Novembre: a Giulio Einaudi: «La mia casa di Genova [in via Cesare

Cabella] coi miei libri, è andata distrutta completamente; mia madre (non però in relazione con questo fatto) è morta. Se fosse stata a Genova morivamo tutti con lei. Ora mi sono messo a tradurre per smaltire i vecchi impegni, ma può immaginarsi in quale stato d'animo...».

1943
Scrive la prefazione al volume *Liriche cinesi* (1753 a.C. - 1278 d.C.) curato da Giorgia Valensin.
21 aprile: da Firenze, a Gianfranco Contini: «[...] oggi o domani ti mando a parte il fascicoletto di 15 poesie, col titolo di "Finisterre". Ma non tutte le liriche sono di argomento apocalittico e così dovrai dirmi subito se il libruccio può reggere un simile titolo».
Esce presso le Edizioni del Teatro dell'Università di Roma la traduzione di *Strange Interlude* di Eugene O'Neill. Per questo lavoro sarà citato per utilizzazione illecita dalla traduttrice Bice Chiappelli.
Esce a Lugano, in una collana curata dall'avvocato Pino Bernasconi, *Finisterre*.
16 agosto: da Firenze, a Bazlen: «Le mie poesie post-2ª ediz. Occasioni sono tutte riunite nel volumetto che porta il titolo di *Finisterre* (Quaderni di Lugano, n° 6 della Collezione, 1943); a eccezione di una fuori serie – (*Due nel crepuscolo*) apparsa in *Primato* due mesi fa, circa. Il volumetto è stato incettato all'uscita (150 copie) e per ora io ne ho avuto una copia sola; se sarà possibile non mancherò di fartelo avere, in modo che il tuo giovane amico potrà almeno leggerlo. Ma credo che rimarrà una pubblicaz. per bibliografi, una curiosità. È uscito oltre un mese prima della caduta di casa Usher, e porta un'epigrafe poco favorevole al (quasi) deceduto signore. [...] Ho tradotto e ridotto un Amleto per l'attore Cialente, ma non è roba da pubblicarsi, e ora che distruggono i teatri temo di aver lavorato per nulla».

1944
Nell'inverno '43-44 accoglie nella casa di viale Duca di Genova Umberto Saba, Carlo Levi e altri amici costretti a condurre vita clandestina.
Agosto: durante i giorni dell'«emergenza» si rifugia con Mosca nell'appartamento di Ranuccio Bianchi Bandinelli in via Cavour 81.
Nel settembre Mosca è colpita da una grave forma di spondilite; nell'inverno trascorre alcune settimane nella clinica Palumbo di via Venezia, dopo diagnosi, manifestatasi poi errata, di cancro.
14 novembre: a Giorgio Zampa: «Stiamo bene, senza danni o distruzioni. Però abbiamo passato brutti giorni. Per dire il vero la mosca [*sic*] è

quasi sempre a letto per una grave nevrite, la casa è fredda, le provviste scarse, per me nessuna possibilità di lavoro».

1945
Montale fa parte del Comitato per la cultura e l'arte nominato dal Comitato di Liberazione Nazionale. Si iscrive al Partito d'Azione; gli viene offerta, insieme con Leo Valiani, la condirezione del quotidiano «L'Italia Libera».
Scrive cronache teatrali per «La Nazione del Popolo» di Firenze.
Esce presso l'editore Barbèra di Firenze la seconda edizione aumentata di *Finisterre*.
Aprile: fonda con Alessandro Bonsanti, Arturo Loria, Eugenio Scaravelli il quindicinale «Il Mondo», al quale collabora con assiduità.
Nella primavera Mosca si riprende e in maggio si reca con Montale a Vittoria Apuana, Pensione Bertelli. Qui Montale, incoraggiato da Raffaele De Grada, comincia a dipingere a olio, poi a pastello e a tempera mista.

1946
Comincia a collaborare al «Corriere d'Informazione», al «Corriere della Sera» (diretto da Mario Borsa), a «La Lettura» (diretta da Filippo Sacchi), il più delle volte con racconti.
Nel primo numero de «La Rassegna d'Italia» diretta da Francesco Flora, apparso a Milano nel gennaio, esce *Intenzioni (Intervista immaginaria)*.
Trascorre l'estate a Forte dei Marmi (Casa Pallotti, Vittoria Apuana).
17 luglio: da Forte dei Marmi, a Gianfranco Contini: «[...] a Firenze ho avuto ospite per 3 giorni l'Eluardo [Paul Éluard], prima che firmasse il fatale manifesto. È abbastanza simpatico e incolto. Ha dormito nel mio letto, che venderò a qualche suo ammiratore...».
6 settembre: Mosca a Giorgio Zampa: «Il nostro caro pittore fa bellissimi quadri e soffre di non dipingere dalla mattina alla sera».
Il 5 ottobre «Il Mondo» cessa le sue pubblicazioni.

1947
24 gennaio: legge nell'Auditorium IV del Politecnico Federale di Zurigo la conferenza *Poeta suo malgrado*. Tiene cinque conferenze in quattro giorni.
10 febbraio: da Firenze, a Gianfranco Contini: «A Milano un orrore di neve e di gelo; qui invece si sta discretamente – se non fosse per la gente incivile che mi tocca incontrare».

Pubblica ventuno articoli sul «Corriere della Sera» e sul «Corriere d'Informazione». Collabora al «Corriere del Ticino».

1948
29 gennaio: è assunto come redattore del «Corriere della Sera» da Guglielmo Emmanuel. Per contratto si impegna a consegnare mensilmente cinque articoli più traduzioni.
Divide la stanza con Indro Montanelli.
31 gennaio: sul «Corriere della Sera» appare anonimo come editoriale, redatto da Montale, il necrologio di Gandhi, morto il giorno prima.
Si trasferisce da Firenze a Milano, dove abita all'Albergo Ambasciatori, in Galleria del Corso.
Marzo: insieme con Alberto Moravia e Elsa Morante si reca in Inghilterra, invitato dal British Council. Incontra a Londra G.B.H., giovane signora italiana impiegata in un'agenzia di viaggi, conosciuta a Firenze nel 1945. Conosce T.S. Eliot di persona.
4 marzo: legge sue poesie nell'Academy Hall di Londra insieme con Herbert Read, Alberto Moravia, Louis Macneice, C. Day Lewis.
Giugno: è di nuovo in Gran Bretagna, inviato dal giornale per corrispondenze di carattere aeronautico. Frequenta la signora G.B.H.
Settembre: scrive sugli Incontri Internazionali sull'Arte Contemporanea a Ginevra; intervista a Merlinge Maria José di Savoia.
Settembre: esce *Quaderno di traduzioni* presso le Edizioni della Meridiana, Milano.
4 ottobre: a Giorgio Zampa: «All'albergo non posso leggere né scrivere. [...] Temo che gli amici fiorentini trovino qualche ragionevole pretesto per mettere una pietra tombale su di me...».
Dicembre: segue i lavori della III Conferenza dell'Unesco a Beirut. Corrispondenze da Beirut, Palmira, Tripoli di Siria. Visita anche Damasco e B'abda.

1949
Gennaio: incontra Maria Luisa Spaziani.
Oltre a racconti, corrispondenze, interviste, consegna al giornale recensioni e articoli di varietà letteraria.
Settembre: torna a Ginevra per gli Incontri Internazionali. Esce a Milano la traduzione di *Amleto*, approntata nel '43 per l'attore Renato Cialente.
Dicembre: è a Losanna per la Conferenza europea della Cultura.

1950

La sua collaborazione al «Corriere della Sera» diventa prevalentemente letteraria.

Luglio: si reca in volo a New York per l'inaugurazione della linea Roma - New York - Roma, rimanendo nella città americana quarantotto ore.

Agosto: è a Strasburgo per seguire i lavori del Consiglio d'Europa; in ventuno giorni invia diciotto articoli.

Settembre: compie un viaggio in Bretagna con Glauco Natoli, la consorte e Mosca. Nello stesso mese gli è assegnato il Premio San Marino di poesia.

1951

25 ottobre: a Giorgio Zampa: «Ora non sto più agli Ambasciatori, ma in via Bigli 11 (undici); prendine nota».

19 novembre: a Giorgio Zampa: «Sono nella casa di via Bigli, ancora fredda e triste. Spero di abituarmi».

Nel corso dell'anno scrive per il «Corriere della Sera» e per il «Corriere d'Informazione» ottantasette articoli.

1952

Scrive per il «Corriere della Sera» e per «Il Corriere d'Informazione» centootto articoli.

Comincia su «Il Corriere» la rubrica "Letture", alternandosi con Emilio Cecchi.

Legge a Parigi la conferenza *La solitudine dell'artista*.

5 giugno: a Giorgio Zampa: «Sono stato 15 giorni a Lutetia e ho anche parlato nel secondo entretien, con qualche successo. Ho visto anche Camus, Supervielle, Adrienne Monnier, Doeblin e Faulkner, Peyrefitte e Frénaud; ed altri, molti altri... Ho avuto molti cocktails e molti pranzi».

Trascorre l'estate alla Pensione Alpemare di Forte dei Marmi.

1953

Aprile: assiste a Parigi alla rappresentazione di *En attendant Godot*; intervista Braque, Brancusi, incontra Camus.

Agosto: è al Forte dei Marmi, Pensione Alpemare.

1954

Sul «Corriere d'Informazione» del 25-26 gennaio scrive il necrologio di Hemingway, precipitato con un aereo in Uganda; il giorno succes-

sivo è costretto a smentire la morte dello scrittore americano, che intervista convalescente a Venezia il 26 marzo.
Giugno: viaggia in Provenza, Spagna, Portogallo.
Settembre: comincia a scrivere di critica musicale sul «Corriere d'Informazione»; incarico che lascia nel 1967.

1955
Pubblica centoquattro articoli.
Agosto: è in Normandia.

1956
Pubblica centodiciannove articoli.
Giugno: esce a Venezia presso l'editore Neri Pozza in 1000 copie *La bufera e altro*.
Settembre: gli viene conferito a Valdagno il Premio Marzotto per la poesia.
Presso Neri Pozza esce a Natale in edizione fuori commercio *Farfalla di Dinard*.

1957
Pubblica centodieci articoli.
Trascorre l'agosto a Forte dei Marmi.

1958
Pubblica centouno articoli.
Trascorre l'agosto a Forte dei Marmi.

1959
Pubblica centotré articoli.
29 aprile: muore a Roma a cinquantaquattro anni, nubile, Anna degli Uberti.
Trascorre l'agosto a Forte dei Marmi.
Nel novembre è insignito della Legion d'Onore.

1960
Pubblica ottantuno articoli.
Ottobre: esce su «L'Espresso-Mese», a cura di Giacinto Spagnoletti, la ristampa di sette poesie pubblicate con il titolo *Accordi* (in «Primo Tempo», n. 2), e di *Musica sognata*, uscita soltanto nella edizione Gobetti di *Ossi di seppia*.

1961

Riceve dalla Facoltà di Lettere e Filosofia dell'Università di Milano la laurea in Lettere *honoris causa*.

10 novembre: commemora al Circolo della Cultura e delle Arti di Trieste Italo Svevo nel primo centenario della nascita.

1962

Esce presso l'Officina Bodoni di Verona *Satura*, edizione per nozze Fagiuoli-Crespi.

Escono presso Scheiwiller *Accordi & Pastelli*.

Maggio: viaggio in Grecia su invito dell'Istituto Italiano di Cultura diretto da Margherita Dalmati.

23 luglio: sposa religiosamente nella parrocchia di Sant'Ilario a Montereggi (Fiesole) Drusilla Tanzi.

7 dicembre: gli viene assegnato alla Piccola Scala di Milano il «Premio Internazionale Feltrinelli» dell'Accademia Nazionale dei Lincei.

1963

30 aprile: sposa a Firenze civilmente Drusilla Tanzi (atto n. 28 P l s).

Agosto: in seguito a una caduta per strada Mosca riporta la frattura di un femore.

4 agosto: a Giorgio Zampa: «La Mosca si sta rimettendo lentamente ma soffre molto per il caldo e l'inevitabile scoraggiamento. Per ora resta all'ospedale ed io non mi muovo».

20 ottobre: Drusilla Montale muore nel Policlinico di Milano. Rimane accanto a Montale negli anni successivi Gina Tiossi, che aveva seguito Mosca da Firenze a Milano.

1964

Gennaio: segue come giornalista Paolo VI nel viaggio in Terrasanta; sosta a Gerusalemme.

1965

Aprile: legge a Firenze *Dante ieri e oggi*, in apertura del Congresso Internazionale di Studi Danteschi tenuto in Palazzo Vecchio.

28 luglio: a Lucia Rodocanachi: «Cara Lucia, ti informo che Bobi Bazlen è morto ieri qui, a Milano, all'albergo».

28 ottobre: partecipa a Parigi nella Maison de l'Unesco alla celebrazione del Centenario di Dante insieme con Diego Valeri, Il'ja Erenburg, Marcel Brion, Mary McCarthy.

1966
In occasione del settantesimo compleanno esce un numero speciale di
«Letteratura» (poco dopo ristampato da Mondadori con il titolo *Omaggio a Montale*) seguito da un numero speciale della «Rassegna della Letteratura Italiana».
A San Severino Marche si stampa in 50 esemplari *Xenia*.
Esce a Milano *Auto da fé*.
Ossi di seppia, *Le occasioni*, *La bufera e altro* appaiono nella traduzione
francese di Patrice Angelini.
L'editore De Donato pubblica a Bari l'epistolario con Italo Svevo, seguito dagli articoli e saggi di Montale su Svevo.
Trascorre l'agosto a Villa Vittoria di Forte dei Marmi, ospite della famiglia Papi.

1967
16 gennaio: è a Parigi, invitato dall'Istituto Italiano di Cultura.
8 giugno: riceve a Cambridge l'Honorary Degree.
13 giugno: è nominato senatore a vita da Giuseppe Saragat «per avere
illustrato la Patria per altissimi meriti nel campo letterario e artistico».
Trascorre l'agosto a Villa Vittoria di Forte dei Marmi, ospite della famiglia Papi.
Nel settembre trasloca da via Bigli 11 in via Bigli 15.

1968
27 ottobre: pubblica sul «Corriere della Sera» *Variazioni*, primo articolo di una serie che si prolunga negli anni successivi.

1969
Esce a Milano *Fuori di casa*, su iniziativa di Raffaele Mattioli per i settant'anni di Montale.

1971
Gennaio: Mondadori pubblica *Satura*.
Appare per Natale, a cura di Vanni Scheiwiller, *Diario del '71*.
Sempre da Scheiwiller esce *La poesia non esiste*.

1973
Marzo: esce da Mondadori *Diario del '71 e del '72*.
Appaiono a Milano in 250 esemplari *Trentadue variazioni*.
Il 30 novembre cessa l'attività di redattore presso il «Corriere della Sera».

1974
Laurea *honoris causa* conferita dalla Facoltà di Lettere dell'Università di Roma.

1975
23 ottobre: annuncio ufficiale dell'assegnazione del Premio Nobel per la Letteratura.
10 dicembre: riceve a Stoccolma dal re di Svezia il Premio Nobel.
12 dicembre, Stoccolma: all'Accademia di Svezia tiene il discorso *È ancora possibile la poesia?*

1976
Esce da Mondadori *Sulla poesia.*

1977
29 ottobre: gli viene conferita a Firenze la cittadinanza onoraria in Palazzo Vecchio.
Esce da Mondadori *Quaderno di quattro anni.*

1978
1° gennaio: da Milano, a Gianfranco Contini: «[...] so che ti ha scritto Einaudi e che tu hai o avresti accettato di curare le mie poesie "complete". Te ne sarei, te ne sono molto riconoscente. Hai visto il malloppo einaudiano? Forse non si possono studiare molte differenze».
È nominato membro onorario della American Academy and Institute of Arts and Letters.

1980
Trascorre l'ultima estate a Forte dei Marmi, in viale Duilio 5. La mattina del 6 dicembre Giulio Einaudi, Gianfranco Contini, Rosanna Bettarini si recano in via Bigli per consegnargli la prima copia di *L'Opera in versi.*

1981
12 settembre, sabato, ore 21.27: muore a Milano nella Clinica S. Pio X, dove era stato ricoverato i primi di agosto.
14 settembre, lunedì: funerali di Stato in Duomo.
15 settembre: la salma è tumulata nella tomba da tempo predisposta accanto a quella della moglie nel cimitero di San Felice a Ema, Firenze.

Tutte le poesie

OSSI DI SEPPIA
1920-1927

In limine

Godi se il vento ch'entra nel pomario
vi rimena l'ondata della vita:
qui dove affonda un morto
viluppo di memorie,
orto non era, ma reliquiario.

Il frullo che tu senti non è un volo,
ma il commuoversi dell'eterno grembo;
vedi che si trasforma questo lembo
di terra solitario in un crogiuolo.

Un rovello è di qua dall'erto muro.
Se procedi t'imbatti
tu forse nel fantasma che ti salva:
si compongono qui le storie, gli atti
scancellati pel giuoco del futuro.

Cerca una maglia rotta nella rete
che ci stringe, tu balza fuori, fuggi!
Va, per te l'ho pregato, – ora la sete
mi sarà lieve, meno acre la ruggine...

Movimenti

I LIMONI

Ascoltami, i poeti laureati
si muovono soltanto fra le piante
dai nomi poco usati: bossi ligustri o acanti.
Io, per me, amo le strade che riescono agli erbosi
fossi dove in pozzanghere
mezzo seccate agguantano i ragazzi
qualche sparuta anguilla:
le viuzze che seguono i ciglioni,
discendono tra i ciuffi delle canne
e mettono negli orti, tra gli alberi dei limoni.

Meglio se le gazzarre degli uccelli
si spengono inghiottite dall'azzurro:
più chiaro si ascolta il susurro
dei rami amici nell'aria che quasi non si muove,
e i sensi di quest'odore
che non sa staccarsi da terra
e piove in petto una dolcezza inquieta.
Qui delle divertite passioni
per miracolo tace la guerra,
qui tocca anche a noi poveri la nostra parte di ricchezza
ed è l'odore dei limoni.

Vedi, in questi silenzi in cui le cose
s'abbandonano e sembrano vicine
a tradire il loro ultimo segreto,
talora ci si aspetta
di scoprire uno sbaglio di Natura,
il punto morto del mondo, l'anello che non tiene,

il filo da disbrogliare che finalmente ci metta
nel mezzo di una verità.
Lo sguardo fruga d'intorno,
la mente indaga accorda disunisce
nel profumo che dilaga
quando il giorno più languisce.
Sono i silenzi in cui si vede
in ogni ombra umana che si allontana
qualche disturbata Divinità.

Ma l'illusione manca e ci riporta il tempo
nelle città rumorose dove l'azzurro si mostra
soltanto a pezzi, in alto, tra le cimase.
La pioggia stanca la terra, di poi; s'affolta
il tedio dell'inverno sulle case,
la luce si fa avara – amara l'anima.
Quando un giorno da un malchiuso portone
tra gli alberi di una corte
ci si mostrano i gialli dei limoni;
e il gelo del cuore si sfa,
e in petto ci scrosciano
le loro canzoni
le trombe d'oro della solarità.

CORNO INGLESE

Il vento che stasera suona attento
– ricorda un forte scotere di lame –
gli strumenti dei fitti alberi e spazza
l'orizzonte di rame
dove strisce di luce si protendono
come aquiloni al cielo che rimbomba
(Nuvole in viaggio, chiari
reami di lassù! D'alti Eldoradi
malchiuse porte!)
e il mare che scaglia a scaglia,
livido, muta colore,
lancia a terra una tromba
di schiume intorte;
il vento che nasce e muore
nell'ora che lenta s'annera
suonasse te pure stasera
scordato strumento,
cuore.

FALSETTO

Esterina, i vent'anni ti minacciano,
grigiorosea nube
che a poco a poco in sé ti chiude.
Ciò intendi e non paventi.
Sommersa ti vedremo
nella fumea che il vento
lacera o addensa, violento.
Poi dal fiotto di cenere uscirai
adusta più che mai,
proteso a un'avventura più lontana
l'intento viso che assembra
l'arciera Diana.
Salgono i venti autunni,
t'avviluppano andate primavere;
ecco per te rintocca
un presagio nell'elisie sfere.
Un suono non ti renda
qual d'incrinata brocca
percossa!; io prego sia
per te concerto ineffabile
di sonagliere.

La dubbia dimane non t'impaura.
Leggiadra ti distendi
sullo scoglio lucente di sale
e al sole bruci le membra.
Ricordi la lucertola
ferma sul masso brullo;
te insidia giovinezza,

quella il lacciòlo d'erba del fanciullo.
L'acqua è la forza che ti tempra,
nell'acqua ti ritrovi e ti rinnovi:
noi ti pensiamo come un'alga, un ciottolo,
come un'equorea creatura
che la salsedine non intacca
ma torna al lito più pura.

Hai ben ragione tu! Non turbare
di ubbie il sorridente presente.
La tua gaiezza impegna già il futuro
ed un crollar di spalle
dirocca i fortilizî
del tuo domani oscuro.
T'alzi e t'avanzi sul ponticello
esiguo, sopra il gorgo che stride:
il tuo profilo s'incide
contro uno sfondo di perla.
Esiti a sommo del tremulo asse,
poi ridi, e come spiccata da un vento
t'abbatti fra le braccia
del tuo divino amico che t'afferra.

Ti guardiamo noi, della razza
di chi rimane a terra.

MINSTRELS

da C. Debussy

Ritornello, rimbalzi
tra le vetrate d'afa dell'estate.

Acre groppo di note soffocate,
riso che non esplode
ma trapunge le ore vuote
e lo suonano tre avanzi di baccanale
vestiti di ritagli di giornali,
con istrumenti mai veduti,
simili a strani imbuti
che si gonfiano a volte e poi s'afflosciano.

Musica senza rumore
che nasce dalle strade,
s'innalza a stento e ricade,
e si colora di tinte
ora scarlatte ora biade,
e inumidisce gli occhi, così che il mondo
si vede come socchiudendo gli occhi
nuotar nel biondo.

Scatta ripiomba sfuma,
poi riappare
soffocata e lontana: si consuma.
Non s'ode quasi, si respira.
                              Bruci
tu pure tra le lastre dell'estate,
cuore che ti smarrisci! Ed ora incauto
provi le ignote note sul tuo flauto.

POESIE PER CAMILLO SBARBARO

I
Caffè a Rapallo

Natale nel tepidario
lustrante, truccato dai fumi
che svolgono tazze, velato
tremore di lumi oltre i chiusi
cristalli, profili di femmine
nel grigio, tra lampi di gemme
e screzi di sete...
                 Son giunte
a queste native tue spiagge,
le nuove Sirene!; e qui manchi
Camillo, amico, tu storico
di cupidige e di brividi.

S'ode grande frastuono nella via.

È passata di fuori
l'indicibile musica
delle trombe di lama
e dei piattini arguti dei fanciulli:
è passata la musica innocente.

Un mondo gnomo ne andava
con strepere di muletti e di carriole,
tra un lagno di montoni
di cartapesta e un bagliare
di sciabole fasciate di stagnole.

Passarono i Generali
con le feluche di cartone
e impugnavano aste di torroni;
poi furono i gregari
con moccoli e lampioni,
e le tinnanti scatole
ch'ànno il suono più trito,
tenue rivo che incanta
l'animo dubitoso:
(meraviglioso udivo).

L'orda passò col rumore
d'una zampante greggia
che il tuono recente impaura.
L'accolse la pastura
che per noi più non verdeggia.

II
Epigramma

Sbarbaro, estroso fanciullo, piega versicolori
carte e ne trae navicelle che affida alla fanghiglia
mobile d'un rigagno; vedile andarsene fuori.
Sii preveggente per lui, tu galantuomo che passi:
col tuo bastone raggiungi la delicata flottiglia,
che non si perda; guidala a un porticello di sassi.

QUASI UNA FANTASIA

Raggiorna, lo presento
da un albore di frusto
argento alle pareti:
lista un barlume le finestre chiuse.
Torna l'avvenimento
del sole e le diffuse
voci, i consueti strepiti non porta.

Perché? Penso ad un giorno d'incantesimo
e delle giostre d'ore troppo uguali
mi ripago. Traboccherà la forza
che mi turgeva, incosciente mago,
da grande tempo. Ora m'affaccerò,
subisserò alte case, spogli viali.

Avrò di contro un paese d'intatte nevi
ma lievi come viste in un arazzo.
Scivolerà dal cielo bioccoso un tardo raggio.
Gremite d'invisibile luce selve e colline
mi diranno l'elogio degl'ilari ritorni.

Lieto leggerò i neri
segni dei rami sul bianco
come un essenziale alfabeto.
Tutto il passato in un punto
dinanzi mi sarà comparso.
Non turberà suono alcuno
quest'allegrezza solitaria.
Filerà nell'aria
o scenderà s'un paletto
qualche galletto di marzo.

SARCOFAGHI

Dove se ne vanno le ricciute donzelle
che recano le colme anfore su le spalle
ed hanno il fermo passo sì leggero;
e in fondo uno sbocco di valle
invano attende le belle
cui adombra una pergola di vigna
e i grappoli ne pendono oscillando.
Il sole che va in alto,
le intraviste pendici
non han tinte: nel blando
minuto la natura fulminata
atteggia le felici
sue creature, madre non matrigna,
in levità di forme.
Mondo che dorme o mondo che si gloria
d'immutata esistenza, chi può dire?,
uomo che passi, e tu dagli
il meglio ramicello del tuo orto.
Poi segui: in questa valle
non è vicenda di buio e di luce.
Lungi di qui la tua via ti conduce,
non c'è asilo per te, sei troppo morto:
seguita il giro delle tue stelle.
E dunque addio, infanti ricciutelle,
portate le colme anfore su le spalle.

* * *

Ora sia il tuo passo
più cauto: a un tiro di sasso
di qui ti si prepara
una più rara scena.
La porta corrosa d'un tempietto
è rinchiusa per sempre.
Una grande luce è diffusa
sull'erbosa soglia.
E qui dove peste umane
non suoneranno, o fittizia doglia,
vigila steso al suolo un magro cane.
Mai più si muoverà
in quest'ora che s'indovina afosa.
Sopra il tetto s'affaccia
una nuvola grandiosa.

* * *

Il fuoco che scoppietta
nel caminetto verdeggia
e un'aria oscura grava
sopra un mondo indeciso. Un vecchio stanco
dorme accanto a un alare
il sonno dell'abbandonato.
In questa luce abissale
che finge il bronzo, non ti svegliare
addormentato! E tu camminante
procedi piano; ma prima
un ramo aggiungi alla fiamma
del focolare e una pigna
matura alla cesta gettata
nel canto: ne cadono a terra
le provvigioni serbate
pel viaggio finale.

* * *

Ma dove cercare la tomba
dell'amico fedele e dell'amante;
quella del mendicante e del fanciullo;
dove trovare un asilo
per codesti che accolgono la brace
dell'originale fiammata;
oh da un segnale di pace lieve come un trastullo
l'urna ne sia effigiata!
Lascia la taciturna folla di pietra
per le derelitte lastre
ch'ànno talora inciso
il simbolo che più turba
poiché il pianto ed il riso
parimenti ne sgorgano, gemelli.
Lo guarda il triste artiere che al lavoro si reca
e già gli batte ai polsi una volontà cieca.
Tra quelle cerca un fregio primordiale
che sappia pel ricordo che ne avanza
trarre l'anima rude
per vie di dolci esigli:
un nulla, un girasole che si schiude
ed intorno una danza di conigli...

ALTRI VERSI

Vento e bandiere

La folata che alzò l'amaro aroma
del mare alle spirali delle valli,
e t'investì, ti scompigliò la chioma,
groviglio breve contro il cielo pallido;

la raffica che t'incollò la veste
e ti modulò rapida a sua imagine,
com'è tornata, te lontana, a queste
pietre che sporge il monte alla voragine;

e come spenta la furia briaca
ritrova ora il giardino il sommesso alito
che ti cullò, riversa sull'amaca,
tra gli alberi, ne' tuoi voli senz'ali.

Ahimè, non mai due volte configura
il tempo in egual modo i grani! E scampo
n'è: ché, se accada, insieme alla natura
la nostra fiaba brucerà in un lampo.

Sgorgo che non s'addoppia, – ed or fa vivo
un gruppo di abitati che distesi
allo sguardo sul fianco d'un declivo
si parano di gale e di palvesi.

Il mondo esiste... Uno stupore arresta
il cuore che ai vaganti incubi cede,
messaggeri del vespero: e non crede
che gli uomini affamati hanno una festa.

Fuscello teso dal muro...

Fuscello teso dal muro
sì come l'indice d'una
meridiana che scande la carriera
del sole e la mia, breve;
in una additi i crepuscoli
e alleghi sul tonaco
che imbeve la luce d'accesi
riflessi – e t'attedia la ruota
che in ombra sul piano dispieghi,
t'è noja infinita la volta
che stacca da te una smarrita
sembianza come di fumo
e grava con l'infittita
sua cupola mai dissolta.

Ma tu non adombri stamane
più il tuo sostegno ed un velo
che nella notte hai strappato
a un'orda invisibile pende
dalla tua cima e risplende
ai primi raggi. Laggiù,
dove la piana si scopre
del mare, un trealberi carico
di ciurma e di preda reclina
il bordo a uno spiro, e via scivola.
Chi è in alto e s'affaccia s'avvede
che brilla la tolda e il timone
nell'acqua non scava una traccia.

Ossi di seppia

Non chiederci la parola che squadri da ogni lato
l'animo nostro informe, e a lettere di fuoco
lo dichiari e risplenda come un croco
perduto in mezzo a un polveroso prato.

Ah l'uomo che se ne va sicuro,
agli altri ed a se stesso amico,
e l'ombra sua non cura che la canicola
stampa sopra uno scalcinato muro!

Non domandarci la formula che mondi possa aprirti,
sì qualche storta sillaba e secca come un ramo.
Codesto solo oggi possiamo dirti,
ciò che *non* siamo, ciò che *non* vogliamo.

* * *

Meriggiare pallido e assorto
presso un rovente muro d'orto,
ascoltare tra i pruni e gli sterpi
schiocchi di merli, frusci di serpi.

Nelle crepe del suolo o su la veccia
spiar le file di rosse formiche
ch'ora si rompono ed ora s'intrecciano
a sommo di minuscole biche.

Osservare tra frondi il palpitare
lontano di scaglie di mare
mentre si levano tremuli scricchi
di cicale dai calvi picchi.

E andando nel sole che abbaglia
sentire con triste meraviglia
com'è tutta la vita e il suo travaglio
in questo seguitare una muraglia
che ha in cima cocci aguzzi di bottiglia.

* * *

Non rifugiarti nell'ombra
di quel fólto di verzura
come il falchetto che strapiomba
fulmineo nella caldura.

È ora di lasciare il canneto
stento che pare s'addorma
e di guardare le forme
della vita che si sgretola.

Ci muoviamo in un pulviscolo
madreperlaceo che vibra,
in un barbaglio che invischia
gli occhi e un poco ci sfibra.

Pure, lo senti, nel gioco d'aride onde
che impigra in quest'ora di disagio
non buttiamo già in un gorgo senza fondo
le nostre vite randage.

Come quella chiostra di rupi
che sembra sfilaccicarsi
in ragnatele di nubi;
tali i nostri animi arsi

in cui l'illusione brucia
un fuoco pieno di cenere
si perdono nel sereno
di una certezza: la luce.

* * *

                                                            a K.

Ripenso il tuo sorriso, ed è per me un'acqua limpida
scorta per avventura tra le petraie d'un greto,
esiguo specchio in cui guardi un'ellera i suoi corimbi;
e su tutto l'abbraccio d'un bianco cielo quieto.

Codesto è il mio ricordo; non saprei dire, o lontano,
se dal tuo volto s'esprime libera un'anima ingenua,
o vero tu sei dei raminghi che il male del mondo estenua
e recano il loro soffrire con sé come un talismano.

Ma questo posso dirti, che la tua pensata effige
sommerge i crucci estrosi in un'ondata di calma,
e che il tuo aspetto s'insinua nella mia memoria grigia
schietto come la cima d'una giovinetta palma...

* * *

Mia vita, a te non chiedo lineamenti
fissi, volti plausibili o possessi.
Nel tuo giro inquieto ormai lo stesso
sapore han miele e assenzio.

Il cuore che ogni moto tiene a vile
raro è squassato da trasalimenti.
Così suona talvolta nel silenzio
della campagna un colpo di fucile.

* * *

Portami il girasole ch'io lo trapianti
nel mio terreno bruciato dal salino,
e mostri tutto il giorno agli azzurri specchianti
del cielo l'ansietà del suo volto giallino.

Tendono alla chiarità le cose oscure,
si esauriscono i corpi in un fluire
di tinte: queste in musiche. Svanire
è dunque la ventura delle venture.

Portami tu la pianta che conduce
dove sorgono bionde trasparenze
e vapora la vita quale essenza;
portami il girasole impazzito di luce.

* * *

Spesso il male di vivere ho incontrato:
era il rivo strozzato che gorgoglia,
era l'incartocciarsi della foglia
riarsa, era il cavallo stramazzato.

Bene non seppi, fuori del prodigio
che schiude la divina Indifferenza:
era la statua nella sonnolenza
del meriggio, e la nuvola, e il falco alto levato.

* * *

Ciò che di me sapeste
non fu che la scialbatura,
la tonaca che riveste
la nostra umana ventura.

Ed era forse oltre il telo
l'azzurro tranquillo;
vietava il limpido cielo
solo un sigillo.

O vero c'era il falòtico
mutarsi della mia vita,
lo schiudersi d'un'ignita
zolla che mai vedrò.

Restò così questa scorza
la vera mia sostanza;
il fuoco che non si smorza
per me si chiamò: l'ignoranza.

Se un'ombra scorgete, non è
un'ombra – ma quella io sono.
Potessi spiccarla da me,
offrirvela in dono.

* * *

Portovenere

Là fuoresce il Tritone
dai flutti che lambiscono
le soglie d'un cristiano
tempio, ed ogni ora prossima
è antica. Ogni dubbiezza
si conduce per mano
come una fanciulletta amica.

Là non è chi si guardi
o stia di sé in ascolto.
Quivi sei alle origini
e decidere è stolto:
ripartirai più tardi
per assumere un volto.

* * *

So l'ora in cui la faccia più impassibile
è traversata da una cruda smorfia:
s'è svelata per poco una pena invisibile.
Ciò non vede la gente nell'affollato corso.

Voi, mie parole, tradite invano il morso
secreto, il vento che nel cuore soffia.
La più vera ragione è di chi tace.
Il canto che singhiozza è un canto di pace.

* * *

Gloria del disteso mezzogiorno
quand'ombra non rendono gli alberi,
e più e più si mostrano d'attorno
per troppa luce, le parvenze, falbe.

Il sole, in alto, – e un secco greto.
Il mio giorno non è dunque passato:
l'ora più bella è di là dal muretto
che rinchiude in un occaso scialbato.

L'arsura, in giro; un martin pescatore
volteggia s'una reliquia di vita.
La buona pioggia è di là dallo squallore,
ma in attendere è gioia più compita.

* * *

Felicità raggiunta, si cammina
per te su fil di lama.
Agli occhi sei barlume che vacilla,
al piede, teso ghiaccio che s'incrina;
e dunque non ti tocchi chi più t'ama.

Se giungi sulle anime invase
di tristezza e le schiari, il tuo mattino
è dolce e turbatore come i nidi delle cimase.
Ma nulla paga il pianto del bambino
a cui fugge il pallone tra le case.

* * *

Il canneto rispunta i suoi cimelli
nella serenità che non si ragna:
l'orto assetato sporge irti ramelli
oltre i chiusi ripari, all'afa stagna.

Sale un'ora d'attesa in cielo, vacua,
dal mare che s'ingrigia.
Un albero di nuvole sull'acqua
cresce, poi crolla come di cinigia.

Assente, come manchi in questa plaga
che ti presente e senza te consuma:
sei lontana e però tutto divaga
dal suo solco, dirupa, spare in bruma.

* * *

Forse un mattino andando in un'aria di vetro,
arida, rivolgendomi, vedrò compirsi il miracolo:
il nulla alle mie spalle, il vuoto dietro
di me, con un terrore di ubriaco.

Poi come s'uno schermo, s'accamperanno di gitto
alberi case colli per l'inganno consueto.
Ma sarà troppo tardi; ed io me n'andrò zitto
tra gli uomini che non si voltano, col mio segreto.

* * *

Valmorbia, discorrevano il tuo fondo
fioriti nuvoli di piante agli àsoli.
Nasceva in noi, volti dal cieco caso,
oblio del mondo.

Tacevano gli spari, nel grembo solitario
non dava suono che il Leno roco.
Sbocciava un razzo su lo stelo, fioco
lacrimava nell'aria.

Le notti chiare erano tutte un'alba
e portavano volpi alla mia grotta.
Valmorbia, un nome – e ora nella scialba
memoria, terra dove non annotta.

* * *

Tentava la vostra mano la tastiera,
i vostri occhi leggevano sul foglio
gl'impossibili segni; e franto era
ogni accordo come una voce di cordoglio.

Compresi che tutto, intorno, s'inteneriva
in vedervi inceppata inerme ignara
del linguaggio più vostro: ne bruiva
oltre i vetri socchiusi la marina chiara.

Passò nel riquadro azzurro una fugace danza
di farfalle; una fronda si scrollò nel sole.
Nessuna cosa prossima trovava le sue parole,
ed era mia, era *nostra*, la vostra dolce ignoranza.

* * *

La farandola dei fanciulli sul greto
era la vita che scoppia dall'arsura.
Cresceva tra rare canne e uno sterpeto
il cespo umano nell'aria pura.

Il passante sentiva come un supplizio
il suo distacco dalle antiche radici.
Nell'età d'oro florida sulle sponde felici
anche un nome, una veste, erano un vizio.

* * *

Debole sistro al vento
d'una persa cicala,
toccato appena e spento
nel torpore ch'esala.

Dirama dal profondo
in noi la vena
segreta: il nostro mondo
si regge appena.

Se tu l'accenni, all'aria
bigia treman corrotte
le vestigia
che il vuoto non ringhiotte.

Il gesto indi s'annulla,
tace ogni voce,
discende alla sua foce
la vita brulla.

* * *

Cigola la carrucola del pozzo,
l'acqua sale alla luce e vi si fonde.
Trema un ricordo nel ricolmo secchio,
nel puro cerchio un'immagine ride.
Accosto il volto a evanescenti labbri:
si deforma il passato, si fa vecchio,
appartiene ad un altro...
                              Ah che già stride
la ruota, ti ridona all'atro fondo,
visione, una distanza ci divide.

* * *

Arremba su la strinata proda
le navi di cartone, e dormi,
fanciulletto padrone: che non oda
tu i malevoli spiriti che veleggiano a stormi.

Nel chiuso dell'ortino svolacchia il gufo
e i fumacchi dei tetti sono pesi.
L'attimo che rovina l'opera lenta di mesi
giunge: ora incrina segreto, ora divelge in un buffo.

Viene lo spacco; forse senza strepito.
Chi ha edificato sente la sua condanna.
È l'ora che si salva solo la barca in panna.
Amarra la tua flotta tra le siepi.

* * *

Upupa, ilare uccello calunniato
dai poeti, che roti la tua cresta
sopra l'aereo stollo del pollaio
e come un finto gallo giri al vento;
nunzio primaverile, upupa, come
per te il tempo s'arresta,
non muore più il Febbraio,
come tutto di fuori si protende
al muover del tuo capo,
aligero folletto, e tu lo ignori.

* * *

Sul muro grafito
che adombra i sedili rari
l'arco del cielo appare
finito.

Chi si ricorda più del fuoco ch'arse
impetuoso
nelle vene del mondo; – in un riposo
freddo le forme, opache, sono sparse.

Rivedrò domani le banchine
e la muraglia e l'usata strada.
Nel futuro che s'apre le mattine
sono ancorate come barche in rada.

Mediterraneo

A vortice s'abbatte
sul mio capo reclinato
un suono d'agri lazzi.
Scotta la terra percorsa
da sghembe ombre di pinastri,
e al mare là in fondo fa velo
più che i rami, allo sguardo, l'afa che a tratti erompe
dal suolo che si avvena.
Quando più sordo o meno il ribollio dell'acque
che s'ingorgano
accanto a lunghe secche mi raggiunge:
o è un bombo talvolta ed un ripiovere
di schiume sulle rocce.
Come rialzo il viso, ecco cessare
i ragli sul mio capo; e via scoccare
verso le strepeanti acque,
frecciate biancazzurre, due ghiandaie.

* * *

Antico, sono ubriacato dalla voce
ch'esce dalle tue bocche quando si schiudono
come verdi campane e si ributtano
indietro e si disciolgono.
La casa delle mie estati lontane
t'era accanto, lo sai,
là nel paese dove il sole cuoce
e annuvolano l'aria le zanzare.
Come allora oggi in tua presenza impietro,
mare, ma non più degno
mi credo del solenne ammonimento
del tuo respiro. Tu m'hai detto primo
che il piccino fermento
del mio cuore non era che un momento
del tuo; che mi era in fondo
la tua legge rischiosa: esser vasto e diverso
e insieme fisso:
e svuotarmi così d'ogni lordura
come tu fai che sbatti sulle sponde
tra sugheri alghe asterie
le inutili macerie del tuo abisso.

* * *

Scendendo qualche volta
gli aridi greppi ormai
divisi dall'umoroso
Autunno che li gonfiava,
non m'era più in cuore la ruota
delle stagioni e il gocciare
del tempo inesorabile;
ma bene il presentimento
di te m'empiva l'anima,
sorpreso nell'ansimare
dell'aria, prima immota,
sulle rocce che orlavano il cammino.
Or, m'avvisavo, la pietra
voleva strapparsi, protesa
a un invisibile abbraccio;
la dura materia sentiva
il prossimo gorgo, e pulsava;
e i ciuffi delle avide canne
dicevano all'acque nascoste,
scrollando, un assentimento.
Tu vastità riscattavi
anche il patire dei sassi:
pel tuo tripudio era giusta
l'immobilità dei finiti.
Chinavo tra le petraie,
giungevano buffi salmastri
al cuore; era la tesa
del mare un giuoco di anella.
Con questa gioia precipita
dal chiuso vallotto alla spiaggia
la spersa pavoncella.

* * *

Ho sostato talvolta nelle grotte
che t'assecondano, vaste
o anguste, ombrose e amare.
Guardati dal fondo gli sbocchi
segnavano architetture
possenti campite di cielo.
Sorgevano dal tuo petto
rombante aerei templi,
guglie scoccanti luci:
una città di vetro dentro l'azzurro netto
via via si discopriva da ogni caduco velo
e il suo rombo non era che un susurro.
Nasceva dal fiotto la patria sognata.
Dal subbuglio emergeva l'evidenza.
L'esiliato rientrava nel paese incorrotto.
Così, padre, dal tuo disfrenamento
si afferma, chi ti guardi, una legge severa.
Ed è vano sfuggirla: mi condanna
s'io lo tento anche un ciottolo
róso sul mio cammino,
impietrato soffrire senza nome,
o l'informe rottame
che gittò fuor del corso la fiumara
del vivere in un fitto di ramure e di strame.
Nel destino che si prepara
c'è forse per me sosta,
niun'altra mai minaccia.
Questo ripete il flutto in sua furia incomposta,
e questo ridice il filo della bonaccia.

* * *

Giunge a volte, repente,
un'ora che il tuo cuore disumano
ci spaura e dal nostro si divide.
Dalla mia la tua musica sconcorda,
allora, ed è nemico ogni tuo moto.
In me ripiego, vuoto
di forze, la tua voce pare sorda.
M'affisso nel pietrisco
che verso te digrada
fino alla ripa acclive che ti sovrasta,
franosa, gialla, solcata
da strosce d'acqua piovana.
Mia vita è questo secco pendio,
mezzo non fine, strada aperta a sbocchi
di rigagnoli, lento franamento.
È dessa, ancora, questa pianta
che nasce dalla devastazione
e in faccia ha i colpi del mare ed è sospesa
fra erratiche forze di venti.
Questo pezzo di suolo non erbato
s'è spaccato perché nascesse una margherita.
In lei tìtubo al mare che mi offende,
manca ancora il silenzio nella mia vita.
Guardo la terra che scintilla,
l'aria è tanto serena che s'oscura.
E questa che in me cresce
è forse la rancura
che ogni figliuolo, mare, ha per il padre.

* * *

Noi non sappiamo quale sortiremo
domani, oscuro o lieto;
forse il nostro cammino
a non tócche radure ci addurrà
dove mormori eterna l'acqua di giovinezza;
o sarà forse un discendere
fino al vallo estremo,
nel buio, perso il ricordo del mattino.
Ancora terre straniere
forse ci accoglieranno: smarriremo
la memoria del sole, dalla mente
ci cadrà il tintinnare delle rime.
Oh la favola onde s'esprime
la nostra vita, repente
si cangerà nella cupa storia che non si racconta!
Pur di una cosa ci affidi,
padre, e questa è: che un poco del tuo dono
sia passato per sempre nelle sillabe
che rechiamo con noi, api ronzanti.
Lontani andremo e serberemo un'eco
della tua voce, come si ricorda
del sole l'erba grigia
nelle corti scurite, tra le case.
E un giorno queste parole senza rumore
che teco educammo nutrite
di stanchezze e di silenzi,
parranno a un fraterno cuore
sapide di sale greco.

* * *

Avrei voluto sentirmi scabro ed essenziale
siccome i ciottoli che tu volvi,
mangiati dalla salsedine;
scheggia fuori del tempo, testimone
di una volontà fredda che non passa.
Altro fui: uomo intento che riguarda
in sé, in altrui, il bollore
della vita fugace – uomo che tarda
all'atto, che nessuno, poi, distrugge.
Volli cercare il male
che tarla il mondo, la piccola stortura
d'una leva che arresta
l'ordegno universale; e tutti vidi
gli eventi del minuto
come pronti a disgiungersi in un crollo.
Seguìto il solco d'un sentiero m'ebbi
l'opposto in cuore, col suo invito; e forse
m'occorreva il coltello che recide,
la mente che decide e si determina.
Altri libri occorrevano
a me, non la tua pagina rombante.
Ma nulla so rimpiangere: tu sciogli
ancora i groppi interni col tuo canto.
Il tuo delirio sale agli astri ormai.

* * *

Potessi almeno costringere
in questo mio ritmo stento
qualche poco del tuo vaneggiamento;
dato mi fosse accordare
alle tue voci il mio balbo parlare: –
io che sognava rapirti
le salmastre parole
in cui natura ed arte si confondono,
per gridar meglio la mia malinconia
di fanciullo invecchiato che non doveva pensare.
Ed invece non ho che le lettere fruste
dei dizionari, e l'oscura
voce che amore detta s'affioca,
si fa lamentosa letteratura.
Non ho che queste parole
che come donne pubblicate
s'offrono a chi le richiede;
non ho che queste frasi stancate
che potranno rubarmi anche domani
gli studenti canaglie in versi veri.
Ed il tuo rombo cresce, e si dilata
azzurra l'ombra nuova.
M'abbandonano a prova i miei pensieri.
Sensi non ho; né senso. Non ho limite.

* * *

Dissipa tu se lo vuoi
questa debole vita che si lagna,
come la spugna il frego
effimero di una lavagna.
M'attendo di ritornare nel tuo circolo,
s'adempia lo sbandato mio passare.
La mia venuta era testimonianza
di un ordine che in viaggio mi scordai,
giurano fede queste mie parole
a un evento impossibile, e lo ignorano.
Ma sempre che traudii
la tua dolce risacca su le prode
sbigottimento mi prese
quale d'uno scemato di memoria
quando si risovviene del suo paese.
Presa la mia lezione
più che dalla tua gloria
aperta, dall'ansare
che quasi non dà suono
di qualche tuo meriggio desolato,
a te mi rendo in umiltà. Non sono
che favilla d'un tirso. Bene lo so: bruciare,
questo, non altro, è il mio significato.

Meriggi e ombre

I

FINE DELL'INFANZIA

Rombando s'ingolfava
dentro l'arcuata ripa
un mare pulsante, sbarrato da solchi,
cresputo e fioccoso di spume.
Di contro alla foce
d'un torrente che straboccava
il flutto ingialliva.
Giravano al largo i grovigli dell'alighe
e tronchi d'alberi alla deriva.

Nella conca ospitale
della spiaggia
non erano che poche case
di annosi mattoni, scarlatte,
e scarse capellature
di tamerici pallide
più d'ora in ora; stente creature
perdute in un orrore di visioni.
Non era lieve guardarle
per chi leggeva in quelle
apparenze malfide
la musica dell'anima inquieta
che non si decide.

Pure colline chiudevano d'intorno
marina e case; ulivi le vestivano
qua e là disseminati come greggi,
o tenui come il fumo di un casale
che veleggi

la faccia candente del cielo.
Tra macchie di vigneti e di pinete,
petraie si scorgevano
calve e gibbosi dorsi
di collinette: un uomo
che là passasse ritto s'un muletto
nell'azzurro lavato era stampato
per sempre – e nel ricordo.

Poco s'andava oltre i crinali prossimi
di quei monti; varcarli pur non osa
la memoria stancata.
So che strade correvano su fossi
incassati, tra garbugli di spini;
mettevano a radure, poi tra botri,
e ancora dilungavano
verso recessi madidi di muffe,
d'ombre coperti e di silenzi.
Uno ne penso ancora con meraviglia
dove ogni umano impulso
appare seppellito
in aura millenaria.
Rara diroccia qualche bava d'aria
sino a quell'orlo di mondo che ne strabilia.

Ma dalle vie del monte si tornava.
Riuscivano queste a un'instabile
vicenda d'ignoti aspetti
ma il ritmo che li governa ci sfuggiva.
Ogni attimo bruciava
negl'istanti futuri senza tracce.
Vivere era ventura troppo nuova
ora per ora, e ne batteva il cuore.
Norma non v'era,
solco fisso, confronto,
a sceverare gioia da tristezza.
Ma riaddotti dai viottoli

alla casa sul mare, al chiuso asilo
della nostra stupita fanciullezza,
rapido rispondeva
a ogni moto dell'anima un consenso
esterno, si vestivano di nomi
le cose, il nostro mondo aveva un centro.

Eravamo nell'età verginale
in cui le nubi non sono cifre o sigle
ma le belle sorelle che si guardano viaggiare.
D'altra semenza uscita
d'altra linfa nutrita
che non la nostra, debole, pareva la natura.
In lei l'asilo, in lei
l'estatico affisare; ella il portento
cui non sognava, o a pena, di raggiungere
l'anima nostra confusa.
Eravamo nell'età illusa.

Volarono anni corti come giorni,
sommerse ogni certezza un mare florido
e vorace che dava ormai l'aspetto
dubbioso dei tremanti tamarischi.
Un'alba dové sorgere che un rigo
di luce su la soglia
forbita ci annunziava come un'acqua;
e noi certo corremmo
ad aprire la porta
stridula sulla ghiaia del giardino.
L'inganno ci fu palese.
Pesanti nubi sul torbato mare
che ci bolliva in faccia, tosto apparvero.
Era in aria l'attesa
di un procelloso evento.
Strania anch'essa la plaga
dell'infanzia che esplora
un segnato cortile come un mondo!

Giungeva anche per noi l'ora che indaga.
La fanciullezza era morta in un giro a tondo.

Ah il giuoco dei cannibali nel canneto,
i mustacchi di palma, la raccolta
deliziosa dei bossoli sparati!
Volava la bella età come i barchetti sul filo
del mare a vele colme.
Certo guardammo muti nell'attesa
del minuto violento;
poi nella finta calma
sopra l'acque scavate
dové mettersi un vento.

L'AGAVE SU LO SCOGLIO

Scirocco

O rabido ventare di scirocco
che l'arsiccio terreno gialloverde
bruci;
e su nel cielo pieno
di smorte luci
trapassa qualche biocco
di nuvola, e si perde.
Ore perplesse, brividi
d'una vita che fugge
come acqua tra le dita;
inafferrati eventi,
luci-ombre, commovimenti
delle cose malferme della terra;
oh alide ali dell'aria
ora son io
l'agave che s'abbarbica al crepaccio
dello scoglio
e sfugge al mare da le braccia d'alghe
che spalanca ampie gole e abbranca rocce;
e nel fermento
d'ogni essenza, coi miei racchiusi bocci
che non sanno più esplodere oggi sento
la mia immobilità come un tormento.

* * *

Tramontana

Ed ora sono spariti i circoli d'ansia
che discorrevano il lago del cuore
e quel friggere vasto della materia
che discolora e muore.
Oggi una volontà di ferro spazza l'aria,
divelle gli arbusti, strapazza i palmizi
e nel mare compresso scava
grandi solchi crestati di bava.
Ogni forma si squassa nel subbuglio
degli elementi; è un urlo solo, un muglio
di scerpate esistenze: tutto schianta
l'ora che passa: viaggiano la cupola del cielo
non sai se foglie o uccelli – e non son più.
E tu che tutta ti scrolli fra i tonfi
dei venti disfrenati
e stringi a te i bracci gonfi
di fiori non ancora nati;
come senti nemici
gli spiriti che la convulsa terra
sorvolano a sciami,
mia vita sottile, e come ami
oggi le tue radici.

* * *

Maestrale

S'è rifatta la calma
nell'aria: tra gli scogli parlotta la maretta.
Sulla costa quietata, nei broli, qualche palma
a pena svetta.

Una carezza disfiora
la linea del mare e la scompiglia
un attimo, soffio lieve che vi s'infrange e ancora
il cammino ripiglia.

Lameggia nella chiaria
la vasta distesa, s'increspa, indi si spiana beata
e specchia nel suo cuore vasto codesta povera mia
vita turbata.

O mio tronco che additi,
in questa ebrietudine tarda,
ogni rinato aspetto coi germogli fioriti
sulle tue mani, guarda:

sotto l'azzurro fitto
del cielo qualche uccello di mare se ne va;
né sosta mai: perché tutte le immagini portano scritto:
'più in là!'.

VASCA

Passò sul tremulo vetro
un riso di belladonna fiorita,
di tra le rame urgevano le nuvole,
dal fondo ne riassommava
la vista fioccosa e sbiadita.
Alcuno di noi tirò un ciottolo
che ruppe la tesa lucente:
le molli parvenze s'infransero.

Ma ecco, c'è altro che striscia
a fior della spera rifatta liscia:
di erompere non ha virtù,
vuol vivere e non sa come;
se lo guardi si stacca, torna in giù:
è nato e morto, e non ha avuto un nome.

EGLOGA

Perdersi nel bigio ondoso
dei miei ulivi era buono
nel tempo andato – loquaci
di riottanti uccelli
e di cantanti rivi.
Come affondava il tallone
nel suolo screpolato,
tra le lamelle d'argento
dell'esili foglie. Sconnessi
nascevano in mente i pensieri
nell'aria di troppa quiete.

Ora è finito il cerulo marezzo.
Si getta il pino domestico
a romper la grigiura;
brucia una toppa di cielo
in alto, un ragnatelo
si squarcia al passo: si svincola
d'attorno un'ora fallita.
È uscito un rombo di treno,
non lunge, ingrossa. Uno sparo
si schiaccia nell'etra vetrino.
Strepita un volo come un acquazzone,
venta e vanisce bruciata
una bracciata di amara
tua scorza, istante: discosta
esplode furibonda una canea.

Tosto potrà rinascere l'idillio.
S'è ricomposta la fase che pende
dal cielo, riescono bende
leggere fuori...;
         il fitto dei fagiuoli
n'è scancellato e involto.
Non serve più rapid'ale,
né giova proposito baldo;
non durano che le solenni cicale
in questi saturnali del caldo.
Va e viene un istante in un folto
una parvenza di donna.
È disparsa, non era una Baccante.

Sul tardi corneggia la luna.
Ritornavamo dai nostri
vagabondari infruttuosi.
Non si leggeva più in faccia
al mondo la traccia
della frenesia durata
il pomeriggio. Turbati
discendevamo tra i vepri.
Nei miei paesi a quell'ora
cominciano a fischiare le lepri.

FLUSSI

I fanciulli con gli archetti
spaventano gli scriccioli nei buchi.
Cola il pigro sereno nel riale
che l'accidia sorrade,
pausa che gli astri donano ai malvivi
camminatori delle bianche strade.
Alte tremano guglie di sambuchi
e sovrastano al poggio
cui domina una statua dell'Estate
fatta camusa da lapidazioni;
e su lei cresce un roggio
di rampicanti ed un ronzio di fuchi.
Ma la dea mutilata non s'affaccia
e ogni cosa si tende alla flottiglia
di carta che discende lenta il vallo.
Brilla in aria una freccia,
si configge s'un palo, oscilla tremula.
La vita è questo scialo
di triti fatti, vano
più che crudele.
                    Tornano
le tribù dei fanciulli con le fionde
se è scorsa una stagione od un minuto,
e i morti aspetti scoprono immutati
se pur tutto è diruto
e più dalla sua rama non dipende
il frutto conosciuto.
– Ritornano i fanciulli...; così un giorno
il giro che governa

la nostra vita ci addurrà il passato
lontano, franto e vivido, stampato
sopra immobili tende
da un'ignota lanterna. –
E ancora si distende
un dòmo celestino ed appannato
sul fitto bulicame del fossato:
e soltanto la statua
sa che il tempo precipita e s'infrasca
vie più nell'accesa edera.
E tutto scorre nella gran discesa
e fiotta il fosso impetuoso tal che
s'increspano i suoi specchi:
fanno naufragio i piccoli sciabecchi
nei gorghi dell'acquiccia insaponata.
Addio! – fischiano pietre tra le fronde,
la rapace fortuna è già lontana,
cala un'ora, i suoi volti riconfonde, –
e la vita è crudele più che vana.

CLIVO

Viene un suono di buccine
dal greppo che scoscende,
discende verso il mare
che tremola e si fende per accoglierlo.
Cala nella ventosa gola
con l'ombre la parola
che la terra dissolve sui frangenti;
si dismemora il mondo e può rinascere.
Con le barche dell'alba
spiega la luce le sue grandi vele
e trova stanza in cuore la speranza.
Ma ora lungi è il mattino,
sfugge il chiarore e s'aduna
sovra eminenze e frondi,
e tutto è più raccolto e più vicino
come visto a traverso di una cruna;
ora è certa la fine,
e s'anche il vento tace
senti la lima che sega
assidua la catena che ci lega.

Come una musicale frana
divalla il suono, s'allontana.
Con questo si disperdono le accolte
voci dalle volute
aride dei crepacci;
il gemito delle pendìe,
là tra le viti che i lacci
delle radici stringono.

Il clivo non ha più vie,
le mani s'afferrano ai rami
dei pini nani; poi trema
e scema il bagliore del giorno;
e un ordine discende che districa
dai confini
le cose che non chiedono
ormai che di durare, di persistere
contente dell'infinita fatica;
un crollo di pietrame che dal cielo
s'inabissa alle prode...

Nella sera distesa appena, s'ode
un ululo di corni, uno sfacelo.

II

ARSENIO

I turbini sollevano la polvere
sui tetti, a mulinelli, e sugli spiazzi
deserti, ove i cavalli incappucciati
annusano la terra, fermi innanzi
ai vetri luccicanti degli alberghi.
Sul corso, in faccia al mare, tu discendi
in questo giorno
or piovorno ora acceso, in cui par scatti
a sconvolgerne l'ore
uguali, strette in trama, un ritornello
di castagnette.

È il segno d'un'altra orbita: tu seguilo.
Discendi all'orizzonte che sovrasta
una tromba di piombo, alta sui gorghi,
più d'essi vagabonda: salso nembo
vorticante, soffiato dal ribelle
elemento alle nubi; fa che il passo
su la ghiaia ti scriccholi e t'inciampi
il viluppo dell'alghe: quell'istante
è forse, molto atteso, che ti scampi
dal finire il tuo viaggio, anello d'una
catena, immoto andare, oh troppo noto
delirio, Arsenio, d'immobilità...

Ascolta tra i palmizi il getto tremulo
dei violini, spento quando rotola
il tuono con un fremer di lamiera
percossa; la tempesta è dolce quando

sgorga bianca la stella di Canicola
nel cielo azzurro e lunge par la sera
ch'è prossima: se il fulmine la incide
dirama come un albero prezioso
entro la luce che s'arrosa: e il timpano
degli tzigani è il rombo silenzioso.

Discendi in mezzo al buio che precipita
e muta il mezzogiorno in una notte
di globi accesi, dondolanti a riva, –
e fuori, dove un'ombra sola tiene
mare e cielo, dai gozzi sparsi palpita
l'acetilene –
            finché goccia trepido
il cielo, fuma il suolo che s'abbevera,
tutto d'accanto ti sciaborda, sbattono
le tende molli, un frùscio immenso rade
la terra, giù s'afflosciano stridendo
le lanterne di carta sulle strade.

Così sperso tra i vimini e le stuoie
grondanti, giunco tu che le radici
con sé trascina, viscide, non mai
svelte, tremi di vita e ti protendi
a un vuoto risonante di lamenti
soffocati, la tesa ti ringhiotte
dell'onda antica che ti volge; e ancora
tutto che ti riprende, strada portico
mura specchi ti figge in una sola
ghiacciata moltitudine di morti,
e se un gesto ti sfiora, una parola
ti cade accanto, quello è forse, Arsenio,
nell'ora che si scioglie, il cenno d'una
vita strozzata per te sorta, e il vento
la porta con la cenere degli astri.

III

CRISALIDE

L'albero verdecupo
si stria di giallo tenero e s'ingromma.
Vibra nell'aria una pietà per l'avide
radici, per le tumide cortecce.
Son vostre queste piante
scarse che si rinnovano
all'alito d'Aprile, umide e liete.
Per me che vi contemplo da quest'ombra,
altro cespo riverdica, e voi siete.

Ogni attimo vi porta nuove fronde
e il suo sbigottimento avanza ogni altra
gioia fugace; viene a impetuose onde
la vita a questo estremo angolo d'orto.
Lo sguardo ora vi cade su le zolle;
una risacca di memorie giunge
al vostro cuore e quasi lo sommerge.
Lunge risuona un grido: ecco precipita
il tempo, spare con risucchi rapidi
tra i sassi, ogni ricordo è spento; ed io
dall'oscuro mio canto mi protendo
a codesto solare avvenimento.

Voi non pensate ciò che vi rapiva
come oggi, allora, il tacito compagno
che un meriggio lontano vi portava.
Siete voi la mia preda, che m'offrite
un'ora breve di tremore umano.
Perderne non vorrei neppure un attimo:

è questa la mia parte, ogni altra è vana.
La mia ricchezza è questo sbattimento
che vi trapassa e il viso
in alto vi rivolge; questo lento
giro d'occhi che ormai sanno vedere.

Così va la certezza d'un momento
con uno sventolio di tende e di alberi
tra le case; ma l'ombra non dissolve
che vi reclama, opaca. M'apparite
allora, come me, nel limbo squallido
delle monche esistenze; e anche la vostra
rinascita è uno sterile segreto,
un prodigio fallito come tutti
quelli che ci fioriscono d'accanto.

E il flutto che si scopre oltre le sbarre
come ci parla a volte di salvezza;
come può sorgere agile
l'illusione, e sciogliere i suoi fumi.
Vanno a spire sul mare, ora si fondono
sull'orizzonte in foggia di golette.
Spicca una d'esse un volo senza rombo,
l'acque di piombo come alcione profugo
rade. Il sole s'immerge nelle nubi,
l'ora di febbre, trepida, si chiude.
Un glorioso affanno senza strepiti
ci batte in gola: nel meriggio afoso
spunta la barca di salvezza, è giunta:
vedila che sciaborda tra le secche,
esprime un suo burchiello che si volge
al docile frangente – e là ci attende.

Ah crisalide, com'è amara questa
tortura senza nome che ci volve
e ci porta lontani – e poi non restano
neppure le nostre orme sulla polvere;

e noi andremo innanzi senza smuovere
un sasso solo della gran muraglia;
e forse tutto è fisso, tutto è scritto,
e non vedremo sorgere per via
la libertà, il miracolo,
il fatto che non era necessario!

Nell'onda e nell'azzurro non è scia.
Sono mutati i segni della proda
dianzi raccolta come un dolce grembo.
Il silenzio ci chiude nel suo lembo
e le labbra non s'aprono per dire
il patto ch'io vorrei
stringere col destino: di scontare
la vostra gioia con la mia condanna.
È il voto che mi nasce ancora in petto,
poi finirà ogni moto. Penso allora
alle tacite offerte che sostengono
le case dei viventi; al cuore che abdica
perché rida un fanciullo inconsapevole;
al taglio netto che recide, al rogo
morente che s'avviva
d'un arido paletto, e ferve trepido.

MAREZZO

Aggotti, e già la barca si sbilancia
e il cristallo dell'acque si smeriglia.
S'è usciti da una grotta a questa rancia
marina che uno zefiro scompiglia.

Non ci turba, come anzi, nell'oscuro,
lo sciame che il crepuscolo sparpaglia,
dei pipistrelli; e il remo che scandaglia
l'ombra non urta più il roccioso muro.

Fuori è il sole: s'arresta
nel suo giro e fiammeggia.
Il cavo cielo se ne illustra ed estua,
vetro che non si scheggia.

Un pescatore da un canotto fila
la sua lenza nella corrente.
Guarda il mondo del fondo che si profila
come sformato da una lente.

Nel guscio esiguo che sciaborda,
abbandonati i remi agli scalmi,
fa che ricordo non ti rimorda
che torbi questi meriggi calmi.

Ci chiudono d'attorno sciami e svoli,
è l'aria un'ala morbida.
Dispaiono: la troppa luce intorbida.
Si struggono i pensieri troppo soli.

Tutto fra poco si farà più ruvido,
fiorirà l'onda di più cupe strisce.
Ora resta così, sotto il diluvio
del sole che finisce.

Un ondulamento sovverte
forme confini resi astratti:
ogni forza decisa già diverte
dal cammino. La vita cresce a scatti.

È come un falò senza fuoco
che si preparava per chiari segni:
in questo lume il nostro si fa fioco,
in questa vampa ardono volti e impegni.

Disciogli il cuore gonfio
nell'aprirsi dell'onda;
come una pietra di zavorra affonda
il tuo nome nell'acque con un tonfo!

Un astrale delirio si disfrena,
un male calmo e lucente.
Forse vedremo l'ora che rasserena
venirci incontro sulla spera ardente.

Digradano su noi pendici
di basse vigne, a piane.
Quivi stornellano spigolatrici
con voci disumane.

Oh la vendemmia estiva,
la stortura nel corso
delle stelle! – e da queste in noi deriva
uno stupore tinto di rimorso.

Parli e non riconosci i tuoi accenti.
La memoria ti appare dilavata.

Sei passata e pur senti
la tua vita consumata.

Ora, che avviene?, tu riprovi il peso
di te, improvvise gravano
sui cardini le cose che oscillavano,
e l'incanto è sospeso.

Ah qui restiamo, non siamo diversi.
Immobili così. Nessuno ascolta
la nostra voce più. Così sommersi
in un gorgo d'azzurro che s'infolta.

CASA SUL MARE

Il viaggio finisce qui:
nelle cure meschine che dividono
l'anima che non sa più dare un grido.
Ora i minuti sono eguali e fissi
come i giri di ruota della pompa.
Un giro: un salir d'acqua che rimbomba.
Un altro, altr'acqua, a tratti un cigolio.

Il viaggio finisce a questa spiaggia
che tentano gli assidui e lenti flussi.
Nulla disvela se non pigri fumi
la marina che tramano di conche
i soffi leni: ed è raro che appaia
nella bonaccia muta
tra l'isole dell'aria migrabonde
la Corsica dorsuta o la Capraia.

Tu chiedi se così tutto vanisce
in questa poca nebbia di memorie;
se nell'ora che torpe o nel sospiro
del frangente si compie ogni destino.
Vorrei dirti che no, che ti s'appressa
l'ora che passerai di là dal tempo;
forse solo chi vuole s'infinita,
e questo tu potrai, chissà, non io.
Penso che per i più non sia salvezza,
ma taluno sovverta ogni disegno,
passi il varco, qual volle si ritrovi.
Vorrei prima di cedere segnarti

codesta via di fuga
labile come nei sommossi campi
del mare spuma o ruga.
Ti dono anche l'avara mia speranza.
A' nuovi giorni, stanco, non so crescerla:
l'offro in pegno al tuo fato, che ti scampi.

Il cammino finisce a queste prode
che rode la marea col moto alterno.
Il tuo cuore vicino che non m'ode
salpa già forse per l'eterno.

I MORTI

Il mare che si frange sull'opposta
riva vi leva un nembo che spumeggia
finché la piana lo riassorbe. Quivi
gettammo un dì su la ferrigna costa,
ansante più del pelago la nostra
speranza! – e il gorgo sterile verdeggia
come ai dì che ci videro fra i vivi.

Or che aquilone spiana il groppo torbido
delle salse correnti e le rivolge
d'onde trassero, attorno alcuno appende
ai rami cedui reti dilunganti
sul viale che discende
oltre lo sguardo;
reti stinte che asciuga il tocco tardo
e freddo della luce; e sopra queste
denso il cristallo dell'azzurro palpebra
e precipita a un arco d'orizzonte
flagellato.
         Più d'alga che trascini
il ribollio che a noi si scopre, muove
tale sosta la nostra vita: turbina
quanto in noi rassegnato a' suoi confini
risté un giorno; tra i fili che congiungono
un ramo all'altro si dibatte il cuore
come la gallinella
di mare che s'insacca tra le maglie;
e immobili e vaganti ci ritiene
una fissità gelida.

Così
forse anche ai morti è tolto ogni riposo
nelle zolle: una forza indi li tragge
spietata più del vivere, ed attorno,
larve rimorse dai ricordi umani,
li volge fino a queste spiagge, fiati
senza materia o voce
traditi dalla tenebra; ed i mozzi
loro voli ci sfiorano pur ora
da noi divisi appena e nel crivello
del mare si sommergono...

DELTA

La vita che si rompe nei travasi
secreti a te ho legata:
quella che si dibatte in sé e par quasi
non ti sappia, presenza soffocata.

Quando il tempo s'ingorga alle sue dighe
la tua vicenda accordi alla sua immensa,
ed affiori, memoria, più palese
dall'oscura regione ove scendevi,
come ora, al dopopioggia, si riaddensa
il verde ai rami, ai muri il cinabrese.

Tutto ignoro di te fuor del messaggio
muto che mi sostenta sulla via:
se forma esisti o ubbia nella fumea
d'un sogno t'alimenta
la riviera che infebbra, torba, e scroscia
incontro alla marea.

Nulla di te nel vacillar dell'ore
bige o squarciate da un vampo di solfo
fuori che il fischio del rimorchiatore
che dalle brume approda al golfo.

INCONTRO

Tu non m'abbandonare mia tristezza
sulla strada
che urta il vento forano
co' suoi vortici caldi, e spare; cara
tristezza al soffio che si estenua: e a questo,
sospinta sulla rada
dove l'ultime voci il giorno esala
viaggia una nebbia, alta si flette un'ala
di cormorano.

La foce è allato del torrente, sterile
d'acque, vivo di pietre e di calcine;
ma più foce di umani atti consunti,
d'impallidite vite tramontanti
oltre il confine
che a cerchio ci rinchiude: visi emunti,
mani scarne, cavalli in fila, ruote
stridule: vite no: vegetazioni
dell'altro mare che sovrasta il flutto.

Si va sulla carraia di rappresa
mota senza uno scarto,
simili ad incappati di corteo,
sotto la volta infranta ch'è discesa
quasi a specchio delle vetrine,
in un'aura che avvolge i nostri passi
fitta e uguaglia i sargassi
umani fluttuanti alle cortine
dei bambù mormoranti.

Se mi lasci anche tu, tristezza, solo
presagio vivo in questo nembo, sembra
che attorno mi si effonda
un ronzio qual di sfere quando un'ora
sta per scoccare;
e cado inerte nell'attesa spenta
di chi non sa temere
su questa proda che ha sorpresa l'onda
lenta, che non appare.

Forse riavrò un aspetto: nella luce
radente un moto mi conduce accanto
a una misera fronda che in un vaso
s'alleva s'una porta di osteria.
A lei tendo la mano, e farsi mia
un'altra vita sento, ingombro d'una
forma che mi fu tolta; e quasi anelli
alle dita non foglie mi si attorcono
ma capelli.

Poi più nulla. Oh sommersa!: tu dispari
qual sei venuta, e nulla so di te.
La tua vita è ancor tua: tra i guizzi rari
dal giorno sparsa già. Prega per me
allora ch'io discenda altro cammino
che una via di città,
nell'aria persa, innanzi al brulichio
dei vivi; ch'io ti senta accanto; ch'io
scenda senza viltà.

Riviere

Riviere,
bastano pochi stocchi d'erbaspada
penduli da un ciglione
sul delirio del mare;
o due camelie pallide
nei giardini deserti,
e un eucalipto biondo che si tuffi
tra sfrusci e pazzi voli
nella luce;
ed ecco che in un attimo
invisibili fili a me si asserpano,
farfalla in una ragna
di fremiti d'olivi, di sguardi di girasoli.

Dolce cattività, oggi, riviere
di chi s'arrende per poco
come a rivivere un antico giuoco
non mai dimenticato.
Rammento l'acre filtro che porgeste
allo smarrito adolescente, o rive:
nelle chiare mattine si fondevano
dorsi di colli e cielo; sulla rena
dei lidi era un risucchio ampio, un eguale
fremer di vite,
una febbre del mondo; ed ogni cosa
in se stessa pareva consumarsi.

Oh allora sballottati
come l'osso di seppia dalle ondate
svanire a poco a poco;

diventare
un albero rugoso od una pietra
levigata dal mare; nei colori
fondersi dei tramonti; sparir carne
per spicciare sorgente ebbra di sole,
dal sole divorata...
                    Erano questi,
riviere, i voti del fanciullo antico
che accanto ad una rósa balaustrata
lentamente moriva sorridendo.

Quanto, marine, queste fredde luci
parlano a chi straziato vi fuggiva.
Lame d'acqua scoprentisi tra varchi
di labili ramure; rocce brune
tra spumeggi; frecciare di rondoni
vagabondi...
                    Ah, potevo
credervi un giorno o terre,
bellezze funerarie, auree cornici
all'agonia d'ogni essere.

                    Oggi torno
a voi più forte, o è inganno, ben che il cuore
par sciogliersi in ricordi lieti – e atroci.
Triste anima passata
e tu volontà nuova che mi chiami,
tempo è forse d'unirvi
in un porto sereno di saggezza.
Ed un giorno sarà ancora l'invito
di voci d'oro, di lusinghe audaci,
anima mia non più divisa. Pensa:
cangiare in inno l'elegia; rifarsi;
non mancar più.
                    Potere
simili a questi rami
ieri scarniti e nudi ed oggi pieni
di fremiti e di linfe,

sentire
noi pur domani tra i profumi e i venti
un riaffluir di sogni, un urger folle
di voci verso un esito; e nel sole
che v'investe, riviere,
rifiorire!

LE OCCASIONI
1928-1939

a I. B.

Il balcone

Pareva facile giuoco
mutare in nulla lo spazio
che m'era aperto, in un tedio
malcerto il certo tuo fuoco.

Ora a quel vuoto ho congiunto
ogni mio tardo motivo,
sull'arduo nulla si spunta
l'ansia di attenderti vivo.

La vita che dà barlumi
è quella che sola tu scorgi.
A lei ti sporgi da questa
finestra che non s'illumina.

I

VECCHI VERSI

Ricordo la farfalla ch'era entrata
dai vetri schiusi nella sera fumida
su la costa raccolta, dilavata
dal trascorrere iroso delle spume.
Muoveva tutta l'aria del crepuscolo a un fioco
occiduo palpebrare della traccia
che divide acqua e terra; ed il punto atono
del faro che baluginava sulla
roccia del Tino, cerula, tre volte
si dilatò e si spense in un altro oro.

Mia madre stava accanto a me seduta
presso il tavolo ingombro dalle carte
da giuoco alzate a due per volta come
attendamenti nani pei soldati
dei nipoti sbandati già dal sonno.
Si schiodava dall'alto impetuoso
un nembo d'aria diaccia, diluviava
sul nido di Corniglia rugginoso.
Poi fu l'oscurità piena, e dal mare
un rombo basso e assiduo come un lungo
regolato concerto, ed il gonfiare
d'un pallore ondulante oltre la siepe
cimata dei pitòsfori. Nel breve
vano della mia stanza, ove la lampada
tremava dentro una ragnata fucsia,
penetrò la farfalla, al paralume
giunse e le conterie che l'avvolgevano
segnando i muri di riflessi ombrati

eguali come fregi si sconvolsero
e sullo scialbo corse alle pareti
un fascio semovente di fili esili.

Era un insetto orribile dal becco
aguzzo, gli occhi avvolti come d'una
rossastra fotosfera, al dosso il teschio
umano; e attorno dava se una mano
tentava di ghermirlo un acre sibilo
che agghiacciava.

Batté più volte sordo sulla tavola,
sui vetri ribatté chiusi dal vento,
e da sé ritrovò la via dell'aria,
si perse nelle tenebre. Dal porto
di Vernazza le luci erano a tratti
scancellate dal crescere dell'onde
invisibili al fondo della notte.

Poi tornò la farfalla dentro il nicchio
che chiudeva la lampada, discese
sui giornali del tavolo, scrollò
pazza aliando le carte –
                          e fu per sempre
con le cose che chiudono in un giro
sicuro come il giorno, e la memoria
in sé le cresce, sole vive d'una
vita che disparì sotterra: insieme
coi volti familiari che oggi sperde
non più il sonno ma un'altra noia; accanto
ai muri antichi, ai lidi, alla tartana
che imbarcava
tronchi di pino a riva ad ogni mese,
al segno del torrente che discende
ancora al mare e la sua via si scava.

BUFFALO

Un dolce inferno a raffiche addensava
nell'ansa risonante di megafoni
turbe d'ogni colore. Si vuotavano
a fiotti nella sera gli autocarri.
Vaporava fumosa una calura
sul golfo brulicante; in basso un arco
lucido figurava una corrente
e la folla era pronta al varco. Un negro
sonnecchiava in un fascio luminoso
che tagliava la tenebra; da un palco
attendevano donne ilari e molli
l'approdo d'una zattera. Mi dissi:
Buffalo! – e il nome agì.
                              Precipitavo
nel limbo dove assordano le voci
del sangue e i guizzi incendiano la vista
come lampi di specchi.
Udii gli schianti secchi, vidi attorno
curve schiene striate mulinanti
nella pista.

KEEPSAKE

Fanfan ritorna vincitore; Molly
si vende all'asta: frigge un riflettore.
Surcouf percorre a grandi passi il cassero,
Gaspard conta denari nel suo buco.
Nel pomeriggio limpido è discesa
la neve, la Cicala torna al nido.
Fatinitza agonizza in una piega
di memoria, di Tonio resta un grido.
Falsi spagnoli giocano al castello
i Briganti; ma squilla in una tasca
la sveglia spaventosa.
Il Marchese del Grillo è rispedito
nella strada; infelice Zeffirino
torna commesso; s'alza lo Speziale
e i fulminanti sparano sull'impiantito.
I Moschettieri lasciano il convento,
Van Schlisch corre in arcioni, Takimini
si sventola, la Bambola è caricata.
(Imary torna nel suo appartamento).
Larivaudière magnetico, Pitou
giacciono di traverso. Venerdì
sogna l'isole verdi e non danza più.

LINDAU

La rondine vi porta
fili d'erba, non vuole che la vita passi.
Ma tra gli argini, a notte, l'acqua morta
logora i sassi.
Sotto le torce fumicose sbanda
sempre qualche ombra sulle prode vuote.
Nel cerchio della piazza una sarabanda
s'agita al mugghio dei battelli a ruote.

BAGNI DI LUCCA

Fra il tonfo dei marroni
e il gemito del torrente
che uniscono i loro suoni
èsita il cuore.

Precoce inverno che borea
abbrividisce. M'affaccio
sul ciglio che scioglie l'albore
del giorno nel ghiaccio.

Marmi, rameggi –
                        e ad uno scrollo giù
foglie a èlice, a freccia,
nel fossato.

Passa l'ultima greggia nella nebbia
del suo fiato.

CAVE D'AUTUNNO

su cui discende la primavera lunare
e nimba di candore ogni frastaglio,
schianti di pigne, abbaglio
di reti stese e schegge,

ritornerà ritornerà sul gelo
la bontà d'una mano,
varcherà il cielo lontano
la ciurma luminosa che ci saccheggia.

ALTRO EFFETTO DI LUNA

La trama del carrubo che si profila
nuda contro l'azzurro sonnolento,
il suono delle voci, la trafila
delle dita d'argento sulle soglie,

la piuma che s'invischia, un trepestìo
sul molo che si scioglie
e la feluca già ripiega il volo
con le vele dimesse come spoglie.

VERSO VIENNA

Il convento barocco
di schiuma e di biscotto
adombrava uno scorcio d'acque lente
e tavole imbandite, qua e là sparse
di foglie e zenzero.

Emerse un nuotatore, sgrondò sotto
una nube di moscerini,
chiese del nostro viaggio,
parlò a lungo del suo d'oltre confine.

Additò il ponte in faccia che si passa
(informò) con un soldo di pedaggio.
Salutò con la mano, sprofondò,
fu la corrente stessa...
                            Ed al suo posto,
battistrada balzò da una rimessa
un bassotto festoso che latrava,

fraterna unica voce dentro l'afa.

CARNEVALE DI GERTI

Se la ruota s'impiglia nel groviglio
delle stelle filanti ed il cavallo
s'impenna tra la calca, se ti nevica
sui capelli e le mani un lungo brivido
d'iridi trascorrenti o alzano i bimbi
le flebili ocarine che salutano
il tuo viaggio ed i lievi echi si sfaldano
giù dal ponte sul fiume,
se si sfolla la strada e ti conduce
in un mondo soffiato entro una tremula
bolla d'aria e di luce dove il sole
saluta la tua grazia – hai ritrovato
forse la strada che tentò un istante
il piombo fuso a mezzanotte quando
finì l'anno tranquillo senza spari.

Ed ora vuoi sostare dove un filtro
fa spogli i suoni
e ne deriva i sorridenti ed acri
fumi che ti compongono il domani:
ora chiedi il paese dove gli onagri
mordano quadri di zucchero alle tue mani
e i tozzi alberi spuntino germogli
miracolosi al becco dei pavoni.

(Oh il tuo Carnevale sarà più triste
stanotte anche del mio, chiusa fra i doni
tu per gli assenti: carri dalle tinte
di rosolio, fantocci ed archibugi,

palle di gomma, arnesi da cucina
lillipuziani: l'urna li segnava
a ognuno dei lontani amici l'ora
che il Gennaio si schiuse e nel silenzio
si compì il sortilegio. È Carnevale
o il Dicembre s'indugia ancora? Penso
che se tu muovi la lancetta al piccolo
orologio che rechi al polso, tutto
arretrerà dentro un disfatto prisma
babelico di forme e di colori...).

E il Natale verrà e il giorno dell'Anno
che sfolla le caserme e ti riporta
gli amici spersi, e questo Carnevale
pur esso tornerà che ora ci sfugge
tra i muri che si fendono già. Chiedi
tu di fermare il tempo sul paese
che attorno si dilata? Le grandi ali
screziate ti sfiorano, le logge
sospingono all'aperto esili bambole
bionde, vive, le pale dei mulini
rotano fisse sulle pozze garrule.
Chiedi di trattenere le campane
d'argento sopra il borgo e il suono rauco
delle colombe? Chiedi tu i mattini
trepidi delle tue prode lontane?

Come tutto si fa strano e difficile,
come tutto è impossibile, tu dici.
La tua vita è quaggiù dove rimbombano
le ruote dei carriaggi senza posa
e nulla torna se non forse in questi
disguidi del possibile. Ritorna
là fra i morti balocchi ove è negato
pur morire; e col tempo che ti batte
al polso e all'esistenza ti ridona,
tra le mura pesanti che non s'aprono

al gorgo degli umani affaticato,
torna alla via dove con te intristisco,
quella che additò un piombo raggelato
alle mie, alle tue sere:
torna alle primavere che non fioriscono.

VERSO CAPUA

... rotto il colmo sull'ansa, con un salto,
il Volturno calò, giallo, la sua
piena tra gli scopeti, la disperse
nelle crete. Laggiù si profilava
mobile sulle siepi un postiglione,
e apparì su cavalli,
in una scia di polvere e sonagli.
Si arrestò pochi istanti, l'equipaggio
dava scosse, d'attorno volitavano
farfalle minutissime. Un furtivo
raggio incendiò di colpo il sughereto
scotennato, a fatica ripartiva
la vettura: e tu in fondo che agitavi
lungamente una sciarpa, la bandiera
stellata!, e il fiume ingordo s'insabbiava.

A LIUBA CHE PARTE

Non il grillo ma il gatto
del focolare
or ti consiglia, splendido
lare della dispersa tua famiglia.
La casa che tu rechi
con te ravvolta, gabbia o cappelliera?,
sovrasta i ciechi tempi come il flutto
arca leggera – e basta al tuo riscatto.

BIBE A PONTE ALL'ASSE

Bibe, ospite lieve, la bruna tua reginetta di Saba
mesce sorrisi e Rùfina di quattordici gradi.

Si vede in basso rilucere la terra fra gli àceri radi
e un bimbo curva la canna sul gomito della Greve.

DORA MARKUS

I

Fu dove il ponte di legno
mette a Porto Corsini sul mare alto
e rari uomini, quasi immoti, affondano
o salpano le reti. Con un segno
della mano additavi all'altra sponda
invisibile la tua patria vera.
Poi seguimmo il canale fino alla darsena
della città, lucida di fuliggine,
nella bassura dove s'affondava
una primavera inerte, senza memoria.

E qui dove un'antica vita
si screzia in una dolce
ansietà d'Oriente,
le tue parole iridavano come le scaglie
della triglia moribonda.

La tua irrequietudine mi fa pensare
agli uccelli di passo che urtano ai fari
nelle sere tempestose:
è una tempesta anche la tua dolcezza,
turbina e non appare,
e i suoi riposi sono anche più rari.
Non so come stremata tu resisti
in questo lago
d'indifferenza ch'è il tuo cuore; forse
ti salva un amuleto che tu tieni
vicino alla matita delle labbra,
al piumino, alla lima: un topo bianco,
d'avorio; e così esisti!

II

Ormai nella tua Carinzia
di mirti fioriti e di stagni,
china sul bordo sorvegli
la carpa che timida abbocca
o segui sui tigli, tra gl'irti
pinnacoli le accensioni
del vespro e nell'acque un avvampo
di tende da scali e pensioni.

La sera che si protende
sull'umida conca non porta
col palpito dei motori
che gemiti d'oche e un interno
di nivee maioliche dice
allo specchio annerito che ti vide
diversa una storia di errori
imperturbati e la incide
dove la spugna non giunge.

La tua leggenda, Dora!
Ma è scritta già in quegli sguardi
di uomini che hanno fedine
altere e deboli in grandi
ritratti d'oro e ritorna
ad ogni accordo che esprime
l'armonica guasta nell'ora
che abbuia, sempre più tardi.

È scritta là. Il sempreverde
alloro per la cucina

resiste, la voce non muta,
Ravenna è lontana, distilla
veleno una fede feroce.
Che vuole da te? Non si cede
voce, leggenda o destino...
Ma è tardi, sempre più tardi.

ALLA MANIERA DI FILIPPO DE PISIS
NELL'INVIARGLI QUESTO LIBRO

... l'Arno balsamo fino
LAPO GIANNI

Una botta di stocco nel zig zag
del beccaccino –
e si librano piume su uno scrìmolo.

(Poi discendono là, fra sgorbiature
di rami, al freddo balsamo del fiume).

NEL PARCO DI CASERTA

Dove il cigno crudele
si liscia e si contorce,
sul pelo dello stagno, tra il fogliame,
si risveglia una sfera, dieci sfere,
una torcia dal fondo, dieci torce,

– e un sole si bilancia
a stento nella prim'aria,
su domi verdicupi e globi a sghembo
d'araucaria,

che scioglie come liane
braccia di pietra, allaccia
senza tregua chi passa
e ne sfila dal punto più remoto
radici e stame.

Le nòcche delle Madri s'inaspriscono,
cercano il vuoto.

ACCELERATO

Fu così, com'è il brivido
pungente che trascorre
i sobborghi e solleva
alle aste delle torri
la cenere del giorno,
com'è il soffio
piovorno che ripete
tra le sbarre l'assalto
ai salici reclini –
fu così e fu tumulto nella dura
oscurità che rompe
qualche foro d'azzurro finché lenta
appaia la ninfale
Entella che sommessa
rifluisce dai cieli dell'infanzia
oltre il futuro –
poi vennero altri liti, mutò il vento,
crebbe il bucato ai fili, uomini ancora
uscirono all'aperto, nuovi nidi
turbarono le gronde –
fu così,
rispondi?

II
Mottetti

Sobre el volcán la flor.
G.A. BÉCQUER

Lo sai: debbo riperderti e non posso.
Come un tiro aggiustato mi sommuove
ogni opera, ogni grido e anche lo spiro
salino che straripa
dai moli e fa l'oscura primavera
di Sottoripa.

Paese di ferrame e alberature
a selva nella polvere del vespro.
Un ronzìo lungo viene dall'aperto,
strazia com'unghia ai vetri. Cerco il segno
smarrito, il pegno solo ch'ebbi in grazia
da te.
                E l'inferno è certo.

* * *

Molti anni, e uno più duro sopra il lago
straniero su cui ardono i tramonti.
Poi scendesti dai monti a riportarmi
San Giorgio e il Drago.

Imprimerli potessi sul palvese
che s'agita alla frusta del grecale
in cuore... E per te scendere in un gorgo
di fedeltà, immortale.

* * *

Brina sui vetri; uniti
sempre e sempre in disparte
gl'infermi; e sopra i tavoli
i lunghi soliloqui sulle carte.

Fu il tuo esilio. Ripenso
anche al mio, alla mattina
quando udii tra gli scogli crepitare
la bomba ballerina.

E durarono a lungo i notturni giuochi
di Bengala: come in una festa.

È scorsa un'ala rude, t'ha sfiorato le mani,
ma invano: la tua carta non è questa.

* * *

Lontano, ero con te quando tuo padre
entrò nell'ombra e ti lasciò il suo addio.
Che seppi fino allora? Il logorìo
di *prima* mi salvò solo per questo:

che t'ignoravo e non dovevo: ai colpi
d'oggi lo so, se di laggiù s'inflette
un'ora e mi riporta Cumerlotti
o Anghébeni – tra scoppi di spolette
e i lamenti e l'accorrer delle squadre.

* * *

Addii, fischi nel buio, cenni, tosse
e sportelli abbassati. È l'ora. Forse
gli automi hanno ragione. Come appaiono
dai corridoi, murati!

. . . .

– Presti anche tu alla fioca
litania del tuo rapido quest'orrida
e fedele cadenza di carioca? –

* * *

La speranza di pure rivederti
m'abbandonava;

e mi chiesi se questo che mi chiude
ogni senso di te, schermo d'immagini,
ha i segni della morte o dal passato
è in esso, ma distorto e fatto labile,
un *tuo* barbaglio:

(a Modena, tra i portici,
un servo gallonato trascinava
due sciacalli al guinzaglio).

* * *

Il saliscendi bianco e nero dei
balestrucci dal palo
del telegrafo al mare
non conforta i tuoi crucci su lo scalo
né ti riporta dove più non sei.

Già profuma il sambuco fitto su
lo sterrato; il piovasco si dilegua.
Se il chiarore è una tregua,
la tua cara minaccia la consuma.

* * *

Ecco il segno; s'innerva
sul muro che s'indora:
un frastaglio di palma
bruciato dai barbagli dell'aurora.

Il passo che proviene
dalla serra sì lieve,
non è felpato dalla neve, è ancora
tua vita, sangue tuo nelle mie vene.

* * *

Il ramarro, se scocca
sotto la grande fersa
dalle stoppie –

la vela, quando fiotta
e s'inabissa al salto
della rocca –

il cannone di mezzodì
più fioco del tuo cuore
e il cronometro se
scatta senza rumore –

. . . .

e poi? Luce di lampo
invano può mutarvi in alcunché
di ricco e strano. Altro era il tuo stampo.

* * *

Perché tardi? Nel pino lo scoiattolo
batte la coda a torcia sulla scorza.
La mezzaluna scende col suo picco
nel sole che la smorza. È giorno fatto.

A un soffio il pigro fumo trasalisce,
si difende nel punto che ti chiude.
Nulla finisce, o tutto, se tu fólgore
lasci la nube.

* * *

L'anima che dispensa
furlana e rigodone ad ogni nuova
stagione della strada, s'alimenta
della chiusa passione, la ritrova
a ogni angolo più intensa.

La tua voce è quest'anima diffusa.
Su fili, su ali, al vento, a caso, col
favore della musa o d'un ordegno,
ritorna lieta o triste. Parlo d'altro,
ad altri che t'ignora e il suo disegno
è là che insiste *do re la sol sol...*

* * *

Ti libero la fronte dai ghiaccioli
che raccogliesti traversando l'alte
nebulose; hai le penne lacerate
dai cicloni, ti desti a soprassalti.

Mezzodì: allunga nel riquadro il nespolo
l'ombra nera, s'ostina in cielo un sole
freddoloso; e l'altre ombre che scantonano
nel vicolo non sanno che sei qui.

* * *

La gondola che scivola in un forte
bagliore di catrame e di papaveri,
la subdola canzone che s'alzava
da masse di cordame, l'alte porte
rinchiuse su di te e risa di maschere
che fuggivano a frotte –

una sera tra mille e la mia notte
è più profonda! S'agita laggiù
uno smorto groviglio che m'avviva
a stratti e mi fa eguale a quell'assorto
pescatore d'anguille dalla riva.

* * *

Infuria sale o grandine? Fa strage
di campanule, svelle la cedrina.
Un rintocco subacqueo s'avvicina,
quale tu lo destavi, e s'allontana.

La pianola degl'inferi da sé
accelera i registri, sale nelle
sfere del gelo... – brilla come te
quando fingevi col tuo trillo d'aria
Lakmé nell'Aria delle Campanelle.

* * *

Al primo chiaro, quando
subitaneo un rumore
di ferrovia mi parla
di chiusi uomini in corsa
nel traforo del sasso
illuminato a tagli
da cieli ed acque misti;

al primo buio, quando
il bulino che tarla
la scrivanìa rafforza
il suo fervore e il passo
del guardiano s'accosta:
al chiaro e al buio, soste ancora umane
se tu a intrecciarle col tuo refe insisti.

* * *

Il fiore che ripete
dall'orlo del burrato
non scordarti di me,
non ha tinte più liete né più chiare
dello spazio gettato tra me e te.

Un cigolìo si sferra, ci discosta,
l'azzurro pervicace non ricompare.
Nell'afa quasi visibile mi riporta all'opposta
tappa, già buia, la funicolare.

* * *

La rana, prima a ritentar la corda
dallo stagno che affossa
giunchi e nubi, stormire dei carrubi
conserti dove spenge le sue fiaccole
un sole senza caldo, tardo ai fiori
ronzìo di coleotteri che suggono
ancora linfe, ultimi suoni, avara
vita della campagna. Con un soffio
l'ora s'estingue: un cielo di lavagna
si prepara a un irrompere di scarni
cavalli, alle scintille degli zoccoli.

* * *

Non recidere, forbice, quel volto,
solo nella memoria che si sfolla,
non far del grande suo viso in ascolto
la mia nebbia di sempre.

Un freddo cala... Duro il colpo svetta.
E l'acacia ferita da sé scrolla
il guscio di cicala
nella prima belletta di Novembre.

* * *

La canna che dispiuma
mollemente il suo rosso
flabello a primavera;
la rèdoia nel fosso, su la nera
correntìa sorvolata di libellule;
e il cane trafelato che rincasa
col suo fardello in bocca,

oggi qui non mi tocca riconoscere;
ma là dove il riverbero più cuoce
e il nuvolo s'abbassa, oltre le sue
pupille ormai remote, solo due
fasci di luce in croce.
                    E il tempo passa.

* * *

... ma così sia. Un suono di cornetta
dialoga con gli sciami del querceto.
Nella valva che il vespero riflette
un vulcano dipinto fuma lieto.

La moneta incassata nella lava
brilla anch'essa sul tavolo e trattiene
pochi fogli. La vita che sembrava
vasta è più breve del tuo fazzoletto.

III

TEMPI DI BELLOSGUARDO

Oh come là nella corusca
distesa che s'inarca verso i colli,
il brusìo della sera s'assottiglia
e gli alberi discorrono col trito
mormorio della rena; come limpida
s'inalvea là in decoro
di colonne e di salci ai lati e grandi salti
di lupi nei giardini, tra le vasche ricolme
che traboccano,
questa vita di tutti non più posseduta
del nostro respiro;
e come si ricrea una luce di zàffiro
per gli uomini
che vivono laggiù: è troppo triste
che tanta pace illumini a spiragli
e tutto ruoti poi con rari guizzi
su l'anse vaporanti, con incroci
di camini, con grida dai giardini
pensili, con sgomenti e lunghe risa
sui tetti ritagliati, tra le quinte
dei frondami ammassati ed una coda
fulgida che trascorra in cielo prima
che il desiderio trovi le parole!

* * *

Derelitte sul poggio
fronde della magnolia
verdibrune se il vento
porta dai frigidari
dei pianterreni un travolto
concitamento d'accordi
ed ogni foglia che oscilla
o rilampeggia nel folto
in ogni fibra s'imbeve
di quel saluto, e più ancora
derelitte le fronde
dei vivi che si smarriscono
nel prisma del minuto,
le membra di febbre votate
al moto che si ripete
in circolo breve: sudore
che pulsa, sudore di morte,
atti minuti specchiati,
sempre gli stessi, rifranti
echi del batter che in alto
sfaccetta il sole e la pioggia,
fugace altalena tra vita
che passa e vita che sta,
quassù non c'è scampo: si muore
sapendo o si sceglie la vita
che muta ed ignora: altra morte.
E scende la cuna tra logge
ed erme: l'accordo commuove
le lapidi che hanno veduto
le immagini grandi, l'onore,

l'amore inflessibile, il giuoco,
la fedeltà che non muta.
E il gesto rimane: misura
il vuoto, ne sonda il confine:
il gesto ignoto che esprime
se stesso e non altro: passione
di sempre in un sangue e un cervello
irripetuti; e fors'entra
nel chiuso e lo forza con l'esile
sua punta di grimaldello.

* * *

Il rumore degli émbrici distrutti
dalla bufera
nell'aria dilatata che non s'incrina,
l'inclinarsi del pioppo
del Canadà, tricuspide, che vibra
nel giardino a ogni strappo –
e il segno di una vita che assecondi
il marmo a ogni scalino come l'edera
diffida dello slancio solitario
dei ponti che discopro da quest'altura;
d'una clessidra che non sabbia ma opere
misuri e volti umani, piante umane;
d'acque composte sotto padiglioni
e non più irose a ritentar fondali
di pomice, è sparito? Un suono lungo
dànno le terrecotte, i pali appena
difendono le ellissi dei convolvoli,
e le locuste arrancano piovute
sui libri dalle pergole; dura opera,
tessitrici celesti, ch'è interrotta
sul telaio degli uomini. E domani...

IV

Sap check'd with frost, and lusty leaves quite gone,
Beauty o'ersnow'd and bareness every where.

SHAKESPEARE, *Sonnets*, V

LA CASA DEI DOGANIERI

Tu non ricordi la casa dei doganieri
sul rialzo a strapiombo sulla scogliera:
desolata t'attende dalla sera
in cui v'entrò lo sciame dei tuoi pensieri
e vi sostò irrequieto.

Libeccio sferza da anni le vecchie mura
e il suono del tuo riso non è più lieto:
la bussola va impazzita all'avventura
e il calcolo dei dadi più non torna.
Tu non ricordi; altro tempo frastorna
la tua memoria; un filo s'addipana.

Ne tengo ancora un capo; ma s'allontana
la casa e in cima al tetto la banderuola
affumicata gira senza pietà.
Ne tengo un capo; ma tu resti sola
né qui respiri nell'oscurità.

Oh l'orizzonte in fuga, dove s'accende
rara la luce della petroliera!
Il varco è qui? (Ripullula il frangente
ancora sulla balza che scoscende...).
Tu non ricordi la casa di questa
mia sera. Ed io non so chi va e chi resta.

BASSA MAREA

Sere di gridi, quando l'altalena
oscilla nella pergola d'allora
e un oscuro vapore vela appena
la fissità del mare.

Non più quel tempo. Varcano ora il muro
rapidi voli obliqui, la discesa
di tutto non s'arresta e si confonde
sulla proda scoscesa anche lo scoglio
che ti portò primo sull'onde.

Viene col soffio della primavera
un lugubre risucchio
d'assorbite esistenze; e nella sera,
negro vilucchio, solo il tuo ricordo
s'attorce e si difende.

S'alza sulle spallette, sul tunnel più lunge
dove il treno lentissimo s'imbuca.
Una mandria lunare sopraggiunge
poi sui colli, invisibile, e li bruca.

STANZE

Ricerco invano il punto onde si mosse
il sangue che ti nutre, interminato
respingersi di cerchi oltre lo spazio
breve dei giorni umani,
che ti rese presente in uno strazio
d'agonie che non sai, viva in un putre
padule d'astro inabissato; ed ora
è linfa che disegna le tue mani,
ti batte ai polsi inavvertita e il volto
t'infiamma o discolora.

Pur la rete minuta dei tuoi nervi
rammenta un poco questo suo viaggio
e se gli occhi ti scopro li consuma
un fervore coperto da un passaggio
turbinoso di spuma ch'or s'infitta
ora si frange, e tu lo senti ai rombi
delle tempie vanir nella tua vita
come si rompe a volte nel silenzio
d'una piazza assopita
un volo strepitoso di colombi.

In te converge, ignara, una raggèra
di fili; e certo alcuno d'essi apparve
ad altri: e fu chi abbrividì la sera
percosso da una candida ala in fuga,
e fu chi vide vagabonde larve
dove altri scorse fanciullette a sciami,
o scoperse, qual lampo che dirami,

nel sereno una ruga e l'urto delle
leve del mondo apparse da uno strappo
dell'azzurro l'avvolse, lamentoso.

In te m'appare un'ultima corolla
di cenere leggera che non dura
ma sfioccata precipita. Voluta,
disvoluta è così la tua natura.
Tocchi il segno, travàlichi. Oh il ronzìo
dell'arco ch'è scoccato, il solco che ara
il flutto e si rinchiude! Ed ora sale
l'ultima bolla in su. La dannazione
è forse questa vaneggiante amara
oscurità che scende su chi resta.

SOTTO LA PIOGGIA

Un murmure; e la tua casa s'appanna
come nella bruma del ricordo –
e lacrima la palma ora che sordo
preme il disfacimento che ritiene
nell'afa delle serre anche le nude
speranze ed il pensiero che rimorde.

'Por amor de la fiebre'... mi conduce
un vortice con te. Raggia vermiglia
una tenda, una finestra si rinchiude.
Sulla rampa materna ora cammina,
guscio d'uovo che va tra la fanghiglia,
poca vita tra sbatter d'ombra e luce.

Strideva Adiós muchachos, compañeros
de mi vida, il tuo disco dalla corte:
e m'è cara la maschera se ancora
di là dal mulinello della sorte
mi rimane il sobbalzo che riporta
al tuo sentiero.

Seguo i lucidi strosci e in fondo, a nembi,
il fumo strascicato d'una nave.
Si punteggia uno squarcio...
                              Per te intendo
ciò che osa la cicogna quando alzato
il volo dalla cuspide nebbiosa
rèmiga verso la Città del Capo.

PUNTA DEL MESCO

Nel cielo della cava rigato
all'alba dal volo dritto delle pernici
il fumo delle mine s'inteneriva,
saliva lento le pendici a piombo.
Dal rostro del palabotto si capovolsero
le ondine trombettiere silenziose
e affondarono rapide tra le spume
che il tuo passo sfiorava.

Vedo il sentiero che percorsi un giorno
come un cane inquieto; lambe il fiotto,
s'inerpica tra i massi e rado strame
a tratti lo scancella. E tutto è uguale.
Nella ghiaia bagnata s'arrovella
un'eco degli scrosci. Umido brilla
il sole sulle membra affaticate
dei curvi spaccapietre che martellano.

Polene che risalgono e mi portano
qualche cosa di te. Un tràpano incide
il cuore sulla roccia – schianta attorno
più forte un rombo. Brancolo nel fumo,
ma rivedo: ritornano i tuoi rari
gesti e il viso che aggiorna al davanzale, –
mi torna la tua infanzia dilaniata
dagli spari!

COSTA SAN GIORGIO

Un fuoco fatuo impolvera la strada.
Il gasista si cala giù e pedala
rapido con la scala su la spalla.
Risponde un'altra luce e l'ombra attorno
sfarfalla, poi ricade.

Lo so, non s'apre il cerchio
e tutto scende o rapido s'inerpica
tra gli archi. I lunghi mesi
son fuggiti così: ci resta un gelo
fosforico d'insetto nei cunicoli
e un velo scialbo sulla luna.
                              Un dì
brillava sui cammini del prodigio
El Dorado, e fu lutto fra i tuoi padri.
Ora l'Idolo è qui, sbarrato. Tende
le sue braccia fra i càrpini: l'oscuro
ne scancella lo sguardo. Senza voce,
disfatto dall'arsura, quasi esanime,
l'Idolo è in croce.

La sua presenza si diffonde grave.
Nulla ritorna, tutto non veduto
si riforma nel magico falò.
Non c'è respiro; nulla vale: più
non distacca per noi dall'architrave
della stalla il suo lume, Maritornes.

Tutto è uguale; non ridere: lo so,
lo stridere degli anni fin dal primo,

lamentoso, sui cardini, il mattino
un limbo sulla stupida discesa –
e in fondo il torchio del nemico muto
che preme...
                  Se una pendola rintocca
dal chiuso porta il tonfo del fantoccio
ch'è abbattuto.

L'ESTATE

L'ombra crociata del gheppio pare ignota
ai giovinetti arbusti quando rade fugace.
E la nube che vede? Ha tante facce
la polla schiusa.

Forse nel guizzo argenteo della trota
controcorrente
torni anche tu al mio piede fanciulla morta
Aretusa.

Ecco l'òmero acceso, la pepita
travolta al sole,
la cavolaia folle, il filo teso
del ragno su la spuma che ribolle –

e qualcosa che va e tropp'altro che
non passerà la cruna...

Occorrono troppe vite per farne una.

EASTBOURNE

'Dio salvi il Re' intonano le trombe
da un padiglione erto su palafitte
che aprono il varco al mare quando sale
a distruggere peste
umide di cavalli nella sabbia
del litorale.

Freddo un vento m'investe
ma un guizzo accende i vetri
e il candore di mica delle rupi
ne risplende.

Bank Holiday... Riporta l'onda lunga
della mia vita
a striscio, troppo dolce sulla china.
Si fa tardi. I fragori si distendono,
si chiudono in sordina.

Vanno su sedie a ruote i mutilati,
li accompagnano cani dagli orecchi
lunghi, bimbi in silenzio o vecchi. (Forse
domani tutto parrà un sogno).
                              E vieni
tu pure voce prigioniera, sciolta
anima ch'è smarrita,
voce di sangue, persa e restituita
alla mia sera.

Come lucente muove sui suoi spicchi
la porta di un albergo
– risponde un'altra e le rivolge un raggio –
m'agita un carosello che travolge
tutto dentro il suo giro; ed io in ascolto
('mia patria!') riconosco il tuo respiro,
anch'io mi levo e il giorno è troppo folto.

Tutto apparirà vano: anche la forza
che nella sua tenace ganga aggrega
i vivi e i morti, gli alberi e gli scogli
e si svolge da te, per te. La festa
non ha pietà. Rimanda
il suo scroscio la banda, si dispiega
nel primo buio una bontà senz'armi.

Vince il male... La ruota non s'arresta.

Anche tu lo sapevi, luce-in-tenebra.

Nella plaga che brucia, dove sei
scomparsa al primo tocco delle campane, solo
rimane l'acre tizzo che già fu
Bank Holiday.

CORRISPONDENZE

Or che in fondo un miraggio
di vapori vacilla e si disperde,
altro annunzia, tra gli alberi, la squilla
del picchio verde.

La mano che raggiunge il sottobosco
e trapunge la trama
del cuore con le punte dello strame,
è quella che matura incubi d'oro
a specchio delle gore
quando il carro sonoro
di Bassareo riporta folli mùgoli
di arieti sulle toppe arse dei colli.

Torni anche tu, pastora senza greggi,
e siedi sul mio sasso?
Ti riconosco; ma non so che leggi
oltre i voli che svariano sul passo.
Lo chiedo invano al piano dove una bruma
èsita tra baleni e spari su sparsi tetti,
alla febbre nascosta dei diretti
nella costa che fuma.

BARCHE SULLA MARNA

Felicità del sùghero abbandonato
alla corrente
che stempra attorno i ponti rovesciati
e il plenilunio pallido nel sole:
barche sul fiume, agili nell'estate
e un murmure stagnante di città.
Segui coi remi il prato se il cacciatore
di farfalle vi giunge con la sua rete,
l'alberaia sul muro dove il sangue
del drago si ripete nel cinabro.

Voci sul fiume, scoppi dalle rive,
o ritmico scandire di piroghe
nel vespero che cola
tra le chiome dei noci, ma dov'è
la lenta processione di stagioni
che fu un'alba infinita e senza strade,
dov'è la lunga attesa e qual è il nome
del vuoto che ci invade.

Il sogno è questo: un vasto,
interminato giorno che rifonde
tra gli argini, quasi immobile, il suo bagliore
e ad ogni svolta il buon lavoro dell'uomo,
il domani velato che non fa orrore.
E altro ancora era il sogno, ma il suo riflesso
fermo sull'acqua in fuga, sotto il nido
del pendolino, aereo e inaccessibile,
era silenzio altissimo nel grido

concorde del meriggio ed un mattino
più lungo era la sera, il gran fermento
era grande riposo.

     Qui... il colore
che resiste è del topo che ha saltato
tra i giunchi o col suo spruzzo di metallo
velenoso, lo storno che sparisce
tra i fumi della riva.

     Un altro giorno,
ripeti – o che ripeti? E dove porta
questa bocca che brùlica in un getto
solo?

  La sera è questa. Ora possiamo
scendere fino a che s'accenda l'Orsa.

(Barche sulla Marna, domenicali, in corsa
nel dì della tua festa).

ELEGIA DI PICO FARNESE

Le pellegrine in sosta che hanno durato
tutta la notte la loro litania
s'aggiustano gli zendadi sulla testa,
spengono i fuochi, risalgono sui carri.
Nell'alba triste s'affacciano dai loro
sportelli tagliati negli usci i molli soriani
e un cane lionato s'allunga nell'umido orto
tra i frutti caduti all'ombra del melangolo.
Ieri tutto pareva un macero ma stamane
pietre di spugna ritornano alla vita
e il cupo sonno si desta nella cucina,
dal grande camino giungono lieti rumori.
Torna la salmodia appena in volute più lievi,
vento e distanza ne rompono le voci, le ricompongono.

> 'Isole del santuario,
> viaggi di vascelli sospesi,
> alza il sudario,
> numera i giorni e i mesi
> che restano per finire'.

Strade e scale che salgono a piramide, fitte
d'intagli, ragnateli di sasso dove s'aprono
oscurità animate dagli occhi confidenti
dei maiali, archivolti tinti di verderame,
si svolge a stento il canto dalle ombrelle dei pini,
e indugia affievolito nell'indaco che stilla
su anfratti, tagli, spicchi di muraglie.

'Grotte dove scalfito
luccica il Pesce, chi sa
quale altro segno si perde,
perché non tutta la vita
è in questo sepolcro verde'.

Oh la pigra illusione. Perché attardarsi qui
a questo amore di donne barbute, a un vano farnetico
che il ferraio picano quando batte l'incudine
curvo sul calor bianco da sé scaccia? Ben altro
è l'Amore – e fra gli alberi balena col tuo cruccio
e la tua frangia d'ali, messaggera accigliata!
Se urgi fino al midollo i diòsperi e nell'acque
specchi il piumaggio della tua fronte senza errore
o distruggi le nere cantafavole e vegli
al trapasso dei pochi tra orde d'uomini-capre,

('collane di nocciuole,
zucchero filato a mano
sullo spacco del masso
miracolato che porta
le preci in basso, parole
di cera che stilla, parole
che il seme del girasole
se brilla disperde')

il tuo splendore è aperto. Ma più discreto allora
che dall'androne gelido, il teatro dell'infanzia
da anni abbandonato, dalla soffitta tetra
di vetri e di astrolabi, dopo una lunga attesa
ai balconi dell'edera, un segno ci conduce
alla radura brulla dove per noi qualcuno
tenta una festa di spari. E qui, se appare inudibile
il tuo soccorso, nell'aria prilla il piattello, si rompe
ai nostri colpi! Il giorno non chiede più di una chiave.
È mite il tempo. Il lampo delle tue vesti è sciolto
entro l'umore dell'occhio che rifrange nel suo

cristallo altri colori. Dietro di noi, calmo, ignaro
del mutamento, da lemure ormai rifatto celeste,
il fanciulletto Anacleto ricarica i fucili.

NUOVE STANZE

Poi che gli ultimi fili di tabacco
al tuo gesto si spengono nel piatto
di cristallo, al soffitto lenta sale
la spirale del fumo
che gli alfieri e i cavalli degli scacchi
guardano stupefatti; e nuovi anelli
la seguono, più mobili di quelli
delle tue dita.

La morgana che in cielo liberava
torri e ponti è sparita
al primo soffio; s'apre la finestra
non vista e il fumo s'agita. Là in fondo,
altro stormo si muove: una tregenda
d'uomini che non sa questo tuo incenso,
nella scacchiera di cui puoi tu sola
comporre il senso.

Il mio dubbio d'un tempo era se forse
tu stessa ignori il giuoco che si svolge
sul quadrato e ora è nembo alle tue porte:
follìa di morte non si placa a poco
prezzo, se poco è il lampo del tuo sguardo,
ma domanda altri fuochi, oltre le fitte
cortine che per te fomenta il dio
del caso, quando assiste.

Oggi so ciò che vuoi; batte il suo fioco
tocco la Martinella ed impaura

le sagome d'avorio in una luce
spettrale di nevaio. Ma resiste
e vince il premio della solitaria
veglia chi può con te allo specchio ustorio
che accieca le pedine opporre i tuoi
occhi d'acciaio.

IL RITORNO

Bocca di Magra

Ecco bruma e libeccio sulle dune
sabbiose che lingueggiano
e là celato dall'incerto lembo
o alzato dal va-e-vieni delle spume
il barcaiolo Duilio che traversa
in lotta sui suoi remi; ecco il pimento
dei pini che più terso
si dilata tra pioppi e saliceti,
e pompe a vento battere le pale
e il viottolo che segue l'onde dentro
la fiumana terrosa
funghire velenoso d'ovuli; ecco
ancora quelle scale
a chiocciola, slabbrate, che s'avvitano
fin oltre la veranda
in un gelo policromo d'ogive,
eccole che t'ascoltano, le nostre vecchie scale,
e vibrano al ronzìo
allora che dal cofano tu ridésti leggera
voce di sarabanda
o quando Erinni fredde ventano angui
d'inferno e sulle rive una bufera
di strida s'allontana; ed ecco il sole
che chiude la sua corsa, che s'offusca
ai margini del canto – ecco il tuo morso
oscuro di tarantola: son pronto.

PALIO

La tua fuga non s'è dunque perduta
in un giro di trottola
al margine della strada:
la corsa che dirada
le sue spire fin qui,
nella purpurea buca
dove un tumulto d'anime saluta
le insegne di Liocorno e di Tartuca.

Il lancio dei vessilli non ti muta
nel volto; troppa vampa ha consumati
gl'indizi che scorgesti; ultimi annunzi
quest'odore di ragia e di tempesta
imminente e quel tiepido stillare
delle nubi strappate,
tardo saluto in gloria di una sorte
che sfugge anche al destino. Dalla torre
cade un suono di bronzo: la sfilata
prosegue fra tamburi che ribattono
a gloria di contrade.
                    È strano: tu
che guardi la sommossa vastità,
i mattoni incupiti, la malcerta
mongolfiera di carta che si spicca
dai fantasmi animati sul quadrante
dell'immenso orologio, l'arpeggiante
volteggio degli sciami e lo stupore
che invade la conchiglia
del Campo, tu ritieni

tra le dita il sigillo imperioso
ch'io credevo smarrito
e la luce di prima si diffonde
sulle teste e le sbianca dei suoi gigli.

Torna un'eco di là: 'c'era una volta...'
(rammenta la preghiera che dal buio
ti giunse una mattina)

> 'non un reame, ma l'esile
> traccia di filigrana
> che senza lasciarvi segno
> i nostri passi sfioravano.

> Sotto la volta diaccia
> grava ora un sonno di sasso,
> la voce dalla cantina
> nessuno ascolta, o sei te.

> La sbarra in croce non scande
> la luce per chi s'è smarrito,
> la morte non ha altra voce
> di quella che spande la vita',

ma un'altra voce qui fuga l'orrore
del prigione e per lei quel ritornello
non vale il ghirigoro d'aste avvolte
(Oca e Giraffa) che s'incrociano alte
e ricadono in fiamme. Geme il palco
al passaggio dei brocchi salutati
da un urlo solo. È un volo! E tu dimentica!
Dimentica la morte
toto coelo raggiunta e l'ergotante
balbuzie dei dannati! C'era *il* giorno
dei viventi, lo vedi, e pare immobile
nell'acqua del rubino che si popola
di immagini. Il presente s'allontana
ed il traguardo è là: fuor della selva

dei gonfaloni, su lo scampanìo
del cielo irrefrenato, oltre lo sguardo
dell'uomo – e tu lo fissi. Così alzati,
finché spunti la trottola il suo perno
ma il solco resti inciso. Poi, nient'altro.

NOTIZIE DALL'AMIATA

Il fuoco d'artifizio del maltempo
sarà murmure d'arnie a tarda sera.
La stanza ha travature
tarlate ed un sentore di meloni
penetra dall'assito. Le fumate
morbide che risalgono una valle
d'elfi e di funghi fino al cono diafano
della cima m'intorbidano i vetri,
e ti scrivo di qui, da questo tavolo
remoto, dalla cellula di miele
di una sfera lanciata nello spazio –
e le gabbie coperte, il focolare
dove i marroni esplodono, le vene
di salnitro e di muffa sono il quadro
dove tra poco romperai. La vita
che t'affàbula è ancora troppo breve
se ti contiene! Schiude la tua icona
il fondo luminoso. Fuori piove.

* * *

E tu seguissi le fragili architetture
annerite dal tempo e dal carbone,
i cortili quadrati che hanno nel mezzo
il pozzo profondissimo; tu seguissi
il volo infagottato degli uccelli
notturni e in fondo al borro l'alluccioliò
della Galassia, la fascia d'ogni tormento.
Ma il passo che risuona a lungo nell'oscuro
è di chi va solitario e altro non vede
che questo cadere di archi, di ombre e di pieghe.
Le stelle hanno trapunti troppo sottili,
l'occhio del campanile è fermo sulle due ore,
i rampicanti anch'essi sono un'ascesa
di tenebre ed il loro profumo duole amaro.
Ritorna domani più freddo, vento del nord,
spezza le antiche mani dell'arenaria,
sconvolgi i libri d'ore nei solai,
e tutto sia lente tranquilla, dominio, prigione
del senso che non dispera! Ritorna più forte
vento di settentrione che rendi care
le catene e suggelli le spore del possibile!
Son troppo strette le strade, gli asini neri
che zoccolano in fila dànno scintille,
dal picco nascosto rispondono vampate di magnesio.
Oh il gocciolìo che scende a rilento
dalle casipole buie, il tempo fatto acqua,
il lungo colloquio coi poveri morti, la cenere, il vento,
il vento che tarda, la morte, la morte che vive!

* * *

Questa rissa cristiana che non ha
se non parole d'ombra e di lamento
che ti porta di me? Meno di quanto
t'ha rapito la gora che s'interra
dolce nella sua chiusa di cemento.
Una ruota di mola, un vecchio tronco,
confini ultimi al mondo. Si disfà
un cumulo di strame: e tardi usciti
a unire la mia veglia al tuo profondo
sonno che li riceve, i porcospini
s'abbeverano a un filo di pietà.

LA BUFERA E ALTRO
1940-1954

I
Finisterre

LA BUFERA

Les princes n'ont point d'yeux pour voir ces grand's merveilles,
Leurs mains ne servent plus qu'à nous persécuter...
AGRIPPA D'AUBIGNÉ, *À Dieu*

La bufera che sgronda sulle foglie
dure della magnolia i lunghi tuoni
marzolini e la grandine,

(i suoni di cristallo nel tuo nido
notturno ti sorprendono, dell'oro
che s'è spento sui mogani, sul taglio
dei libri rilegati, brucia ancora
una grana di zucchero nel guscio
delle tue palpebre)

il lampo che candisce
alberi e muri e li sorprende in quella
eternità d'istante – marmo manna
e distruzione – ch'entro te scolpita
porti per tua condanna e che ti lega
più che l'amore a me, strana sorella, –

e poi lo schianto rude, i sistri, il fremere
dei tamburelli sulla fossa fuia,
lo scalpicciare del fandango, e sopra
qualche gesto che annaspa...
                                        Come quando
ti rivolgesti e con la mano, sgombra
la fronte dalla nube dei capelli,

mi salutasti – per entrar nel buio.

LUNGOMARE

Il soffio cresce, il buio è rotto a squarci,
e l'ombra che tu mandi sulla fragile
palizzata s'arriccia. Troppo tardi

se vuoi esser te stessa! Dalla palma
tonfa il sorcio, il baleno è sulla miccia,
sui lunghissimi cigli del tuo sguardo.

SU UNA LETTERA NON SCRITTA

Per un formicolìo d'albe, per pochi
fili su cui s'impigli
il fiocco della vita e s'incollani
in ore e in anni, oggi i delfini a coppie
capriolano coi figli? Oh ch'io non oda
nulla di te, ch'io fugga dal bagliore
dei tuoi cigli. Ben altro è sulla terra.

Sparir non so né riaffacciarmi; tarda
la fucina vermiglia
della notte, la sera si fa lunga,
la preghiera è supplizio e non ancora
tra le rocce che sorgono t'è giunta
la bottiglia dal mare. L'onda, vuota,
si rompe sulla punta, a Finisterre.

NEL SONNO

Il canto delle strigi, quando un'iride
con intermessi palpiti si stinge,
i gemiti e i sospiri
di gioventù, l'errore che recinge
le tempie e il vago orror dei cedri smossi
dall'urto della notte – tutto questo
può ritornarmi, traboccar dai fossi,
rompere dai condotti, farmi desto
alla tua voce. Punge il suono d'una
giga crudele, l'avversario chiude
la celata sul viso. Entra la luna
d'amaranto nei chiusi occhi, è una nube
che gonfia; e quando il sonno la trasporta
più in fondo, è ancora sangue oltre la morte.

SERENATA INDIANA

È pur nostro il disfarsi delle sere.
E per noi è la stria che dal mare
sale al parco e ferisce gli aloè.

Puoi condurmi per mano, se tu fingi
di crederti con me, se ho la follia
di seguirti lontano e ciò che stringi,

ciò che dici, m'appare in tuo potere.

* * *

Fosse tua vita quella che mi tiene
sulle soglie – e potrei prestarti un volto,
vaneggiarti figura. Ma non è,

non è così. Il polipo che insinua
tentacoli d'inchiostro tra gli scogli
può servirsi di te. Tu gli appartieni

e non lo sai. Sei lui, ti credi te.

GLI ORECCHINI

Non serba ombra di voli il nerofumo
della spera. (E del tuo non è più traccia).
È passata la spugna che i barlumi
indifesi dal cerchio d'oro scaccia.
Le tue pietre, i coralli, il forte imperio
che ti rapisce vi cercavo; fuggo
l'iddia che non s'incarna, i desiderî
porto fin che al tuo lampo non si struggono.
Ronzano èlitre fuori, ronza il folle
mortorio e sa che due vite non contano.
Nella cornice tornano le molli
meduse della sera. La tua impronta
verrà di giù: dove ai tuoi lobi squallide
mani, travolte, fermano i coralli.

La frangia dei capelli...

La frangia dei capelli che ti vela
la fronte puerile, tu distrarla
con la mano non devi. Anch'essa parla
di te, sulla mia strada è tutto il cielo,
la sola luce con le giade ch'ài
accerchiate sul polso, nel tumulto
del sonno la cortina che gl'indulti
tuoi distendono, l'ala onde tu vai,
trasmigratrice Artemide ed illesa,
tra le guerre dei nati-morti; e s'ora
d'aeree lanugini s'infiora
quel fondo, a marezzarlo sei tu, scesa
d'un balzo, e irrequieta la tua fronte
si confonde con l'alba, la nasconde.

FINESTRA FIESOLANA

Qui dove il grillo insidioso buca
i vestiti di seta vegetale
e l'odor della canfora non fuga
le tarme che sfarinano nei libri,
l'uccellino s'arrampica a spirale
su per l'olmo ed il sole tra le frappe
cupo invischia. Altra luce che non colma,
altre vampe, o mie edere scarlatte.

IL GIGLIO ROSSO

Il giglio rosso, se un dì
mise radici nel tuo cuor di vent'anni
(brillava la pescaia tra gli stacci
dei renaioli, a tuffo s'inforravano
lucide talpe nelle canne, torri,
gonfaloni vincevano la pioggia,
e il trapianto felice al nuovo sole,
te inconscia si compì);

il giglio rosso già sacrificato
sulle lontane crode
ai vischi che la sciarpa ti tempestano
d'un gelo incorruttibile e le mani, –
fiore di fosso che ti s'aprirà
sugli argini solenni ove il brusìo
del tempo più non affatica...: a scuotere
l'arpa celeste, a far la morte amica.

IL VENTAGLIO

Ut pictura... Le labbra che confondono,
gli sguardi, i segni, i giorni ormai caduti
provo a figgerli là come in un tondo
di cannocchiale arrovesciato, muti
e immoti, ma più vivi. Era una giostra
d'uomini e ordegni in fuga tra quel fumo
ch'Euro batteva, e già l'alba l'inostra
con un sussulto e rompe quelle brume.
Luce la madreperla, la calanca
vertiginosa inghiotte ancora vittime,
ma le tue piume sulle guance sbiancano
e il giorno è forse salvo. O colpi fitti,
quando ti schiudi, o crudi lampi, o scrosci
sull'orde! (Muore chi ti riconosce?).

PERSONAE SEPARATAE

Come la scaglia d'oro che si spicca
dal fondo oscuro e liquefatta cola
nel corridoio dei carrubi ormai
ischeletriti, così pure noi
persone separate per lo sguardo
d'un altro? È poca cosa la parola,
poca cosa lo spazio in questi crudi
noviluni annebbiati: ciò che manca,
e che ci torce il cuore e qui m'attarda
tra gli alberi, ad attenderti, è un perduto
senso, o il fuoco, se vuoi, che a terra stampi,
figure parallele, ombre concordi,
aste di un sol quadrante i nuovi tronchi
delle radure e colmi anche le cave
ceppaie, nido alle formiche. Troppo
straziato è il bosco umano, troppo sorda
quella voce perenne, troppo ansioso
lo squarcio che si sbiocca sui nevati
gioghi di Lunigiana. La tua forma
passò di qui, si riposò sul riano
tra le nasse atterrate, poi si sciolse
come un sospiro, intorno – e ivi non era
l'orror che fiotta, in te la luce ancora
trovava luce, oggi non più che al giorno
primo già annotta.

L'ARCA

La tempesta di primavera ha sconvolto
l'ombrello del salice,
al turbine d'aprile
s'è impigliato nell'orto il vello d'oro
che nasconde i miei morti,
i miei cani fidati, le mie vecchie
serve – quanti da allora
(quando il salce era biondo e io ne stroncavo
le anella con la fionda) son calati,
vivi, nel trabocchetto. La tempesta
certo li riunirà sotto quel tetto
di prima, ma lontano, più lontano
di questa terra folgorata dove
bollono calce e sangue nell'impronta
del piede umano. Fuma il ramaiolo
in cucina, un suo tondo di riflessi
accentra i volti ossuti, i musi aguzzi
e li protegge in fondo la magnolia
se un soffio ve la getta. La tempesta
primaverile scuote d'un latrato
di fedeltà la mia arca, o perduti.

GIORNO E NOTTE

Anche una piuma che vola può disegnare
la tua figura, o il raggio che gioca a rimpiattino
tra i mobili, il rimando dello specchio
di un bambino, dai tetti. Sul giro delle mura
strascichi di vapore prolungano le guglie
dei pioppi e giù sul trespolo s'arruffa il pappagallo
dell'arrotino. Poi la notte afosa
sulla piazzola, e i passi, e sempre questa dura
fatica di affondare per risorgere eguali
da secoli, o da istanti, d'incubi che non possono
ritrovare la luce dei tuoi occhi nell'antro
incandescente – e ancora le stesse grida e i lunghi
pianti sulla veranda
se rimbomba improvviso il colpo che t'arrossa
la gola e schianta l'ali, o perigliosa
annunziatrice dell'alba,
e si destano i chiostri e gli ospedali
a un lacerìo di trombe...

IL TUO VOLO

Se appari al fuoco (pendono
sul tuo ciuffo e ti stellano
gli amuleti)
due luci ti contendono
al borro ch'entra sotto
la volta degli spini.

La veste è in brani, i frùtici
calpesti rifavillano
e la gonfia peschiera dei girini
umani s'apre ai solchi della notte.

Oh non turbar l'immondo
vivagno, lascia intorno
le cataste brucianti, il fumo forte
sui superstiti!

Se rompi il fuoco (biondo
cinerei i capelli
sulla ruga che tenera
ha abbandonato il cielo)
come potrà la mano delle sete
e delle gemme ritrovar tra i morti
il suo fedele?

A MIA MADRE

Ora che il coro delle coturnici
ti blandisce nel sonno eterno, rotta
felice schiera in fuga verso i clivi
vendemmiati del Mesco, or che la lotta
dei viventi più infuria, se tu cedi
come un'ombra la spoglia
                              (e non è un'ombra,
o gentile, non è ciò che tu credi)

chi ti proteggerà? La strada sgombra
non è una via, solo due mani, un volto,
quelle mani, *quel* volto, il gesto d'una
vita che non è un'altra ma se stessa,
solo questo ti pone nell'eliso
folto d'anime e voci in cui tu vivi;

e la domanda che tu lasci è anch'essa
un gesto tuo, all'ombra delle croci.

II
Dopo

MADRIGALI FIORENTINI

I

11 settembre 1943

Suggella, Herma, con nastri e ceralacca
la speranza che vana
si svela, appena schiusa ai tuoi mattini.
Sul muro dove si leggeva MORTE
A BAFFO BUCO passano una mano
di biacca. Un vagabondo di lassù
scioglie manifestini sulla corte
annuvolata. E il rombo s'allontana.

II

11 agosto 1944

Un Bedlington s'affaccia, pecorella
azzurra, al tremolio di quei tronconi
– *Trinity Bridge* – nell'acqua. Se s'infognano
come topi di chiavica i padroni
d'ieri (di sempre?), i colpi che martellano
le tue tempie fin lì, nella corsia
del paradiso, sono il gong che ancora
ti rivuole fra noi, sorella mia.

DA UNA TORRE

Ho visto il merlo acquaiolo
spiccarsi dal parafulmine:
al volo orgoglioso, a un gruppetto
di flauto l'ho conosciuto.

Ho visto il festoso e orecchiuto
Piquillo scattar dalla tomba
e a stratti, da un'umida tromba
di scale, raggiungere il tetto.

Ho visto nei vetri a colori
filtrare un paese di scheletri
da fiori di bifore – e un labbro
di sangue farsi più muto.

BALLATA SCRITTA IN UNA CLINICA

Nel solco dell'emergenza:

quando si sciolse oltremonte
la folle cometa agostana
nell'aria ancora serena

– ma buio, per noi, e terrore
e crolli di altane e di ponti
su noi come Giona sepolti
nel ventre della balena –

ed io mi volsi e lo specchio
di me più non era lo stesso
perché la gola ed il petto
t'avevano chiuso di colpo
in un manichino di gesso.

Nel cavo delle tue orbite
brillavano lenti di lacrime
più spesse di questi tuoi grossi
occhiali di tartaruga
che a notte ti tolgo e avvicino
alle fiale della morfina.

L'iddio taurino non era
il nostro, ma il Dio che colora
di fuoco i gigli del fosso:
Ariete invocai e la fuga
del mostro cornuto travolse

con l'ultimo orgoglio anche il cuore
schiantato dalla tua tosse.

Attendo un cenno, se è prossima
l'ora del ratto finale:
son pronto e la penitenza
s'inizia fin d'ora nel cupo
singulto di valli e dirupi
dell'*altra* Emergenza.

Hai messo sul comodino
il bulldog di legno, la sveglia
col fosforo sulle lancette
che spande un tenue lucore
sul tuo dormiveglia,

il nulla che basta a chi vuole
forzare la porta stretta;
e fuori, rossa, s'inasta,
si spiega sul bianco una croce.

Con te anch'io m'affaccio alla voce
che irrompe nell'alba, all'enorme
presenza dei morti; e poi l'ululo

del cane di legno è il mio, muto.

III
Intermezzo

DUE NEL CREPUSCOLO

Fluisce fra te e me sul belvedere
un chiarore subacqueo che deforma
col profilo dei colli anche il tuo viso.
Sta in un fondo sfuggevole, reciso
da te ogni gesto tuo; entra senz'orma,
e sparisce, nel mezzo che ricolma
ogni solco e si chiude sul tuo passo:
con me tu qui, dentro quest'aria scesa
a sigillare
il torpore dei massi.
                              Ed io riverso
nel potere che grava attorno, cedo
al sortilegio di non riconoscere
di me più nulla fuor di me: s'io levo
appena il braccio, mi si fa diverso
l'atto, si spezza su un cristallo, ignota
e impallidita sua memoria, e il gesto
già più non m'appartiene;
se parlo, ascolto quella voce attonito,
scendere alla sua gamma più remota
o spenta all'aria che non la sostiene.

Tale nel punto che resiste all'ultima
consunzione del giorno
dura lo smarrimento; poi un soffio
risolleva le valli in un frenetico
moto e deriva dalle fronde un tinnulo
suono che si disperde

tra rapide fumate e i primi lumi
disegnano gli scali.

                    ... le parole
tra noi leggere cadono. Ti guardo
in un molle riverbero. Non so
se ti conosco; so che mai diviso
fui da te come accade in questo tardo
ritorno. Pochi istanti hanno bruciato
tutto di noi: fuorché due volti, due
maschere che s'incidono, sforzate,
di un sorriso.

DOV'ERA IL TENNIS...

Dov'era una volta il tennis, nel piccolo rettangolo difeso dalla massicciata su cui dominano i pini selvatici, cresce ora la gramigna e raspano i conigli nelle ore di libera uscita.

Qui vennero un giorno a giocare due sorelle, due bianche farfalle, nelle prime ore del pomeriggio. Verso levante la vista era (è ancora) libera e le umide rocce del Corone maturano sempre l'uva forte per lo 'sciacchetrà'. È curioso pensare che ognuno di noi ha un paese come questo, e sia pur diversissimo, che dovrà restare il *suo* paesaggio, immutabile; è curioso che l'ordine fisico sia così lento a filtrare in noi e poi così impossibile a scancellarsi. Ma quanto al resto? A conti fatti, chiedersi il come e il perché della partita interrotta è come chiederselo della nubecola di vapore che esce dal cargo arrembato, laggiù sulla linea della Palmaria. Fra poco s'accenderanno nel golfo le prime lampare.

Intorno, a distesa d'occhio, l'iniquità degli oggetti persiste intangibile. La grotta incrostata di conchiglie dev'essere rimasta la stessa nel giardino delle piante grasse, sotto il tennis; ma il parente maniaco non verrà più a fotografare al lampo di magnesio il fiore unico, irripetibile, sorto su un cacto spinoso e destinato a una vita di pochi istanti. Anche le ville dei sudamericani sembrano chiuse. Non sempre ci furono eredi pronti a dilapidare la lussuosa paccottiglia messa insieme a suon di pesos o di milreis. O forse la sarabanda dei nuovi giunti segna il passo in altre contrade: qui siamo perfettamente defilati, fuori tiro. Si direbbe che la vita non possa accendervisi che a lampi e si pasca solo di quanto s'accumula inerte e va in cancrena in queste zone abbandonate.

'Del salón en el ángulo oscuro – silenciosa y cubierta de polvo – veíase el arpa...'. Eh sì, il museo sarebbe impressionante se si potesse scoperchiare l'ex-paradiso del Liberty. Sul conchiglione-terrazzo sostenuto da un Nettuno gigante, ora scrostato, nessuno apparve più dopo la sconfitta elettorale e il decesso del Leone del Callao; ma là, sull'esorbitante bovindo affrescato di peri meli e serpenti da paradiso terrestre, pensò invano la signora Paquita buonanima di produrre la sua serena vecchiaia confortata di truffatissimi agi e del sorriso della posterità. Vennero un giorno i mariti delle figlie, i generi brazileiri e gettata la maschera fecero man bassa su quel ben di Dio. Della dueña e degli altri non si seppe più nulla. Uno dei discendenti rispuntò poi fuori in una delle ultime guerre e fece miracoli. Ma allora si era giunti sì e no ai tempi dell'inno tripolino. Questi oggetti, queste case, erano ancora nel circolo vitale, fin ch'esso durò. Pochi sentirono dapprima che il freddo stava per giungere; e tra questi forse mio padre che anche nel più caldo giorno d'agosto, finita la cena all'aperto, piena di falene e d'altri insetti, dopo essersi buttato sulle spalle uno scialle di lana, ripetendo sempre in francese, chissà perché, «*il fait bien froid, bien froid*», si ritirava subito in camera per finir di fumarsi a letto il suo Cavour da sette centesimi.

VISITA A FADIN

Passata la Madonna dell'Orto e seguìti per pochi passi i portici
del centro svoltai poi su per la rampa che conduce all'ospedale e giunsi in breve dove il malato non si attendeva di vedermi:
sulla balconata degli incurabili, stesi al sole. Mi scorse subito e
non parve sorpreso. Aveva sempre i capelli cortissimi, rasi da
poco, il viso più scavato e rosso agli zigomi, gli occhi bellissimi, come prima, ma dissolti in un alone più profondo. Giunge-
vo senza preavviso, e in giorno indebito: neppure la sua Carli-
na, 'l'angelo musicante', poteva esser là.

Il mare, in basso, era vuoto, e sulla costa apparivano sparse
le architetture di marzapane degli arricchiti.

Ultima sosta del viaggio: alcuni dei tuoi compagni occasionali (operai, commessi, parrucchieri) ti avevano già preceduto
alla chetichella, sparendo dai loro lettucci. T'eri portato alcuni
pacchi di libri, li avevi messi al posto del tuo zaino d'un tempo:
vecchi libri fuor di moda, a eccezione di un volumetto di poesie che presi e che ora resterà con me, come indovinammo tutti e due senza dirlo.

Del colloquio non ricordo più nulla. Certo non aveva bisogno di richiamarsi alle questioni supreme, agli universali,
chi era sempre vissuto in modo umano, cioè semplice e silenzioso. Exit Fadin. E ora dire che non ci sei più è dire solo che
sei entrato in un ordine diverso, per quanto quello in cui ci
muoviamo noi ritardatari, così pazzesco com'è, sembri alla
nostra ragione l'unico in cui la divinità può svolgere i propri
attributi, riconoscersi e saggiarsi nei limiti di un assunto di
cui ignoriamo il significato. (Anch'essa, dunque, avrebbe bisogno di noi? Se è una bestemmia, ahimè, non è neppure la
nostra peggiore).

Essere sempre tra i primi e *sapere*, ecco ciò che conta, anche se il perché della rappresentazione ci sfugge. Chi ha avuto da te quest'alta lezione di *decenza quotidiana* (la più difficile delle virtù) può attendere senza fretta il libro delle tue reliquie. La tua parola non era forse di quelle che si scrivono.

IV
'Flashes' e dediche

VERSO SIENA

Ohimè che la memoria sulla vetta
non ha chi la trattenga!

(La fuga dei porcelli sull'Ambretta
notturna al sobbalzare della macchina
che guada, il carillon di San Gusmè
e una luna maggenga, tutta macchie...).

La scatola a sorpresa ha fatto scatto
sul punto in cui il mio Dio gittò la maschera
e fulminò il ribelle.

SULLA GREVE

Ora non ceno solo con lo sguardo
come quando al mio fischio ti sporgevi
e ti vedevo appena. Un masso, un solco
a imbuto, il volo nero d'una rondine,
un coperchio sul mondo...

E m'è pane quel boccio di velluto
che s'apre su un glissato di mandolino,
acqua il frùscio scorrente, il tuo profondo
respiro vino.

LA TROTA NERA

Reading

Curvi sull'acqua serale
graduati in Economia,
Dottori in Divinità,
la trota annusa e va via,
il suo balenio di carbonchio
è un ricciolo tuo che si sfa
nel bagno, un sospiro che sale
dagli ipogei del tuo ufficio.

DI UN NATALE METROPOLITANO

Londra

Un vischio, fin dall'infanzia sospeso grappolo
di fede e di pruina sul tuo lavandino
e sullo specchio ovale ch'ora adombrano
i tuoi ricci bergère fra santini e ritratti
di ragazzi infilati un po' alla svelta
nella cornice, una caraffa vuota,
bicchierini di cenere e di bucce,
le luci di Mayfair, poi a un crocicchio
le anime, le bottiglie che non seppero aprirsi,
non più guerra né pace, il tardo frullo
di un piccione incapace di seguirti
sui gradini automatici che ti slittano in giù...

LASCIANDO UN 'DOVE'

Cattedrale di Ely

Una colomba bianca m'ha disceso
fra stele, sotto cuspidi dove il cielo s'annida.
Albe e luci, sospese; ho amato il sole,
il colore del miele, or chiedo il bruno,
chiedo il fuoco che cova, questa tomba
che non vola, il tuo sguardo che la sfida.

ARGYLL TOUR

Glasgow

I bimbi sotto il cedro, funghi o muffe
vivi dopo l'acquata,
il puledrino in gabbia
con la scritta 'mordace',
nafta a nubi, sospese
sui canali murati,
fumate di gabbiani, odor di sego
e di datteri, il mugghio del barcone,
catene che s'allentano
– ma le tue le ignoravo –,
                                    sulla scia
salti di tonni, sonno, lunghe strida
di sorci, oscene risa, anzi che tu
apparissi al tuo schiavo...

VENTO SULLA MEZZALUNA

Edimburgo

Il grande ponte non portava a te.
T'avrei raggiunta anche navigando
nelle chiaviche, a un tuo comando. Ma
già le forze, col sole sui cristalli
delle verande, andavano stremandosi.

L'uomo che predicava sul Crescente
mi chiese «Sai dov'è Dio?». Lo sapevo
e glielo dissi. Scosse il capo. Sparve
nel turbine che prese uomini e case
e li sollevò in alto, sulla pece.

SULLA COLONNA PIÙ ALTA

Moschea di Damasco

Dovrà posarsi lassù
il Cristo giustiziere
per dire la sua parola.
Tra il pietrisco dei sette greti, insieme
s'umilieranno corvi e capinere,
ortiche e girasoli.

Ma in quel crepuscolo eri tu sul vertice:
scura, l'ali ingrommate, stronche dai
geli dell'Antilibano; e ancora
il tuo lampo mutava in vischio i neri
diademi degli sterpi, la Colonna
sillabava la Legge per te sola.

VERSO FINISTÈRE

Col bramire dei cervi nella piova
d'Armor l'arco del tuo ciglio s'è spento
al primo buio per filtrare poi
sull'intonaco albale dove prillano
ruote di cicli, fusi, razzi, frange
d'alberi scossi. Forse non ho altra prova
che Dio mi vede e che le tue pupille
d'acquamarina guardano per lui.

SUL LLOBREGAT

Dal verde immarcescibile della canfora
due note, un intervallo di terza maggiore.
Il cucco, non la civetta, ti dissi; ma intanto, di scatto,
tu avevi spinto l'acceleratore.

DAL TRENO

Le tortore colore solferino
sono a Sesto Calende per la prima
volta a memoria d'uomo. Così annunziano
i giornali. Affacciato al finestrino,
invano le ho cercate. Un tuo collare,
ma d'altra tinta, sì, piegava in vetta
un giunco e si sgranava. Per me solo
balenò, cadde in uno stagno. E il suo
volo di fuoco m'accecò sull'altro.

SIRIA

Dicevano gli antichi che la poesia
è scala a Dio. Forse non è così
se mi leggi. Ma il giorno io lo seppi
che ritrovai per te la voce, sciolto
in un gregge di nuvoli e di capre
dirompenti da un greppo a brucar bave
di pruno e di falasco, e i volti scarni
della luna e del sole si fondevano,
il motore era guasto ed una freccia
di sangue su un macigno segnalava
la via di Aleppo.

LUCE D'INVERNO

Quando scesi dal cielo di Palmira
su palme nane e propilei canditi
e un'unghiata alla gola m'avvertì
che mi avresti rapito,

quando scesi dal cielo dell'Acropoli
e incontrai, a chilometri, cavagni
di polpi e di murene
(la sega di quei denti
sul cuore rattrappito!),

quando lasciai le cime delle aurore
disumane pel gelido museo
di mummie e scarabei (tu stavi male,
unica vita) e confrontai la pomìce
e il diaspro, la sabbia e il sole, il fango
e l'argilla divina –
                    alla scintilla
che si levò fui nuovo e incenerito.

PER UN 'OMAGGIO A RIMBAUD'

Tardi uscita dal bozzolo, mirabile
farfalla che disfiori da una cattedra
l'esule di Charleville,
oh non seguirlo nel suo rapinoso
volo di starna, non lasciar cadere
piume stroncate, foglie di gardenia
sul nero ghiaccio dell'asfalto! Il volo
tuo sarà più terribile se alzato
da quest'ali di polline e di seta
nell'alone scarlatto in cui tu credi,
figlia del sole, serva del suo primo
pensiero e ormai padrona sua lassù...

INCANTESIMO

Oh resta chiusa e libera nell'isole
del tuo pensiero e del mio,
nella fiamma leggera che t'avvolge
e che non seppi prima
d'incontrare Diotima,
colei che tanto ti rassomigliava!
In lei vibra più forte l'amorosa cicala
sul ciliegio del tuo giardino.
Intorno il mondo stinge; incandescente,
nella lava che porta in Galilea
il tuo amore profano, attendi l'ora
di scoprire quel velo che t'ha un giorno
fidanzata al tuo Dio.

V
Silvae

IRIDE

Quando di colpo San Martino smotta
le sue braci e le attizza in fondo al cupo
fornello dell'Ontario,
schiocchi di pigne verdi fra la cenere
o il fumo d'un infuso di papaveri
e il Volto insanguinato sul sudario
che mi divide da te;

questo e poco altro (se poco
è un tuo segno, un ammicco, nella lotta
che me sospinge in un ossario, spalle
al muro, dove zàffiri celesti
e palmizi e cicogne su una zampa non chiudono
l'atroce vista al povero
Nestoriano smarrito);

è quanto di te giunge dal naufragio
delle mie genti, delle tue, or che un fuoco
di gelo porta alla memoria il suolo
ch'è tuo e che non vedesti; e altro rosario
fra le dita non ho, non altra vampa
se non questa, di resina e di bacche,
t'ha investito.

* * *

Cuore d'altri non è simile al tuo,
la lince non somiglia al bel soriano
che apposta l'uccello mosca sull'alloro;

ma li credi tu eguali se t'avventuri
fuor dell'ombra del sicomoro
o è forse quella maschera sul drappo bianco,
quell'effigie di porpora che t'ha guidata?

Perché l'opera tua (che della Sua
è una forma) fiorisse in altre luci
Iri del Canaan ti dileguasti
in quel nimbo di vischi e pugnitopi
che il tuo cuore conduce
nella notte del mondo, oltre il miraggio
dei fiori del deserto, tuoi germani.

Se appari, qui mi riporti, sotto la pergola
di viti spoglie, accanto all'imbarcadero
del nostro fiume – e il burchio non torna indietro,
il sole di San Martino si stempera, nero.
Ma se ritorni non sei tu, è mutata
la tua storia terrena, non attendi
al traghetto la prua,

non hai sguardi, né ieri né domani;

perché l'opera Sua (che nella tua
si trasforma) *dev'esser continuata.*

NELLA SERRA

S'empì d'uno zampettìo
di talpe la limonaia,
brillò in un rosario di caute
gocce la falce fienaia.

S'accese sui pomi cotogni,
un punto, una cocciniglia,
si udì inalberarsi alla striglia
il poney – e poi vinse il sogno.

Rapito e leggero ero intriso
di te, la tua forma era il mio
respiro nascosto, il tuo viso
nel mio si fondeva, e l'oscuro

pensiero di Dio discendeva
sui pochi viventi, tra suoni
celesti e infantili tamburi
e globi sospesi di fulmini

su me, su te, sui limoni...

NEL PARCO

Nell'ombra della magnolia
che sempre più si restringe,
a un soffio di cerbottana
la freccia mi sfiora e si perde.

Pareva una foglia caduta
dal pioppo che a un colpo di vento
si stinge – e fors'era una mano
scorrente da lungi tra il verde.

Un riso che non m'appartiene
trapassa da fronde canute
fino al mio petto, lo scuote
un trillo che punge le vene,

e rido con te sulla ruota
deforme dell'ombra, mi allungo
disfatto di me sulle ossute
radici che sporgono e pungo

con fili di paglia il tuo viso...

L'ORTO

Io non so, messaggera
che scendi, prediletta
del mio Dio (del tuo forse), se nel chiuso
dei meli lazzeruoli ove si lagnano
i luì nidaci, estenuanti a sera,
io non so se nell'orto
dove le ghiande piovono e oltre il muro
si sfioccano, aerine, le ghirlande
dei carpini che accennano
lo spumoso confine dei marosi, una vela
tra corone di scogli
sommersi e nerocupi o più lucenti
della prima stella che trapela –

io non so se il tuo piede
attutito, il cieco incubo onde cresco
alla morte dal giorno che ti vidi,
io non so se il tuo passo che fa pulsar le vene
se s'avvicina in questo intrico,
è quello che mi colse un'altra estate
prima che una folata
radente contro il picco irto del Mesco
infrangesse il mio specchio, –
io non so se la mano che mi sfiora la spalla
è la stessa che un tempo
sulla celesta rispondeva a gemiti
d'altri nidi, da un fólto ormai bruciato.

L'ora della tortura e dei lamenti
che s'abbatté sul mondo,

l'ora che tu leggevi chiara come in un libro
figgendo il duro sguardo di cristallo
bene in fondo, là dove acri tendìne
di fuliggine alzandosi su lampi
di officine celavano alla vista
l'opera di Vulcano,
il dì dell'Ira che più volte il gallo
annunciò agli spergiuri,
non ti divise, anima indivisa,
dal supplizio inumano, non ti fuse
nella caldana, cuore d'ametista.

O labbri muti, aridi dal lungo
viaggio per il sentiero fatto d'aria
che vi sostenne, o membra che distinguo
a stento dalle mie, o diti che smorzano
la sete dei morenti e i vivi infocano,
o intento che hai creato fuor della tua misura
le sfere del quadrante e che ti espandi
in tempo d'uomo, in spazio d'uomo, in furie
di dèmoni incarnati, in fronti d'angiole
precipitate a volo... Se la forza
che guida il disco *di già inciso* fosse
un'altra, certo il tuo destino al mio
congiunto mostrerebbe un solco solo.

PRODA DI VERSILIA

I miei morti che prego perché preghino
per me, per i miei vivi com'io invoco
per essi non resurrezione ma
il compiersi di quella vita ch'ebbero
inesplicata e inesplicabile, oggi
più di rado discendono dagli orizzonti aperti
quando una mischia d'acque e cielo schiude
finestre ai raggi della sera, – sempre
più raro, astore celestiale, un cutter
bianco-alato li posa sulla rena.

Broli di zinnie tinte ad artificio
(nonne dal duro sòggolo le annaffiano,
chiuse lo sguardo a chi di fuorivia
non cede alle impietose loro mani
il suo male), cortili di sterpaglie
incanutite dove se entra un gatto
color frate gli vietano i rifiuti
voci irose; macerie e piatte altane
su case basse lungo un ondulato
declinare di dune e ombrelle aperte
al sole grigio, sabbia che non nutre
gli alberi sacri alla mia infanzia, il pino
selvatico, il fico e l'eucalipto.

A quell'ombre i primi anni erano folti,
gravi di miele, pur se abbandonati;
a quel rezzo anche se disteso sotto
due brandelli di crespo punteggiati

di zanzare dormivo nella stanza
d'angolo, accanto alla cucina, ancora
nottetempo o nel cuore d'una siesta
di cicale, abbagliante nel mio sonno,
travedevo oltre il muro, al lavandino,
care ombre massaggiare le murene
per respingerne in coda, e poi reciderle,
le spine; a quel perenne alto stormire
altri perduti con rastrelli e forbici
lasciavano il vivaio
dei fusti nani per i sempreverdi
bruciati e le cavane avide d'acqua.

Anni di scogli e di orizzonti stretti
a custodire vite ancora umane
e gesti conoscibili, respiro
o anelito finale di sommersi
simili all'uomo o a lui vicini pure
nel nome: il pesce prete, il pesce rondine,
l'àstice – il lupo della nassa – che
dimentica le pinze quando Alice
gli si avvicina... e il volo da trapezio
dei topi familiari da una palma
all'altra; tempo che fu misurabile
fino a che non s'aperse questo mare
infinito, di creta e di mondiglia.

'EZEKIEL SAW THE WHEEL...'

Ghermito m'hai dall'intrico
dell'edera, mano straniera?
M'ero appoggiato alla vasca
viscida, l'aria era nera,
solo una vena d'onice tremava
nel fondo, quale stelo alla burrasca.
Ma la mano non si distolse,
nel buio si fece più diaccia
e la pioggia che si disciolse
sui miei capelli, sui tuoi
d'allora, troppo tenui, troppo lisci,
frugava tenace la traccia
in me seppellita da un cumulo,
da un monte di sabbia che avevo
in cuore ammassato per giungere
a soffocar la tua voce,
a spingerla in giù, dentro il breve
cerchio che tutto trasforma,
raspava, portava all'aperto
con l'orma delle pianelle
sul fango indurito, la scheggia,
la fibra della tua croce
in polpa marcita di vecchie
putrelle schiantate, il sorriso
di teschio che a noi si frappose
quando la Ruota minacciosa apparve
tra riflessi d'aurora, e fatti sangue
i petali del pesco su me scesero
e con essi
il tuo artiglio, come ora.

LA PRIMAVERA HITLERIANA

Né quella ch'a veder lo sol si gira...
DANTE (?) a Giovanni Quirini

Folta la nuvola bianca delle falene impazzite
turbina intorno agli scialbi fanali e sulle spallette,
stende a terra una coltre su cui scriccchia
come su zucchero il piede; l'estate imminente sprigiona
ora il gelo notturno che capiva
nelle cave segrete della stagione morta,
negli orti che da Maiano scavalcano a questi renai.

Da poco sul corso è passato a volo un messo infernale
tra un alalà di scherani, un golfo mistico acceso
e pavesato di croci a uncino l'ha preso e inghiottito,
si sono chiuse le vetrine, povere
e inoffensive benché armate anch'esse
di cannoni e giocattoli di guerra,
ha sprangato il beccaio che infiorava
di bacche il muso dei capretti uccisi,
la sagra dei miti carnefici che ancora ignorano il sangue
s'è tramutata in un sozzo trescone d'ali schiantate,
di larve sulle golene, e l'acqua séguita a rodere
le sponde e più nessuno è incolpevole.

Tutto per nulla, dunque? – e le candele
romane, a San Giovanni, che sbiancavano lente
l'orizzonte, ed i pegni e i lunghi addii
forti come un battesimo nella lugubre attesa
dell'orda (ma una gemma rigò l'aria stillando

sui ghiacci e le riviere dei tuoi lidi
gli angeli di Tobia, i sette, la semina
dell'avvenire) e gli eliotropi nati
dalle tue mani – tutto arso e succhiato
da un polline che stride come il fuoco
e ha punte di sinibbio...
                              Oh la piagata
primavera è pur festa se raggela
in morte questa morte! Guarda ancora
in alto, Clizia, è la tua sorte, tu
che il non mutato amor mutata serbi,
fino a che il cieco sole che in te porti
si abbàcini nell'Altro e si distrugga
in Lui, per tutti. Forse le sirene, i rintocchi
che salutano i mostri nella sera
della loro tregenda, si confondono già
col suono che slegato dal cielo, scende, vince –
col respiro di un'alba che domani per tutti
si riaffacci, bianca ma senz'ali
di raccapriccio, ai greti arsi del sud...

VOCE GIUNTA CON LE FOLAGHE

Poiché la via percorsa, se mi volgo, è più lunga
del sentiero da capre che mi porta
dove ci scioglieremo come cera,
ed i giunchi fioriti non leniscono il cuore
ma le vermene, il sangue dei cimiteri,
eccoti fuor dal buio
che ti teneva, padre, erto ai barbagli,
senza scialle e berretto, al sordo fremito
che annunciava nell'alba
chiatte di minatori dal gran carico
semisommerse, nere sull'onde alte.

L'ombra che mi accompagna
alla tua tomba, vigile,
e posa sopra un'erma ed ha uno scarto
altero della fronte che le schiara
gli occhi ardenti ed i duri sopraccigli
da un suo biocco infantile,
l'ombra non ha più peso della tua
da tanto seppellita, i primi raggi
del giorno la trafiggono, farfalle
vivaci l'attraversano, la sfiora
la sensitiva e non si rattrappisce.

L'ombra fidata e il muto che risorge,
quella che scorporò l'interno fuoco
e colui che lunghi anni d'oltretempo
(anni per me pesante) disincarnano,
si scambiano parole che interito

sul margine io non odo; l'una forse
ritroverà la forma in cui bruciava
amor di Chi la mosse e non di sé,
ma l'altro sbigottisce e teme che
la larva di memoria in cui si scalda
ai suoi figli si spenga al nuovo balzo.

– Ho pensato per te, ho ricordato
per tutti. Ora ritorni al cielo libero
che ti tramuta. Ancora questa rupe
ti tenta? Sì, la bàttima è la stessa
di sempre, il mare che ti univa ai miei
lidi da prima che io avessi l'ali,
non si dissolve. Io le rammento quelle
mie prode e pur son giunta con le folaghe
a distaccarti dalle tue. Memoria
non è peccato fin che giova. Dopo
è letargo di talpe, abiezione

che funghisce su sé... –
                                        Il vento del giorno
confonde l'ombra viva e l'altra ancora
riluttante in un mezzo che respinge
le mie mani, e il respiro mi si rompe
nel punto dilatato, nella fossa
che circonda lo scatto del ricordo.
Così si svela prima di legarsi
a immagini, a parole, oscuro senso
reminiscente, il vuoto inabitato
che occupammo e che attende fin ch'è tempo
di colmarsi di noi, di ritrovarci...

L'ombra della magnolia...

L'ombra della magnolia giapponese
si sfoltisce or che i bocci paonazzi
sono caduti. Vibra intermittente
in vetta una cicala. Non è più
il tempo dell'unìsono vocale,
Clizia, il tempo del nume illimitato
che divora e rinsangua i suoi fedeli.
Spendersi era più facile, morire
al primo batter d'ale, al primo incontro
col nemico, un trastullo. Comincia ora
la via più dura: ma non te consunta
dal sole e radicata, e pure morbida
cesena che sorvoli alta le fredde
banchine del tuo fiume, – non te fragile
fuggitiva cui zenit nadir cancro
capricorno rimasero indistinti
perché la guerra fosse in te e in chi adora
su te le stimme del tuo Sposo, flette
il brivido del gelo... Gli altri arretrano
e piegano. La lima che sottile
incide tacerà, la vuota scorza
di chi cantava sarà presto polvere
di vetro sotto i piedi, l'ombra è livida, –
è l'autunno, è l'inverno, è l'oltrecielo
che ti conduce e in cui mi getto, cèfalo
saltato in secco al novilunio.

                                    Addio.

IL GALLO CEDRONE

Dove t'abbatti dopo il breve sparo
(la tua voce ribolle, rossonero
salmì di cielo e terra a lento fuoco)
anch'io riparo, brucio anch'io nel fosso.

Chiede aiuto il singulto. Era più dolce
vivere che affondare in questo magma,
più facile disfarsi al vento che
qui nel limo, incrostati sulla fiamma.

Sento nel petto la tua piaga, sotto
un grumo d'ala; il mio pesante volo
tenta un muro e di noi solo rimane
qualche piuma sull'ilice brinata.

Zuffe di rostri, amori, nidi d'uova
marmorate, divine! Ora la gemma
delle piante perenni, come il bruco,
luccica al buio, Giove è sotterrato.

L'ANGUILLA

L'anguilla, la sirena
dei mari freddi che lascia il Baltico
per giungere ai nostri mari,
ai nostri estuarî, ai fiumi
che risale in profondo, sotto la piena avversa,
di ramo in ramo e poi
di capello in capello, assottigliati,
sempre più addentro, sempre più nel cuore
del macigno, filtrando
tra gorielli di melma finché un giorno
una luce scoccata dai castagni
ne accende il guizzo in pozze d'acquamorta,
nei fossi che declinano
dai balzi d'Appennino alla Romagna;
l'anguilla, torcia, frusta,
freccia d'Amore in terra
che solo i nostri botri o i disseccati
ruscelli pirenaici riconducono
a paradisi di fecondazione;
l'anima verde che cerca
vita là dove solo
morde l'arsura e la desolazione,
la scintilla che dice
tutto comincia quando tutto pare
incarbonirsi, bronco seppellito;
l'iride breve, gemella
di quella che incastonano i tuoi cigli
e fai brillare intatta in mezzo ai figli
dell'uomo, immersi nel tuo fango, puoi tu
non crederla sorella?

VI
Madrigali privati

So che un raggio di sole (di Dio?) ancora
può incarnarsi se ai piedi della statua
di Lucrezia (una sera ella si scosse,
palpebrò) getti il volto contro il mio.

Qui nell'androne come sui trifogli;
qui sulle scale come là nel palco;
sempre nell'ombra: perché se tu sciogli
quel buio la mia rondine sia il falco.

Hai dato il mio nome a un albero? Non è poco;
pure non mi rassegno a restar ombra, o tronco,
di un abbandono nel suburbio. Io il tuo
l'ho dato a un fiume, a un lungo incendio, al crudo
gioco della mia sorte, alla fiducia
sovrumana con cui parlasti al rospo
uscito dalla fogna, senza orrore o pietà
o tripudio, al respiro di quel forte
e morbido tuo labbro che riesce,
nominando, a creare; rospo fiore erba scoglio –
quercia pronta a spiegarsi su di noi
quando la pioggia spollina i carnosi
petali del trifoglio e il fuoco cresce.

Se t'hanno assomigliato...

Se t'hanno assomigliato
alla volpe sarà per la falcata
prodigiosa, pel volo del tuo passo
che unisce e che divide, che sconvolge
e rinfranca il selciato (il tuo terrazzo,
le strade presso il Cottolengo, il prato,
l'albero che ha il mio nome ne vibravano
felici, umidi e vinti) – o forse solo
per l'onda luminosa che diffondi
dalle mandorle tenere degli occhi,
per l'astuzia dei tuoi pronti stupori,
per lo strazio
di piume lacerate che può dare
la tua mano d'infante in una stretta;
se t'hanno assomigliato
a un carnivoro biondo, al genio perfido
delle fratte (e perché non all'immondo
pesce che dà la scossa, alla torpedine?)
è forse perché i ciechi non ti videro
sulle scapole gracili le ali,
perché i ciechi non videro il presagio
della tua fronte incandescente, il solco
che vi ho graffiato a sangue, croce cresima
incantesimo jattura voto vale
perdizione e salvezza; se non seppero
crederti più che donnola o che donna,
con chi dividerò la mia scoperta,
dove seppellirò l'oro che porto,
dove la brace che in me stride se,
lasciandomi, ti volgi dalle scale?

LE PROCESSIONI DEL 1949

Lampi d'afa sul punto del distacco,
livida ora annebbiata,
poi un alone anche peggiore, un bombito
di ruote e di querele dalle prime
rampe della collina,
un rigurgito, un tanfo acre che infetta
le zolle a noi devote,

                ... se non fosse
per quel tuo scarto *in vitro*, sulla gora,
entro una bolla di sapone e insetti.

Chi mente più, chi geme? Fu il tuo istante
di sempre, dacché appari.
La tua virtù furiosamente angelica
ha scacciato col guanto i madonnari
pellegrini, Cibele e i Coribanti.

Nubi color magenta...

Nubi color magenta s'addensavano
sulla grotta di Fingal d'oltrecosta
quando dissi «pedala,
angelo mio!» e con un salto
il tandem si staccò dal fango, sciolse
il volo tra le bacche del rialto.

Nubi color di rame si piegavano
a ponte sulle spire dell'Agliena,
sulle biancane rugginose quando
ti dissi «resta!», e la tua ala d'ebano
occupò l'orizzonte
col suo fremito lungo, insostenibile.

Come Pafnuzio nel deserto, troppo
volli vincerti, io vinto.
Volo con te, resto con te; morire,
vivere è un punto solo, un groppo tinto
del tuo colore, caldo del respiro
della caverna, fondo, appena udibile.

PER ALBUM

Ho cominciato anzi giorno
a buttar l'amo per te (lo chiamavo 'il lamo').
Ma nessun guizzo di coda
scorgevo nei pozzi limosi,
nessun vento veniva col tuo indizio
dai colli monferrini.
Ho continuato il mio giorno
sempre spiando te, larva girino
frangia di rampicante francolino
gazzella zebù ocàpi
nuvola nera grandine
prima della vendemmia, ho spigolato
tra i filari inzuppati senza trovarti.
Ho proseguito fino a tardi
senza sapere che tre cassettine
– SABBIA SODA SAPONE, la piccionaia
da cui partì il tuo volo: da una cucina –
si sarebbero aperte per me solo.
Così sparisti nell'orizzonte incerto.
Non c'è pensiero che imprigioni il fulmine
ma chi ha veduto la luce non se ne priva.
Mi stesi al piede del tuo ciliegio, ero
già troppo ricco per contenerti viva.

DA UN LAGO SVIZZERO

Mia volpe, un giorno fui anch'io il 'poeta
assassinato': là nel noccioleto
raso, dove fa grotta, da un falò;
in quella tana un tondo di zecchino
accendeva il tuo viso, poi calava
lento per la sua via fino a toccare
un nimbo, ove stemprarsi; ed io ansioso
invocavo la fine su quel fondo
segno della tua vita aperta, amara,
atrocemente fragile e pur forte.

Sei tu che brilli al buio? Entro quel solco
pulsante, in una pista arroventata,
àlacre sulla traccia del tuo lieve
zampetto di predace (un'orma quasi
invisibile, a stella) io, straniero,
ancora piombo; e a volo alzata un'anitra
nera, dal fondolago, fino al nuovo
incendio mi fa strada, per bruciarsi.

ANNIVERSARIO

Dal tempo della tua nascita
sono in ginocchio, mia volpe.
È da quel giorno che sento
vinto il male, espiate le mie colpe.

Arse a lungo una vampa; sul tuo tetto,
sul mio, vidi l'orrore traboccare.
Giovane stelo tu crescevi; e io al rezzo
delle tregue spiavo il tuo piumare.

Resto in ginocchio: il dono che sognavo
non per me ma per tutti
appartiene a me solo, Dio diviso
dagli uomini, dal sangue raggrumato
sui rami alti, sui frutti.

VII
Conclusioni provvisorie

IL SOGNO DEL PRIGIONIERO

Albe e notti qui variano per pochi segni.

Il zigzag degli storni sui battifredi
nei giorni di battaglia, mie sole ali,
un filo d'aria polare,
l'occhio del capoguardia dallo spioncino,
crac di noci schiacciate, un oleoso
sfrigolìo dalle cave, girarrosti
veri o supposti – ma la paglia è oro,
la lanterna vinosa è focolare
se dormendo mi credo ai tuoi piedi.

La purga dura da sempre, senza un perché.
Dicono che chi abiura e sottoscrive
può salvarsi da questo sterminio d'oche;
che chi obiurga se stesso, ma tradisce
e vende carne d'altri, afferra il mestolo
anzi che terminare nel *pâté*
destinato agl'Iddii pestilenziali.

Tardo di mente, piagato
dal pungente giaciglio mi sono fuso
col volo della tarma che la mia suola
sfarina sull'impiantito,
coi kimoni cangianti delle luci
sciorinate all'aurora dai torrioni,
ho annusato nel vento il bruciaticcio
dei buccellati dai forni,
mi son guardato attorno, ho suscitato

PICCOLO TESTAMENTO

Questo che a notte balugina
nella calotta del mio pensiero,
traccia madreperlacea di lumaca
o smeriglio di vetro calpestato,
non è lume di chiesa o d'officina
che alimenti
chierico rosso, o nero.
Solo quest'iride posso
lasciarti a testimonianza
d'una fede che fu combattuta,
d'una speranza che bruciò più lenta
di un duro ceppo nel focolare.
Conservane la cipria nello specchietto
quando spenta ogni lampada
la sardana si farà infernale
e un ombroso Lucifero scenderà su una prora
del Tamigi, del Hudson, della Senna
scuotendo l'ali di bitume semi-
mozze dalla fatica, a dirti: è l'ora.
Non è un'eredità, un portafortuna
che può reggere all'urto dei monsoni
sul fil di ragno della memoria,
ma una storia non dura che nella cenere
e persistenza è solo l'estinzione.
Giusto era il segno: chi l'ha ravvisato
non può fallire nel ritrovarti.
Ognuno riconosce i suoi: l'orgoglio
non era fuga, l'umiltà non era
vile, il tenue bagliore strofinato
laggiù non era quello di un fiammifero.

iridi su orizzonti di ragnateli
e petali sui tralicci delle inferriate,
mi sono alzato, sono ricaduto
nel fondo dove il secolo è il minuto –

e i colpi si ripetono ed i passi,
e ancora ignoro se sarò al festino
farcitore o farcito. L'attesa è lunga,
il mio sogno di te non è finito.

SATURA
1962-1970

Il *tu*

I critici ripetono,
da me depistati,
che il mio **tu** è un istituto.
Senza questa mia colpa avrebbero saputo
che in me i tanti sono uno anche se appaiono
moltiplicati dagli specchi. Il male
è che l'uccello preso nel paretaio
non sa se lui sia lui o uno dei troppi
suoi duplicati.

BOTTA E RISPOSTA I

I

«Arsenio» (lei mi scrive), «io qui 'asolante'
tra i miei tetri cipressi penso che
sia ora di sospendere la tanto
da te per me voluta sospensione
d'ogni inganno mondano; che sia tempo
di spiegare le vele e di sospendere
l'*epoché*.

Non dire che la stagione è nera ed anche le tortore
con le tremule ali sono volate al sud.
Vivere di memorie non posso più.
Meglio il morso del ghiaccio che il tuo torpore
di sonnambulo, o tardi risvegliato».

(lettera da Asolo)

II

Uscito appena dall'adolescenza
per metà della vita fui gettato
nelle stalle d'Augìa.

Non vi trovai duemila bovi, né
mai vi scorsi animali;
pure nei corridoi, sempre più folti
di letame, si camminava male
e il respiro mancava; ma vi crescevano
di giorno in giorno i muggiti umani.

Lui non fu mai veduto.
La geldra però lo attendeva
per il presentat-arm: stracolmi imbuti,
forconi e spiedi, un'infilzata fetida
di saltimbocca. Eppure
non una volta Lui sporse
cocca di manto o punta di corona
oltre i bastioni d'ebano, fecali.

Poi d'anno in anno – e chi più contava
le stagioni in quel buio? – qualche mano
che tentava invisibili spiragli
insinuò il suo memento: un ricciolo
di Gerti, un grillo in gabbia, ultima traccia
del transito di Liuba, il microfilm
d'un sonetto eufuista scivolato
dalle dita di Clizia addormentata,

un ticchettìo di zoccoli (la serva
zoppa di Monghidoro)
                              finché dai cretti
il ventaglio di un mitra ci ributtava,
badilanti infiacchiti colti in fallo
dai bargelli del brago.

Ed infine fu il tonfo: l'incredibile.

A liberarci, a chiuder gli intricati
cunicoli in un lago, bastò un attimo
allo stravolto Alfeo. Chi l'attendeva
ormai? Che senso aveva quella nuova
palta? e il respirare altre ed eguali
zaffate? e il vorticare sopra zattere
di sterco? ed era sole quella sudicia
esca di scolaticcio sui fumaioli,
erano uomini forse,
veri uomini vivi
i formiconi degli approdi?
. . . .
                              (Penso
che forse non mi leggi più. Ma ora
tu sai tutto di me,
della mia prigionia e del mio dopo;
ora sai che non può nascere l'aquila
dal topo).

Xenia I

1

Caro piccolo insetto
che chiamavano mosca non so perché,
stasera quasi al buio
mentre leggevo il Deuteroisaia
sei ricomparsa accanto a me,
ma non avevi occhiali,
non potevi vedermi
né potevo io senza quel luccichìo
riconoscere te nella foschia.

2

Senza occhiali né antenne,
povero insetto che ali
avevi solo nella fantasia,
una bibbia sfasciata ed anche poco
attendibile, il nero della notte,
un lampo, un tuono e poi
neppure la tempesta. Forse che
te n'eri andata così presto senza
parlare? Ma è ridicolo
pensare che tu avessi ancora labbra.

3

Al Saint James di Parigi dovrò chiedere
una camera 'singola'. (Non amano
i clienti spaiati). E così pure
nella falsa Bisanzio del tuo albergo
veneziano; per poi cercare subito
lo sgabuzzino delle telefoniste,
le tue amiche di sempre; e ripartire,
esaurita la carica meccanica,
il desiderio di riaverti, fosse
pure in un solo gesto o un'abitudine.

4

Avevamo studiato per l'aldilà
un fischio, un segno di riconoscimento.
Mi provo a modularlo nella speranza
che tutti siamo già morti senza saperlo.

5

Non ho mai capito se io fossi
il tuo cane fedele e incimurrito
o tu lo fossi per me.
Per gli altri no, eri un insetto miope
smarrito nel blabla
dell'alta società. Erano ingenui
quei furbi e non sapevano
di essere loro il tuo zimbello:
di esser visti anche al buio e smascherati
da un tuo senso infallibile, dal tuo
radar di pipistrello.

6

Non hai pensato mai di lasciar traccia
di te scrivendo prosa o versi. E fu
il tuo incanto – e dopo la mia nausea di me.
Fu pure il mio terrore: di esser poi
ricacciato da te nel gracidante
limo dei neòteroi.

7

Pietà di sé, infinita pena e angoscia
di chi adora il *quaggiù* e spera e dispera
di un altro... (Chi osa dire un altro mondo?).

....

'Strana pietà...' (Azucena, atto secondo).

8

La tua parola così stenta e imprudente
resta la sola di cui mi appago.
Ma è mutato l'accento, altro il colore.
Mi abituerò a sentirti o a decifrarti
nel ticchettìo della telescrivente,
nel volubile fumo dei miei sigari
di Brissago.

9

Ascoltare era il solo tuo modo di vedere.
Il conto del telefono s'è ridotto a ben poco.

10

«Pregava?». «Sì, pregava Sant'Antonio
perché fa ritrovare
gli ombrelli smarriti e altri oggetti
del guardaroba di Sant'Ermete».
«Per questo solo?». «Anche per i suoi morti
e per me».
          «È sufficiente» disse il prete.

11

Ricordare il tuo pianto (il mio era doppio)
non vale a spenger lo scoppio delle tue risate.
Erano come l'anticipo di un tuo privato
Giudizio Universale, mai accaduto purtroppo.

12

La primavera sbuca col suo passo di talpa.
Non ti sentirò più parlare di antibiotici
velenosi, del chiodo del tuo femore,
dei beni di fortuna che t'ha un occhiuto omissis
spennacchiati.

La primavera avanza con le sue nebbie grasse,
con le sue luci lunghe, le sue ore insopportabili.
Non ti sentirò più lottare col rigurgito
del tempo, dei fantasmi, dei problemi logistici
dell'Estate.

13

Tuo fratello morì giovane; tu eri
la bimba scarruffata che mi guarda
'in posa' nell'ovale di un ritratto.
Scrisse musiche inedite, inaudite,
oggi sepolte in un baule o andate
al màcero. Forse le riinventa
qualcuno inconsapevole, se ciò ch'è scritto è scritto.
L'amavo senza averlo conosciuto.
Fuori di te nessuno lo ricordava.
Non ho fatto ricerche: ora è inutile.
Dopo di te sono rimasto il solo
per cui egli è esistito. Ma è possibile,
lo sai, amare un'ombra, ombre noi stessi.

14

Dicono che la mia
sia una poesia d'inappartenenza.
Ma s'era tua era di qualcuno:
di te che non sei più forma, ma essenza.
Dicono che la poesia al suo culmine
magnifica il Tutto in fuga,
negano che la testuggine
sia più veloce del fulmine.
Tu sola sapevi che il moto
non è diverso dalla stasi,
che il vuoto è il pieno e il sereno
è la più diffusa delle nubi.
Così meglio intendo il tuo lungo viaggio
imprigionata tra le bende e i gessi.
Eppure non mi dà riposo
sapere che in uno o in due noi siamo una sola cosa.

Xenia II

1

La morte non ti riguardava.
Anche i tuoi cani erano morti, anche
il medico dei pazzi detto lo zio demente,
anche tua madre e la sua 'specialità'
di riso e rane, trionfo meneghino;
e anche tuo padre che da una minieffigie
mi sorveglia dal muro sera e mattina.
Malgrado ciò la morte non ti riguardava.

Ai funerali dovevo andare io,
nascosto in un tassì restandone lontano
per evitare lacrime e fastidi. E neppure
t'importava la vita e le sue fiere
di vanità e ingordige e tanto meno le
cancrene universali che trasformano
gli uomini in lupi.

Una tabula rasa; se non fosse
che un punto c'era, per me incomprensibile,
e questo punto *ti riguardava*.

2

Spesso ti ricordavi (io poco) del signor Cap.
«L'ho visto nel torpedone, a Ischia, appena due volte.
È un avvocato di Klagenfurt, quello che manda gli auguri.
Doveva venirci a trovare».

E infine è venuto, gli dico tutto, resta imbambolato,
pare che sia una catastrofe anche per lui. Tace a lungo,
farfuglia, s'alza rigido e s'inchina. Conferma
che manderà gli auguri.
                                    È strano che a comprenderti
siano riuscite solo persone inverosimili.
Il dottor Cap! Basta il nome. E Celia? Che n'è accaduto?

3

L'abbiamo rimpianto a lungo l'infilascarpe,
il cornetto di latta arrugginito ch'era
sempre con noi. Pareva un'indecenza portare
tra i similori e gli stucchi un tale orrore.
Dev'essere al Danieli che ho scordato
di riporlo in valigia o nel sacchetto.
Hedia la cameriera lo buttò certo
nel Canalazzo. E come avrei potuto
scrivere che cercassero quel pezzaccio di latta?
C'era un prestigio (il nostro) da salvare
e Hedia, la fedele, l'aveva fatto.

4

Con astuzia,
uscendo dalle fauci di Mongibello
o da dentiere di ghiaccio
rivelavi incredibili agnizioni.

Se ne avvide Mangàno, il buon cerusico,
quando, disoccultato, fu il randello
delle camicie nere e ne sorrise.

Così eri: anche sul ciglio del crepaccio
dolcezza e orrore in una sola musica.

5

Ho sceso, dandoti il braccio, almeno un milione di scale
e ora che non ci sei è il vuoto ad ogni gradino.
Anche così è stato breve il nostro lungo viaggio.
Il mio dura tuttora, né più mi occorrono
le coincidenze, le prenotazioni,
le trappole, gli scorni di chi crede
che la realtà sia quella che si vede.

Ho sceso milioni di scale dandoti il braccio
non già perché con quattr'occhi forse si vede di più.
Con te le ho scese perché sapevo che di noi due
le sole vere pupille, sebbene tanto offuscate,
erano le tue.

6

Il vinattiere ti versava un poco
d'Inferno. E tu, atterrita: «Devo berlo? Non basta
esserci stati dentro a lento fuoco?».

7

«Non sono mai stato certo di essere al mondo».
«Bella scoperta, m'hai risposto, e io?».
«Oh il mondo tu l'hai mordicchiato, se anche
in dosi omeopatiche. Ma io...».

8

«E il Paradiso? Esiste un paradiso?».
«Credo di sì, signora, ma i vini dolci
non li vuol più nessuno».

9

Le monache e le vedove, mortifere
maleodoranti prefiche,
non osavi guardarle. Lui stesso che ha mille occhi,
li distoglie da loro, n'eri certa.
L'onniveggente, lui... perché tu, giudiziosa,
dio non lo nominavi neppure con la minuscola.

10

Dopo lunghe ricerche
ti trovai in un bar dell'Avenida
da Liberdade; non sapevi un'acca
di portoghese o meglio una parola
sola: Madeira. E venne il bicchierino
con un contorno di aragostine.

La sera fui paragonato ai massimi
lusitani dai nomi impronunciabili
e al Carducci in aggiunta.
Per nulla impressionata io ti vedevo piangere
dal ridere nascosta in una folla
forse annoiata ma compunta.

11

Riemersa da un'infinità di tempo
Celia la filippina ha telefonato
per aver tue notizie. Credo stia bene, dico,
forse meglio di prima. «Come, crede?
Non c'è più?». Forse più di prima, ma...
Celia, cerchi d'intendere...
                    Di là dal filo,
da Manila o da altra
parola dell'atlante una balbuzie
impediva anche lei. E riagganciò di scatto.

12

I falchi
sempre troppo lontani dal tuo sguardo
raramente li hai visti davvicino.
Uno a Étretat che sorvegliava i goffi
voli dei suoi bambini.
Due altri in Grecia, sulla via di Delfi,
una zuffa di piume soffici, due becchi giovani
arditi e inoffensivi.

Ti piaceva la vita fatta a pezzi,
quella che rompe dal suo insopportabile
ordito.

13

Ho appeso nella mia stanza il dagherròtipo
di tuo padre bambino: ha più di un secolo.
In mancanza del mio, così confuso,
cerco di ricostruire, ma invano, il tuo pedigree.
Non siamo stati cavalli, i dati dei nostri ascendenti
non sono negli almanacchi. Coloro che hanno presunto
di saperne non erano essi stessi esistenti,
né noi per loro. E allora? Eppure resta
che qualcosa è accaduto, forse un niente
che è tutto.

14

L'alluvione ha sommerso il pack dei mobili,
delle carte, dei quadri che stipavano
un sotterraneo chiuso a doppio lucchetto.
Forse hanno ciecamente lottato i marocchini
rossi, le sterminate dediche di Du Bos,
il timbro a ceralacca con la barba di Ezra,
il Valéry di Alain, l'originale
dei Canti Orfici – e poi qualche pennello
da barba, mille cianfrusaglie e tutte
le musiche di tuo fratello Silvio.
Dieci, dodici giorni sotto un'atroce morsura
di nafta e sterco. Certo hanno sofferto
tanto prima di perdere la loro identità.
Anch'io sono incrostato fino al collo se il mio
stato civile fu dubbio fin dall'inizio.
Non torba m'ha assediato, ma gli eventi
di una realtà incredibile e mai creduta.
Di fronte ad essi il mio coraggio fu il primo
dei tuoi prestiti e forse non l'hai saputo.

Satura I

GERARCHIE

La polis è più importante delle sue parti.
La parte è più importante d'ogni sua parte.
Il predicato lo è più del predicante
e l'arrestato lo è meno dell'arrestante.

Il tempo s'infutura nel totale,
il totale è il cascame del totalizzante,
l'avvento è l'improbabile nell'avvenibile,
il pulsante una pulce nel pulsabile.

Déconfiture non vuol dire che la crème caramel
uscita dallo stampo non stia in piedi.
Vuol dire altro disastro; ma per noi sconsacrati
e non mai confettati può bastare.

LA STORIA

I

La storia non si snoda
come una catena
di anelli ininterrotta.
In ogni caso
molti anelli non tengono.
La storia non contiene
il prima e il dopo,
nulla che in lei borbotti
a lento fuoco.
La storia non è prodotta
da chi la pensa e neppure
da chi l'ignora. La storia
non si fa strada, si ostina,
detesta il poco a poco, non procede
né recede, si sposta di binario
e la sua direzione
non è nell'orario.
La storia non giustifica
e non deplora,
la storia non è intrinseca
perché è fuori.
La storia non somministra
carezze o colpi di frusta.
La storia non è magistra
di niente che ci riguardi.
Accorgersene non serve
a farla più vera e più giusta.

II

La storia non è poi
la devastante ruspa che si dice.
Lascia sottopassaggi, cripte, buche
e nascondigli. C'è chi sopravvive.
La storia è anche benevola: distrugge
quanto più può: se esagerasse, certo
sarebbe meglio, ma la storia è a corto
di notizie, non compie tutte le sue vendette.

La storia gratta il fondo
come una rete a strascico
con qualche strappo e più di un pesce sfugge.
Qualche volta s'incontra l'ectoplasma
d'uno scampato e non sembra particolarmente felice.
Ignora di essere fuori, nessuno glie n'ha parlato.
Gli altri, nel sacco, si credono
più liberi di lui.

IN VETRINA

Gli uccelli di malaugurio
gufi o civette vivono soltanto
in casbe denutrite o imbalsamati
nelle bacheche dei misantropi. Ora
potrebbe anche accadere che la rondine
nidifichi in un tubo e un imprudente
muoia per asfissia. È un incidente
raro e non muta il quadro.

IL RASCHINO

Credi che il pessimismo
sia davvero esistito? Se mi guardo
d'attorno non ne è traccia.
Dentro di noi, poi, non una voce
che si lagni. Se piango è un controcanto
per arricchire il grande
paese di cuccagna ch'è il domani.
Abbiamo ben grattato col raschino
ogni eruzione del pensiero. Ora
tutti i colori esaltano la nostra tavolozza,
escluso il nero.

LA MORTE DI DIO

Tutte le religioni del Dio unico
sono una sola: variano i cuochi e le cotture.
Così rimuginavo; e m'interruppi quando
tu scivolasti vertiginosamente
dentro la scala a chiocciola della Périgourdine
e di laggiù ridesti a crepapelle.
Fu una buona serata con un attimo appena
di spavento. Anche il papa
in Israele disse la stessa cosa
ma se ne pentì quando fu informato
che il sommo Emarginato, se mai fu,
era perento.

A UN GESUITA MODERNO

Paleontologo e prete, ad abundantiam
uomo di mondo, se vuoi farci credere
che un sentore di noi si stacchi dalla crosta
di quaggiù, meno crosta che paniccia,
per allogarsi poi nella noosfera
che avvolge le altre sfere o è in condominio
e sta nel tempo (!),
ti dirò che la pelle mi si aggriccia
quando ti ascolto. Il tempo non conclude
perché non è neppure incominciato.
È neonato anche Dio. A noi di farlo
vivere o farne senza; a noi di uccidere
il tempo perché in lui non è possibile
l'esistenza.

NEL FUMO

Quante volte t'ho atteso alla stazione
nel freddo, nella nebbia. Passeggiavo
tossicchiando, comprando giornali innominabili,
fumando Giuba poi soppresse dal ministro
dei tabacchi, il balordo!
Forse un treno sbagliato, un doppione oppure una
sottrazione. Scrutavo le carriole
dei facchini se mai ci fosse dentro
il tuo bagaglio, e tu dietro, in ritardo.
Poi apparivi, ultima. È un ricordo
tra tanti altri. Nel sogno mi perseguita.

GÖTTERDÄMMERUNG

Si legge che il crepuscolo degli Dei
stia per incominciare. È un errore.
Gli inizi sono sempre inconoscibili,
se si accerta un qualcosa, quello è già
trafitto dallo spillo.
Il crepuscolo è nato quando l'uomo
si è creduto più degno di una talpa o di un grillo.
L'inferno che si ripete è appena l'anteprova
di una 'prima assoluta' da tempo rimandata
perché il regista è occupato, è malato, imbucato
chissà dove e nessuno può sostituirlo.

INTERCETTAZIONE TELEFONICA

Credevo di essere un vescovo
in partibus
(non importa la parte
purché disabitata)
ma fui probabilmente cardinale
in pectore
senza esserne informato.
Anche il papa morendo
s'è scordato di dirlo.
Posso così vivere nella gloria
(per quel che vale) con fede o senza fede
e in qualsiasi paese
ma fuori della storia
e in abito borghese.

LA POESIA

I

L'angosciante questione
se sia a freddo o a caldo l'ispirazione
non appartiene alla scienza termica.
Il raptus non produce, il vuoto non conduce,
non c'è poesia al sorbetto o al girarrosto.
Si tratterà piuttosto di parole
molto importune
che hanno fretta di uscire
dal forno o dal surgelante.
Il fatto non è importante. Appena fuori
si guardano d'attorno e hanno l'aria di dirsi:
che sto a farci?

II

Con orrore
la poesia rifiuta
le glosse degli scoliasti.
Ma non è certo che la troppo muta
basti a se stessa
o al trovarobe che in lei è inciampato
senza sapere di esserne
l'autore.

LE RIME

Le rime sono più noiose delle
dame di San Vincenzo: battono alla porta
e insistono. Respingerle è impossibile
e purché stiano fuori si sopportano.
Il poeta decente le allontana
(le rime), le nasconde, bara, tenta
il contrabbando. Ma le pinzochere ardono
di zelo e prima o poi (rime e vecchiarde)
bussano ancora e sono sempre quelle.

DIALOGO

«Se l'uomo è nella storia non è niente.
La storia è un *marché aux puces*, non un sistema».
«Provvidenza e sistema sono tutt'uno
e il Provvidente è l'uomo».
«Dunque è provvidenziale
anche la pestilenza».
«La peste è il negativo del positivo,
è l'uomo che trasuda il suo contrario».
«Sempre avvolto però nel suo sudario».
«Il sistema ternario
secerne il male e lo espelle,
mentre il binario se lo porta dietro».
«Ma il ternario lo mette sottovetro
e se vince lo adora».
                              «Vade retro,
Satana!».

FANFARA

lo storicismo dialettico
materialista
autofago
progressivo
immanente
irreversibile
sempre dentro
mai fuori
mai fallibile
fatto da noi
non da estranei
propalatori
di fanfaluche credibili
solo da pazzi

la meraviglia sintetica
non idiolettica
né individuale
anzi universale
il digiuno
che nutre tutti
e nessuno

il salto quantitativo
macché qualitativo
l'empireo
la tomba
in casa senza bisogno
che di se stessi e nemmeno

perché c'è chi provvede
ed è il dispiegamento
d'una morale
senza puntelli eccetto
l'intervento
eventuale
di un capo carismatico
finché dura
o di diàdochi
non meno provvidenziali

l'eternità tascabile
economica
controllata
da scienziati
responsabili e bene
controllati

la morte
del buon selvaggio
delle opinioni
delle incerte certezze
delle epifanie
delle carestie
dell'individuo non funzionale
del prete dello stregone
dell'intellettuale

il trionfo
nel sistema trinitario
dell'ex primate
su se stesso su tutto
ma senza il trucco
della crosta in ammollo
nella noosfera
e delle bubbole
che spacciano i papisti

modernisti o frontisti
popolari
gli impronti!

la guerra
quando sia progressista
perché invade
violenta non violenta
secondo accade
ma sia l'ultima
e lo è sempre
per sua costituzione

tu dimmi
disingaggiato amico
a tutto questo
hai da fare obiezioni?

Satura II

LETTERA

Il vecchio colonnello di cavalleria
ti offriva negroni bacardi e roederer brut
con l'etichetta rossa. Disse il suo nome ma,
aggiunse, era superfluo ricordarlo.
Non si curò del tuo: del mio meno che meno.
Gli habitués dell'albergo erano tutti amici
anche senza conoscersi: ma soltanto agli sgoccioli
di settembre. Qualcuno ci abbracciava
scambiandoci per altri senza neppure scusarsi,
anzi congratulandosi per il felice errore.
Spuntavano dall'oscuro i grandi, i dimenticati,
la vedova di Respighi, le eredi di Toscanini,
un necroforo della Tetrazzini, un omonimo
di Malpighi, Ramerrez-Martinelli,
nube d'argento, e Tullio Carminati,
una gloria per qualche superstite iniziato.
(Su tutti il Potestà delle Chiavi, un illustre, persuaso
che noi fossimo i veri e i degni avant le déluge
che poi non venne o fu
poco più di un surplus dell'Acqua Alta).
Il vecchio cavaliere ripeteva da sempre
tra un bourbon e un martini che mai steeplechase
lo vide tra i battuti. E concludeva
sui reumatismi che gli stroncarono le ali.
Si viveva tra eguali, troppo diversi
per detestarsi, ma fin troppo simili
nell'arte del galleggio. L'invitto radoteur

è morto da qualche anno, forse prima di te.
Con lui s'è spento l'ultimo tuo corteggiatore.
Ora all'albergo giungono solo le carovane.
Non più il maestro della liquirizia
al meconio. Più nulla in quello spurgo
di canale. E neppure l'orchestrina
che al mio ingresso dal ponte
mi regalava il pot-pourri dell'ospite
nascosto dietro il paravento: il conte
di Lussemburgo.

REALISMO NON MAGICO

Che cos'è la realtà

il grattacielo o il formichiere
il Logo o lo sbadiglio
l'influenza febbrile
o la fabbrile o quella
del psicagogo

Che cosa resta incrostato
nel cavo della memoria

la cresima, la bocciatura,
il primo figlio (non ne ho),
le prime botte prese
o date,
il primo giorno (quale?),
le nozze, i funerali,
la prima multa, la prima
grossa impostura,
la sveglia da cinque lire
a suoneria
o l'altra col ghirigoro dell'usignolo,
la banda all'Acquasola,
la Pira (La) non accesa ma a bagnomaria
tra le dolci sorelle
dell'Istituto di Radiologia,
le visite e la morte della zia
di Pietrasanta

e tanta
e tanta e troppa roba, non so quale

Che cosa di noi resta
agli altri
(nulla di nulla all'Altro)
quando avremo dimesso
noi stessi
e non penseremo ai pensieri
che abbiamo avuto perché
non lo permetterà
Chi potrà o non potrà,
questo non posso dirlo.

Ed è l'impaccio,
la sola obiezione che si fa
a chi vorrebbe abbattere il feticcio
dell'Inutilità.

PIOVE

Piove. È uno stillicidio
senza tonfi
di motorette o strilli
di bambini.

Piove
da un cielo che non ha
nuvole.
Piove
sul nulla che si fa
in queste ore di sciopero
generale.

Piove
sulla tua tomba
a San Felice
a Ema
e la terra non trema
perché non c'è terremoto
né guerra.

Piove
non sulla favola bella
di lontane stagioni,
ma sulla cartella
esattoriale,
piove sugli ossi di seppia
e sulla greppia nazionale.

Piove
sulla Gazzetta Ufficiale
qui dal balcone aperto,
piove sul Parlamento,
piove su via Solferino,
piove senza che il vento
smuova le carte.

Piove
in assenza di Ermione
se Dio vuole,
piove perché l'assenza
è universale
e se la terra non trema
è perché Arcetri a lei
non l'ha ordinato.

Piove sui nuovi epistèmi
del primate a due piedi,
sull'uomo indiato, sul cielo
ominizzato, sul ceffo
dei teologi in tuta
o paludati,
piove sul progresso
della contestazione,
piove sui works in regress,
piove
sui cipressi malati
del cimitero, sgocciola
sulla pubblica opinione.

Piove ma dove appari
non è acqua né atmosfera,
piove perché se non sei
è solo la mancanza
e può affogare.

GLI ULTIMI SPARI

Moscerino, moschina erano nomi
non sempre pertinenti al tuo carattere
dolcemente tenace. Soccorrendoci
l'arte di Stanislaus poi decidemmo
per hellish fly. Volavi poco quando,
catafratta di calce, affumicata
da una stufa a petrolio eri la preda
di chi non venne e ritardò l'agguato.
E niente inferno
là dentro: solo tiri che da Fiesole
sfioravano il terrazzo, batteria
da concerto, non guerra. Fu la pace
quando scattasti, burattino mosso
da una molla, a cercare in un cestino
l'ultimo fico secco.

LE REVENANT

. . . .
quattro sillabe, il nome di un ignoto
da te mai più incontrato e senza dubbio morto.
Certamente un pittore; t'ha fatto anche la corte,
lo ammettevi, ma appena: era timido.
Se n'è parlato tra noi molti anni orsono; poi tu
non c'eri più e ne ho scordato il nome.
Ed ecco una rivista clandestina con volti
e pitture di artisti 'stroncati in boccio'
ai primi del 900. E c'è un suo quadro
orrendo, ma chi può dirlo? domani sarà un capodopera.
Sei stata forse la sua Clizia senza
saperlo. La notizia non mi rallegra.
Mi chiedo perché i fili di due rocchetti
si sono tanto imbrogliati; e se non sia quel fantasma
l'autentico smarrito e il suo facsimile io.

NIENTE DI GRAVE

Forse l'estate ha finito di vivere.
Si sono fatte rare anche le cicale.
Sentirne ancora una che scricchia è un tuffo nel sangue.
La crosta del mondo si chiude, com'era prevedibile
se prelude a uno scoppio. Era improbabile
anche l'uomo, si afferma. Per la consolazione
di non so chi, lassù alla lotteria
è stato estratto il numero che non usciva mai.

Ma non ci sarà scoppio. Basta il peggio
che è infinito per natura mentre
il meglio dura poco. La sibilla trimurtica
esorcizza la Moira insufflando
vita nei nati-morti. È morto solo
chi pensa alle cicale. Se non se n'è avveduto
il torto è suo.

TEMPO E TEMPI

Non c'è un unico tempo: ci sono molti nastri
che paralleli slittano
spesso in senso contrario e raramente
s'intersecano. È quando si palesa
la sola verità che, disvelata,
viene subito espunta da chi sorveglia
i congegni e gli scambi. E si ripiomba
poi nell'unico tempo. Ma in quell'attimo
solo i pochi viventi si sono riconosciuti
per dirsi addio, non arrivederci.

Vedo un uccello fermo sulla grondaia,
può sembrare un piccione ma è più snello
e ha un po' di ciuffo o forse è il vento,
chi può saperlo, i vetri sono chiusi.
Se lo vedi anche tu, quando ti svegliano
i fuoribordo, questo è tutto quanto
ci è dato di sapere sulla felicità.
Ha un prezzo troppo alto, non fa per noi e chi l'ha
non sa che farsene.

LA BELLE DAME SANS MERCI

Certo i gabbiani cantonali hanno atteso invano
le briciole di pane che io gettavo
sul tuo balcone perché tu sentissi
anche chiusa nel sonno le loro strida.

Oggi manchiamo all'appuntamento tutti e due
e il nostro breakfast gela tra cataste
per me di libri inutili e per te di reliquie
che non so: calendari, astucci, fiale e creme.

Stupefacente il tuo volto s'ostina ancora, stagliato
sui fondali di calce del mattino;
ma una vita senz'ali non lo raggiunge e il suo fuoco
soffocato è il bagliore dell'accendìno.

NELL'ATTESA

È strano che tanto tempo sia passato
dall'annunzio del grande crac: seppure
quel tempo e quella notizia siano esistiti.
L'abbiamo letto nei libri: il fuoco non li risparmia
e anche di noi rimarrà un'eco poco attendibile.
Attendo qualche nuova di me che mi rassicuri.
Attendo che mi si dica ciò che nasconde il mio nome.
Attendo con la fiducia di non sapere
perché chi sa dimentica persino
di essere stato in vita.

BOTTA E RISPOSTA II

I

«Il solipsismo non è il tuo forte, come si dice.
Se fosse vero saresti qui, insabbiato
in questa Capri nordica dove il rombo
dei motoscafi impedisce il sonno
fino dalla primalba. Sono passati i tempi
di Monte Verità, dei suoi nudisti,
dei kulturali jerofanti alquanto
ambivalenti o peggio. Eppure, inorridisci,
non so che sia, ma qui qualcosa regge».

(lettera da Ascona)

II

Diafana come un velo la foglia secca
che il formicone spinge sull'ammattonato
ospita viaggiatori che salgono e scendono in fretta.
Sto curvo su slabbrature e crepe del terreno
entomologo-ecologo di me stesso.
Il monte che tu rimpiangi l'ho salito
a piedi con la valigia fino a mezza strada.
Non prometteva nulla di buono, trovai alloggio
letto crauti e salsicce in riva al lago.
Vivevo allora in cerca di fandonie
da vendere. In quel caso un musicologo
ottuagenario sordo, famoso, ignoto a me
e agli indigeni, quasi irreperibile.
Lo stanai, tornai pieno di notizie,
sperai di essere accolto come un asso
della speleologia.
E ora tutto è cambiato, un formicaio
vale l'altro ma questo mi attira di più.
Un tempo, tu lo sai, dissi alla donna miope
che portava il mio nome e ancora lo porta dov'è:
noi siamo due prove,
due bozze scorrette che il Proto
non degnò d'uno sguardo. Fu anche un lapsus
madornale, suppongo, l'americana di Brünnen
di cui poi leggemmo il suicidio.
Vivente tra milioni d'incompiuti per lei
non c'era altra scelta. Diceva
che ognuno tenta a suo modo

di passare oltre: oltre che?
Ricordavo Porfirio: le anime dei saggi
possono sopravvivere. Quei pochi
pensano vedono amano senz'occhi
né corpo o forma alcuna. Fanno a meno
del tempo e dello spazio, immarcescibili
avari (questo il greco
non lo disse e non è il caso di leggerlo).
Tirchi così? Per noi non esisteva
scrigno di sicurezza per difendervi
l'ultimo candelotto rimasto acceso.
Se mai fosse il lucignolo prossimo all'estinzione
dopo non era che il buio.
Non per tutti, Porfirio, ma per i dàtteri
di mare che noi siamo, incapsulati
in uno scoglio. Ora neppure attendo
che mi liberi un colpo di martello.
....
Se potessi vedermi tu diresti
che nulla è di roccioso in questo butterato
sabbiume di policromi
estivanti ed io in mezzo, più arlecchino
degli altri. Ma la sera poi sorviene
e riconcilia e chiude. Si sta meglio.
A tarda notte mi sfilo dal mignolo l'anello,
nel dito abbronzato resta un cerchiolino pallido.
Non credere che io porti la penitenza a un estremo
gusto di evanescenze e dilettazioni morose.
Nel buio e nella risacca più non m'immergo, resisto
ben vivo vicino alla proda, mi basto come mai prima
m'era accaduto. È questione
d'orgoglio e temperamento. Sto attento a tutto. Se occorre,
spire di zampironi tentano di salvarmi
dalle zanzare che pinzano, tanto più sveglie di me.

QUI E LÀ

Da tempo stiamo provando la rappresentazione
ma il guaio è che non siamo sempre gli stessi.
Molti sono già morti, altri cambiano sesso,
mutano barbe volti lingua o età.
Da anni prepariamo (da secoli) le parti,
la tirata di fondo o solamente
'il signore è servito' e nulla più.
Da millenni attendiamo che qualcuno
ci saluti al proscenio con battimani
o anche con qualche fischio, non importa,
purché ci riconforti un *nous sommes là*.
Purtroppo non pensiamo in francese e così
restiamo sempre al qui e mai al là.

Che mastice tiene insieme
questi quattro sassi.

Penso agli angeli
sparsi qua e là
inosservati
non pennuti non formati
neppure occhiuti
anzi ignari
della loro parvenza
e della nostra
anche se sono
un contrappeso più forte
del punto di Archimede
e se nessuno li vede
è perché occorrono altri occhi
che non ho
e non desidero.

La verità è sulla terra
e questa non può saperla
non può volerla
a patto di distruggersi.

Così bisogna fingere
che qualcosa sia qui
tra i piedi tra le mani
non atto né passato
né futuro
e meno ancora un muro
da varcare

bisogna fingere
che movimento e stasi
abbiano il senso
del nonsenso
per comprendere
che il punto fermo è un tutto
nientificato.

Provo rimorso per avere schiacciato
la zanzara sul muro, la formica
sul pavimento.
Provo rimorso ma eccomi in abito scuro
per il congresso, per il ricevimento.
Provo dolore per tutto, anche per l'ilota
che mi propina consigli di partecipazione,
dolore per il pezzente a cui non do l'elemosina,
dolore per il demente che presiede il consiglio
d'amministrazione.

AUF WIEDERSEHEN

hasta la vista, à bientôt, I'll be seeing you, appuntamenti
ridicoli perché si sa che chi s'è visto s'è visto.
La verità è che nulla si era veduto
e che un accadimento non è mai accaduto.
Ma senza questo inganno sarebbe inesplicabile
l'ardua speculazione che mira alle riforme
essendo il *ri* pleonastico là dove
manca la forma.

CIELO E TERRA

Che il cielo scenda in terra da qualche secolo
sempre più veloce
non lo potevi credere. Ora che mi è impossibile
dirtelo a voce ti svelo che non è sceso mai
perché il cielo non è un boomerang
gettato per vederselo ritornare.
Se l'abbiamo creato non si fa rivedere,
privo del connotato dell'esistenza.
Ma se così non è può fare senza
di noi, sue scorie, e della nostra storia.

UN MESE TRA I BAMBINI

I bambini giocano
nuovissimi giuochi,
noiose astruse propaggini
del giuoco dell'Oca.

I bambini tengono in mano
il nostro avvenire.
Non questi che lo palleggiano,
ma generazioni lontane.

Il fatto non ha importanza
e gli ascendenti neppure.
Quello che hanno tra i piedi
è il presente e ne avanza.

I bambini non hanno
amor di Dio e opinioni.
Se scoprono la finocchiona
sputano pappe e emulsioni.

I bambini sono teneri
e feroci. Non sanno
la differenza che c'è
tra un corpo e la sua cenere.

I bambini non amano
la natura ma la prendono.
Tra i pini innalzano tende,
sciamano come pecchie.

I bambini non pungono
ma fracassano. Spuntano
come folletti, s'infilano
negl'interstizi più stretti.

I bambini sopportano
solo le vecchie e i vecchi.
Arrampicativisi strappano
fermagli pendagli cernecchi.

I bambini sono felici
come mai prima. Con nomi
da rotocalco appaiono
nella réclame delle lavatrici.

I bambini non si chiedono
se esista un'altra Esistenza.
E hanno ragione. Quel nòcciolo
duro non è semenza.

I bambini...

A PIANTERRENO

Scoprimmo che al porcospino
piaceva la pasta al ragù.
Veniva a notte alta, lasciavamo
il piatto a terra in cucina.
Teneva i figli infruscati
vicino al muro del garage.
Erano molto piccoli, gomitoli.
Che fossero poi tanti
il guardia, sempre alticcio, non n'era sicuro.
Più tardi il riccio fu visto
nell'orto dei carabinieri.
Non c'eravamo accorti
di un buco tra i rampicanti.

A TARDA NOTTE

Il colloquio con le ombre
non si fa per telefono.
Sui nostri dialoghi muti non s'affaccia
'giraffa' o altoparlante.
Anche le parole però servono
quando non ci riguardano,
captate per errore di una centralinista
e rivolte a qualcuno
che non c'è,
che non sente.
Vennero da Vancouver una volta
a tarda notte
e attendevo Milano. Fui sorpreso
dapprima, poi sperai che continuasse
l'equivoco. Una voce dal Pacifico,
l'altra dalla laguna. E quella volta
parlarono due voci libere come non mai.
Poi non accadde nulla, assicurammo
l'intrusa del servizio che tutto era perfetto,
regolare e poteva continuare,
anzi *doveva*. Né sapemmo mai
su quali spalle poi gravasse il prezzo
di quel miracolo.
Ma non ne ricordai una parola.
Il fuso orario era diverso, l'altra
voce non c'era, non c'ero io per lei,
anche le lingue erano miste, un'olla
podrida di più gerghi, di bestemmie e di risa.
Ormai dopo tanti anni l'altra voce

non lo rammenta e forse mi crede morto.
Io credo che lo sia lei. Fu viva almeno un attimo
e non se n'è mai accorta.

INCESPICARE

Incespicare, incepparsi
è necessario
per destare la lingua
dal suo torpore.
Ma la balbuzie non basta
e se anche fa meno rumore
è guasta lei pure. Così
bisogna rassegnarsi
a un mezzo parlare. Una volta
qualcuno parlò per intero
e fu incomprensibile. Certo
credeva di essere l'ultimo
parlante. Invece è accaduto
che tutti ancora parlano
e il mondo
da allora è muto.

BOTTA E RISPOSTA III

I

«Ho riveduto il tetro dormitorio
dove ti rifugiasti quando l'Almanacco
di Gotha straripò dalle soffitte
del King George e fu impietoso al povero
malnato. Già la pentola bolliva
e a stento bolle ancora mentre scrivo.
Mi resta il clavicembalo arrivato
nuovo di zecca. Ha un suono dolce e quasi
attutisce (per poco) il borbottìo
di quel bollore. Meglio non rispondermi».

(lettera da Kifissia)

II

Di quel mio primo rifugio
io non ricordo che le ombre
degli eucalipti; ma le altre,
le ombre che si nascondono
tra le parole, imprendibili,
mai palesate, mai scritte,
mai dette per intero,
le sole che non temono
contravvenzioni,
persecuzioni, manette,
non hanno né un prima né un dopo
perché sono l'essenza della memoria.
Hanno una forma di sopravvivenza
che non interessa la storia,
una presenza scaltra, un'asfissia che non è
solo dolore e penitenza.

E posso dirti senza orgoglio,
ma è inutile perché
in questo mi rassomigli,
che c'è tra il martire e il coniglio,
tra la galera e l'esilio,
un luogo dove l'inerme
lubrifica le sue armi,
poche ma durature.

Resistere al vincitore
merita plausi e coccarde,
resistere ai vinti quand'essi
si destano e sono i peggiori,

resistere al peggio che simula
il meglio vuol dire essere salvi
dall'infamia, scampati (ma è un inganno)
dal solo habitat respirabile
da chi pretende che esistere
sia veramente possibile.

Ricordo ancora l'ostiere
di Xilocastron, il menu
dove lessi barbunia, indovinai
ch'erano triglie e lo furono,
anche se marce, e mi parvero
un dono degli dèi. Tutto ricordo
del tuo paese, del suo mare, delle
sue capre, dei suoi uomini,
eredi inattendibili di un mondo
che s'impara sui libri ed era forse
orrendo come il nostro.
Io ero un nume
in abito turistico, qualcosa
come il Viandante della Tetralogia,
ma disarmato, innocuo, dissotterrato,
esportabile
di contrabbando da uno specialista.

Ma ero pur sempre nel divino. Ora
vivo dentro due chiese che si spappolano,
dissacrate da sempre, mercuriali,
dove i pesci che a gara vi boccheggiano
sono del tutto eguali. Se non fosse
che la pietà è inesauribile eppure
è un intralcio di più, direi che è usata male.
Ma la merito anch'io? Lascio irrisolto
il problema, sigillo questa lettera
e la metto da parte. La ventura
e la censura hanno in comune solo
la rima. E non è molto.

È RIDICOLO CREDERE

che gli uomini di domani
possano essere uomini,
ridicolo pensare
che la scimmia sperasse
di camminare un giorno
su due zampe

è ridicolo
ipotecare il tempo
e lo è altrettanto
immaginare un tempo
suddiviso in più tempi

e più che mai
supporre che qualcosa
esista
fuori dell'esistibile,
il solo che si guarda
dall'esistere.

LE PAROLE

Le parole
se si ridestano
rifiutano la sede
più propizia, la carta
di Fabriano, l'inchiostro
di china, la cartella
di cuoio o di velluto
che le tenga in segreto;

le parole
quando si svegliano
si adagiano sul retro
delle fatture, sui margini
dei bollettini del lotto,
sulle partecipazioni
matrimoniali o di lutto;

le parole
non chiedono di meglio
che l'imbroglio dei tasti
nell'Olivetti portatile,
che il buio dei taschini
del panciotto, che il fondo
del cestino, ridottevi
in pallottole;

le parole
non sono affatto felici
di esser buttate fuori

come zambracche e accolte
con furore di plausi
e disonore;

le parole
preferiscono il sonno
nella bottiglia al ludibrio
di essere lette, vendute,
imbalsamate, ibernate;

le parole
sono di tutti e invano
si celano nei dizionari
perché c'è sempre il marrano
che dissotterra i tartufi
più puzzolenti e più rari;

le parole
dopo un'eterna attesa
rinunziano alla speranza
di essere pronunziate
una volta per tutte
e poi morire
con chi le ha possedute.

FINE DEL '68

Ho contemplato dalla luna, o quasi,
il modesto pianeta che contiene
filosofia, teologia, politica,
pornografia, letteratura, scienze
palesi o arcane. Dentro c'è anche l'uomo,
ed io tra questi. E tutto è molto strano.

Tra poche ore sarà notte e l'anno
finirà tra esplosioni di spumanti
e di petardi. Forse di bombe o peggio,
ma non qui dove sto. Se uno muore
non importa a nessuno purché sia
sconosciuto e lontano.

DIVINITÀ IN INCOGNITO

Dicono
che di terrestri divinità tra noi
se ne incontrano sempre meno.
Molte persone dubitano
della loro esistenza su questa terra.
Dicono
che in questo mondo o sopra ce n'è una sola o nessuna;
credono
che i savi antichi fossero tutti pazzi,
schiavi di sortilegi se opinavano
che qualche nume in incognito
li visitasse.

Io dico
che immortali invisibili
agli altri e forse inconsci
del loro privilegio,
deità in fustagno e tascapane,
sacerdotesse in gabardine e sandali,
pizie assorte nel fumo di un gran falò di pigne,
numinose fantasime non irreali, tangibili,
toccate mai,
io ne ho vedute più volte
ma era troppo tardi se tentavo
di smascherarle.

Dicono
che gli dèi non discendono quaggiù,
che il creatore non cala col paracadute,

che il fondatore non fonda perché nessuno
l'ha mai fondato o fonduto
e noi siamo solo disguidi
del suo nullificante magistero;

eppure
se una divinità, anche d'infimo grado,
mi ha sfiorato
quel brivido m'ha detto tutto e intanto
l'agnizione mancava e il non essente
essere dileguava.

L'ANGELO NERO

O grande angelo nero
fuligginoso riparami
sotto le tue ali,
che io possa sorradere
i pettini dei pruni, le luminarie dei forni
e inginocchiarmi
sui tizzi spenti se mai
vi resti qualche frangia
delle tue penne

o piccolo angelo buio,
non celestiale né umano,
angelo che traspari
trascolorante difforme
e multiforme, eguale
e ineguale nel rapido lampeggio
della tua incomprensibile fabulazione

o angelo nero disvélati
ma non uccidermi col tuo fulgore,
non dissipare la nebbia che ti aureola,
stàmpati nel mio pensiero
perché non c'è occhio che resista ai fari,
angelo di carbone che ti ripari
dentro lo scialle della caldarrostaia

grande angelo d'ebano
angelo fosco
o bianco, stanco di errare

se ti prendessi un'ala e la sentissi
scricchiolare
non potrei riconoscerti come faccio
nel sonno, nella veglia, nel mattino
perché tra il vero e il falso non una cruna
può trattenere il bipede o il cammello,
e il bruciaticcio, il grumo
che resta sui polpastrelli
è meno dello spolvero
dell'ultima tua piuma, grande angelo
di cenere e di fumo, miniangelo
spazzacamino.

L'EUFRATE

Ho visto in sogno l'Eufrate,
il suo decorso sonnolento tra
tonfi di roditori e larghi indugi in sacche
di fango orlate di ragnateli arborei.
Chissà che cosa avrai visto tu in trent'anni
(magari cento) ammesso che sia qualcosa di te.
Non ripetermi che anche uno stuzzicadenti,
anche una briciola o un niente può contenere il tutto.
È quello che pensavo quando esisteva il mondo
ma il mio pensiero svaria, si appiccica dove può
per dirsi che non s'è spento. Lui stesso non ne sa nulla,
le vie che segue sono tante e a volte
per darsi ancora un nome si cerca sull'atlante.

L'ARNO A ROVEZZANO

I grandi fiumi sono l'immagine del tempo,
crudele e impersonale. Osservati da un ponte
dichiarano la loro nullità inesorabile.
Solo l'ansa esitante di qualche paludoso
giuncheto, qualche specchio
che riluca tra folte sterpaglie e borraccina
può svelare che l'acqua come noi pensa se stessa
prima di farsi vortice e rapina.
Tanto tempo è passato, nulla è scorso
da quando ti cantavo al telefono 'tu
che fai l'addormentata' col triplice cachinno.
La tua casa era un lampo visto dal treno. Curva
sull'Arno come l'albero di Giuda
che voleva proteggerla. Forse c'è ancora o
non è che una rovina. Tutta piena,
mi dicevi, di insetti, inabitabile.
Altro comfort fa per noi ora, altro
sconforto.

Si andava...

Si andava per funghi
sui tappeti di muschio
dei castagni.

Si andava per grilli
e le lucciole
erano i nostri fanali.

Si andava per lucertole
e non ne ho mai
ucciso una.

Si andava sulle formiche
e ho sempre evitato
di pestarle.

Si andava all'abbecedario,
all'imbottimento primario,
secon-terziario, mortuario.

Si andava su male piste
e mai ne sono stato
collezionista.

Si andava per la gavetta,
per l'occupazione,
per la disdetta, per la vigilanza,
per la mala ventura.

Si andava non più per funghi
ma per i tempi lunghi
di un'età più sicura,
anzi per nessun tempo
perché non c'era toppa
nella serratura.

ANNASPANDO

Si arraffa un qualche niente
e si ripete
che il tangibile è quanto basta.
Basterebbe un tangente
se non fosse
ch'è lì, a due passi, guasto.

PASQUA SENZA WEEK-END

Se zufolo il segnale convenuto
sulle parole 'sabato domenica
e lunedì' dove potrò trovarti
nel vuoto universale? Fu un errore conoscersi,
un errore che tento di ripetere
perché solo il farnetico è certezza.

GLI UOMINI CHE SI VOLTANO

Probabilmente
non sei più chi sei stata
ed è giusto che così sia.
Ha raschiato a dovere la carta a vetro
e su noi ogni linea si assottiglia.
Pure qualcosa fu scritto
sui fogli della nostra vita.
Metterli controluce è ingigantire quel segno,
formare un geroglifico più grande del diadema
che ti abbagliava.
Non apparirai più dal portello
dell'aliscafo o da fondali d'alghe,
sommozzatrice di fangose rapide
per dare un senso al nulla. Scenderai
sulle scale automatiche dei templi di Mercurio
tra cadaveri in maschera,
tu la sola vivente,
e non ti chiederai
se fu inganno, fu scelta, fu comunicazione
e chi di noi fosse il centro
a cui si tira con l'arco dal baraccone.
Non me lo chiedo neanch'io. Sono colui
che ha veduto un istante e tanto basta
a chi cammina incolonnato come ora
avviene a noi se siamo ancora in vita
o era un inganno crederlo. Si slitta.

EX VOTO

Accade
che le affinità d'anima non giungano
ai gesti e alle parole ma rimangano
effuse come un magnetismo. È raro
ma accade.

Può darsi
che sia vera soltanto la lontananza,
vero l'oblio, vera la foglia secca
più del fresco germoglio. Tanto e altro
può darsi o dirsi.

Comprendo
la tua caparbia volontà di essere sempre assente
perché solo così si manifesta
la tua magia. Innumeri le astuzie
che intendo.

Insisto
nel ricercarti nel fuscello e mai
nell'albero spiegato, mai nel pieno, sempre
nel vuoto: in quello che anche al trapano
resiste.

Era o non era
la volontà dei numi che presidiano
il tuo lontano focolare, strani
multiformi multanimi animali domestici;
fors'era così come mi pareva
o non era.

Ignoro
se la mia inesistenza appaga il tuo destino,
se la tua colma il mio che ne trabocca,
se l'innocenza è una colpa oppure
si coglie sulla soglia dei tuoi lari. Di me,
di te tutto conosco, tutto
ignoro.

Sono venuto al mondo...

Sono venuto al mondo in una stagione calma.
Molte porte si aprivano che ora si sono chiuse.
L'Alma Mater dormiva. Chi ha deciso
di risvegliarla?

Eppure
non furono così orrendi gli uragani del poi
se ancora si poteva andare, tenersi per mano,
riconoscersi.

E se non era facile muoversi tra gli eroi
della guerra, del vizio, della jattura,
essi avevano un viso, ora non c'è neppure
il modo di evitare le trappole. Sono troppe.

Le infinite chiusure e aperture
possono avere un senso per chi è dalla parte
che sola conta, del burattinaio.
Ma quello non domanda la collaborazione
di chi ignora i suoi fini e la sua arte.

E chi è da quella parte? Se c'è, credo
che si annoi più di noi. Con altri occhi
ne vedremo più d'uno passeggiare
tra noi con meno noia e più disgusto.

PRIMA DEL VIAGGIO

Prima del viaggio si scrutano gli orari,
le coincidenze, le soste, le pernottazioni
e le prenotazioni (di camere con bagno
o doccia, a un letto o due o addirittura un *flat*);
si consultano
le guide Hachette e quelle dei musei,
si cambiano valute, si dividono
franchi da escudos, rubli da copechi;
prima del viaggio s'informa
qualche amico o parente, si controllano
valige e passaporti, si completa
il corredo, si acquista un supplemento
di lamette da barba, eventualmente
si dà un'occhiata al testamento, pura
scaramanzia perché i disastri aerei
in percentuale sono nulla;
                                        prima
del viaggio si è tranquilli ma si sospetta che
il saggio non si muova e che il piacere
di ritornare costi uno sproposito.
E poi si parte e tutto è O.K. e tutto
è per il meglio e inutile.

....
                                        E ora che ne sarà
del *mio* viaggio?
Troppo accuratamente l'ho studiato
senza saperne nulla. Un imprevisto
è la sola speranza. Ma mi dicono
ch'è una stoltezza dirselo.

LE STAGIONI

Il mio sogno non è nelle quattro stagioni.

Non nell'inverno
che spinge accanto a stanchi termosifoni
e spruzza di ghiaccioli i capelli già grigi,
e non nei falò accesi nelle periferie
dalle pandemie erranti, non nel fumo
d'averno che lambisce i cornicioni
e neppure nell'albero di Natale
che sopravvive, forse, solo nelle prigioni.

Il mio sogno non è nella primavera,
l'età di cui ci parlano antichi fabulari,
e non nelle ramaglie che stentano a metter piume,
non nel tinnulo strido della marmotta
quando s'affaccia dal suo buco
e neanche nello schiudersi delle osterie e dei crotti
nell'illusione che ormai più non piova
o pioverà forse altrove, chissà dove.

Il mio sogno non è nell'estate
nevrotica di falsi miraggi e lunazioni
di malaugurio, nel fantoccio nero
dello spaventapasseri e nel reticolato
del tramaglio squarciato dai delfini,
non nei barbagli afosi dei suoi mattini
e non nelle subacquee peregrinazioni
di chi affonda con sé e col suo passato.

Il mio sogno non è nell'autunno
fumicoso, avvinato, rinvenibile
solo nei calendari o nelle fiere
del Barbanera, non nelle sue nere
fulminee sere, nelle processioni
vendemmiali o liturgiche, nel grido dei pavoni,
nel giro dei frantoi, nell'intasarsi
della larva e del ghiro.

Il mio sogno non sorge mai dal grembo
delle stagioni, ma nell'intemporaneo
che vive dove muoiono le ragioni
e Dio sa s'era tempo; o s'era inutile.

DOPO UNA FUGA

C'erano le betulle, folte, per nascondere
il sanatorio dove una malata
per troppo amore della vita, in bilico
tra il tutto e il nulla si annoiava.
Cantava un grillo perfettamente incluso
nella progettazione clinica
insieme col cucù da te già udito
in Indonesia a minore prezzo.
C'erano le betulle, un'infermiera svizzera,
tre o quattro mentecatti nel cortile,
sul tavolino un album di uccelli esotici,
il telefono e qualche cioccolatino.
E c'ero anch'io, naturalmente, e altri
seccatori per darti quel conforto
che tu potevi distribuirci a josa
solo che avessimo gli occhi. Io li avevo.

* * *

Il tuo passo non è sacerdotale,
non l'hai appreso all'estero, alla scuola
di Jaques-Dalcroze, più smorfia che rituale.
Venne dall'Oceania il tuo, con qualche
spina di pesce nel calcagno. Accorsero
i congiunti, i primari, i secondari
ignari che le prode corallifere
non sono le Focette ma la spuma
dell'aldilà, l'exit dall'aldiqua.
Tre spine nel tuo piede, non tre pinne
di squalo, commestibili. Poi venne
ad avvolgerti un sonno artificiale.
Di te qualche susurro in teleselezione
con un prefisso lungo e lagne di intermediari.
Dal filo nient'altro, neppure un lieve passo felpato
dalla moquette. Il sonno di un acquario.

* * *

Gli Amerindi se tu
strappata via da un vortice fossi giunta laggiù
nei gangli vegetali in cui essi s'intricano
sempre più per sfuggire l'uomo bianco,
quei celesti ti avrebbero inghirlandata
di percussivi omaggi anche se non possiedi
i lunghi occhi a fessura delle mongole.
Tanto tempo durò la loro fuga: certo
molte generazioni. La tua, breve,
ti ha salvata dal buio o dall'artiglio
che ti aveva in ostaggio. E ora il telefono
non è più necessario per udirti.

* * *

La mia strada è passata
tra i demoni e gli dèi, indistinguibili.
Era tutto uno scambio di maschere, di barbe,
un volapük, un guaranì, un pungente
charabia che nessuno poteva intendere.
Ora non domandarmi perché t'ho identificata,
con quale volto e quale suono entrasti
in una testa assordita da troppi clacson.
Qualche legame o cappio è giunto fino a me
e tu evidentemente non ne sai nulla.
La prima volta il tuo cervello pareva
in evaporazione e il mio non era migliore.
Hai buttato un bicchiere dalla finestra,
poi una scarpa e quasi anche te stessa
se io non fossi stato vigile lì accanto.
Ma tu non ne sai nulla: se fu sogno
laccio tagliola è inutile domandarselo.
Anche la tua strada sicuramente
scavalcava l'inferno ed era come
dare l'addio a un eliso inabitabile.

* * *

Mentre ti penso si staccano
veloci i fogli del calendario. Brutto
stamani il tempo e anche più pestifero
il Tempo. Di te il meglio
esplose tra lentischi rovi rivi
gracidìo di ranocchi voli brevi
di trampolieri a me ignoti (i Cavalieri
d'Italia, figuriamoci!) e io dormivo
insonne tra le muffe dei libri e dei brogliacci.
Di me esplose anche il pessimo: la voglia
di risalire gli anni, di sconfiggere
il pièveloce Crono con mille astuzie.
Si dice ch'io non creda a nulla, se non ai miracoli.
Ignoro che cosa credi tu, se in te stessa oppure
lasci che altri ti vedano e ti creino.
Ma questo è più che umano, è il privilegio
di chi sostiene il mondo senza conoscerlo.

* * *

Quando si giunse al borgo del massacro nazista,
Sant'Anna, su cui gravita un picco abrupto,
ti vidi arrampicarti come un capriolo
fino alla cima accanto a un'esile polacca
e al ratto d'acqua, tua guida, il più stambecco di tutti.
Io fermo per cinque ore sulla piazza
enumerando i morti sulla stele, mettendomici
dentro ad honorem ridicolmente. A sera
ci trasportò a sobbalzi il fuoribordo
dentro la Burlamacca,
una chiusa di sterco su cui scarica
acqua bollente un pseudo oleificio.
Forse è l'avanspettacolo dell'inferno.
I Burlamacchi, i Caponsacchi... spettri
di eresie, di illeggibili poemi.
La poesia e la fogna, due problemi
mai disgiunti (ma non te ne parlai).

* * *

Tardivo ricettore di neologismi
nel primo dormiveglia ero in dubbio
tra Hovercraft e Hydrofoil,
sul nome del volatile su cui intendevo involarti
furtivamente; e intanto tu eri fuggita
con un buon topo d'acqua di me più pronto
e ahimè tanto più giovane. Girovagai lentamente
l'intera lunga giornata e riflettevo
che tra re Lear e Cordelia non corsero tali pensieri
e che crollava così ogni lontano raffronto.
Tornai col gruppo visitando tombe
di Lucumoni, covi di aristocratici
travestiti da ladri, qualche piranesiana
e carceraria strada della vecchia Livorno.
M'infiltrai nei cunicoli del ciarpame. Stupendo
il cielo ma quasi orrifico in quel ritorno.
Anche il rapporto con la tragedia se ne andava ora in fumo
perché, per soprammercato, non sono nemmeno tuo padre.

* * *

Non posso respirare se sei lontana.
Così scriveva Keats a Fanny Brawne
da lui tolta dall'ombra. È strano che il mio caso
si parva licet sia diverso. Posso
respirare assai meglio se ti allontani.
La vicinanza ci riporta eventi
da ricordare: ma non quali accaddero,
preveduti da noi come futuri
sali da fiuto, ove occorresse, o aceto
dei sette ladri (ora nessuno sviene
per quisquilie del genere, il cuore a pezzi o simili).
È l'ammasso dei fatti su cui avviene l'impatto
e, presente cadavere, l'impalcatura non regge.
Non tento di parlartene. So che se mi leggi
pensi che mi hai fornito il propellente
necessario e che il resto (purché *non sia* silenzio)
poco importa.

DUE PROSE VENEZIANE

I

Dalle finestre si vedevano dattilografe.
Sotto, il vicolo, tanfo di scampi fritti,
qualche zaffata di nausea dal canale.
Bell'affare a Venezia
affacciarsi su quel paesaggio e lei
venuta da lontano. Lei che amava solo
Gesualdo Bach e Mozart e io l'orrido
repertorio operistico con qualche preferenza
per il peggiore. Poi a complicare le cose
l'orologio che segna le cinque e sono le quattro,
l'uscita intempestiva, San Marco, il Florian deserto,
la riva degli Schiavoni, la trattoria Paganelli
raccomandata da qualche avaro pittore toscano
due camere neppure comunicanti e il giorno
dopo vederti tirar dritta senza
degnare di un'occhiata il mio Ranzoni.
Mi domandavo chi fosse nell'astrazione,
io lei o tutti e due, ma seguendo un binario
non parallelo, anzi inverso. E dire che avevamo
inventato mirabili fantasmi sulle rampe
che portano dall'Oltrarno al grande piazzale.
Ma ora lì tra piccioni,
fotografi ambulanti sotto un caldo bestiale,
col peso del catalogo della biennale
mai consultato e non facile da sbarazzarsene.
Torniamo col battello scavalcando becchime,
comprando keepsakes cartoline e occhiali scuri sulle bancarelle.
Era, mi pare, il '34, troppo giovani o troppo strani
per una città che domanda turisti e amanti anziani.

II

Il Farfarella garrulo portiere ligio agli ordini
disse ch'era vietato disturbare
l'uomo delle corride e dei safari.
Lo supplico di tentare, sono un amico di Pound
(esageravo alquanto) e merito un trattamento
particolare. Chissà che... L'altro alza la cornetta,
parla ascolta straparla ed ecco che
l'orso Hemingway ha abboccato all'amo.
È ancora a letto, dal pelame bucano
solo gli occhi e gli eczemi.
Due o tre bottiglie vuote di Merlot,
avanguardia del grosso che verrà.
Giù al ristorante tutti sono a tavola.
Parliamo non di lui ma della nostra
Adrienne Monnier carissima, di rue de l'Odéon,
di Sylvia Beach, di Larbaud, dei ruggenti anni trenta
e dei raglianti cinquanta. Parigi Londra un porcaio,
New York stinking, pestifera. Niente cacce in palude,
niente anatre selvatiche, niente ragazze
e nemmeno l'idea di un libro simile.
Compiliamo un elenco di amici comuni dei quali
ignoro il nome. Tutto è rotten, marcio.
Quasi piangendo m'impone di non mandargli gente
della mia risma, peggio se intelligenti.
Poi s'alza, si ravvolge in un accappatoio
e mi mette alla porta con un abbraccio.
Visse ancora qualche anno e morendo due volte
ebbe il tempo di leggere le sue necrologie.

IL REPERTORIO

Il repertorio
della memoria è logoro: una valigia di cuoio
che ha portato etichette di tanti alberghi.
Ora vi resta ancora qualche lista
che non oso scollare. Ci penseranno i facchini,
i portieri di notte, i tassisti.

Il repertorio della tua memoria
me l'hai dato tu stessa prima di andartene.
C'erano molti nomi di paesi, le date
dei soggiorni e alla fine una pagina in bianco,
ma con righe a puntini... quasi per suggerire,
se mai fosse possibile, 'continua'.

Il repertorio
della nostra memoria non si può immaginarlo
tagliato in due da una lama. È un foglio solo con tracce
di timbri, di abrasioni e qualche macchia di sangue.
Non era un passaporto, neppure un benservito.
Servire, anche sperarlo, sarebbe ancora la vita.

LAGGIÙ

La terra sarà sorvegliata
da piattaforme astrali

Più probabili o meno si faranno
laggiù i macelli

Spariranno profeti e profezie
se mai ne furono

Scomparsi l'io il tu il noi il voi
dall'uso

Dire nascita morte inizio fine
sarà tutt'uno

Dire ieri domani
un abuso

Sperare – flatus vocis non compreso
da nessuno

Il Creatore avrà poco da fare
se n'ebbe

I santi poi bisognerà cercarli
tra i cani

....

Gli angeli resteranno inespungibili
refusi.

SENZA SALVACONDOTTO

Mi chiedo se Hannah Kahn
poté scampare al forno crematorio.
È venuta a trovarmi qualche volta
nel sotterraneo dove vegetavo
e l'invitavo a cena in altre 'buche'
perché mi parlava di te.
Diceva di esserti amica ma dubitai fosse solo
una tua seccatrice e in effetti
non esibì mai lettere o credenziali.
Può darsi che ti abbia vista di straforo
con me, senza di me sulla Scarpuccia
o sulla costa San Giorgio, quella dell'idolo d'oro.
Non fu indiscreta, comprese. Poi non la vidi più.
Se fu presa dal gorgo difficilmente poté
salvarsi con il tuo per me infallibile
passepartout.

IL GENIO

Il genio purtroppo non parla
per bocca sua.

Il genio lascia qualche traccia di zampetta
come la lepre sulla neve.

La natura del genio è che se smette
di camminare ogni congegno è colto
da paralisi.

Allora il mondo è fermo nell'attesa
che qualche lepre corra su improbabili
nevate.

Fermo e veloce nel suo girotondo
non può leggere impronte
sfarinate da tempo,
indecifrabili.

LA DIACRONIA

Non si comprende come dalla pianura
spunti alcunché.

Non si comprende perché dalla buona ventura
esca la mala.

Tutto era liscio lucente emulsionato
d'infinitudine

e ora c'è l'intrudente il bugno la scintilla
dall'incudine.

Bisognerà lavorare di spugna su quanto escresce,
schiacciare in tempo le pustole di ciò che non s'appiana.

È una meta lontana ma provarcisi
un debito.

SUONI

Tutta la vita è una musica
di sincopi.
Non più il filo che tiene,
non l'uggia
del capo e della coda, ma la raspa
e la grattugia.
Così da sempre; ma dapprima fu
raro chi se n'avvide. Solo ora l'ecumene
ama ciò che la uccide.

IL NOTARO

Il notaro ha biffato le lastre
dei miei originali.
Tutte meno una, me stesso,
già biffato all'origine
e non da lui.

Non si nasconde fuori
del mondo chi lo salva e non lo sa.
È uno come noi, non dei migliori.

IL PRIMO GENNAIO

So che si può vivere
non esistendo,
emersi da una quinta, da un fondale,
da un fuori che non c'è se mai nessuno
l'ha veduto.
So che si può esistere
non vivendo,
con radici strappate da ogni vento
se anche non muove foglia e non un soffio increspa
l'acqua su cui s'affaccia il tuo salone.
So che non c'è magia
di filtro o d'infusione
che possano spiegare come di te s'azzuffino
dita e capelli, come il tuo riso esploda
nel suo ringraziamento
al minuscolo dio a cui ti affidi,
d'ora in ora diverso, e ne diffidi.
So che mai ti sei posta
il come – il dove – il perché,
pigramente indisposta
al disponibile,
distratta rassegnata al non importa,
al non so quando o quanto, assorta in un oscuro
germinale di larve e arborescenze.
So che quello che afferri,
oggetto o mano, penna o portacenere,
brucia e non se n'accorge,
né te n'avvedi tu animale innocente
inconsapevole

di essere un perno e uno sfacelo, un'ombra
e una sostanza, un raggio che si oscura.
So che si può vivere
nel fuochetto di paglia dell'emulazione
senza che dalla tua fronte dispaia il segno timbrato
da Chi volle tu fossi... e se ne pentì.

                             Ora
uscita sul terrazzo, annaffi i fiori, scuoti
lo scheletro dell'albero di Natale,
ti accompagna in sordina il mangianastri,
torni dentro, allo specchio ti dispiaci,
ti getti a terra, con lo straccio scrosti
dal pavimento le orme degl'intrusi.
Erano tanti e il più impresentabile
di tutti perché gli altri almeno parlano,
io, a bocca chiusa.

REBECCA

Ogni giorno di più mi scopro difettivo:
manca il totale.
Gli addendi sono a posto, ineccepibili,
ma la somma?
Rebecca abbeverava i suoi cammelli
e anche se stessa.
Io attendo alla penna e alla gamella
per me e per altri.
Rebecca era assetata, io famelico,
ma non saremo assolti.
Non c'era molt'acqua nell'uadi, forse qualche pozzanghera,
e nella mia cucina poca legna da ardere.
Eppure abbiamo tentato per noi, per tutti, nel fumo,
nel fango con qualche vivente bipede o anche quadrupede.
O mansueta Rebecca che non ho mai incontrata!
Appena una manciata di secoli ci dividono,
un batter d'occhio per chi comprende la tua lezione.
Solo il divino è totale nel sorso e nella briciola.
Solo la morte lo vince se chiede l'intera porzione.

NEL SILENZIO

Oggi è sciopero generale.
Nella strada non passa nessuno.
Solo una radiolina dall'altra parte del muro.
Da qualche giorno deve abitarci qualcuno.
Mi chiedo che ne sarà della produzione.
La primavera stessa tarda alquanto a prodursi.
Hanno spento in anticipo il termosifone.
Si sono accorti ch'è inutile il servizio postale.
Non è gran male il ritardo delle funzioni normali.
È d'obbligo che qualche ingranaggio non ingrani.
Anche i morti si sono messi in agitazione.
Anch'essi fanno parte del silenzio totale.
Tu stai sotto una lapide. Risvegliarti non vale
perché sei sempre desta. Anche oggi ch'è sonno
universale.

LUCI E COLORI

Se mai ti mostri hai sempre la liseuse rossa,
gli occhi un po' gonfi come di chi ha veduto.
Sembrano inesplicabili queste tue visite mute.
Probabilmente è solo un lampeggio di lenti,
quasi una gibigianna che tagli la foschia.
L'ultima volta c'era sul scendiletto
colore di albicocca un vermiciattolo
che arrancava a disagio. Non riuscì facile farlo
slittare su un pezzo di carta e buttarlo giù vivo
nel cortile. Tu stessa non devi pesare di più.

Il grillo di Strasburgo notturno col suo trapano
in una crepa della cattedrale;
la Maison Rouge e il barman tuo instillatore di basco,
Ruggero zoppicante e un poco alticcio;
Striggio d'incerta patria, beccatore
di notizie e antipasti, tradito da una turca
(arrubinato il naso di pudore
ove ne fosse cenno, occhio distorto
da non più differibile addition)
ti riapparvero *allora*? Forse nugae
anche minori. Ma tu dicesti solo
«prendi il sonnifero», l'ultima
tua parola – e per me.

L'ALTRO

Non so chi se n'accorga
ma i nostri commerci con l'Altro
furono un lungo inghippo. Denunziarli
sarà, più che un atto d'ossequio, un impetrare clemenza.
Non siamo responsabili di non essere lui
né ha colpa lui, o merito, della nostra parvenza.
Non c'è neppure timore. Astuto il flamengo nasconde
il capo sotto l'ala e crede che il cacciatore
non lo veda.

DIARIO DEL '71 E DEL '72

Diario del '71

Diario del '7

A LEONE TRAVERSO

I

Quando l'indiavolata gioca a nascondino
difficile acciuffarla per il toupet.

E non vale lasciarsi andare sulla corrente
come il neoterista Goethe sperimentò.

Muffiti in-folio con legacci e borchie
non si confanno, o raro, alle sue voglie.

Pure tu l'incontrasti, Leone, la poesia
in tutte le sue vie, tu intarmolito
sì, ma rapito sempre e poi bruciato
dalla vita.

II

Sognai anch'io di essere un giorno mestre
de gay saber; e fu speranza vana.
Un lauro risecchito non dà foglie
neppure per l'arrosto. Con maldestre
dita sulla celesta, sui pestelli
del vibrafono tento, ma la musica
sempre più s'allontana. E poi non era
musica delle Sfere... Mai fu gaio
né savio né celeste il mio sapere.

L'ARTE POVERA

La pittura
da cavalletto costa sacrifizi
a chi la fa ed è sempre un sovrappiù
per chi la compra e non sa dove appenderla.
Per qualche anno ho dipinto solo ròccoli
con uccelli insaccati,
su carta blu da zucchero o cannelé da imballo.
Vino e caffè, tracce di dentifricio
se in fondo c'era un mare infiocchettabile,
queste le tinte.
Composi anche con cenere e con fondi
di cappuccino a Sainte-Adresse là dove
Jongkind trovò le sue gelide luci
e il pacco fu protetto da cellofane e canfora
(con scarso esito).
È la parte di me che riesce a sopravvivere
del nulla ch'era in me, del tutto ch'eri
tu, inconsapevole.

TRASCOLORANDO

Prese la vita col cucchiaio piccolo
essendo
onninamente *fuori* e imprendibile.

Una ragazza imbarazzata, presto
sposa di un nulla vero
e imperfettibile.

Ebbe un altro marito che le dette
uno status
e la portò nel Libano quale utile
suo nécessaire da viaggio.

Ma lei rimpianse l'agenzia turistica
dove la trovò un tale
non meno selenita ma comprensibile.

Fu nello spazio tra i suoi due mariti,
una prenotazione per l'aereo e
bastò qualche parola.

L'uomo la riportava al suo linguaggio
paterno, succulento
e non chiese nemmeno quel che ebbe.

Nel Libano si vive come se il mondo
non esistesse, quasi
più sepolti dei cedri sotto la neve.

Lei lo ricorda in varie lingue, un barbaro
cocktail di impresti,
lui la suppone arabizzata, docile
ai festini e ai dileggi dei Celesti.

Lui si rivede pièfelpato, prono
sui tappeti di innumeri moschee
e il suo sguardo s'accende

delle pietre che mutano colore,
le alessandriti, le camaleontiche
da lei ora acquistate a poco prezzo
nei bazar.

Ma lei non ebbe prezzo, né lui stesso
quando cercava un'agenzia turistica
presso il Marble Arch.

Era un uomo affittabile, sprovvisto
di predicati,
pronto a riceverne uno. Ora che l'ha
pensa che basti. E lei? Felicemente

si ignora. Chi dà luce rischia il buio.

IL NEGATIVO

Tuorli d'un solo uovo entrano i giovani
nelle palestre della vita. Venere
li conduce, Mercurio li divide,
Marte farà il resto. Non a lungo
brillerà qualche luce sulle Acropoli
di questa primavera ancora timida.

A C.

Tentammo un giorno di trovare un modus
moriendi che non fosse il suicidio
né la sopravvivenza. Altri ne prese
per noi l'iniziativa; e ora è tardi
per rituffarci dallo scoglio.
Che un'anima malviva
fosse la vita stessa nel suo diapason
non lo credesti mai: le ore incalzavano,
a te bastò l'orgoglio, a me la nicchia
dell'imbeccatore.

CORSO DOGALI

Se frugo addietro fino a corso Dogali
non vedo che il Carubba con l'organino
a manovella
e il cieco che vendeva il bollettino
del lotto. Gesti e strida erano pari.
Tutti e due storpi ispidi rognosi
come i cani bastardi dei gitani
e tutti e due famosi nella strada,
perfetti nell'anchilosi e nei suoni.
La perfezione: quella che se dico
Carubba è il cielo che non ho mai toccato.

ROSSO SU ROSSO

È quasi primavera e già i corimbi
salgono alla finestra che dà sul cortile.
Sarà presto un assedio di foglie e di formiche.
Un coleottero tenta di attraversare il libretto
delle mie Imposte Dirette, rosso su rosso. Magari
potesse stingere anche sul contenuto. È suonato
il mezzogiorno, trilla qualche telefono
e una radio borbotta duecento morti
sull'autostrada, il record della Pasquetta.

VERSO IL FONDO

La rete
che strascica sul fondo
non prende
che pesci piccoli.

Con altre reti ho preso
pesci rondine
e anche una testuggine
ma era morta.

Ora che mi riprovo
con amo e spago
l'esca rimane intatta
nell'acqua torbida.

Troppo spessore è intorno
di su, di giù nell'aria.
Non si procede: muoversi
è uno strappo.

IL RE PESCATORE

Si ritiene
che il Re dei pescatori non cerchi altro
che anime.

Io ne ho visto più d'uno
portare sulla melma delle gore
lampi di lapislazzulo.

Il suo regno è a misura di millimetro,
la sua freccia imprendibile
dai flash.

Solo il Re pescatore
ha una giusta misura,
gli altri hanno appena un'anima
e la paura
di perderla.

NEL CORTILE

Nell'accidiosa primavera quando le ferie incombono
la città si svuota.
È dalle Idi di marzo che un vecchio merlo si posa
sul davanzale a beccare chicchi di riso e briciole.
Non utile per lui scendere nel cortile
ingombro di tante macchine casse sacchi racchette.
Alla finestra di fronte un antiquario in vestaglia
e due gattini siamesi. Da un altro osservatorio
un ragazzino rossiccio che tira ai piccioni col flòbert.
Vasto l'appartamento del grande Oncologo,
sempre deserto e buio. Ma non fu tale una notte,
quando avvampò di luci alla notizia
che il prefato era accolto in parlamento.
Tanti gli stappamenti di sciampagna,
i flash, le risa, gli urli dei gratulanti
che anche la Gina fu destata e corse
tutta eccitata a dirmi: ce l'ha fatta!

I NASCONDIGLI

Quando non sono certo di essere vivo
la certezza è a due passi ma costa pena
ritrovarli gli oggetti, una pipa, il cagnuccio
di legno di mia moglie, un necrologio
del fratello di lei, tre o quattro occhiali
di lei ancora!, un tappo di bottiglia
che colpì la sua fronte in un lontano
cotillon di capodanno a Sils Maria
e altre carabattole. Mutano alloggio, entrano
nei buchi più nascosti, ad ogni ora
hanno rischiato il secchio della spazzatura.
Complottando tra loro si sono organizzati
per sostenermi, sanno più di me
il filo che li lega a chi vorrebbe
e non osa disfarsene. Più prossimo
negli anni il Gubelin automatico tenta
di aggregarvisi, sempre rifiutato.
Lo comprammo a Lucerna e lei disse
piove troppo a Lucerna non funzionerà mai.
E infatti...

EL DESDICHADO

Sto seguendo sul video la Carmen di Karajan
disossata con cura, troppo amabile.

Buste color mattone, gonfie, in pila sul tavolo
imprigionano urla e lamentazioni.

Col paralume mobile vi ho gettato
solo un guizzo di luce, poi ho spento.

Non attendete da me pianto o soccorso fratelli.
Potessi mettermi in coda tra voi chiederei l'elemosina

di una parola che non potete darmi
perché voi conoscete soltanto il grido,

un grido che si spunta
in un'aria infeltrita, vi si aggiunge

e non parla.

RETROCEDENDO

Il tarlo è nato, credo, dentro uno stipo
che ho salvato da sgombri e inondazioni.
Il suo traforo è lentissimo, il microsuono non cessa.
Da mesi probabilmente si nutre del pulviscolo
frutto del suo lavoro. Si direbbe che ignori
la mia esistenza, io non la sua. Io stesso
sto trivellando a mia insaputa un ceppo
che non conosco e che qualcuno osserva
infastidito dal cri cri che n'esce,
un qualcuno che tarla inconsapevole
del suo tarlante e così via in un lungo
cannocchiale di pezzi uno nell'altro.

LA MIA MUSA

La mia Musa è lontana: si direbbe
(è il pensiero dei più) che mai sia esistita.
Se pure una ne fu, indossa i panni dello spaventacchio
alzato a malapena su una scacchiera di viti.

Sventola come può; ha resistito a monsoni
restando ritta, solo un po' ingobbita.
Se il vento cala sa agitarsi ancora
quasi a dirmi cammina non temere,
finché potrò vederti ti darò vita.

La mia Musa ha lasciato da tempo un ripostiglio
di sartoria teatrale; ed era d'alto bordo
chi di lei si vestiva. Un giorno fu riempita
di me e ne andò fiera. Ora ha ancora una manica
e con quella dirige un suo quartetto
di cannucce. È la sola musica che sopporto.

IL TUFFATORE

Il tuffatore preso au ralenti
disegna un arabesco ragniforme
e in quella cifra forse si identifica
la sua vita. Chi sta sul trampolino
è ancora morto, morto chi ritorna
a nuoto alla scaletta dopo il tuffo,
morto chi lo fotografa, mai nato
chi celebra l'impresa.

                  Ed è poi vivo
lo spazio di cui vive ogni movente?
Pietà per le pupille, per l'obiettivo,
pietà per tutto che si manifesta,
pietà per il partente e per chi arriva,
pietà per chi raggiunge o ha raggiunto,
pietà per chi non sa che il nulla e il tutto
sono due veli dell'Impronunciabile,
pietà per chi lo sa, per chi lo dice,
per chi lo ignora e brancola nel buio
delle parole!

DOVE COMINCIA LA CARITÀ

Questa violenta raffica di carità
che si abbatte su noi
è un'ultima impostura.

Non sarà mai ch'essa cominci *at home*
come ci hanno insegnato alla Berlitz; mai
accadrà che si trovi nei libri di lettura.

E non certo da te, Malvolio, o dalla tua banda,
non da ululi di tromba, non da chi ne fa
una seconda pelle che poi si butta via.

Non appartiene a nessuno la carità. Sua pari
la bolla di sapone che brilla un attimo, scoppia,
e non sa di chi era il soffio.

IL PIRLA

Prima di chiudere gli occhi mi hai detto pirla,
una parola gergale non traducibile.
Da allora me la porto addosso come un marchio
che resiste alla pomice. Ci sono anche altri
pirla nel mondo ma come riconoscerli?
I pirla non sanno di esserlo. Se pure
ne fossero informati tenterebbero
di scollarsi con le unghie quello stimma.

IL FUOCO

Siamo alla Pentecoste e non c'è modo
che scendano dal cielo lingue di fuoco.
Eppure un Geremia apparso sul video
aveva detto che ormai sarà questione di poco.
Di fuoco non si vede nulla, solo
qualche bombetta fumogena all'angolo di via Bigli.
Questi farneticanti in doppiopetto o in sottana
non sembrano molto informati del loro mortifero aspetto.
Il fuoco non viene dall'alto ma dal basso,
non s'è mai spento, non è mai cresciuto,
nessuno l'ha mai veduto, fuochista o vulcanologo.
Chi se ne accorge non dà l'allarme, resta muto.
Gli uccelli di malaugurio non sono più creduti.

A QUELLA CHE LEGGE I GIORNALI

Tra sprazzi di sole e piovaschi
non ci si orienta sul tempo.
C'è poco baccano fuori,
il canarino non canta.
Gli hanno portato una moglie
e lui non apre più il becco.
Il tempo sembra indeciso
sulla sua stessa funzione.
Dobbiamo farci coraggio,
non è arrivata la posta,
non sono usciti i giornali,
non c'è tant'altro ma basta
per inceppare la marcia.
Fermata del tutto non è
ma certo zoppica. Ecco
quello che conta. Star fermi,
attendere e non rallegrarsi
se l'ingranaggio perde i colpi.
Riprenderà non diverso,
meglio lubrificato
o peggio ma quello che importa
è non lasciarci le dita.
Solo le cripte, le buche,
i ricettacoli, solo
questo oggi vale, mia cara,
tu che non leggi e non ascolti, tu
....
che leggi appena i giornali.

IL TIRO A VOLO

Mi chiedi perché navigo
nell'insicurezza e non tento
un'altra rotta? Domandalo
all'uccello che vola illeso
perché il tiro era lungo e troppo larga
la rosa della botta.

Anche per noi non alati
esistono rarefazioni
non più di piombo ma di atti,
non più di atmosfera ma di urti.
Se ci salva una perdita di peso
è da vedersi.

IL RONDONE

Il rondone raccolto sul marciapiede
aveva le ali ingrommate di catrame,
non poteva volare.
Gina che lo curò sciolse quei grumi
con batuffoli d'olio e di profumi,
gli pettinò le penne, lo nascose
in un cestino appena sufficiente
a farlo respirare.
Lui la guardava quasi riconoscente
da un occhio solo. L'altro non si apriva.
Poi gradì mezza foglia di lattuga
e due chicchi di riso. Dormì a lungo.
Il giorno dopo all'alba riprese il volo
senza salutare.
Lo vide la cameriera del piano di sopra.
Che fretta aveva fu il commento. E dire
che l'abbiamo salvato dai gatti. Ma ora forse
potrà cavarsela.

LA FORMA DEL MONDO

Se il mondo ha la struttura del linguaggio
e il linguaggio ha la forma della mente
la mente con i suoi pieni e i suoi vuoti
è niente o quasi e non ci rassicura.

Così parlò Papirio. Era già scuro
e pioveva. Mettiamoci al sicuro
disse e affrettò il passo senza accorgersi
che il suo era il linguaggio del delirio.

IL LAGO DI ANNECY

Non so perché il mio ricordo ti lega
al lago di Annecy
che visitai qualche anno prima della tua morte.
Ma allora non ti ricordai, ero giovane
e mi credevo padrone della mia sorte.
Perché può scattar fuori una memoria
così insabbiata non lo so; tu stessa
m'hai certo seppellito e non l'hai saputo.
Ora risorgi viva e non ci sei. Potevo
chiedere allora del tuo pensionato,
vedere uscirne le fanciulle in fila,
trovare un tuo pensiero di quando eri
viva e non l'ho pensato. Ora ch'è inutile
mi basta la fotografia del lago.

IL POETA

Si bùccina che viva dando ad altri
la procura, la delega o non so che.
Pure qualcosa stringe tra le dita
il deputante, il deputato no.

Non gli hanno detto al bivio che doveva
scegliere tra due vite separate
e intersecanti mai. Lui non l'ha fatto.
È stato il Caso che anche se distratto
rimane a guardia dell'indivisibile.

IL GRANDE AFFARE

Quale sia il grande affare non s'è mai saputo.
Se la spinta del sangue o la deiezione
o la più pura forma dell'imbecillità.
Resta l'incerto stato del bastardume,
del mezzo e mezzo, del di tutto un po'.

Ma c'è un portento che mai fu voluto
da nessuno per sé, per altri sì.
Non fu opera d'uomo: lo dichiarano
i cani degli zingari, gli elìsei
mostri che ancora ringhiano qua e là.

IMITAZIONE DEL TUONO

Pare che ogni vivente
imiti un suo modello
ignorandolo, impresa improponibile.
Ma il peggio tocca a chi il suo
crede averlo davanti come una statua.
Non imitate il marmo, uomini. Se non potete
star fermi modellatevi sulla crusca,
sui capelli del vento, sulla raspa
delle cicale, sull'inverosimile
bubbolare del tuono a ciel sereno.
Modellatevi, dico, anche sul nulla
se v'illudete di potere ancora
rasentare la copia di quel pieno
che non è in voi!

AL CONGRESSO

Se l'uomo è l'inventore della vita
(senza di lui chi se n'accorgerebbe)
non ha l'uomo il diritto di distruggerla?

Tale al Congresso il detto dell'egregio
preopinante che mai mosse un dito
per uscire dal gregge.

IL FRULLATO

Allora
un salotto di stucchi
di mezzibusti e specchi
era la vita.
Il battito di un cuore
artificiale o vero
era poesia.
Scorribande di nuvole
non di streghe
erano un quadro,
la fistula il fischietto il campanaccio
dei bovi musica.
Ora c'è stata una decozione
di tutto in tutti e ognuno si domanda
se il frullino ch'è in opera nei crani
stia montando sozzura o zabaione.

Accorcia l'ultimo tuo straccio
Bernadette, beccafichi! ora che tutto oscilla
come il latte alla portoghese,
nessuno potrà dirti chi sei, chi eri,
se fosti viva o morta, se hai saputo
che il vero e il falso sono il retto e il verso
della stessa medaglia, accorcia, butta via,
non sostituire,
lasciati andare sulle tue creme,
a fondo non andrai,
c'è chi ti guarda e t'insegna
che quello che trema è il tic tac
di un orologio che non perderà
tanto presto la carica!

Ne abbiamo abbastanza...

Ne abbiamo abbastanza di...
è ripetuto all'unanimità.
Ma di che poi? Della vita no
e della morte ohibò, non se ne parla.

Dal *di* comincia la biforcazione
della quale ogni ramo si biforca
per triforcarsi eccetera. Può darsi
che anche l'Oggetto sia
stanco di riprodursi.

LA LINGUA DI DIO

Se dio *è* il linguaggio, l'Uno che ne creò tanti altri
per poi confonderli
come faremo a interpellarlo e come
credere che ha parlato e parlerà
per sempre indecifrabile e questo è
meglio che nulla. Certo
meglio che nulla siamo
noi fermi alla balbuzie. E guai se un giorno
le voci si sciogliessero. Il linguaggio,
sia il nulla o non lo sia,
ha le sue astuzie.

A QUESTO PUNTO

A questo punto smetti
dice l'ombra.
T'ho accompagnato in guerra e in pace e anche
nell'intermedio,
sono stata per te l'esaltazione e il tedio,
t'ho insufflato virtù che non possiedi,
vizi che non avevi. Se ora mi stacco
da te non avrai pena, sarai lieve
più delle foglie, mobile come il vento.
Devo alzare la maschera, io sono il tuo pensiero,
sono il tuo in-necessario, l'inutile tua scorza.
A questo punto smetti, stràppati dal mio fiato
e cammina nel cielo come un razzo.
C'è ancora qualche lume all'orizzonte
e chi lo vede non è un pazzo, è solo
un uomo e tu intendevi di non esserlo
per amore di un'ombra. T'ho ingannato
ma ora ti dico a questo punto smetti.
Il tuo peggio e il tuo meglio non t'appartengono
e per quello che avrai puoi fare a meno
di un'ombra. A questo punto
guarda con i tuoi occhi e anche senz'occhi.

Se il male naturaliter non può smettere
non gli conviene il segno del negativo.

L'altro segno a chi tocca? È la domanda
che corre (anzi *non* corre affatto)
di bocca in bocca.

Non mi stanco di dire al mio allenatore
getta la spugna
ma lui non sente nulla perché sul ring o anche fuori
non s'è mai visto.
Forse, a suo modo, cerca di salvarmi
dal disonore. Che abbia tanta cura
di me, l'idiota, o io sia il suo buffone
tiene in bilico tra la gratitudine
e il furore.

IL TRIONFO DELLA SPAZZATURA

Lo sciopero dei netturbini
può dare all'Urbe il volto che le conviene.
Si procede assai bene tra la lordura
se una Chantal piovuta qui dal nord
vi accoglierà con una sua forbita
grazia più chiara e nitida dei suoi cristalli.
Fuori le vecchie mura ostentano la miseria,
la gloria della loro sopravvivenza.
Lei stessa, la ragazza, difende meglio
la sua identità se per raggiungerla
ha circumnavigato isole e laghi
di vomiticcio e di materie plastiche.
Qui gli ospiti nemmeno si conoscono
tra loro, tutti incuriosi e assenti
da sé. Il trionfo della spazzatura
esalta chi non se ne cura, smussa
angoli e punte. Essere vivi e basta
non è impresa da poco. E lei pure,
lei che ci accoglie l'ha saputo prima
di tutti ed è una sua invenzione
non appresa dai libri ma dal dio senza nome
che dispensa la Grazia, non sa fare altro
ed è già troppo.

IL DOTTOR SCHWEITZER

gettava pesci vivi a pellicani famelici.
Sono vita anche i pesci fu rilevato, ma
di gerarchia inferiore.

A quale gerarchia apparteniamo noi
e in quali fauci...? Qui tacque il teologo
e si asciugò il sudore.

I PRIMI DI LUGLIO

Siamo ai primi di luglio e già il pensiero
è entrato in moratoria.
Drammi non se ne vedono,
se mai disfunzioni.
Che il ritmo della mente si dislenti,
questo inspiegabilmente crea serie preoccupazioni.
Meglio si affronta il tempo quando è folto,
mezza giornata basta a sbaraccarlo.
Ma ora ai primi di luglio ogni secondo sgoccia
e l'idraulico è in ferie.

Sono pronto ripeto, ma pronto a che?
Non alla morte cui non credo né
al brulichio d'automi che si chiama la vita.
L'altravita è un assurdo, ripeterebbe
la sua progenitrice con tutte le sue tare.
L'oltrevita è nell'etere, quell'aria da ospedale
che i felici respirano quando cadono in trappola.
L'oltrevita è nel tempo che se ne ciba
per durare più a lungo nel suo inganno.
Essere pronti non vuol dire scegliere
tra due sventure o due venture oppure
tra il tutto e il nulla. È dire io l'ho provato,
ecco il Velo, se inganna non si lacera.

L'IMPONDERABILE

L'incertezza è più dura del granito
e ha una sua massiccia gravitazione.
Sbrìgati dice Filli, allunga il passo
e in effetti su lei nulla gravita.
Ma l'altro è un peso piuma e il suo macigno
non può alzarlo una gru. La leggerezza
non è virtù, è destino e chi non l'ha
si può impiccare se anche col suo peso
sia più difficile.

LETTERA A BOBI

A forza di esclusioni
t'era rimasto tanto che tu potevi
stringere tra le mani; e quello era
di chi se n'accorgeva. T'ho seguito
più volte a tua insaputa. Ho percorso
più volte via Cecilia de Rittmeyer
dove avevo incontrato la tua vecchia madre,
constatato de visu il suo terrificante amore.
Del padre era rimasto il piegabaffi e forse
una bibbia evangelica. Ho assaggiato
la pleiade dei tuoi amici, oggetto
dei tuoi esperimenti più o meno falliti
di creare o distruggere felicità coniugali.
Erano i primi tuoi amici, altri
ne seguirono che non ho mai conosciuto.
S'è formata così una tua leggenda
cartacea, inattendibile. Ora dicono
ch'eri un maestro inascoltato, tu
che n'hai avuto troppi a orecchie aperte
e non ne hai diffidato. Confessore
inconfessato non potevi dare
nulla a chi già non fosse sulla tua strada.
A modo tuo hai già vinto anche se hanno perduto
tutto gli ascoltatori. Con questa lettera
che mai tu potrai leggere ti dico
addio e non aufwiedersehen e questo
in una lingua che non amavi, priva
com'è di Stimmung.

SENZA SORPRESA

Senza sorpresa né odio
per le mobili turbe
di queste transumanze domenicali
in galleria, sul Corso,
sui marciapiedi già ingombri
dai tavolini dei bar
senza vizio di mente,
anzi con una clinica
imperturbabilità
io vi saluto turbe in cui vorrei
mimetizzarmi a occhi chiusi
lasciandomi guidare da quest'onda
così lenta e sicura
nella sua catastrofica insicurezza.
Ma sopravviene ora
la riflessione,
la triste acedia su cui tanto conta
il genio occulto della preservazione.
E allora si saluta
con la venerazione necessaria
il bradisismo umano,
quello che la parola non può arrestare
e si saluta senza aprire bocca,
non con gesti,
non nell'intento di scomparirvi dentro,
ma si saluta, ed è troppo, col desiderio
che tanto approdo abbia la sua proda
se anche le nostre carte non ne portino traccia.

LETTERA A MALVOLIO

Non s'è trattato mai d'una mia fuga, Malvolio,
e neanche di un mio flair che annusi il peggio
a mille miglia. Questa è una virtù
che tu possiedi e non t'invidio anche
perché non potrei trarne vantaggio.
                                        No,
non si trattò mai d'una fuga
ma solo di un rispettabile
prendere le distanze.

Non fu molto difficile dapprima,
quando le separazioni erano nette,
l'orrore da una parte e la decenza,
oh solo una decenza infinitesima
dall'altra parte. No, non fu difficile,
bastava scantonare scolorire,
rendersi invisibili,
forse esserlo. Ma dopo.

Ma dopo che le stalle si vuotarono
l'onore e l'indecenza stretti in un solo patto
fondarono l'ossimoro permanente
e non fu più questione
di fughe e di ripari. Era l'ora
della focomelia concettuale
e il distorto era il dritto, su ogni altro
derisione e silenzio.

Fu la tua ora e non è finita.
Con quale agilità rimescolavi

materialismo storico e pauperismo evangelico,
pornografia e riscatto, nausea per l'odore
di trifola, il denaro che ti giungeva.
No, non hai torto Malvolio, la scienza del cuore
non è ancora nata, ciascuno la inventa come vuole.
Ma lascia andare le fughe ora che appena si può
cercare la speranza nel suo negativo.
Lascia che la mia fuga immobile possa dire
forza a qualcuno o a me stesso che la partita è aperta,
che la partita è chiusa per chi rifiuta
le distanze e s'affretta come tu fai, Malvolio,
perché sai che domani sarà impossibile anche
alla tua astuzia.

p.p.c.

La mia valedizione su voi scenda
Chiliasti, amici! Amo la terra, amo

Chi me l'ha data

Chi se la riprende.

Diario del '72

PRESTO O TARDI

Ho creduto da bimbo che non l'uomo
si muove ma il fondale, il paesaggio.
Fu quando io, fermo, vidi srotolarsi
il lago di Lugano nel vaudeville
di un Dall'Argine che probabilmente
in omaggio a se stesso, nomen omen,
non lasciò mai la proda. Poi mi accorsi
del mio puerile inganno e ora so
che volante o pedestre, stasi o moto
in nulla differiscono. C'è chi ama
bere la vita a gocce o a garganella;
ma la bottiglia è quella, non si può
riempirla quando è vuota.

VISITATORI

A ogni ritorno di stagione mi dico
che anche la memoria è ciclica. Non ricordo
i miei fatti di ieri, le parole che ho detto o pubblicato
e mi assediano invece ingigantiti
volti e gesti da tempo già scacciati
dalla mente.

C'era un vecchio patrizio nel Tirolo alto
che a guerra appena finita accolse nella sua reggia
con tovaglie di Fiandra, porcellane di Sèvres,
vini della Mosella, delikatessen
lo sbracato invasore ch'ero io, offuscato
dalla vergogna, quasi incerto se
prosternarmi ai suoi piedi.

Più tardi ancora il grande Däubler poeta
della luce del Nord, un nibelungo barbuto
di immensa mole che sfonda la poltrona
e sillaba i miei poveri versi di sconosciuto
miscelando due lingue, la sua e la mia perfette
come mai ho ascoltato. È una memoria o un sogno?

Se mi apparisse Omero o almeno il più buio Callimaco
o altro ancora più piccolo ma scritto nella storia
mi sarebbe più facile di sconfiggere il sogno
e dirgli retrocedi, mi sveglierò e sarò libero
dall'incubo. Ma no, questi che parlano
la stessa lingua hanno lasciato tracce
nell'anagrafe o altrove.

Una volta un vegliardo mi raccontò
di aver dormito lunghi anni accanto
a un cestino di fichi nella speranza
di ritrovarli freschi al suo risveglio.
Ma il sonno non durò anni sessantasei
e il record dell'Oasiano della leggenda
non fu certo battuto. Nel cestino
più nulla di appetibile, formiche.
Ritenterò mi disse di sospendere il tempo.
E scomparve nel sogno. (Se fu sogno
o realtà me lo sto chiedendo ancora).

L'ODORE DELL'ERESIA

Fu miss Petrus, l'agiografa e segretaria
di Tyrrell, la sua amante? Sì, fu la risposta
del barnabita e un brivido d'orrore
serpeggiò tra parenti, amici e altri
ospiti occasionali.

Io appena un bambino, indifferente
alla questione, il barnabita era anche
un discreto tapeur di pianoforte,
e a quattro mani, forse a quattro piedi
avevamo cantato e pesticciato
'In questa tomba oscura' e altrettali
amenità.

Che fosse in odore di eresia
pareva ignoto al parentado. Quando
fu morto e già dimenticato appresi
ch'era sospeso a divinis e restai a bocca aperta.
Sospeso sì, ma da chi? Da che cosa e perché?
A mezz'aria attaccato a un filo?
E il divino sarebbe un gancio a cui ci si appende?
Si può annusarlo come qualsiasi odore?

Solo più tardi appresi il significato
della parola e non restai affatto
col respiro sospeso. Il vecchio prete
mi pare di rivederlo nella pineta
ch'è bruciata da un pezzo, un po' curvo su testi
miasmatici, un balsamo per lui. E l'odore
che si diffonde non ha nulla a che fare
col divino o il demonico, soffi di voce, pneumi
di cui è traccia solo in qualche carta illeggibile.

LE ACQUE ALTE

Mi sono inginocchiato con delirante amore
sulla fonte Castalia
ma non filo d'acqua rifletteva
la mia immagine.

Non ho veduto mai
le acque dei piranha. Chi vi s'immerge
torna alla riva scheletro scarnificato.

Eppure
altre acque lavorano con noi,
per noi, su noi con un'indifferente
e mostruosa opera di recupero.
Le acque si riprendono
ciò che hanno dato: le asseconda il loro
invisibile doppio, il tempo; e un flaccido
gonfio risciacquamento ci deruba
da quando lasciammo le pinne per mettere fuori gli arti,
una malformazione, una beffa che ci ha lasciato gravidi
di cattiva coscienza e responsabilità.

Parve che la ribollente zavorra su cui mi affaccio,
rottami, casse, macchine ammassate
giù nel cortile,
la fumosa colata che se ne va
per conto suo e ignora la nostra esistenza,
parve che tutto questo fosse la prova del nove
che siamo qui per qualcosa un trabocchetto o uno scopo.
Parve, non pare... In altri tempi scoppiavano
castagne sulla brace, brillava qualche lucignolo

sui doni natalizi. Ora non piace più
al demone delle acque darci atto che noi
suoi spettatori e còrrei siamo pur sempre noi.

PER UNA NONA STROFA

Per finire sul 9 mi abbisognava
un piròpo galante, poche sillabe.
Ma non ho il taglio e la misura dei
decadenti augustei. Troppo è più dura
la materia del dire e del sentire.
Non si parla più d'anni ma di millenni
e quando s'entra in questi non è in gioco
il vivo o il morto la ragione o il torto.

LA FAMA E IL FISCO

Mi hanno telefonato per chiedermi che penso
di Didone e altre dive oggi resurte
alla tv;
ma i classici restano in alto, appena raggiungibili
con la scala.
Più tardi lo scaffale ha toccato il cielo,
le nubi ed è scomparso dalla memoria.
Nulla resta di classico fuori delle bottiglie
brandite come stocchi da un ciarlatano del video.
Nulla resta di vero se non le impronte
digitali lasciate da un *monssù Travet*
su un foglio spiegazzato malchiuso da uno spillo.
Là dentro non c'è Didone o altre immortali.
Non c'è mestizia né gioia, solo una cifra e un pizzico
di immondizia.

CHI TIENE I FILI

Chi tiene i fili ne sa più di noi.
Chi non li tiene ne sa di più e di meno.
Un incontro tra l'uno e l'altro; ed ecco
il disastro che avviene, la catastrofe
senza né più né meno.

JAUFRÉ

a Goffredo Parise

Jaufré passa le notti incapsulato
in una botte. Alla primalba s'alza
un fischione e lo sbaglia. Poco dopo
c'è troppa luce e lui si riaddormenta.
È l'inutile impresa di chi tenta
di rinchiudere il tutto in qualche niente
che si rivela solo perché si sente.

IL CAVALLO

Io non sono il cavallo
di Caracalla come Benvolio crede;
non corro il derby, non mi cibo di erbe,
non fui uomo di corsa ma neppure
di trotto. Tentai di essere
un uomo e già era troppo
per me (e per lui).

NOTTURNO

Sarà che la civetta di Minerva
sta per aprire le ali. Ma non è sosta
nel rifornimento
dello spaccio di cui noi siamo appena
rimasugli svenduti per liquidazione.
Eppure l'avevamo creato con orgoglio
a nostra somiglianza il robottone
della fluente e ghiotta infinità.
O cieli azzurri o nobili commerci
non solo coi Celesti! Ora anche la Dea
nostra serva e padrona chiude gli occhi
per non vederci.

LE FIGURE

Estasiato dalla sua ipallage
il poeta trasse un respiro
di sollievo ma c'era un buco nel poema
che si allargò, fu voragine
e lo scagliò nella cantina dove
si mettono le trappole per i tropi.
Di lui nulla restò. Solo qualche Figura,
scruta obsoleta, disse meglio così.

IL TERRORE DI ESISTERE

Le famiglie dei grandi buffi
dell'operetta si sono estinte
e con esse anche il genere comico, sostituito
dal tribale tan tan degli assemblaggi.

È una grande sventura nascere piccoli
e la peggiore quella di chi rimbambisce
mimando la stoltizia che paventa
una qualche improbabile identità.

Il terrore di esistere non è cosa
da prender sottogamba, anzi i matusa
ne hanno stivato tanta nei loro sottoscala
che a stento e con vergogna potevano nascondervisi.

E la vergogna non è, garzon bennato, che un primo
barlume della vita. Se muore prima di nascere
nulla se le accompagna che possa dire noi
siamo noi ed è un fatto appena credibile.

Nell'anno settantacinquesimo e più della mia vita
sono disceso nei miei ipogei e il deposito
era là intatto. Vorrei spargerlo a piene mani
in questi sanguinosi giorni di carnevale.

VERBOTEN

Dicono che nella grammatica di Kafka
manca il futuro. Questa la scoperta
di chi serbò l'incognito e con buone ragioni.
Certo costui teme le conseguenze
flagranti o addirittura conflagranti
del suo colpo di genio. E Kafka stesso,
la sinistra cornacchia, andrebbe al rogo
nell'effigie e nelle opere, d'altronde
largamente invendute.

QUEL CHE PIÙ CONTA

A forza d'inzeppare
in una qualche valigia di finto cuoio
gonfia a scoppiare
tutti i lacerti della nostra vita
ci siamo detti che il politeismo
non era da buttar via.

Le abbiamo più volte incontrate,
viste di faccia o di sbieco
le nostre mezze divinità e fu stolto
chiederne una maggiore,
quasi una mongolfiera
totale dello spirito, una bolla
di spazio soffiata di cui noi fossimo gli ospiti
e i sudditi adoranti.

E salutiamo con umiltà gli iddii
che ci hanno dato una mano durante il nostro viaggio,
veneriamo i loro occhi, i loro piedi
se mai n'ebbero, i doni
che ci offersero, i loro insulti e scherni,
prosterniamoci alle loro ombre se pure
ne furono e andiamo incontro al tempo,
all'avvenire che non è più vero
del passato perché tutto che riempie un vuoto
non fu né mai sarà più pieno dei
custodi dell'Eterno, gli invisibili.

KINGFISHER

Praticammo con cura il carpe diem,
tentammo di acciuffare chi avesse pelo o escrescenze,
gettammo l'amo senza che vi abboccasse
tinca o barbo (e di trote non si parli).
Ora siamo al rovescio e qui restiamo attenti
se sia mai una lenza che ci agganci.
Ma il Pescatore nicchia perché la nostra polpa
anche al cartoccio o in carpione non trova più clienti.

LA PENDOLA A CARILLON

La vecchia pendola a carillon
veniva dalla Francia forse dal tempo
del secondo Impero.
Non dava trilli o rintocchi ma esalava
più che suonare tanto n'era fioca la voce
l'entrata di Escamillo o le campane
di Corneville: le novità di quando
qualcuno l'acquistò: forse il proavo
finito al manicomio e sotterrato
senza rimpianti, necrologi o altre
notizie che turbassero i suoi non nati nepoti.
I quali vennero poi e vissero senza memoria
di chi portò quell'oggetto tra inospiti mura sferzate
da furibonde libecciate – e chi
di essi ne udì il richiamo? Era una sveglia
beninteso che mai destò nessuno
che non fosse già sveglio. Io solo un'alba
regolarmente insonne traudii l'ectoplasma
vocale, il soffio della toriada,
ma appena per un attimo. Poi la voce
della boîte non si estinse ma si fece parola
poco udibile e disse non c'è molla né carica
che un giorno non si scarichi. Io ch'ero
il Tempo lo abbandono. Ed a te che sei l'unico
mio ascoltatore dico cerca di vivere
nel fuordeltempo, quello che nessuno
può misurare. Poi la voce tacque
e l'orologio per molti anni ancora
rimase appeso al muro. Probabilmente
v'è ancora la sua traccia sull'intonaco.

C'è chi muore...

C'è chi muore per noi. È cosa di tutti i giorni
e accade anche a me stesso per qualcuno.
Che sacrifizio orrendo questa compensazione
che dovrebbe salvarci tutti en bloc,
bravi turisti che spendono poco e non vedono nulla.

Così d'accordo camminano teologia economia
semiologia cibernetica e altro ancora ignoto
che sta incubando, di cui noi saremo
nutrimento e veleno, pieno e vuoto.

A UN GRANDE FILOSOFO

in devoto ricordo

Una virtù dei Grandi è di essere sordi
a tutto il molto o il poco che non li riguardi.
Trascurando i famelici e gli oppressi
alquanto alieni dai vostri interessi
divideste lo Spirito in quattro spicchi
che altri rimpastò in uno: donde ripicchi, faide
nel gregge degli yesmen professionali.
Vivete in pace nell'eterno: foste
giusto senza saperlo, senza volerlo.
Lo spirito non è nei libri, l'avete saputo,
e nemmeno si trova nella vita e non certo
nell'altra vita. La sua natura resta
in disparte. Conosce il nostro vivere
(lo sente), anzi vorrebbe farne parte
ma niente gli è possibile per l'ovvia
contradizion che nol consente.

IL PAGURO

Il paguro non guarda per il sottile
se s'infila in un guscio che non è il suo.
Ma resta un eremita. Il mio male è
che se mi sfilo dal mio non posso entrare nel tuo.

IN UN GIARDINO 'ITALIANO'

La vecchia tartaruga cammina male, beccheggia
perché le fu troncata una zampetta anteriore.
Quando un verde mantello entra in agitazione
è lei che arranca invisibile in geometrie di trifogli
e torna al suo rifugio.
Da quanti anni? Qui restano incerti
giardiniere e padrone.
Mezzo secolo o più. O si dovrà risalire
al generale Pelloux...
Non c'è un'età per lei: tutti gli strappi
sono contemporanei.

SULLA SPIAGGIA

Ora il chiarore si fa più diffuso.
Ancora chiusi gli ultimi ombrelloni.
Poi appare qualcuno che trascina
il suo gommone.
La venditrice d'erbe viene e affonda
sulla rena la sua mole, un groviglio
di vene varicose. È un monolito
diroccato dai picchi di Lunigiana.
Quando mi parla resto senza fiato,
le sue parole sono la Verità.
Ma tra poco sarà qui il cafarnao
delle carni, dei gesti e delle barbe.
Tutti i lemuri umani avranno al collo
croci e catene. Quanta religione.
E c'è chi s'era illuso di ripetere
l'exploit di Crusoe!

I NUOVI ICONOGRAFI

Si sta allestendo l'iconografia
di massimi scrittori e presto anche
dei minimi. Vedremo dove hanno abitato,
se in regge o in bidonvilles, le loro scuole
e latrine se interne o appiccicate
all'esterno con tubi penzolanti
su stabbi di maiali, studieremo gli oroscopi
di ascendenti, propaggini e discendenti,
le strade frequentate, i lupanari se mai
ne sopravviva alcuno all'onorata Merlin,
toccheremo i loro abiti, gli accappatoi, i clisteri
se usati e quando e quanti, i menù degli alberghi,
i pagherò firmati, le lozioni
o pozioni o decotti, la durata
dei loro amori, eterei o carnivori
o solo epistolari, leggeremo
cartelle cliniche, analisi e se cercassero il sonno
nel Baffo o nella Bibbia.
                    Così la storia
trascura gli epistemi per le emorroidi
mentre vessilli olimpici sventolano sui pennoni
e sventole di mitraglia forniscono i contorni.

ASOR

Asor, nome gentile (il suo retrogrado
è il più bel fiore),
non ama il privatismo in poesia.
Ne ha ben donde o ne avrebbe se la storia
producesse un quid simile o un'affine
sostanza, il che purtroppo non accade.
La poesia non è fatta per nessuno,
non per altri e nemmeno per chi la scrive.
Perché nasce? Non nasce affatto e dunque
non è mai nata. *Sta* come una pietra
o un granello di sabbia. Finirà
con tutto il resto. Se sia tardi o presto
lo dirà l'escatologo, il funesto
mistagogo che è nato a un solo parto
col tempo – e lo detesta.

ANCORA AD ANNECY

a G. F.

Quando introdussi un franco
nella fessura di una slot machine
raccolsi nelle mani un diluvio d'argento
perché la mangiasoldi s'era guastata.
Mi sentii incolpevole e il tesoro
fu tosto dilapidato da Cirillo e da me.
Allora non pensai al nobiliare ostello
che t'ha ospitata prima che la casa
dei doganieri fosse sorta, quasi
come una rupe nel ricordo. Era una
storia più tua che mia e non l'ho mai saputa.
Bastò una manciatella di monete
a creare l'orribile afasia?
O si era forse un po' brilli? Non ho voluto mai chiederlo
a Cirillo.

IL PRINCIPE DELLA FESTA

Ignoro dove sia il principe della Festa,
Quegli che regge il mondo e le altre sfere.
Ignoro se sia festa o macelleria
quello che scorgo se mi affaccio alla finestra.
Se è vero che la pulce vive in sue dimensioni
(così ogni altro animale) che non sono le nostre,
se è vero che il cavallo vede l'uomo più grande
quasi due volte, allora non c'è occhio umano che basti.
Forse un eterno buio si stancò, sprizzò fuori
qualche scintilla. O un'eterea luce
si maculò trovando se stessa insopportabile.
Oppure il principe ignora le sue fatture
o può vantarsene solo in dosi omeopatiche.
Ma è sicuro che un giorno sul suo seggio
peseranno altre natiche. È già l'ora.

NON C'È MORTE

Fu detto che non si può vivere senza la carapace
di una mitologia.
Non sarebbe gran male se non fosse che sempre
l'ultima è la peggiore.

I vecchi numi erano confortevoli,
non importa se ostili.
I nuovi ci propinano una vile
benevolenza ma ignorano la nostra sorte.

Non solo sono al buio di chi vive
ma restano all'oscuro di se stessi.
Pure hanno un volto amico anche se uccidono
e non è morte dove mai fu nascita.

Gli uomini si sono organizzati
come se fossero mortali;
senza di che non si avrebbero
giorni, giornali, cimiteri, scampoli
di ciò che non è più.

Gli uomini si sono organizzati
come se fossero immortali;
senza di che sarebbe stolto credere
che nell'essente viva ciò che fu.

Non era tanto facile abitare
nel cavallo di Troia.
Vi si era così stretti da sembrare
acciughe in salamoia.
Poi gli altri sono usciti, io restai dentro,
incerto sulle regole del combattimento.

Ma questo lo so ora, non allora,
quando ho tenuto in serbo per l'ultimo atto,
e decisivo, il meglio delle mie forze.
Fu un atto sterminato, quasi l'auto
sacramental dei vili nella scorza
di un quadrupede che non fu mai fatto.

ANNETTA

Perdona Annetta se dove tu sei
(non certo tra di noi, i sedicenti
vivi) poco ti giunge il mio ricordo.
Le tue apparizioni furono per molti anni
rare e impreviste, non certo da te volute.
Anche i luoghi (la rupe dei doganieri,
la foce del Bisagno dove ti trasformasti in Dafne)
non avevano senso senza di te.
Di certo resta il gioco delle sciarade incatenate
o incastrate che fossero di cui eri maestra.
Erano veri spettacoli in miniatura.
Vi recitai la parte di Leonardo
(Bistolfi ahimè, non l'altro), mi truccai da leone
per ottenere il 'primo' e quanto al nardo
mi aspersi di profumi. Ma non bastò la barba
che mi aggiunsi prolissa e alquanto sudicia.
Occorreva di più, una statua viva
da me scolpita. E fosti tu a balzare
su un plinto traballante di dizionari
miracolosa palpitante ed io
a modellarti con non so quale aggeggio.
Fu il mio solo successo di teatrante
domestico. Ma so che tutti gli occhi
posavano su te. Tuo era il prodigio.

Altra volta salimmo fino alla torre
dove sovente un passero solitario
modulava il motivo che Massenet
imprestò al suo Des Grieux.

Più tardi ne uccisi uno fermo sull'asta
della bandiera: il solo mio delitto
che non so perdonarmi. Ma ero pazzo
e non di te, pazzo di gioventù,
pazzo della stagione più ridicola
della vita. Ora sto
a chiedermi che posto tu hai avuto
in quella mia stagione. Certo un senso
allora inesprimibile, più tardi
non l'oblio ma una punta che feriva
quasi a sangue. Ma allora eri già morta
e non ho mai saputo dove e come.
Oggi penso che tu sei stata un genio
di pura inesistenza, un'agnizione
reale perché assurda. Lo stupore
quando s'incarna è lampo che ti abbaglia
e si spenge. Durare potrebbe essere
l'effetto di una droga nel creato,
in un medium di cui non si ebbe mai
alcuna prova.

LA CACCIA

Si dice che il poeta debba andare
a caccia dei suoi contenuti.
E si afferma altresì che le sue prede
debbono corrispondere a ciò che avviene nel mondo,
anzi a quel che sarebbe un mondo che fosse migliore.

Ma nel mondo peggiore si può impallinare
qualche altro cacciatore oppure un pollo
di batteria fuggito dalla gabbia.
Quanto al migliore non ci sarà bisogno
di poeti. Ruspanti saremo tutti.

TRA CHIARO E OSCURO

Tra chiaro e oscuro c'è un velo sottile.
Tra buio e notte il velo si assottiglia.
Tra notte e nulla il velo è quasi impalpabile.
La nostra mente fa corporeo anche il nulla.
Ma è allora
che cominciano i grandi rovesciamenti,
la furiosa passione per il tangibile,
non quello elefantiaco, mostruoso
che nessuna mano può chiudere in sé,
ma la minugia, il fuscello che neppure
il più ostinato bricoleur può scorgere.
Il Leviatano uccide, non può crescere oltre
e scoppia,
ma quello che ci resta sotto le unghie
anche se usciamo appena dalla manicure,
quello è ancora la prova che siamo polvere
e torneremo polvere e tutto questo
è polvere di vita, il meglio e il tutto.

OPINIONI

Non si è mai saputo se la vita
sia ciò che si vive o ciò che si muore.
Ma poi sarebbe inutile saperlo
ammesso che sia utile l'impossibile.

Se dire che la vita è una sostanza,
una materia è mera cantafavola,
anche più stolto è crederla una fumata
che condensa, o rimuove, ogni altro fumo.

Ma no, dice Calpurnio, è appena un suono
mai pronunziato perché non è nell'aria
nostra, ma nella sua. E non c'è nome
neppure scritto dove l'aria manca.

UN MILLENARISTA

Non s'incrementa (sic) la produzione
se si protegge l'Alma Mater (Alma?).
Tertium non datur; ma ci sarà un terzo,
il solo uomo scampato dalle ultime epidemiche scoperte.
Passeggerà in un parco nazionale
di unici, di prototipi,
il cane, l'elefante, qualche scheletro
di mammuth e molte mummie di chi fu
l'uomo sapiente, faber, ludens o peggio.

O ipocriti voraci consumate
tutto e voi stessi com'è vostro destino,
ma sia lode al piromane che affretta
ciò che tutti volete con più lento
decorso perché è meglio esser penultimo
che postremo dei vivi! (*Applausi e molte
congratulazioni*).

LA CADUTA DEI VALORI

Leggo una tesi di baccalaureato
sulla caduta dei valori.
Chi cade è stato in alto, il che dovevasi
dimostrare, e chi mai fu così folle?

La vita non sta sopra e non sta sotto,
e tanto meno a mezza tacca. Ignora
l'insù e l'ingiù, il pieno e il vuoto, il prima
e il dopo. Del presente non sa un'acca.

Straccia i tuoi fogli, buttali in una fogna,
bacalare di nulla e potrai dire
di essere vivo (forse) per un attimo.

IL MIO OTTIMISMO

Il tuo ottimismo mi dice l'amico
e nemico Benvolio è sconcertante.
Ottimista fu già chi si estasiava
tra i sepolcri inebriandosi del rauco gargarismo
delle strigi;
pessimista colui che con felpati versi
lasciava appena un'orma di pantofola
sul morbido velluto dei giardini inglesi.
Ma tu che godi dell'incenerimento
universale rubi il mestiere ai chierici,
quelli neri s'intende perché i rossi
dormono e mai sarà chi li risvegli.
Ah no, Benvolio, i cherchi ci presentano
un Deus absconditus che ha barba baffi e occhi
a miliardi perché nulla gli sfugge
di noi: e dunque quasi un complice dei nostri
misfatti, un vero onnipotente che
può tutto e non lo può o non lo vuole.
Il mio Artefice no, non è un artificiere
che fa scoppiare tutto, il bene e il male,
e si chiede perché noi ci siamo cacciati
tra i suoi piedi, non chiesti, non voluti,
meno che meno amati. Il mio non è
nulla di tutto questo e perciò lo amo
senza speranza e non gli chiedo nulla.

DUE EPIGRAMMI

I

Non so perché da Dio si pretenda
che punisca le mie malefatte
e premi i miei benefattori. Quello
che Gli compete non è affare nostro.
(Neppure affare Suo probabilmente).
Ciò ch'è orrendo è pensare l'impensabile.

II

Che io debba ricevere il castigo
neppure si discute. Resta oscuro
se ciò accada in futuro oppure ora
o se sia già avvenuto prima ch'io fossi.
Non ch'io intenda evocare l'esecrabile
fantasma del peccato originale.
Il disastro fu prima dell'origine
se un prima e un dopo hanno ancora un senso.

DIAMANTINA

Poiché l'ipotiposi di un'arcana
Deità posta a guardia degli scrigni
dei sommi Mercuriali non si addice
a te, Adelheit, apparsa come può
tra zaffate di Averno baluginare
una Fenice che mai seppe aedo
idoleggiare,
così conviene che io mi arresti e muti
la mia protasi in facile discorso.

Si trattava soltanto di sorvolare
o sornuotare qualche eventuale specchio
di pozzanghera e dopo col soccorso
di sbrecciati scalini la scoperta
che il mondo dei cristalli ha i suoi rifugi.
C'è un tutto che si sgretola e qualcosa
che si sfaccetta. Tra i due ordini
l'alternarsi o lo scambio non può darsi.
Forse un cristallo non l'hai veduto mai,
né un vaso di Pandora né un Niagara
di zaffiri. Ma c'era la tua immagine
non ipotiposizzabile, per sua natura,
anzi sfuggente, libera e sfaccettata
fino all'estremo limite, pulviscolare.
Ma il mio errore mi è caro, dilettissima
alunna di un artefice che mai
poté sbalzarti nelle sue medaglie.
Era appena la Vita, qualche cosa
che tutti supponiamo senza averne le prove,

la vita di cui siamo testimoni
noi tutti, non di parte, non di accusa,
non di difesa ma che tu conosci
anche soltanto con le dita
quando sfiori un oggetto che ti dica io e te
siamo UNO.

Si deve preferire
la ruga al liscio.
Questo pensava
un uomo tra gli scogli
molti anni fa.
Ma avvenne dopo
che tutto fu corrugato
e da allora l'imbroglio
non fu più sbrogliato.
Non più dunque un problema
quello di preferire
ma piuttosto
di essere preferiti.
Ma neppure questione
perché non c'entra la volontà.
Essa vuole soltanto
differire
e differire non è indifferenza.
Questa è soltanto degli Dei,
non certo
dell'uomo tra gli scogli.

Non partita di boxe o di ramino
tra i due opposti Luciferi o eventuali
postumi tirapiedi dei medesimi.
Non può darsi sconfitto o vincitore
senza conflitto e di ciò i gemelli
non hanno alcun sentore. Ognuno crede di essere
l'Unico, quello che non trova ostacoli
sul suo cammino.

SORAPIS, 40 ANNI FA

Non ho amato mai molto la montagna
e detesto le Alpi. Le Ande, le Cordigliere
non le ho vedute mai. Pure la Sierra
de Guadarrama mi ha rapito, dolce
com'è l'ascesa e in vetta daini, cervi
secondo le notizie dei dépliants turistici.
Solo l'elettrica aria dell'Engadina
ci vinse, mio insettino, ma non si era
tanto ricchi da dirci hic manebimus.
Tra i laghi solo quello di Sorapis
fu la grande scoperta. C'era la solitudine
delle marmotte più udite che intraviste
e l'aria dei Celesti; ma quale strada
per accedervi? Dapprima la percorsi
da solo per vedere se i tuoi occhietti
potevano addentrarsi tra cunicoli
zigzaganti tra lastre alte di ghiaccio.
E così lunga! Confortata solo
nel primo tratto, in folti di conifere,
dallo squillo d'allarme delle ghiandaie.
Poi ti guidai tenendoti per mano
fino alla cima, una capanna vuota.
Fu quello il nostro lago, poche spanne d'acqua,
due vite troppo giovani per essere vecchie,
e troppo vecchie per sentirsi giovani.
Scoprimmo allora che cos'è l'età.
Non ha nulla a che fare col tempo, è qualcosa che dice
che ci fa dire siamo qui, è un miracolo
che non si può ripetere. Al confronto
la gioventù è il più vile degl'inganni.

SENZA COLPI DI SCENA

Le stagioni
sono quasi scomparse.
Era tutto un inganno degli Spiriti
dell'Etere.

Non si può essere vivi
a momenti, a sussulti, a scappa e fuggi
lunghi o brevi.

O si è vivi o si è morti, l'altalena
non poteva durare oltre l'eterna
fugacissima età della puerizia.

Ora comincia il ciclo della stagnazione.
Le stagioni si sono accomiatate
senza salamelecchi o cerimonie, stanche
dei loro turni. Non saremo più
tristi o felici, uccelli d'alba o notturni.
Non sapremo nemmeno
che sia sapere e non sapere, vivere
o quasi o nulla affatto. È presto detto,
il resto lo vedremo a cose fatte.

IN HOC SIGNO...

A Roma un'agenzia di pompe funebri
si chiama L'AVVENIRE. E poi si dice
che l'umor nero è morto con Jean Paul,
Gionata Swift e Achille Campanile.

L'ÉLAN VITAL

Fu quando si concesse il dottorato
honoris causa a tale Lamerdière di Friburgo,
se Svizzera o Brisgovia per me è lo stesso.
Salì sul podio avvolto da sciarpame
onnicolore e vomitò il suo Obiurgo.
Depreco disse il bruco e la connessa
angelica farfalla che n'esce per estinguersi
con soffio di fiammifero svedese.
Aborro ciò ch'è tenue, silenzioso,
evanescente. Non c'è altro dio che il Rombo,
non il pesce ma il tuono universale
ininterrotto, l'antiteleologico.
Non il bisbiglio che i sofisti dicono
l'élan vital. Se dio è parola e questa
è suono, tale immane bombo
che non ha inizio né avrà fine è il solo
obietto che è se stesso e tutto l'altro.
Muore Giove, Eccellenze, e l'inno del Poeta
NON resta. A tale punto
un Jumbo ruppe le mie orecchie ed io
fui desto.

LA DANZATRICE STANCA

Torna a fiorir la rosa
che pur dianzi languia...

Dianzi? Vuol dir dapprima, poco fa.
E quando mai può dirsi per stagioni
che s'incastrano l'una nell'altra, amorfe?
Ma si parlava della rifioritura
d'una convalescente, di una guancia
meno pallente ove non sia muffito
l'aggettivo, del più vivido accendersi
dell'occhio, anzi del guardo.
È questo il solo fiore che rimane
con qualche merto d'un tuo Dulcamara.
A te bastano i piedi sulla bilancia
per misurare i pochi milligrammi
che i già defunti turni stagionali
non seppero sottrarti. Poi potrai
rimettere le ali non più nubecola
celeste ma terrestre e non è detto
che il cielo se ne accorga. Basta che uno
stupisca che il tuo fiore si rincarna
a meraviglia. Non è di tutti i giorni
in questi nivei défilés di morte.

AL MIO GRILLO

Che direbbe il mio grillo
dice la Gina osservando il merlo
che becca larve e bruchi dentro i vasi
da fiori del balcone e fa un disastro.
Ma il più bello è che il grillo eri tu
finché vivesti e lo sapemmo in pochi.
Tu senza occhietti a spillo di cui porto
un doppio, un vero insetto di celluloide
con due palline che sarebbero gli occhi,
due pistilli e ci guarda da un canterano.
Che ne direbbe il grillo d'allora del suo sosia
e del merlo? È per lei che sono qui
dice la Gina e scaccia con la scopa il merlaccio.
Poi s'alzano le prime saracinesche. È giorno.

PER FINIRE

Raccomando ai miei posteri
(se ne saranno) in sede letteraria,
il che resta improbabile, di fare
un bel falò di tutto che riguardi
la mia vita, i miei fatti, i miei nonfatti.
Non sono un Leopardi, lascio poco da ardere
ed è già troppo vivere in percentuale.
Vissi al cinque per cento, non aumentate
la dose. Troppo spesso invece piove
sul bagnato.

QUADERNO DI QUATTRO ANNI

L'EDUCAZIONE INTELLETTUALE

Il grande tetto où picoraient des focs
è un'immagine idillica del mare.
Oggi la linea dell'orizzonte è scura
e la proda ribolle come una pentola.
Quando di qui passarono le grandi locomotive,
Bellerofonte, Orione i loro nomi,
tutte le forme erano liquescenti
per sovrappiù di giovinezza e il vento
più violento era ancora una carezza.

Un ragazzo col ciuffo si chiedeva
se l'uomo fosse un caso o un'intenzione,
se un lapsus o un trionfo... ma di chi?
Se il caso si presenta in un possibile
non è intenzione se non in un cervello.
E quale testa universale può
fare a meno di noi? C'era un dilemma
da decidere (non per gli innocenti).

Dicevano i Garanti che il vecchio logos
fosse tutt'uno coi muscoli dei fuochisti,
con le grandi zaffate del carbone,
con l'urlo dei motori, col tic tac
quasi dattilografico dell'Oltranza.
E il ragazzo col ciuffo non sapeva
se buttarsi nel mare a grandi bracciate
come se fosse vero che non ci si bagna
due volte nella stessa acqua.

Il ragazzo col ciuffo non era poi
un infante se accanto a lui sorgevano
le Chimere, le larve di un premondo,
le voci dei veggenti e degli insani,
i volti dei sapienti, quelli ch'ebbero un nome
e che l'hanno perduto, i Santi e il princeps
dei folli, quello che ha baciato il muso
di un cavallo da stanga e fu da allora l'ospite
di un luminoso buio.
                              E passò molto tempo.
Tutto era poi mutato. Il mare stesso
s'era fatto peggiore. Ne vedo ora
crudeli assalti al molo, non s'infiocca
più di vele, non è il tetto di nulla,
neppure di se stesso.

LAGUNARE

Ancora un Erebo di più per farti
più rovente
e occultata per sempre nella mia vita,
da sempre un nodo che non può snodarsi.
Zattere e zolfo a lampi, inoccultabili questi,
alla deriva in un canale fumido,
non per noi agli imbarchi ma su un lubrico
insaccato di uomini e di gelo.
Non per me né per te se un punteruolo di diaspro
incide in noi lo stemma di chi resiste.

IL PIENO

Non serve un uragano di cavallette
a rendere insolcabile la faccia del mondo.
È vero ch'esse s'immillano, si immiliardano
e formano una scorza più compatta di un muro.
Ma il troppo pieno simula il troppo vuoto
ed è quello che basta a farci ammettere
questo scambio di barbe. Non fa male a nessuno.

DUE DESTINI

Celia fu resa scheletro dalle termiti,
Clizia fu consumata dal suo Dio
ch'era lei stessa. Senza saperlo seppero
ciò che quasi nessuno dice vita.

INTERMEZZO

Il giardiniere
si ciba di funghi prataioli
eccellenti a suo dire,
sono scomparsi i ricci,
i dolcissimi irsuti maialini
delle forre,
la stagione è intermedia,
si va tra pozze d'acqua, il sole fa
trascolorare raggi sempre più rari,
a volte pare che corra, altre che sosti
impigrito o che scoppi addirittura;
anche il tempo del cuore è un'opinione,
la vita potrebbe coagularsi
e dire in un istante tutto quello
che meglio le occorreva per poi cedere
se stessa a un suo vicario.
È ciò che avviene a ogni volgere
di lunario e nessuno se ne avvede.

Nei miei primi anni abitavo al terzo piano
e dal fondo del viale di pitòsfori
il cagnetto Galiffa mi vedeva
e a grandi salti dalla scala a chiocciola
mi raggiungeva. Ora non ricordo
se morì in casa nostra e se fu seppellito
e dove e quando. Nella memoria resta
solo quel balzo e quel guaìto né
molto di più rimane dei grandi amori
quando non siano disperazione e morte.
Ma questo non fu il caso del bastardino
di lunghe orecchie che portava un nome
inventato dal figlio del fattore
mio coetaneo e analfabeta, vivo
meno del cane, è strano, nella mia insonnia.

Un tempo
tenevo sott'occhio l'atlante
degli uccelli scomparsi dalla faccia del mondo
opera di un allievo di David
ch'era fallito nel genere del quadro storico
o in altre monumentali prosopopee pittoriche.
Riflettevo su simili ipotetici atlanti
di vite senza becco e senza piume da millenni
irreperibili, insetti rettili pesci e anche
perché no? l'uomo stesso ma chi ne avrebbe
redatto o consultato l'opus magnum?
La scomparsa dell'uomo non farà una grinza
nel totale in faccende ben diverse
impelagato, orbo di chi abbia mezzi
di moto o riflessione, materia grigia e arti.
Forse la poesia sarà ancora salvata
da qualche raro fantasma peregrinante muto
e invisibile ignaro di se stesso. Ma è poi
l'arte della parola detta o scritta
accessibile a chi non ha voce e parola?
È tutta qui la mia povera idea
del linguaggio, questo dio dimidiato
che non porta a salvezza perché non sa
nulla di noi e ovviamente
nulla di sé.

A PIO RAJNA

Non amo i funerali. I pochi che ho seguito
anonimo in codazzi di dolenti
ma non mai troppo a lungo
mi sono usciti di memoria. Insiste
forse il più antico e quasi inesplicabile.

Quando un ometto non annunciato da ragli
di olifanti o da cozzi di durlindane
e non troppo dissimile dal Mime wagneriano
scese nell'ipogeo dove passavo ore e ore
e con balbuzie di ossequio e confusione mia
disse il suo nome io fui preso da un fulmine
e quel fuoco covò sotto la cenere
qualche tempo ma l'uomo non visse più a lungo.
Non era un artigiano di Valtellina
o un villico che offrisse rare bottiglie d'Inferno
ma tale che fece il nido negl'interstizi
delle più antiche saghe, quasi un uccello
senz'ali noto solo ai paleornitologi
o un esemplare di ciò che fu l'homo sapiens
prima che la sapienza fosse peccato.
C'è chi vive nel tempo che gli è toccato
ignorando che il tempo è reversibile
come un nastro di macchina da scrivere.
Chi scava nel passato può comprendere
che passato e futuro distano appena
di un milionesimo di attimo tra loro.
Per questo l'uomo era così piccolo,
per infiltrarsi meglio nelle fenditure.

Era un piccolo uomo o la memoria stenta
a ravvivarsi? Non so, ricordo solo
che non mancai quel funerale. Un giorno
come un altro, del '930.

Quando cominciai a dipingere mia formica
tu eri incastrata nel gesso da cap-à-pe
la tavolozza era una crosta di vecchie tinte
fuse in un solo colore che lascio immaginare
diciamo di foglia secca io pensai altra cosa
e i risultati mostrarono che avevo visto giusto
ma come far nascere iridi da quella grumaglia stercale
di iridi neanche le tue sotto le lenti nere
come va? orrendamente dicesti ma certo c'è chi sta peggio.
Chissà se un inchiodato a un palo poteva parlare così
e forse così non avvenne tra i casi che si ricordano
un giorno in piazza Navona un luterano ventenne
saltò in una caldana di pece bollente
e fu per non ripudiare la sua fede (incredibile)
tu non toccasti quel grado di sublimità
non c'era una vasca bollente a portata di piede
né tu avresti potuto balzarvi con un salto
senza essere neppure luterana, che imbroglio.
Fummo battuti in tutti i campi tu quasi viva
io con quei fogli degni di un immaginario
pittore Walter Closet.

SOTTO UN QUADRO LOMBARDO

Era il 12 ottobre del '982
mio natalizio
quando duecentomila laureati
disoccupati
in mancanza di meglio occuparono
palazzo Madama.
Sono disoccupato anch'io da sempre
obiettai a chi voleva malmenarmi.
Mi hanno buttato addosso un bianco accappatoio
e una cintura chermisina è vero
ma la mia giusta occupazione il bandolo
del Vero
non l'ho trovata mai e ingiustamente muoio
sotto i vostri bastoni,
neppure voi lo troverete amici.
Indossate anche voi l'accappatoio
e saremo uno in più 200.000 e uno.
Dopodiché crollai su una poltrona
che fronteggiava un quadro del Cremona
e restava tranquillo lui solo nel tumulto.

Senza mia colpa
mi hanno allogato in un hôtel meublé
dove non è servizio di ristorante.
Forse ne troverei uno non lontano
ma l'obliqua
furia dei carri mi spaventa. Resto
sprofondato in non molli piume, attento
a spirali di fumo dal portacenere.
Ma è quasi spento ormai il mozzicone.
Pure i suoni di fuori non si attenuano.
Ho pensato un momento ch'ero l'ultimo
dei viventi e che occulti celebranti
senza forma ma duri più di un muro
officiavano il rito per i defunti.
Inorridivo di essere il solo risparmiato
per qualche incaglio nel Calcolatore.
Ma non fu che un istante. Un'ombra bianca
mi sfiorò, un cameriere che serviva
l'aperitivo a un non so chi, ma vivo.

GLI UCCELLI PARLANTI

La morale dispone di poche parole
qualcuno ne ha contate quattrocento
e il record è finora imbattuto.
Neppure gli uccelli indiani
che oggi sono di moda
e somigliano a merli
rapace becco di fuoco e penne neroblù
riescono a dirne di più.
La differenza è nelle risate:
quella del falso merlo non è la nostra,
ha un suo bersaglio, l'uomo che si crede
più libero di lui: di me che passo
ogni giorno e saluto quel gomitolo
di piume e suoni destinato a vivere
meno di me. Così si dice, ma...

A RITROSO

Fra i miei ascendenti qualcuno
lottò per l'Unità d'Italia,
raggiunse alti gradi, portò
la greca sul berretto, fu coinvolto
in brogli elettorali. Non gl'importava
forse nulla di nulla, non m'importa
nulla di lui; il suo sepolcro rischia
di essere scoperchiato per carenza
di terra o marmi o altro. C'è una morte
cronologica, una che è economica,
un'altra che non c'è perché non se ne parla.
Quanti antenati occorrono a chi un giorno
scriverà quattro versi zoppicanti,
quanti togati lestofanti o asini
di sette cotte. E di lì può nascere
persino la cultura o la Kultur!

IL SABIÀ

Il sabià canta a terra, non sugli alberi,
così disse una volta un poeta senz'ali,
e anticipò la fine di ogni vegetale.
Esiste poi chi non canta né sopra né sotto
e ignoro se è uccello o uomo o altro animale.
Esiste, forse esisteva, oggi è ridotto
a nulla o quasi. È già troppo per quel che vale.

IL GIORNO DEI MORTI

La Gina ha acceso un candelotto per i suoi morti.
L'ha acceso in cucina, i morti sono tanti e non vicini.
Bisogna risalire a quando era bambina
e il caffelatte era un pugno di castagne secche.
Bisogna ricreare un padre piccolo e vecchio
e le sue scarpinate per trovarle un poco di vino dolce.
Di vini lui non poteva berne né dolci né secchi
perché mancavano i soldi e c'era da nutrire
i porcellini che lei portava al pascolo.
Tra i morti si può mettere la maestra che dava bacchettate
alle dita gelate della bambina. Morto
anche qualche vivente, semivivente prossimo
al traghetto. È una folla che non è niente
perché non ha portato al pascolo i porcellini.

La vita l'infinita
bolla dell'esistibile ha deciso
di spogliarsi dei suoi contenuti.
Non erano necessari se poté farne a meno
pure vi fu un istante in cui lei disse un poco
di guardaroba può tornarmi comodo.
Furono pelli di caproni e smoking a tre pezzi
la giacca bianca per festival estivi
bionde parrucche d'asino per femmine pelate
e ragnatele a non finire il balsamo
che cura ogni ferita.
Poi la proliferazione salì al cielo
lo raggiunse ed infine parve stanca.
Che più ti resta disse il poeta Monti
e in effetti restava poco o nulla
e non quello che conta. Stolto il Vate
come tutti i suoi pari non s'avvide
che se è vero che il più contiene il meno
il più potrebbe anche stancarsi, non ne mancano
le avvisaglie.

RIFLESSI NELL'ACQUA

Il consumo non può per necessità
obliterare la nostra pelle.
Sopprimendo la quale... ma qui il monologante
si specchiò nel ruscello. Vi si vedeva
una sua emanazione ma disarticolata
e sbilenca che poi sparve addirittura.
Un nulla se n'è andato ch'era anche parte
di me, disse: la fine può procedere
a passo di lumaca. E pensò ad altro.

L'ONORE

a Guido Piovene

Un giorno mi dicevi
che avresti ritenuto grande onore
lucidare le scarpe
di Cecco Beppe il vecchio Imperatore.
Si era presso il confine ma non oltre
la terra delle chiacchiere in cui sei nato.
Mi dichiarai d'accordo anche se un giorno
senza sparare un colpo
della mia Webley Scott 7,65
senza uccidere senza possedere
neanche un'ombra dell'arte militare
avevo fatto fronte ai pochi stracci
dell'oste avversa. Ma mi chiesi pure
quale fosse la briciola d'onore
che mi era scivolata tra le dita
e non me n'ero accorto. C'è sempre un paio di stivali
che attendono la spazzola il lustrino,
c'è sempre il punto anche se impercettibile
per il quale si può senza sprecarla
usare una parola come onore.
Non è questione di stivali o altri
imbiancamenti di sepolcri. Il fatto è
che l'onore ci appare quando è impossibile,
quando somiglia come due gocce d'acqua
al suo gemello, la vergogna. Un lampo
tra due confini non territoriali,
una luce che abbuia tutto il resto

questo è l'onore che non abbiamo avuto
perché la luce non è fatta solo
per gli occhi. È questo il mio ricordo, il solo
che nasce su un confine e non lo supera.

LA MEMORIA

La memoria fu un genere letterario
quando ancora non era nata la scrittura.
Divenne poi cronaca e tradizione
ma già puzzava di cadavere.
La memoria vivente è immemoriale,
non sorge dalla mente, non vi si sprofonda.
Si aggiunge all'esistente come un'aureola
di nebbia al capo. È già sfumata, è dubbio
che ritorni. Non ha sempre memoria
di sé.

BIG BANG O ALTRO

Mi pare strano che l'universo
sia nato da un'esplosione,
mi pare strano che si tratti invece
del formicolìo di una stagnazione.

Ancora più incredibile che sia uscito
dalla bacchetta magica
di un dio che abbia caratteri
spaventosamente antropomorfici.

Ma come si può pensare che tale macchinazione
sia posta a carico di chi sarà vivente,
ladro e assassino fin che si vuole ma
sempre innocente?

LA SOLITUDINE

Se mi allontano due giorni
i piccioni che beccano
sul davanzale
entrano in agitazione
secondo i loro obblighi corporativi.
Al mio ritorno l'ordine si rifà
con supplemento di briciole
e disappunto del merlo che fa la spola
tra il venerato dirimpettaio e me.
A così poco è ridotta la mia famiglia.
E c'è chi n'ha una o due, che spreco ahimè!

IL VUOTO

È sparito anche il vuoto
dove un tempo si poteva rifugiarsi.
Ora sappiamo che anche l'aria
è una materia che grava su di noi.
Una materia immateriale, il peggio
che poteva toccarci.
Non è pieno abbastanza perché dobbiamo
popolarlo di fatti, di movimenti
per poter dire che gli apparteniamo
e mai gli sfuggiremo anche se morti.
Inzeppare di oggetti quello ch'è
il solo Oggetto per definizione
senza che a lui ne importi niente o turpe
commedia. E con che zelo la recitiamo!

DOPOPIOGGIA

Sulla rena bagnata appaiono ideogrammi
a zampa di gallina. Guardo addietro
ma non vedo rifugi o asili di volatili.
Sarà passata un'anatra stanca, forse azzoppata.
Non saprei decrittare quel linguaggio
se anche fossi cinese. Basterà un soffio
di vento a scancellarlo. Non è vero
che la Natura sia muta. Parla a vanvera
e la sola speranza è che non si occupi
troppo di noi.

L'EROISMO

Clizia mi suggeriva di ingaggiarmi
tra i guerriglieri di Spagna e più di una volta mi sento
morto a Guadalajara o superstite illustre
che mal reggesi in piede dopo anni di galera.
Ma nulla di ciò avvenne: nemmeno il torrentizio
verbo del comiziante redimito di gloria
e d'alti incarchi mi regalò la sorte.
Ma dove ho combattuto io che non amo
il gregge degli inani e dei fuggiaschi?
Qualche cosa ricordo. Un prigioniero *mio*
che aveva in tasca un Rilke e fummo amici
per pochi istanti; e inutili fatiche
e tonfi di bombarde e il fastidioso
ticchettìo dei cecchini.
Ben poco e anche inutile per lei
che non amava le patrie e n'ebbe una per caso.

LEGGENDO KAVAFIS

Mentre Nerone dorme placido nella sua
traboccante bellezza
i suoi piccoli lari che hanno udito
le voci delle Erinni lasciano il focolare
in grande confusione. Come e quando
si desterà? Così disse il Poeta.
Io, sovrano di nulla, neppure di me stesso,
senza il tepore di odorosi legni
e lambito dal gelo di un aggeggio
a gasolio,
io pure ascolto suoni tictaccanti
di zoccoli e di piedi, ma microscopici.
Non mi sveglio, ero desto già da un pezzo
e non mi attendo ulteriori orrori
oltre i già conosciuti.
Neppure posso imporre a qualche famulo
di tagliarsi le vene. Nulla mi turba. Ho udito
lo zampettìo di un topolino. Trappole
non ne ho mai possedute.

TESTIMONI DI GEOVA

Quasi ogni giorno mi scrive
un testimone di Geova
che mi prepari all'Evento.
Il male è che questo totale
capovolgimento
non offre confortevoli prospettive.
Se finisce chi vive
e vivo non fu mai
e risorge nel modo più gradevole
a me perché invisibile
temo che i suoi segnali mi pervengano
magari in cifra
per ammonirmi che il congedo vero
è sempre in prova.
Se fu triste il pensiero della morte
quello che il Tutto dura
è il più pauroso.

L'ARMONIA

L'armonia è un quid raro
Adelheit
non è oggetto né fluido né sostanza
e non sempre ha il lucore della gemma.
L'armonia è di chi è entrato nella vena giusta
del cristallo e non sa né vuole uscirne.
L'armonia è vera quando non tocca il fondo,
non è voluta da chi non la conosce,
non è creduta da chi ne ha il sospetto.
A volte l'ippocastano
lascia cadere un suo duro frutto
sulla calvizie di chi non saprà mai
se fu eletto o scacciato per abiezione.
L'armonia è dei segnati ma il patto è
che ne siano inconsapevoli. E tu
Adelheit lo sai da tanto tempo.
Hai conosciuto il tuo segreto senza
che il dio che la elargisce se ne accorga
e sarai sempre salva. Anche gli dèi
possono addormentarsi (ma con un occhio solo).

I TRAVESTIMENTI

Non è poi una favola
che il diavolo si presenti
come già il grande Fregoli
travestito.
Ma il vero *travesti*
che fu uno dei cardini
del vecchio melodramma
non è affatto esaurito.
Non ha per nulla bisogno
di trucchi parrucche o altro.
Basta un'occhiata allo specchio
per credersi altri.
Altri e sempre diversi
ma sempre riconoscibili
da chi s'è fatto un cliché
del nostro volto.
Risulta così sempre vana
l'arte dello sdoppiamento:
abbiamo voluto camuffarci
come i prostituti nottivaghi
per nascondere meglio le nostre piaghe
ma è inutile, basta guardarci.

L'OPINIONE

Al tempo dei miei primi vaneggiamenti
non era ancora nata l'Opinione.
Ora essa dilaga, s'è persino cacciata
nelle scuole elementari.
Sempre meno opinabile l'incontro con un Messia
inascoltato che dica non pensate.
La vita non ha molto da fare
con l'uomo e tanto meno con le idee.
E che avrebbe da fare poi la vita?
Questo non è insegnato dalle mirabili
sorti di cui si ciarla.
C'è chi lo sa magari ma ha la bocca
sigillata e non parla.

UN POETA

Poco filo mi resta, ma spero che avrò modo
di dedicare al prossimo tiranno
i miei poveri carmi. Non mi dirà di svenarmi
come Nerone a Lucano. Vorrà una lode spontanea
scaturita da un cuore riconoscente
e ne avrà ad abbondanza. Potrò egualmente
lasciare orma durevole. In poesia
quello che conta non è il contenuto
ma la Forma.

PER UN FIORE RECISO

Spenta in tenera età
può dirsi che hai reso diverso il mondo?
Questa è per me certezza che non posso
comunicare ad altri. Non si è mai certi
di noi stessi che pure abbiamo occhi
e mani per vederci, per toccarci.
Una traccia invisibile non è per questo
meno segnata? Te lo dissi un giorno
e tu: è un fatto che non mi riguarda.
Sono la capinera che dà un trillo
e a volte lo ripete ma non si sa
se è quella o un'altra. E non potresti farlo
neanche te che hai orecchio.

SOTTO LA PERGOLA

Sulla pergola povera di foglie
vanno e vengono i topi in perfetto equilibrio.
Non uno che cadesse nella nostra zuppiera.
Credo ne siano passate
negli anni più generazioni
in una quasi simbiosi
con gli occupanti di sotto.
Certo non era poca la differenza
di status, di abitudini e di lingua.
Di lingua soprattutto. Nullameno
l'intesa era perfetta e nessun gatto
sperimentò l'ascesa della pergola.
Mi resta qualche dubbio sulla zuppiera
che suggerisce immagini patriarcali
del tutto aliene dalla mia memoria.
Non ci fu mai zuppiera, mai dinastie
di roditori sul mio capo, mai
nulla che ora sia vivo nella mia mente.
Fu tuttavia perfetta con ore di tripudio
la reticenza, quella che sta ai margini
e non s'attuffa perché il mare è ancora
un vuoto, un supervuoto e già ne abbiamo
fin troppo, un vuoto duro come un sasso.

STORIA DI TUTTI I GIORNI

L'unica scienza che resti in piedi
l'escatologia
non è una scienza, è un fatto
di tutti i giorni.
Si tratta delle briciole che se ne vanno
senza essere sostituite.
Che importano le briciole va borbottando
l'aruspice,
è la torta che resta, anche sbrecciata
se qua e là un po' sgonfiata.
Tutto sta in una buona stagionatura,
cent'anni più di dieci, mille anni più di cento
ne accresceranno il sapore.
Ovviamente sarà più fortunato
l'assaggiatore futuro senza saperlo
e 'il resto è letteratura'.

ELOGIO DEL NOSTRO TEMPO

Non si può esagerare abbastanza
l'importanza del mondo
(del nostro, intendo)
probabilmente il solo
in cui si possa uccidere
con arte e anche creare
opere d'arte destinate a vivere
lo spazio di un mattino, sia pur fatto
di millenni e anche più. No, non si può
magnificarlo a sufficienza. Solo
ci si deve affrettare perché potrebbe
non essere lontana
l'ora in cui troppo si sarà gonfiata
secondo un noto apologo la rana.

IL FUOCO E IL BUIO

Qualche volta la polvere da sparo
non prende fuoco per umidità,
altre volte s'accende senza il fiammifero
o l'acciarino.
Basterebbe il tascabile briquet
se ci fosse una goccia di benzina.
E infine non occorre fuoco affatto,
anzi un buon sottozero tiene a freno
la tediosa bisava, l'Ispirazione.
Non era troppo arzilla giorni fa
ma incerottava bene le sue rughe.
Ora pare nascosta tra le pieghe
della tenda e ha vergogna di se stessa.
Troppe volte ha mentito, ora può scendere
sulla pagina il buio il vuoto il niente.
Di questo puoi fidarti amico scriba.
Puoi credere nel buio quando la luce mente.

LE STORIE LETTERARIE

Sono sempre d'avviso
che Shakespeare fosse una cooperativa.
Che per le buffonate si serviva
di cerretani pari a lui nel genio
ma incuranti di tutto fuorché dei soldi.
Non può ingoiare troppo la sopravvivenza.
A volte digerisce un plotone, tale altra
distilla poche sillabe e butta un monumento
nel secchio dei rifiuti. Produce come i funghi,
puoi trovarne parecchi tutt'insieme, poi resti
a mani vuote per un giorno intero
o per un anno o un secolo. Dipende.

SOLILOQUIO

Il canale scorre silenzioso
maleodorante
questo è il palazzo dove fu composto
il Tristano
ed ecco il buco dove Henry James
gustò le crêpes suzette –
non esistono più i grandi uomini
ne restano inattendibili biografie
nessuno certo scriverà la mia –
gli uomini di San Giorgio sono più importanti
di tanti altri e di me ma non basta non basta –
il futuro ha appetito non si contenta più
di hors-d'œuvre e domanda schidionate
di volatili frolli, nauseabonde delizie –
il futuro è altresì disappetente
può volere una crosta ma che crosta
quale non fu mai vista nei menus –
il futuro è anche onnivoro e non guarda
per il sottile – Qui è la casa dove
visse più anni un pederasta illustre
assassinato altrove – Il futuro è per lui –
non è nulla di simile nella mia vita
nulla che sazi le bramose fauci
del futuro.

SERA DI PASQUA

Alla televisione
Cristo in croce cantava come un tenore
colto da un'improvvisa
colica *pop*.
Era stato tentato poco prima
dal diavolo vestito da donna nuda.
Questa è la religione del ventesimo secolo.
Probabilmente la notte di San Bartolomeo
o la coda troncata di una lucertola
hanno lo stesso peso nell'Economia
dello Spirito
fondata sul principio dell'Indifferenza.
Ma forse bisogna dire che non è vero
bisogna dire che è vera la falsità,
poi si vedrà che cosa accade. Intanto
chiudiamo il video. Al resto
provvederà chi può (se questo *chi*
ha qualche senso). Noi non lo sapremo.

PASQUETTA

La mia strada è privilegiata
vi sono interdette le automobili
e presto anche i pedoni (a mia eccezione
e di pochi scortati da gorilla).
O beata solitudo disse il Vate.
Non ce n'è molta nelle altre strade.
L'intellighenzia a cui per mia sciagura
appartenevo si è divisa in due.
C'è chi si immerge e c'è chi non s'immerge.
C'est emmerdant si dice da una parte
e dall'altra. Chi sa da quale parte
ci si immerda di meno. La questione
non è d'oggi soltanto. Il saggio sperimenta
le due alternative in una volta sola.
Io sono troppo vecchio per sostare
davanti al bivio. C'era forse un trivio
e mi ha scelto. Ora è tardi per recedere.

Sub tegmine fagi
non si starà molto allegri
sotto alberi di stucco.

Se non fosse così
perché/su chi si abbatterebbe il grande
colpo di scopa?

Ho sparso di becchime il davanzale
per il concerto di domani all'alba.
Ho spento il lume e ho atteso il sonno.
E sulla passerella già comincia
la sfilata dei morti grandi e piccoli
che ho conosciuto in vita. Arduo distinguere
tra chi vorrei o non vorrei che fosse
ritornato tra noi. Là dove stanno
sembrano inalterabili per un di più
di sublimata corruzione. Abbiamo
fatto del nostro meglio per peggiorare il mondo.

RUIT HORA che tragico pasticcio.
È troppo lenta l'ora per essere un baleno,
quel brevissimo istante che farebbe ridicolo
tutto il resto.
Ma l'ora è come un fulmine per chi vorrebbe
restare sulla terra a piedi fermi
e non già su una palla rotolante
in uno spazio che non avendo fine
non può nemmeno avere un senso. Questo
lo ha soltanto un finito, uno che non finisce
e sia desiderabile, perfetto.
                              È un grattacapo
di più, inevitabile – e anche orrendo.

Mezzo secolo fa
sono apparsi i cuttlefishbones
mi dice uno straniero addottorato
che intende gratularmi.
Vorrei mandarlo al diavolo. Non amo
essere conficcato nella storia
per quattro versi o poco più. Non amo
chi sono, ciò che sembro. È stato tutto
un qui pro quo. E ora chi n'esce fuori?

La capinera non fu uccisa
da un cacciatore ch'io sappia.
Morì forse nel mezzo del mattino. E non n'ebbi
mai notizia. Suppongo che di me
abbia perduto anche il ricordo. Se ora
qualche fantasma aleggia qui d'attorno
non posso catturarlo per chiedergli chi sei?
Può darsi che i fantasmi non abbiano più consistenza
di un breve soffio di vento. Uno di questi rèfoli
potrei essere anch'io senza saperlo: labile
al punto che la messa in scena di cartone
che mi circonda può restare in piedi.
Ben altri soffi occorrono per distruggerla.
Dove potranno allora rifugiarsi
questi errabondi veli? Non c'è scienza
filosofia teologia che se ne occupi.

Chissà se un giorno butteremo le maschere
che portiamo sul volto senza saperlo.
Per questo è tanto difficile identificare
gli uomini che incontriamo.
Forse fra i tanti, fra i milioni c'è
quello in cui viso e maschera coincidono
e lui solo potrebbe dirci la parola
che attendiamo da sempre. Ma è probabile
ch'egli stesso non sappia il suo privilegio.
Chi l'ha saputo, se uno ne fu mai,
pagò il suo dono con balbuzie o peggio.
Non valeva la pena di trovarlo. Il suo nome
fu sempre impronunciabile per cause
non solo di fonetica. La scienza
ha ben altro da fare o da non fare.

DA UN TACCUINO

Passano in formazioni romboidali
velocissimi altissimi gli storni
visti e scomparsi in un baleno
così fitti
che non c'è punto di luce
in quel rombo –
saranno i più duri a sopravvivere
secondo gli ornitologi ecologi
e ciò che sappiamo di loro
è poco ma è moltissimo –
magari potesse dirsi
lo stesso
delle formazioni sub-erranti
vociferanti
dell'uomo.

Questo ripudio mio
dell'iconolatria
non si estende alla Mente
che vi è sottesa e pretesa
dagli idolatri.
Non date un volto a chi non ne possiede
perché non è una fattura.
Piuttosto vergognatevi di averne uno
e così cieco e sordo fin che dura.

L'omicidio non è il mio forte.
Di uomini nessuno, forse qualche insetto,
qualche zanzara schiacciata con una pantofola
sul muro.
Per molti anni provvidero le zanzariere
a difenderle. In seguito, per lunghissimo tempo,
divenni io stesso insetto ma indifeso.
Ho scoperto ora che vivere
non è questione di dignità o d'altra
categoria morale. Non dipende,
non dipese da noi. La dipendenza
può esaltarci talvolta, non ci rallegra mai.

Siamo alla solitudine di gruppo,
un fatto nuovo nella storia e certo
non il migliore a detta
di qualche Zebedeo che sta da solo.
Non sarà poi gran male. Ho qui sul tavolo
un individuo collettivo, un marmo
di coralli più duro di un macigno.
Sembra che abbia una forma definitiva,
resistente al martello. Si avvantaggia
sul banco degli umani perché non parla.

Se al più si oppone il meno il risultato
sarà destruente. Così dicevi un giorno
mostrando rudimenti di latino
e altre nozioni. E proprio in quel momento
brillò, si spense, ribrillò una luce
sull'opposta costiera. Già imbruniva.
«Anche il faro, lo vedi, è intermittente,
forse è troppo costoso tenerlo sempre acceso.
Perché ti meravigli se ti dico che tutte
le capinere hanno breve suono e sorte.
Non se ne vedono molte intorno. È aperta la caccia.
Se somigliano a me sono contate
le mie ore o i miei giorni».
                            (E fu poi vero).

RETI PER UCCELLI

Di uccelli presi dal ròccolo
quasi note su pentagramma
ne ho tratteggiati non pochi
col carboncino
e non ne ho mai dedotte conclusioni
subliminari.
Il paretaio è costituzionale,
non è subacqueo, né abissale né
può svelare alcunché di sostanziale.
Il paretaio ce lo portiamo addosso
come una spolverina. È invisibile
e non mai rammendabile perché non si scuce.
Il problema di uscirne non si pone,
che dobbiamo restarci fu deciso da altri.

DOMANDE SENZA RISPOSTA

Mi chiedono se ho scritto
un canzoniere d'amore
e se il mio onlie begetter
è uno solo o è molteplice.
Ahimè,
la mia testa è confusa, molte figure
vi si addizionano,
ne formano una sola che discerno
a malapena nel mio crepuscolo.
Se avessi posseduto
un liuto come d'obbligo
per un trobar meno chiuso
non sarebbe difficile
dare un nome a colei che ha posseduto
la mia testa poetica o altro ancora.
Se il nome
fosse una conseguenza delle cose,
di queste non potrei dirne una sola
perché le cose sono fatti e i fatti
in prospettiva sono appena cenere.
Non ho avuto purtroppo che la parola,
qualche cosa che approssima ma non tocca;
e così
non c'è depositaria del mio cuore
che non sia nella bara. Se il suo nome
fosse un nome o più nomi non conta nulla
per chi è rimasto fuori, ma per poco,
della divina inesistenza. A presto,
adorate mie larve!

VIVERE

Vivere? Lo facciano per noi i nostri domestici.
VILLIERS DE L'ISLE-ADAM

I

È il tema che mi fu dato
quando mi presentai all'esame
per l'ammissione alla vita.
Folla di prenativi i candidati,
molti per loro fortuna i rimandati.
Scrissi su un foglio d'aria senza penna
e pennino, il pensiero non c'era ancora.
Mi fossi ricordato che Epittèto in catene
era la libertà assoluta l'avrei detto,
se avessi immaginato che la rinunzia
era il fatto più nobile dell'uomo
l'avrei scritto ma il foglio restò bianco.
Il ricordo obiettai, non anticipa, segue.

Si udì dopo un silenzio un parlottìo tra i giudici.
Poi uno d'essi mi consegnò l'accessit
e disse non t'invidio.

II

Una risposta
da terza elementare. Me ne vergogno.
Vivere non era per Villiers la vita
né l'oltrevita ma la sfera occulta
di un genio che non chiede la fanfara.

Non era in lui disprezzo per il sottobosco.
Lo ignorava, ignorava quasi tutto
e anche se stesso. Respirava l'aria
dell'Eccelso come io quella pestifera
di qui.

CABALETTA

La nostra mente sbarca
i fatti più importanti che ci occorsero
e imbarca i più risibili. Ciò prova
la deficienza dell'imbarcazione
e di chi l'ha costruita. Il Calafato
supremo non si mise mai a nostra
disposizione. È troppo affaccendato.

I PRESSEPAPIERS

Quando pubblicai Buffalo e Keepsake
un critico illustre e anche amico volse il pollice
e decretò carenza di sentimento quasi
che sentimento e ricordo fossero incompatibili.
In verità di keepsakes in senso letterale
ne posseggo ben pochi. Non ho torri pendenti
in miniatura, minigondole o simili
cianfrusaglie ma ho lampi che s'accendono
e si spengono. È tutto il mio bagaglio.
Il guaio è che il ricordo non è gerarchico,
ignora le precedenze e le susseguenze
e abbuia l'importante, ciò che ci parve tale.
Il ricordo è un lucignolo, il solo che ci resta.
C'è il caso che si stacchi e viva per conto suo.
Ciò che non fu illuminato fu corporeo, non vivo.
Abbiamo gli Dèi o anche un dio a portata di mano
senza saperne nulla. Solo i dementi acciuffano
qualche soffio. È un errore essere in terra
e lo pagano.

SUL LAGO D'ORTA

Le Muse stanno appollaiate
sulla balaustrata
appena un filo di brezza sull'acqua
c'è qualche albero illustre
la magnolia il cipresso l'ippocastano
la vecchia villa è scortecciata
da un vetro rotto vedo sofà ammuffiti
e un tavolo da ping-pong. Qui non viene nessuno
da molti anni. Un guardiano era previsto
ma si sa come vanno le previsioni.
È strana l'angoscia che si prova
in questa deserta proda sabbiosa erbosa
dove i salici piangono davvero
e ristagna indeciso tra vita e morte
un intermezzo senza pubblico. È
un'angoscia limbale sempre incerta
tra la catastrofe e l'apoteosi
di una rigogliosa decrepitudine.
Se il bandolo del puzzle più tormentoso
fosse più che un'ubbia
sarebbe strano trovarlo dove neppure un'anguilla
tenta di sopravvivere. Molti anni fa c'era qui
una famiglia inglese. Purtroppo manca il custode
ma forse quegli angeli (angli) non erano così pazzi
da essere custoditi.

IL FURORE

Il furore è antico quanto l'uomo
ma credeva di avere un obiettivo.
Ora basta a se stesso. È un passo avanti
ma non è sufficiente. L'uomo deve
pure restando un bipede mutarsi
in un altro animale. Solo allora
sarà come le belve a quattro zampe innocuo
se non sia aggredito. Ci vorrà
un po' d'anni o millenni. È un batter d'occhio.

Terminare la vita
tra le stragi e l'orrore
è potuto accadere
per l'abnorme sviluppo del pensiero
poiché il pensiero non è mai buono in sé.
Il pensiero è aberrante per natura.
Era frenato un tempo da invisibili Numi,
ora gli idoli sono in carne ed ossa
e hanno appetito. Noi siamo il loro cibo.
Il peggio dell'orrore è il suo ridicolo.
Noi crediamo di assistervi imparziali
o plaudenti e ne siamo la materia stessa.
La nostra tomba non sarà certo un'ara
ma il water di chi ha fame ma non testa.

APPUNTI

Sarà una fine dolcissima
in *ppp*
dopodiché ci troveremo
sprovvisti di memoria
con anima incorporea
stordita come mai e timorosa
d'altri guai.

* * *

Ahura Mazda e Arimane
il mio pensiero persiano
di stamane
. . . .
e noi poveri bastardi
figli di cani
abbassata la cresta
attenti disattenti a uno spettacolo
che non ci riguarda.

* * *

GINA ALL'ALBA MI DICE

il merlo è sulla frasca
e dondola
felice.

GLI ELEFANTI

I due elefanti hanno seppellito con cura
il loro elefantino.
Hanno coperto di foglie la sua tomba e poi
si sono allontanati tristemente.
Vicino a me qualcuno si asciugò un ciglio.
Era davvero una furtiva lacrima
quale la pietà chiede quando è inerme:
in proporzione inversa alla massiccia
imponenza del caso. Gli altri ridevano
perché qualche buffone era già apparso
sullo schermo.

L'EUFORIA

Se l'euforia può essere la più tetra
apertura sul mondo
amici che subsannate
alla mia ottusa inappartenenza...
a chi? a che cosa? posso dirvi che
se resterà una corda alla mia cetra
avrò meglio di voi e senza occhiali
affumicati la mia vita in rosa.

EPIGRAMMA

Il vertice lo zenit
il summit il cacume
o Numi
chi mai li arresta.

E c'è chi si stupisce
se qualcuno si butta
dalla finestra.

IN NEGATIVO

È strano.
Sono stati sparati colpi a raffica
su di noi e il ventaglio non mi ha colpito.
Tuttavia avrò presto il mio benservito
forse in carta da bollo da presentare
chissà a quale burocrate; ed è probabile
che non occorra altro. Il peggio è già passato.
Ora sono superflui i documenti, ora
è superfluo anche il meglio. Non c'è stato
nulla, assolutamente nulla dietro di noi,
e nulla abbiamo disperatamente amato più di quel nulla.

LA CULTURA

Se gli ardenti bracieri di Marcione e di Ario
avessero arrostito gli avversari
(ma fu vero il contrario)
il mondo avrebbe scritto la parola fine
per sopraggiunta infungibilità.

Così disse uno che si forbì gli occhiali
e poi sparò due colpi.
Un uccello palustre cadde a piombo.
Solo una piuma restò sospesa in aria.

IN UNA CITTÀ DEL NORD

Come copia dell'Eden primigenio
manca il confronto con l'originale.
Certo vale qualcosa. Gli scoiattoli
saltano su trapezi di rami alti.
Rari i bambini, ognuno di più padri o madri.
Anche se non fa freddo c'è aria di ghiacciaia.
A primavera si dovrà difendersi
dalle volpi o da altre bestie da pelliccia.
Così mi riferisce il mio autista
navarrese o gallego portato qui dal caso.
Non gli va giù la democrácia. Tale
e quale il Marqués de Villanova.
Io guardo e penso o fingo. Si paga a caro prezzo
un'anima moderna. Potrei anche provarmici.

DI UN GATTO SPERDUTO

Il povero orfanello
non s'era ancora inselvatichito
se fu scacciato dal condominio
perché non lacerasse le moquettes con gli unghielli.
Me ne ricordo ancora passando per quella via
dove accaddero fatti degni di storia
ma indegni di memoria. Fors'è che qualche briciola
voli per conto suo.

IPOTESI

Nella valle di Armageddon
Iddio e il diavolo conversano
pacificamente dei loro affari.
Nessuno dei due ha interesse
a uno scontro decisivo.
L'Apocalissi sarebbe
da prendersi con le molle?
È più che certo ma questo
non può insegnarsi nelle scuole.
Io stesso fino da quando
ero alunno delle elementari
credevo di essere un combattente
dalla parte giusta.
Gli insegnanti erano miti, non frustavano.
Gli scontri erano posti nell'ovatta,
incruenti, piacevoli. Il peggio
era veduto in prospettiva. Quello
che più importava era che il soccombente
fosse dall'altra parte.
Così passarono gli anni, troppi e inutili.
Fu sparso molto sangue che non fecondò i campi.
Eppure la parte giusta era lì, a due palmi
e non fu mai veduta. Fosse mai accaduto
il miracolo nulla era più impossibile
dell'esistenza stessa di noi uomini.
Per questo nella valle di Armageddon
non accadono mai risse e tumulti.

AI TUOI PIEDI

Mi sono inginocchiato ai tuoi piedi
o forse è un'illusione perché non si vede
nulla di te
ed ho chiesto perdono per i miei peccati
attendendo il verdetto con scarsa fiducia
e debole speranza non sapendo
che senso hanno quassù il prima e il poi
il presente il passato l'avvenire
e il fatto che io sia venuto al mondo
senza essere consultato.
Poi penserò alla vita di quaggiù
non sub specie aeternitatis,
non risalendo all'infanzia
e agli ingloriosi fatti che l'hanno illustrata
per poi ascendere a un dopo
di cui sarò all'anteporta.
Attendendo il verdetto
che sarà lungo o breve grato o ingrato
ma sempre temporale e qui comincia
l'imbroglio perché nulla di buono è mai pensabile
nel tempo,
ricorderò gli oggetti che ho lasciati
al loro posto, un posto tanto studiato,
agli uccelli impagliati, a qualche ritaglio
di giornale, alle tre o quattro medaglie
di cui sarò derubato e forse anche
alle fotografie di qualche mia Musa
che mai seppe di esserlo,
rifarò il censimento di quel nulla

che fu vivente perché fu tangibile
e mi dirò se non fossero
queste solo e non altro la mia consistenza
e non questo corpo ormai incorporeo
che sta in attesa e quasi si addormenta.

CHI È IN ASCOLTO

Tra i molti profeti barbati che girano intorno
qualcuno avrà anche toccato la verità
ma l'ha toccata col dito e poi l'ha ritratto.
La verità scotta.
Il più che possa dirsi è appunto che
se può farsene a meno
questo è voluto da chi non può
fare a meno di noi.
Forse è una botta per tutti
e non motivo di orgoglio.
Se colui che ci ha posto in questa sede
può talvolta lavarsene le mani
ciò vuol dire che Arimane
è all'attacco e non cede.

LE ORE DELLA SERA

Dovremo attendere un pezzo prima che la cronaca
si camuffi in storia.
Solo allora il volo di una formica
(il solo che interessi) sarà d'aquila.
Solo allora il fischietto del pipistrello
ci parrà la trombetta del dies irae.
Il fatto è che ci sono i baccalaureandi
e bisogna cacciarli tutti in qualche buco
per scacciarneli poi se verrà il bello.
Purtroppo il bello (o brutto) è in frigorifero
né si vede chi voglia o possa trarnelo fuori.
Il pipistrello stride solo al crepuscolo
di ciò che un tempo si diceva il giorno
ma ormai non abbiamo più giornate,
siamo tutti una nera colata indivisibile
che potrebbe arrestarsi
o farsi scolaticcio non si sa
con vantaggio di chi.

LA VERITÀ

La verità è nei rosicchiamenti
delle tarme e dei topi,
nella polvere ch'esce da cassettoni ammuffiti
e nelle croste dei 'grana' stagionati.
La verità è la sedimentazione, il ristagno,
non la logorrea schifa dei dialettici.
È una tela di ragno, può durare,
non distruggetela con la scopa.
È beffa di scoliasti l'idea che tutto si muova,
l'idea che dopo un prima viene un dopo
fa acqua da tutte le parti. Salutiamo
gli inetti che non s'imbarcano. Si starà meglio
senza di loro, si starà anche peggio
ma si tirerà il fiato.

NEL DISUMANO

Non è piacevole
saperti sottoterra anche se il luogo
può somigliare a un'Isola dei Morti
con un sospetto di Rinascimento.
Non è piacevole a pensarsi ma
il peggio è nel vedere. Qualche cipresso,
tombe di second'ordine con fiori finti,
fuori un po' di parcheggio per improbabili
automezzi. Ma so che questi morti
abitavano qui a due passi, tu
sei stata un'eccezione. Mi fa orrore
che quello ch'è lì dentro, quattro ossa
e un paio di gingilli, fu creduto il tutto
di te e magari lo era, atroce a dirsi.
Forse partendo in fretta hai creduto
che chi si muove prima trova il posto migliore.
Ma quale posto e dove? Si continua
a pensare con teste umane quando si entra
nel disumano.

GLI ANIMALI

Gli animali di specie più rara
prossima a estinguersi
destano costernazione
in chi sospetta che il loro Padre ne abbia
perduto lo stampino.

Non è che tutti siano stati vittime
degli uomini e dei climi
o di un artefice divino.
Chi li ha creati li ha creduti inutili
al più infelice dei suoi prodotti: noi.

L'OBBROBRIO

Non fatemi discendere amici cari
fino all'ultimo gradino
della poesia sociale.
Se l'uno è poca cosa il collettivo
è appena frantumazione
e polvere, niente di più.
Se l'emittente non dà che borborigmi
che ne sarà dei recipienti? Solo
supporre che ne siano, immaginare
che il più contenga il meno, che un'accozzaglia
sia una totalità,
nulla di ciò fu creduto nei grandi secoli
che rimpiangiamo perché non ci siamo nati
e per nostra fortuna ci è impossibile
retrocedere.

RIBALTAMENTO

La vasca è un grande cerchio, vi si vedono
ninfee e pesciolini rosa pallido.
Mi sporgo e vi cado dentro ma dà l'allarme
un bimbo della mia età.
Chissà se c'è ancora acqua. Curvo il braccio
e tocco il pavimento della mia stanza.

QUEL CHE RESTA (SE RESTA)

la vecchia serva analfabeta
e barbuta chissà dov'è sepolta
poteva leggere il mio nome e il suo
come ideogrammi
forse non poteva riconoscersi
neppure allo specchio
ma non mi perdeva d'occhio
della vita non sapendone nulla
ne sapeva più di noi
nella vita quello che si acquista
da una parte si perde dall'altra
chissà perché la ricordo
più di tutto e di tutti
se entrasse ora nella mia stanza
avrebbe centotrent'anni e griderei di spavento.

LA POESIA

(In Italia)

Dagli albori del secolo si discute
se la poesia sia dentro o fuori.
Dapprima vinse il dentro, poi contrattaccò duramente
il fuori e dopo anni si addivenne a un forfait
che non potrà durare perché il fuori
è armato fino ai denti.

UN SOGNO, UNO DEI TANTI

Il sogno che si ripete è che non ricordo più
il mio indirizzo e corro per rincasare
È notte, la valigia che porto è pesante
e mi cammina accanto un Arturo
molto introdotto in ville di famose lesbiane
e anche lui reputato per i tanti suoi meriti
Vorrebbe certo soccorrermi in tale congiuntura
ma mi fa anche notare che non ha tempo da perdere
Egli abita a sinistra io tiro per la destra
ma non so se sia giusta la strada il numero la città
Anche il mio nome m'è dubbio, quello di chi attualmente
mi ospita padre fratello parente più o meno lontano
mi frulla vorticoso nella mente, vi si affaccia persino
un tavolo una poltrona una barba di antenato
l'intera collezione di un'orrenda rivista teatrale
le dieci o dodici rampe di scale dove una zia d'acquisto
fu alzata tra le braccia di un cattivo tenore
e giurò da quel giorno che gli ascensori erano inutili
a donne del suo rango e delle sue forme
(invero spaventevoli) tutto mi è vivo e presente
fuorché la porta a cui potrò bussare
senza sentirmi dire vada a farsi f-
Forse potrei tentare da un apposito chiosco
un telefonico approccio ma dove trovare il gettone
e a quale numero poi? mentre che Arturo si scusa
e dice che di troppo si è allontanato dalla
sua via del Pellegrino di cui beato lui ha ricordo
Lo strano è che in tali frangenti non mi dico mai
come il vecchio profeta Enrico lo Spaventacchio

che il legno del mio rocchetto mostra il bianco
e non avranno senso i miei guai anagrafici e residenziali
Mi seggo su un paracarro o sulla pesante valigia
in attesa che si apra nel buio una porticina
e che una voce mi dica entri pure si paga anticipato
troverà la latrina nel ballatoio al terzo piano
svolti a destra poi giri a sinistra Ma di qui
comincia appena il risveglio

SCOMPARSA DELLE STRIGI

Un figlio di Minerva
ancora inetto al volo si arruffava
sul cornicione
Poi cadde nel cortile Ci mettemmo
in cerca di becchime ma inutilmente
Occorrevano vermi non sementi
Eravamo sospesi
tra pietà e ammirazione
Ci guardava con grandi occhi incredibili
Poi restò una pallottola di piume
e nient'altro
Un povero orfanello disse uno
Noi l'abbiamo scampata
se con vantaggio o no è da vedere

LE PROVE GENERALI

Qualche poeta ha voluto
praticando le prove respiratorie
di una sapienza indiana multimillenaria
procurarsi uno stato di vitamorte
che parrebbe la prova generale
di ciò che sarebbe di noi quando cadrà la tela.
Le prove generali sono la parodia
dell'intero spettacolo se mai dovremo
vederne alcuno prima di sparire
nel più profondo nulla. A meno che
le idee di tutto e nulla, di io e di non io
non siano che bagagli da buttarsi via
(ma senza urgenza!) quando sia possibile
(augurabile mai) di rinunziarvi.
Pure rendiamo omaggio ai nuovi Guru
anche se dal futuro ci divide
un filo ch'è un abisso e non vogliamo
che la conocchia si assottigli troppo...

SENZA PERICOLO

Il filosofo interdisciplinare
è quel tale che ama *se vautrer*
(vuol dire stravaccarsi) nel più fetido
lerciume consumistico. E il peggio è
che lo fa con suprema voluttà
e ovviamente dall'alto di una cattedra
già da lui disprezzata.
                    Non s'era visto mai
che un naufrago incapace di nuotare
delirasse di gioia mentre la nave
colava a picco. Ma non c'è pericolo
per gli uomini pneumatici e lui lo sa.

QUELLA DEL FARO

Suppongo che tu sia passata
senza lasciare tracce. Sono certo
che il tuo nome era scritto altrove, non so dove.
È un segno di elezione, il più ambito
e il più sicuro, il meno intelligibile
da chi ha in tasca un brevetto a garanzia
di 'un posto al mondo' (che farebbe ridere
anche te dove sei, se ancora sei).

DALL'ALTRA SPONDA

Sebbene illetterata fu per noi
una piuma dell'aquila bicefala
questa Gerti che ormai si rifà viva
ogni morte di papa.
Un pezzo di cultura? Un'ascendenza
o solo fumo e cenere?
                    Interrogata
si dichiarò in maiuscolo ANTENATA.
Ma come la mettiamo se al tempo degli oroscopi
parve del tutto implume?

L'immane farsa umana
(non mancheranno ragioni per occuparsi
del suo risvolto tragico)
non è affar mio. Pertanto
mi sono rifugiato nella zona intermedia
che può chiamarsi inedia accidia o altro.
Si dirà: sei colui che cadde dal predellino
e disse poco male tanto dovevo scendere.
Ma non è così facile distinguere
discesa da caduta, cattiva sorte o mala.
Ho tentato più volte di far nascere
figure umane angeli salvifici
anche se provvisori; e se uno falliva
né si reggeva più sul piedistallo
pronta e immancabile anche la sostituta
adusata alla parte per vocazione innata
di essere il *doppio* sempre pronto al decollo
alle prime avvisaglie e a volte tale
da onnubilare dell'originale
volto falcata riso pianto tutto
ciò che conviene al calco più perfetto
di chi sembrò vivente e fu nessuno.

La vita oscilla
tra il sublime e l'immondo
con qualche propensione
per il secondo.
Ne sapremo di più
dopo le ultime elezioni
che si terranno lassù
o laggiù o in nessun luogo
perché siamo già eletti
tutti quanti
e chi non lo fu
sta assai meglio quaggiù
e quando se ne accorge
è troppo tardi
les jeux sont faits
dice il croupier per l'ultima volta
e il suo cucchiaione
spazza le carte.

FINE DI SETTEMBRE

Il canto del rigògolo
è un suono d'ordinaria amministrazione
Non fa pensare al canto degli altri uccelli
Sto qui in una mezz'ombra Per alzare la tenda
si tira una funicella Ma oggi è troppa fatica
anche questo È tempo di siccità
universale, le rondini inferocite
sono pericolose Così vocifera
la radio delle vicine allevatrici di gatti
e pappagalli Di fuori sfrecciano macchine
ma non fanno rumore, solo un ronzìo un sottofondo
al martellìo vocale del rigògolo
Molta gente dev'essere sulla spiaggia
in quest'ultimo ponte di fine settimana
Se tiro la funicella eccola là
formicolante in prospettiva Quanto tempo è passato
da quando mi attendevo colpi di scena
resurrezioni e miracoli a ogni giro di sole
Sapevo bene che il tempo era veloce
ma era una nozione scritta nei libri
Sotto lo scorrimento temporale
era la stasi che vinceva il giuoco
era un'infinitudine popolata
ricca di sé, non di uomini, divina
perché il divino non è mai parcellare
Solo ora comprendo che il tempo è duro, metallico
è un'incudine che sprizza le sue scintille
su noi povere anime ma svolge il suo lavoro

con un'orrenda indifferenza a volte
un po' beffarda come ora il canto
del rigògolo il solo dei piumati
che sa farsi ascoltare in giorni come questi

Non è ancora provato che i morti
vogliano resuscitare.
A volte li sentiamo accanto a noi
perché questa è la loro eredità.
Non è gran cosa, un gesto una parola
eppure non spiega nulla
dire che sono scherzi della memoria.
La nostra testa è labile, non può contenere
molto di ciò che fu, di ciò che è o che sarà;
la nostra testa è debole, fa un'immane fatica
per catturare il più e il meglio di un ectoplasma
che fu chiamato vita e che per ora
non ha un nome migliore.

SULLA SPIAGGIA

Un punto bianco in fuga
sul filo dell'orizzonte.
Un trimarano forse o altra simile zattera.
Un passo avanti nell'arte di tali barchi,
e indubbiamente anche un passo addietro.
È il passo che più affascina certi linguisti pazzi.
Si volle ridiscendere fino al secolo d'oro,
al Trecento, al Cavalca, chi più se ne ricorda.
Lo voleva un abate, commenta un bagnante erudito,
tale che restò a mezza via anche nell'iter ecclesiale.
Abate, solo abate e anche un po' giacobino.
I primi goccioloni bucano la sabbia.
Bisognerà mettere al riparo
i pattini, i gommoni, chiudere gli ombrelloni.
L'erudito bagnante si accomiata
preannunziando ulteriori noiosissime chiose.
È un fuggi fuggi, il cielo è oscuro ma
la tempesta rinvia il suo precoce sforzo.
Resta il catamarano (?) solo uccello di mare
nel quasi totale deficit dei cormorani.

Si aprono venature pericolose
sulla crosta del mondo
è questione di anni o di secoli
e non riguarda solo la California
(ciò che ci parrebbe il minore dei guai
perché il male degli altri non ci interessa)
e noi qui stiamo poveri dementi
a parlare del cumulo dei redditi,
del compromesso storico e di altre
indegne fanfaluche. Eppure a scuola
ci avevano insegnato che il reale
e il razionale sono le due facce
della stessa medaglia!

Ci si rivede mi disse qualcuno
prima d'infilarsi nell'aldilà.
Ma di costui non rammento niente
che faccia riconoscerne l'identità.
Laggiù/lassù non ci saranno tessere
di riconoscimento, non discorsi opinioni
appuntamenti o altrettali futilità.
Lassù/laggiù nemmeno troveremo
il Nulla e non è poco. Non avremo
né l'etere né il fuoco.

AL MARE (O QUASI)

L'ultima cicala stride
sulla scorza gialla dell'eucalipto
i bambini raccolgono pinòli
indispensabili per la galantina
un cane alano urla dall'inferriata
di una villa ormai disabitata
le ville furono costruite dai padri
ma i figli non le hanno volute
ci sarebbe spazio per centomila terremotati
di qui non si vede nemmeno la proda
se può chiamarsi così quell'ottanta per cento
ceduta in uso ai bagnini
e sarebbe eccessivo pretendervi
una pace alcionica
il mare è d'altronde infestato
mentre i rifiuti in totale
formano ondulate collinette plastiche
esaurite le siepi hanno avuto lo sfratto
i deliziosi figli della ruggine
gli scriccioli o reatini come spesso
li citano i poeti E c'è anche qualche boccio
di magnolia l'etichetta di un pediatra
ma qui i bambini volano in bicicletta
e non hanno bisogno delle sue cure
Chi vuole respirare a grandi zaffate
la musa del nostro tempo la precarietà
può passare di qui senza affrettarsi
è il colpo secco quello che fa orrore
non già l'evanescenza il dolce afflato del nulla

Hic manebimus se vi piace non proprio
ottimamente ma il meglio sarebbe troppo simile
alla morte (e questa piace solo ai giovani)

Il Creatore fu increato e questo
non mi tormenta. Se così non fosse
saremmo tutti ai suoi piedi
(si fa per dire)
infelici e adoranti.

C'è un solo mondo abitato
da uomini
e questo è più che certo
un solo mondo, un globo in cui la caccia all'uomo
è lo sport in cui tutti sono d'accordo.
Non può essere un puro
fatto di malvagità
o il desiderio impellente
che infine il sole si spenga.
Ci sarà altro, ci sarà un perché
ma su questo gli dèi sono discordi.
Solo per questo hanno inventato il tempo,
lo spazio e una manciata di viventi.
Hanno bisogno di pensarci su
perché se un accordo ci fosse
del loro crepuscolo non si parlerebbe più
e allora
poveri uomini senza dèi né demoni,
l'ultima, la peggiore delle infamie.

ASPASIA

A tarda notte gli uomini
entravano nella sua stanza
dalla finestra. Si era a pianterreno.
L'avevo chiamata Aspasia e n'era contenta.
Poi ci lasciò. Fu barista, parrucchiera e altro.
Raramente accadeva d'incontrarla.
Chiamavo allora Aspasia! a gran voce
e lei senza fermarsi sorrideva.
Eravamo coetanei, sarà morta da un pezzo.
Quando entrerò nell'inferno, quasi per abitudine
griderò Aspasia alla prima ombra che sorrida.
Lei tirerà di lungo naturalmente. Mai
sapremo chi fu e chi non fu
quella farfalla che aveva appena un nome
scelto da me.

UNA LETTERA CHE NON FU SPEDITA

Consenti mia dilettissima che si commendi
seppure con un lasso di più lustri
il mirifico lauro da te raccolto,
uno scavo di talpa neppure sospettabile
in chi era e sarà folgorata dal sole. Non importa
né a te né a me se accada che il tuo nome
resti nell'ombra. Il mondo può resistere
senza sfasciarsi solo se taluno
mantenga la promessa che gli estorse
con sorrisi e blandizie il Nume incognito
per cui vale la pena di vivere e morire.
Finito il turno si vedrà chi fosse
il vivente e chi il morto. Solo per questo
si può durare anche chiudendo gli occhi
per non vedere.

Si risolve ben poco
con la mitraglia e col nerbo.
L'ipotesi che tutto sia un bisticcio,
uno scambio di sillabe è la più attendibile.
Non per nulla in principio era il Verbo.

TORPORE PRIMAVERILE

È tempo di rapimenti
si raccomanda di non uscire soli
le più pericolose sono le ore serali
ma evitate le diurne questo va da sé
i maestri di judo e di karaté
sono al settimo cielo
i sarti fanno gilets
a prova di pistola
i genitori dei figli vanno a scuola
i figli dei genitori ne fanno a meno
la nostra civiltà batte il suo pieno
scusate il francesismo rotte le museruole
le lingue sono sciolte non hanno freno.

Proteggetemi
custodi miei silenziosi
perché il sole si raffredda
e l'ultima foglia dell'alloro
era polverosa
e non servì nemmeno per la casseruola
dell'arrosto –
proteggetemi da questa pellicola
da quattro soldi
che continua a svolgersi
davanti a me
e pretende di coinvolgermi
come attore o comparsa
non prevista dal copione –
proteggetemi persino
dalla vostra presenza
quasi sempre inutile
e intempestiva
proteggetemi
dalle vostre spaventose assenze –
dal vuoto che create
attorno a me
proteggetemi dalle Muse
che vidi appollaiate
o anche dimezzate a mezzo busto
per nascondersi meglio
dal mio passo di fantasma –
proteggetemi o meglio ancora
ignoratemi
quando entrerò nel loculo
che ho già pagato da anni –

proteggetemi dalla fama/farsa
che mi ha introdotto nel Larousse illustrato
per scancellarmi poi
dalla nuova edizione –
proteggetemi
da chi impetra la vostra permanenza
attorno al mio catafalco –
proteggetemi con la vostra dimenticanza
se questo può servire a tenermi in piedi
poveri lari sempre chiusi nella vostra
dubbiosa identità –
proteggetemi senza che alcuno
ne sia informato
perché il sole si raffredda e chi lo sa
malvagiamente se ne rallegra
o miei piccoli numi
divinità di terz'ordine scacciate
dall'etere.

HAMBURGER STEAK

Il tritacarne è già in atto ha blaterato
l'escatologo in furia; e poi a mezza voce
quasi per consolarci: speriamo che il suo taglio
non sia troppo affilato.

I poeti defunti dormono tranquilli
sotto i loro epitaffi
e hanno solo un sussulto d'indignazione
qualora un inutile scriba ricordi il loro nome.
Così accade anche ai fiori gettati nel pattume
se mai per avventura taluno li raccatti.
Erano in viaggio verso la loro madre
ora verso nessuno o verso un mazzo
legato da uno spago o da una carta argentata
e il cestino da presso senza nemmeno la gioia
di un bambino o di un pazzo.

PER FINIRE

In qualche parte del mondo
c'è chi mi ha chiesto un dito
e non l'ho mai saputo. La distanza
di quanto più s'accorcia di tanto si allontana.

DORMIVEGLIA

Il sonno tarda a venire
poi mi raggiungerà senza preavviso.
Fuori deve accadere qualche cosa
per dimostrarmi che il mondo esiste e che
i sedicenti vivi non sono tutti morti.
Gli acculturati i poeti i pazzi
le macchine gli affari le opinioni
quale nauseabonda olla podrida!
E io lì dentro incrostato fino ai capelli!
Stavolta la pietà vince sul riso.

I RIPOSTIGLI

Non so dove io abbia nascosto la tua fotografia.
Fosse saltata fuori sarebbe stato un guaio.
Allora credevo che solo le donne avessero un'anima
e solo se erano belle, per gli uomini un vuoto assoluto.
Per tutti... oppure facevo un'eccezione per me?
Forse era vero a metà, ero un accendino
a corto di benzina. A volte qualche scintilla
ma era questione di un attimo.
L'istantanea non era di grande pregio:
un volto in primo piano, un arruffio di capelli.
Non si è saputo più nulla di te e neppure ho chiesto
possibili improbabili informazioni.
Oggi esiste soltanto il multiplo, il carnaio.
Se vale il termitaio che senso ha la termite.
Ma intanto restava una nube, quella dei tuoi capelli
e quegli occhi innocenti che contenevano tutto
e anche di più, quello che non sapremo mai
noi uomini forniti di briquet,
di lumi no.

Oltre il breve recinto di fildiferro
di uno di quei caselli ferroviari
dove fermano solo treni merci,
nello spazio in cui possono convivere
rosolacci e lattuga
c'era anche un pappagallo sul suo trespolo
e parlava parlava... ma dal mio omnibus
il tempo di ascoltarlo mi mancava.
Non è un ricordo di ieri, è di gioventù.
Mezzo secolo e più, ma non basta, non basta...

Dopo i filosofi dell'omogeneo
vennero quelli dell'eterogeneo.
Comprendere la vita
lo potevano solo i pazzi
ma a lampi e sprazzi
e ora non c'è più spazio
per la specola.
Solo qualche nubecola
qua e là
ma Dio ci guardi
anche da questa.

LOCUTA LUTETIA

Se il mondo va alla malora
non è solo colpa degli uomini
Così diceva una svampita
pipando una granita col chalumeau
al Café de Paris

Non so chi fosse A volte il Genio è quasi
una cosa da nulla, un colpo di tosse

LUNGOLAGO

Campione

Il piccolo falco pescatore
sfrecciò e finì in un vaso di terracotta
fra i tanti di un muretto del lungolago.
Nascosto nei garofani era visibile
quel poco da non rendere impossibile
un dialogo.
Sei l'ultimo esemplare di una specie
che io credevo estinta, così dissi.
Ma la sovrabbondanza di voi uomini
sortirà eguale effetto mi fu risposto.
Ora apprendo osservai che si è troppi o nessuno.
Col privilegio vostro disse il falchetto
che qualcuno di voi vedrà il balletto finale.
A meno ribattei che tempo e spazio, fine
e principio non siano invenzioni umane
mentre tu col tuo becco hai divorato il Tutto.
Addio uomo, addio falco dimentica la tua pesca.
E tu scorda la tua senza becco e senz'ali,
omiciattolo, ometto.
                    E il furfante dispare in un alone
di porpora e di ruggine.

UN ERRORE

Inevitabilmente
diranno che qui parla un radoteur
come si misurasse col calendario
la saggezza.
Non esistono vite corte o lunghe
ma vite vere o vitemorte o simili.
Non sarò ripescato in qualche fiume
gonfio come una spugna. È un errore
che si paga.

Spenta l'identità
si può essere vivi
nella neutralità
della pigna svuotata dei pinòli
e ignara che l'attende il forno.
Attenderà forse giorno dopo giorno
senza sapere di essere se stessa.

I MIRAGGI

Non sempre o quasi mai la nostra identità personale coincide
col tempo misurabile dagli strumenti che abbiamo.
La sala è grande, ha fregi e stucchi barocchi
e la vetrata di fondo rivela un biondo parco di Stiria,
con qualche nebbiolina che il sole dissolve.
L'interno è puro Vermeer più piccolo e più vero
del vero ma di uno smalto incorruttibile.
A sinistra una bimba vestita da paggio
tutta trine e ricami fino al ginocchio
sta giocando col suo adorato scimmiotto.
A destra la sorella di lei maggiore, Arabella,
consulta una cartomante color di fumo
che le svela il suo prossimo futuro.
Sta per giungere l'uomo di nobile prosapia,
l'invincibile eroe ch'ella attendeva.
È questione di poco, di minuti, di attimi,
presto si sentirà lo zoccolìo dei suoi cavalli
e poi qualcuno busserà alla porta...
                              ma
qui il mio occhio si stanca e si distoglie
dal buco della serratura. Ho visto già troppo
e il nastro temporale si ravvolge in se stesso.
Chi ha operato il miracolo è una spugna di birra,
o tale parve, e il suo sodale è l'ultimo
Cavaliere di grazia della Cristianità.
. . . .
ma ora
se mi rileggo penso che solo l'inidentità
regge il mondo, lo crea e lo distrugge

per poi rifarlo sempre più spettrale
e inconoscibile. Resta lo spiraglio
del quasi fotografico pittore ad ammonirci
che se qualcosa fu non c'è distanza
tra il millennio e l'istante, tra chi apparve
e non apparve, tra chi visse e chi
non giunse al fuoco del suo cannocchiale. È poco
e forse è tutto.

MORGANA

Non so immaginare come la tua giovinezza
si sia prolungata
di tanto tempo (e quale!).
Mi avevano accusato
di abbandonare il branco
quasi ch'io mi sentissi
illustre, ex grege o che diavolo altro.
Invece avevo detto soltanto revenons
à nos moutons (non pecore però)
ma la torma pensò
che la sventura di appartenere a un multiplo
fosse indizio di un'anima distorta
e di un cuore senza pietà.
Ahimè figlia adorata, vera mia
Regina della Notte, mia Cordelia,
mia Brunilde, mia rondine alle prime luci,
mia baby-sitter se il cervello vàgoli,
mia spada e scudo,
ahimè come si perdono le piste
tracciate al nostro passo
dai Mani che ci vegliarono, i più efferati
che mai fossero a guardia di due umani.
Hanno detto hanno scritto che ci mancò la fede.
Forse ne abbiamo avuto un surrogato.
La fede è un'altra. Così fu detto ma
non è detto che il detto sia sicuro.
Forse sarebbe bastata quella della Catastrofe,
ma non per te che uscivi per ritornarvi
dal grembo degli Dèi.

ALTRI VERSI

AL DI VERE

I

Verso Tellaro

... cupole di fogliame da cui sprizza
una polifonia di limoni e di arance
e il velo evanescente di una spuma,
di una cipria di mare che nessun piede
d'uomo ha toccato o sembra, ma purtroppo
il treno accelera...

Notiziario ore 9 a. m.

Quel bischero del merlo è arrivato tardi.
I piccioni hanno già mangiato tutto.

L'inverno si prolunga, il sole adopera
il contagocce. Non è strano che noi
padroni e forse inventori dell'universo
per comprenderne un'acca dobbiamo affidarci
ai ciarlatani e aruspici che funghiscono ovunque?
Pare evidente che i Numi
comincino a essere stanchi dei presunti
loro figli o pupilli.
Anche più chiaro che Dei o semidei
si siano a loro volta licenziati
dai loro padroni, se mai n'ebbero.
Ma...

LE PULCI

Non hai mai avuto una pulce
che mescolando il suo sangue
col tuo
abbia composto un frappé
che ci assicuri l'immortalità?
Così avvenne nell'aureo Seicento.
Ma oggi nell'età del tempo pieno
si è immortali per meno
anche se il tempo si raccorcia e i secoli
non sono che piume al vento.

PROSA PER A. M.

Forse si fu chiamati per lo spettacolo
ma l'attesa fu lunga e a cose fatte
rincasando nel gelo e rimbucandoci
là dove uscimmo per il nostro turno
si è incerti se tra il tutto e il nulla pesi
onesta e necessaria la bilancia.

Retrocedendo ed avanzando siamo
al tempo in cui la dolce Anne More
non resse all'undicesima gravidanza.
In tali casi sono male spesi
i curricula pronti per siffatte emergenze.
Resta il mistero perché tanto sangue
e inchiostro non poterono alla fine
rendere degustabile il cacciucco.
Fors'è per fare nascere la Poesia
e l'Averno con lei?
Tra l'orrore e il ridicolo il passo è un nulla.

MOTIVI

Forse non era inutile
tanta fatica
tanto dolore.

E forse pensa
così di noi e di sé
questo pseudo merlo orientale
che fischia nella sua gabbia
e imita la nostra voce.

C'è chi fischia di più
e c'è chi fischia di meno
ma anche questo è umano.

* * *

Costrette a una sola le sue punte
l'aragosta s'imbuca dove non si esce.
Per l'uomo non è questione di assottigliarsi.
O dentro o fuori non saprà mai che farsi.

* * *

Può darsi che sia ora di tirare
i remi in barca per il noioso evento.
Ma perché fu sprecato tanto tempo
quando era prevedibile il risultato?

* * *

Quando il fischio del pipistrello
sarà la tromba del Giudizio
chi ne darà notizia agli invischiati
nel Grande Affare?
Saremo a corto di comunicazioni,
in dubbio se malvivi vivi o morti.

APPUNTI

I
A caccia

C'è chi tira a pallini
e c'è chi spara a palla.
L'importante è far fuori
l'angelica farfalla.

II
Può darsi

Può darsi che il visibile sia nato
da una bagarre di spiriti inferociti.
Ma tempo e spazio erano già creati?
Peccato, dice Crono al suo collega.
Si stava molto meglio disoccupati.

Amici, non credete agli anni-luce
al tempo e allo spazio curvo o piatto.
La verità è nelle nostre mani
ma è inafferrabile e sguiscia come un'anguilla.
Neppure i morti l'hanno mai compresa
per non ricadere tra i viventi, là
dove tutto è difficile, tutto è inutile.

Il big bang dovette produrre
un rombo spaventoso
e anche inaudito perché non esistevano orecchie.
Queste giunsero solo
dopo molti milioni di millenni.
Verità indiscutibile
che ci riempie di letizia
fatta eccezione per te mia capinera
che avevi stretto col tempo
un patto d'inimicizia
e l'hai rispettato perché forse
ne valeva la pena – chi può dirlo?

A ZIG ZAG

Mi sono allungato sulla sabbia e rifletto.
Leggo la prosa di un Coboldo prete
d'assalto. Ma il pensiero va lontano.
Finito da due secoli il Concilio di Costanza
un pari d'Inghilterra poeta e puttaniere
ormai in punto di morte
negò recisamente la vita eterna e poi
per fare cosa grata al suo confessore
si convertì, ordinò alla moglie
di convertirsi, lei già sconvertita
passando ad altra confessione
e avrebbe convertito senza risparmio
presenti e assenti pur di farla finita.

Ora il sole sta veramente calando.
In fondo il buon Coboldo non ha tutti i torti.
Oggi non ci si ammazza più tra plausi e festeggiamenti.
Si sono scelti altri modi. Esistono 120
confessioni cristiane e pare che siano poche.

RIMUGINANDO

I

Probabilmente
sta calando la sera. Non per gli anni
che sono molti ma perché lo spettacolo
annoiava gli attori più che il pubblico.
Non mi sono addentrato nella selva
né ho consultato San Bonaventura come C.
che Dio la protegga.
Non si tarda ad apprendere che gli anni
sono battibaleni e che il passato
è già il futuro. E il guaio è che l'incomprensibile
è la sola ragione che ci sostiene.
Se si fa chiaro che le Cause Prime
già contenevano in sé lo scoppio del ridicolo
si dovrà pure cercare altrove senza successo
perché l'avvenire è già passato da un pezzo.

II

Pare assodato che la vita sia nata
da una furente incompatibilità
di vapori e di gas e questo ci conforta
perché il cervello umano n'esce illeso.
L'infinito, il sublime e altri cacumi
se sono a nostro carico non ci caricano
di un ben fondato orgoglio. Non possumus.
Ma se n'esce incolpevoli. Le colpe
verranno dopo e sono incontestabili.

È il peccato d'orgoglio che dovrebbe
essere perdonato qualora un giudice
fosse a disposizione il che si nega
da più parti. E se poi così non fosse?

OGGI

C'è qualcosa che squassa
che scoperchia e distrugge. Un punto perso da
Chi non vuole soccombere al Nemico.
Purtroppo noi poveri uomini siamo com'è
l'uccello in gabbia al volo degli storni.
Le nostre colpe saranno punite a colpi di scopa.
Non siamo che comparse, in gergo teatrale
utilités.
          A questo punto il poeta
lasciò la penna d'oca con la quale
componeva il poema Il ratto d'Europa
e si guardò allo specchio. Era lui,
era un altro, un demonio, un cerretano?
Forse l'Eco d'Europa, agenzia di encomiastici
soffietti, gli giocava un brutto tiro?
Poi si fece coraggio e riprese il Ratto
buttato nel cestino. D'altra parte
accanto a lui non c'erano animali
che fossero un doppione di se stesso.

NELL'ATTESA

Stiamo attendendo che si apra
la prima delle sette porte.
Era inutile mettersi decorazioni
dal collo fino al plastrone
perché l'attesa durerà un tempo
addirittura esponenziale.
Era inutile mettersi l'abito a doppia coda,
era inutile attendersi sinfonie di salmi
presentat arm di demoni forcuti
cerimonie o frustate, antipasti o cocktails di veleni.
Questa è la prima porta, non ha nessuna voglia
di aprirsi ma richiede un'etichetta.
Non era una follia parlare di porta stretta.
Le porte sono sprangate e a doppio lucchetto.
Forse qualcuno è riuscito a varcarle.
Ma era un uomo di *allora*, quando non esistevano
le parole che abbiamo.

L'ALLEVAMENTO

Siamo stati allevati come polli
nel Forward Institute
non quali anatre selvatiche o aquilotti
come chiedeva il nostro
immaginario destino.
E abbiamo annuito in coro intonando la marcia
En avant Fanfan-la-Tulipe!

Così
giusto è morire per una ingiusta causa.
Chi chiedesse una pausa
nella morìa sarebbe un traditore.
Ed è qui che il ridicolo si mescola
all'orrore.

IPOTESI II

Pare
non debba dirsi Italia ma
lo Sfascio.
È un fatto che si allunga, urge studiarlo
finché si esiste, dopo sarà tardi.
Il tempo stesso ne sarebbe offeso;
mancando lo sfasciabile che cosa
potrebbe offrirci? È un tema che va messo
all'ordine del giorno.

Come si restringe l'orizzonte
a un certo punto.
Dove sono andati i vasti acquari
in cui si sguazzava
come il pesce nell'acqua senza il sospetto
della lenza e dell'amo.
                    La felicità
sarebbe assaporare l'inesistenza
pur essendo viventi neppure colti dal dubbio
di una fine possibile.
Dice un sapiente (non tutti sono d'accordo)
che la vita quaggiù fosse del tutto improbabile
col corollario (aggiungo) che non era
nient'affatto opportuna. Molti eventi
confortano la glossa. La sconfortano
piccoli *faits divers*; magari il volo
di una formica mai studiata o neppure vista
dagli entomologi.

La buccia della Terra è più sottile
di quella d'una mela se vogliamo supporre
che il mondo materiale non sia pura illusione.
Tuttavia in questo nulla, ammesso che sia tale,
siamo incastrati fino al collo. Dicono
i pessimisti che l'incastro include
tutto che abbiamo creato per surrogare i Dei.
Ma la sostituzione non fu feconda
affermano i fedeli del vecchio Dio.
Forse verrà Egli stesso dicono
a strapparci dal magma e a farsi vivo.
Siamo e viviamo dunque una doppia vita
sebbene l'egolatra ne vorrebbe una sola.

O madre Terra o cielo dei Celesti
questo è il guaio
che ci fa più infelici dell'uccello
nel paretaio.

L'ALLEGORIA

Il senso del costrutto non è chiaro
neppure per coloro che riguarda.
Noi siamo i comprimari, i souffleurs nelle buche
ma i fili del racconto sono in mano d'altri.
Si tratta chiaramente di un'allegoria
che dura da un'infinità di secoli supponendo
che il tempo esista oppure non sia parte
di una divina o no macchinazione.
Alcuni suggeriscono marchingegni
che facciano crollare il tutto su se stesso.
Ma tu non credi a questo: la gioia del farnetico
è affare d'altri.

VINCA IL PEGGIORE

disse Colui del quale non può dirsi il nome
ma poi fu preso dal dubbio
e il suo diktat lasciò aperto qualche buco.
Il vincitore il vinto
il vivo il morto l'asino e il sapiente
stanno a contatto di gomito
anzi non stanno affatto
o sono in altro luogo
che la parola rifiuta.

Con quale voluttà
hanno smascherato il Nulla.
C'è stata un'eccezione però:
le loro cattedre.
Et tout le reste c'est du charabia
disse taluno; necessario anche questo
per ottenere il resto.

Una zuffa di galli inferociti
quella di casa nostra?
La differenza è
che colui che di tutto tiene i fili
non si accorge di niente
mentre l'applauso a questi spennamenti
è furente.

Non è crudele come il passero di Valéry
l'uccellino che viene a beccar poche briciole
quando s'alza o dirada qualche stecca
l'avvolgibile.

Anche per noi è questione di passaggi,
sia di sopra o di sotto. E le analogie
non si fermano qui. Fino a che punto
lo dicano i filosofi o i maestri
di bricolage fortunatamente
inascoltati è da vedersi.

L'avvenire è già passato da un pezzo.
Può darsi però che ammetta qualche replica
dato l'aumento delle prenotazioni.
Con un palmo di naso resteranno
gli abbonati alle prime; e col sospetto
che tutto involgarisce a tutto spiano.

Il grande scoppio iniziale
non dette origine a nulla di concreto.
Una spruzzaglia di pianeti e stelle,
qualche fiammifero acceso nell'eterno buio?
L'Artefice supremo era a corto di argomenti?
C'è chi lo pensa e non lo dice,
c'è chi pensa che il pensiero non esiste.
E che più? Forse l'Artefice pensa
che gli abbiamo giocato un brutto tiro.

È probabile che io possa dire io
con conoscenza di causa
sebbene non possa escludersi che un ciottolo,
una pigna cadutami sulla testa
o il topo che ha messo casa nel solaio
non abbiano ad abundantiam quel sentimento
che fu chiamato autocoscienza. È strano
però che l'uomo spenda miracoli d'intelligenza
per fare che sia del tutto inutile
l'individuo, una macchina che vuole
cancellando ogni traccia del suo autore.
Questo è il traguardo e che nessuno pensi
ai vecchi tempi (se mai fosse possibile!).

TEMPO E TEMPI II

Da quando il tempo-spazio non è più
due parole diverse per una sola entità
pare non abbia più senso la parola esistere.
C'era un *lui* con un peso, un suono, forse un'anima
e un destino eventuale, chissà come.
Ora bisogna sentirselo dire: tu sei tu
in qualche rara eccezione perché per distinguersi
occorre un altro, uno che con sottile artifizio
supponiamo diverso, altro da noi, uno scandalo!
Si presume che in fatto di velocità il corvo
(e anche d'intelligenza) possa dare dei punti
all'uomo. È un fatto discutibile. Ma
intanto lui vola con ali sue mentre tu
che della vita sapesti solo l'alba e tu
che lottando col buio avesti migliore destino
e il povero poeta (?) che ti disse
prenotami magari un posto di loggione
lassù se mi vedrai, abbiamo avuto il sospetto
di stringere qualcosa tra le dita.

Per quanto tempo? Ah sì, c'è sempre la malefica
invenzione del tempo!

L'OBOE

Talvolta il Demiurgo, spalla di Dio e Viceré quaggiù,
rimugina su quali macchinazioni
gli attribuiscano i suoi nemici,
i fedeli al suo Dio perché quaggiù
non giungono gazzette e non si sa
che siano occhi e orecchie. Io sono al massimo
l'oboe che dà il *la* agli altri strumenti
ma quel che accade dopo può essere l'inferno.
Un giorno forse potrò vedere anch'io,
oggi possente e cieco, il mio padrone
e nemico ma penso che prima si dovrà inventare
una cosa da nulla, il Tempo, in cui
i miei supposti sudditi si credano sommersi.

Ma, riflette il Demiurgo, chissà fino a quando
darò la mano (o un filo) al mio tiranno? Lui stesso
non ha deciso ancora e l'oboe stonicchia.

LO SPETTACOLO

Il suggeritore giù nella sua nicchia
s'impappinò di certo in qualche battuta
e l'Autore era in viaggio e non si curava
dell'ultimo copione contestato
sin da allora e da chi? Resta un problema.
Se si trattò di un fiasco la questione
è ancora aperta e tale resterà.
Esiste certo chi ne sa più di noi
ma non parla; se aprisse bocca sapremmo
che tutte le battaglie sono eguali
per chi ha occhi chiusi e ovatta negli orecchi.

Colui che allestì alla meno peggio
il cabaret
tutto aveva previsto gloria e infamia
o cadde in una trappola
di cui fu prima vittima se stesso?
Che possa uscirne presto o tardi è dubbio.
È la domanda che dobbiamo porci
uomini e porci, con desideri opposti.

Se l'universo nacque
da una zuffa di gas
zuffa non zuppa allora
com'è possibile, come...
ma qui gli cadde di mano
quella penna di cigno
che seppure in ritardo
si addice ancora a un bardo.

Si può essere a destra
o a sinistra
o nel centro
o in tutt'e tre, che non guasta.
Ma tutto ciò presuppone
che l'Essere sia certo,
sia la buridda di cui ci nutriamo
quando sediamo a tavola.
Alas, poor Yorick, che teste di cavolo
noi siamo (e questa resta
la nostra sola certezza).

GIOVIANA

Si scrivono miliardi di poesie
sulla terra ma in Giove è ben diverso.
Neppure una se ne scrive. E certo
la scienza dei gioviani è altra cosa.
Che cosa sia non si sa. È assodato
che la parola uomo lassù desta
ilarità.

Quando il mio nome apparve in quasi tutti i giornali
una gazzetta francese avanzò l'ipotesi
che non fossi mai esistito.
Non mancarono rapide smentite.
Ma la falsa notizia era la più vera.
La mia esistenza fisica risultò un doppione,
un falso come quella planetaria
gode il discusso onore di questi anni.
Sarebbero dunque falsari gli astronomi o piuttosto
falsettanti? La musica vocale
abbisogna di questo o di simili trucchi.
Ma che dire del suono delle Sfere?
E che del falso, del vero o del pot pourri?
Non è compito nostro sbrogliare la matassa.
D'altronde anche filosofi e teologi
sono viventi in carne ed ossa. Ed ecco
il fabbisogno, il dovere di battere la grancassa.

IN ORIENTE

Forse divago dalla retta via.
Questa biforcazione tra Sunna e Scia
non distrugge il mio sonno ma fa di me l'alunno.
È come fare entrare lo spago in una cruna
d'ago.

ALL'ALBA

Lo scrittore suppone (e del poeta
non si parli nemmeno)
che morto lui le sue opere
lo rendano immortale.
L'ipotesi non è peregrina,
ve la do per quel che vale.
Nulla di simile penso nel beccafico
che consuma il suo breakfast giù nell'orto.
Egli è certo di vivere; il filosofo
che vive a pianterreno
ha invece più di un dubbio. Il mondo può
fare a meno di tutto, anche di sé.

MONOLOGO

Non mi affaccio più
dal parapetto
per vedere se arriva
la diligenza a cavalli
che porta gli scolari dai Barnabiti.
Poi lunghi tratti di vita
appaiono scancellati
mi sembra sciocco chi crede
che la vita non soffre interruzioni
non si tratta di morte e resurrezioni
ma di lunghe discese agl'Inferi dove ribolle
qualche cosa non giunta al punto di rottura
ma questo sarebbe la morte che detestiamo
così ci contentiamo di un ribollìo
che è come un tuono lontano,
qualcosa sta accadendo nell'Universo
una ricerca di se stesso
di un senso per poi ricominciare
e noi a rimorchio, cascami
che si buttano via
o cade ciascuno da sé.

ALUNNA DELLE MUSE

Riempi il tuo bauletto
dei tuoi carmina sacra o profana
bimba mia
e gettalo in una corrente
che lo porti lontano e poi lo lasci
imprigionato e mezzo scoperchiato
tra il pietrisco. Può darsi che taluno
ne tragga in salvo qualche foglio, forse
il peggiore e che importa? Il palato,
il gusto degli Dei sarà diverso
dal nostro e non è detto che sia il migliore.
Quello che importa è che dal bulicame
s'affacci qualche cosa che ci dica
non mi conosci, non ti conosco; eppure
abbiamo avuto in sorte la divina follìa
di essere qui e non là, vivi o sedicenti
tali, bambina mia. E ora parti
e non sia troppo chiuso il tuo bagaglio.

II

ALL'AMICO PEA

Quando Leopoldo Fregoli udì il passo della morte
indossò la marsina, si mise un fiore all'occhiello
e ordinò al cameriere servite il pranzo.
Così mi disse Pea della fine di un uomo che molto ammirava.
Un'altra volta mi parlò di un inverno a Sarzana
e di tutto il ghiaccio di quell'esilio
con una stoica indifferenza che mascherava la pietà.
Pietà per tutto, per gli uomini, un po' meno per sé.
Lo conoscevo da trent'anni o più, come impresario
come scalpellatore di parole e di uomini.
Pare che oggi tutti lo abbiano dimenticato
e che la notizia in qualche modo sia giunta fino a lui,
senza turbarlo. Sta prendendo appunti
per dirci cosa è oltre le nubi,
oltre l'azzurro, oltre il ciarpame del mondo
in cui per buona grazia siamo stati buttati.
Poche note soltanto su un taccuino che nessun editore
potrà mai pubblicare; sarà letto forse
in un congresso di demoni e di dèi
del quale si ignora la data perché non è nel tempo.

NIXON A ROMA

In numero ristretto, setacciati
ma anche esposti a sassaiole e insulti
siamo invitati al banchetto
per l'Ospite gradito. Cravatta nera e niente
code e decorazioni. Non serve spazzolare
sciarpe e ciarpame. Saremo in pochi eletti
sotto i flash, menzionati dai giornali
del pomeriggio che nessuno legge.
Avremo i Corazzieri, un porporato,
le già Eccellenze e i massimi garanti
della Costituzione,
il consommè allo Sherry, il salmone, gli asparagi
da prender con le molle, il Roederer brut,
i discorsi, gli interpreti, l'orchestra
che suonerà la Rapsodia in blu
e per chiudere Jommelli e Boccherini.
Il cuoco è stato assunto per concorso
e per lui solo forse siamo all'Epifania
di un Nuovo Corso.
L'Ospite è giunto; alcuni
negano che sia stato sostituito.
Gli invitati non sembrano gli stessi.
Può darsi che il banchetto sia differito. Ma
ai toast sorgiamo in piedi coi bicchieri
e ci guardiamo in volto. Se i Briganti
di Offenbach non si sono seduti ai nostri posti
tutto sembra normale. Lo dice il direttore
dei servizi speciali.

CÀFFARO

La vecchia strada in salita è via Càffaro.
In questa strada si stampava il Càffaro,
il giornale più ricco di necrologi economici.
Aperto in rare occasioni c'era un teatro già illustre
e anche qualche negozio di commestibili.
Mio padre era il solo lettore del Càffaro
quello dov'era dolce spengersi tra le braccia
d'infinite propaggini. Fornito di monocolo
col nastro il Direttore del giornale
e anche un suo alter ego con in più una mèche bianca
a cui doveva non poco lustro. Si diceva
che per arrotondare i suoi magri profitti
il dotto traduttore del Càffaro annalista
doveva essere lui ma poi l'impresa
passò ad altri e nessuno se ne dolse.
Col fiato grosso salivo a Circonvallazione.
Io con manuali scolastici, il Direttore scendeva
ma il suo occhio di vetro mai si fermò su me.
Di lui nulla si seppe. Più sconsigliato invece
il traduttore mancato portò sulla piccola scena
un suo drammone storico del quale in robone ducale
fu interprete l'Andò e andò malissimo
tanto che quando apparve la nota mèche al proscenio
un grido di bulicciu! divallò dalle alture
e fu l'unico omaggio che i suoi fedeli
se mai ne fu taluno vollero tributargli.

AL GIARDINO D'ITALIA

Larbaud

C'incontrammo al Giardino d'Italia
un caffè da gran tempo scomparso.
Si discuteva la parola romance
la più difficile a pronunziarsi, la sola
che distingue il gentleman dal buzzurro.
Poi ordinò un ponce all'italiana
e la sua dizione era alquanto bigarrée
(ma è un eufemismo).
Vedevo in lui Lotario che battendo
di porta in porta ricerca la sua Mignon.
Per ritrovarla poi, mentre la mia
era perduta.

a Charles Singleton

Sono passati trent'anni, forse quaranta.
In un teatro-baracca si riesumava
una noiosa farsa dell'aureo Cinquecento.
Ne comprendevo assai poco ma tutto il resto
era per me decifrato da un provvido amico straniero
che poi scomparve. Lo avevo già visto al Caffè
degli scacchisti. Allora non sapevo
che non esistono rebus per il Patròlogo
ma un nome solo sfaccettato anche se unico.
C'è chi vorrebbe sopprimere anche quello.
Forse doveva essere l'opinione
del misterioso personaggio che ora si rifà vivo
perché ricorda la sera del baraccone
ed il soccorso datomi. Del suo commercio coi Padri
non fece cenno. Sarebbe stato ridicolo.

LE PIANTE GRASSE

Un mio lontano parente era collezionista
di piante grasse. Venivano da ogni parte
per vederle. Venne anche il celebrato (?)
de Lollis delibatore di poesia prosastica.
Si erano conosciuti al Monterosa
ristorante per celibi ora scomparso.
Oggi non esistono più
le serre le piante grasse e i visitatori
e nemmeno il giardino dove si vedevano
simili mirabilia. Quanto al parente
è come non sia esistito mai. Aveva studiato
a Zurigo respinto in ogni materia
ma quando nel nostro paese le cose volgevano al peggio
crollava la testa e diceva eh a Zurigo a Zurigo...

Non so che senso abbia il ridicolo
nel tutto/nulla in cui viviamo ma
deve averne uno e forse non il peggiore.

SCHIAPPINO

Il figlio del nostro fattore
aveva fama di pessimo tiratore:
lo chiamavano Schiappa o con più grazia
Schiappino.
Un giorno si appostò davanti alla roccia
dove abitava il tasso in una buca.
Per essere sicuro del suo tiro
sovrappose al mirino una mollica di pane.
A notte alta il tasso tentò di uscire
e Schiappino sparò ma il tasso fece
palla di sé e arrotolato sparve
nella vicina proda. Non si vedeva a un passo.
Solo un tenue bagliore sulla Palmaria.
Forse qualcuno tentava di accendere la pipa.

UNA VISITATRICE

Quando spuntava in fondo al viale
la zia di Pietrasanta noi ragazzi
correvamo a nasconderci in soffitta.
Il suo peccato: era vecchia e noiosa,
una tara che anche ai giovani di allora
pareva incomprensibile, insultante.
Mio padre l'abbracciava, dava ascolto
al fiume di disgrazie in cui la vecchiarda
nuotava come un pesce e poi faceva
scivolare due scudi nel borsetto
sempre aperto di lei. E infine le diceva
affréttati, tra poco arriverà
il trenino 'operaio' che serve a te.
Non l'ho mai vista; oggi avrebbe assai più
di cento anni. Eppure quando leggo o ascolto
il nome PIETRASANTA penso ai pochi scudi,
al dolore del mondo, alla ventura-sventura
di avere un avo, di essere trisnipote
di chissà chi, di chi non fu mai vivo.

I NASCONDIGLI II

I

Il canneto dove andavo a nascondermi
era lambito dal mare quando le onde erano lunghe
e solo la spuma entrava a spruzzi e sprazzi
in quella prova di prima e dopo il diluvio.
Larve girini insetti scatole scoperchiate
e persino la visita frequente (una stagione intera)
di una gallina con una sola zampa.
Le canne inastavano nella stagione giusta
i loro rossi pennacchi; oltre il muro dell'orto
si udiva qualche volta il canto flautato
del passero solitario come disse il poeta
ma era la variante color cenere
di un merlo che non ha mai (così pensavo)
il becco giallo ma in compenso esprime
un tema che più tardi riascoltai
dalle labbra gentili di una Manon in fuga.
Non era il flauto di una gallina zoppa
o di altro uccello ferito da un cacciatore?
Neppure allora mi posi la domanda
anche se una rastrelliera di casa mia
esibiva un fucile così detto a bacchetta,
un'arma ormai disusata che apparteneva
in altri tempi a uno zio demente.
Solo la voce di Manon, la voce
emergente da un coro di ruffiani,
dopo molti anni poté riportarmi
al canneto sul mare, alla gallina zoppa

e mi fece comprendere che il mondo era mutato
naturalmente in peggio anche se fosse assurdo
rimpiangere o anche solo ricordare
la zampa che mancava a chi nemmeno
se ne accorse e morì nel suo giuncheto
mentre il merlo acquaiolo ripeteva quel canto
che ora si ascolta forse nelle discoteche.

II

Una luna un po' ingobbita
incendia le rocce di Corniglia.
Il solito uccellino color lavagna
ripete il suo omaggio a Massenet.
Sono le otto, non è l'ora
di andare a letto, bambini?

OTTOBRE DI SANGUE

Nei primi giorni d'ottobre
sulla punta del Mesco
giungevano sfiniti dal lungo viaggio
i colombacci; e fermi al loro posto
con i vecchi fucili ad avancarica
imbottiti di pallettoni
uomini delle mine e pescatori
davano inizio alla strage dei pennuti.
Quasi tutti morivano ma il giorno che ricordo
uno se ne salvò che già ferito
fu poi portato nel nostro orto.
Poteva forse morire sullo spiedo
come accade a chi lotta con onore
ma un brutto gatto rognoso
si arrampicò fino a lui e ne restò
solo un grumo di sangue becco e artigli.
Passione e sacrifizio anche per un uccello?
Me lo chiedevo allora e anche oggi nel ricordo.
Quanto al Mesco e alla Punta non ne è traccia
nel mio atlante scolastico di sessant'anni fa.

UN INVITO A PRANZO

Le monachelle che sul lago di Tiberiade
reggevano a fatica un grande luccio
destinato dicevano a Sua Santità
mi chiesero di restare qualora il Santo Padre
dichiarasse forfait (il che avvenne dipoi).
Non senza assicurarsi che sebbene at large
io ero un buon cattolico. Purtroppo
generose sorelle sono atteso al monte degli Ulivi
fu la risposta accolta da rimpianti
benedizioni e altro. Così ripresi il viaggio.
Sarebbe stato il primo luccio della mia vita
e l'ho perduto non so se con mio danno
o con vantaggio. Un luccio oppure un laccio?

NEL DUBBIO

Stavo tenendo un discorso
agli 'Amici di Cacania'
sul tema 'La vita è verosimile?'
quando mi ricordai
ch'ero del tutto agnostico,
amore e odio in parti uguali e incerto
il risultato, a dosi alternate.
Poi riflettei ch'erano sufficienti
cinque minuti
due e mezzo alla tesi
altrettanti all'antitesi
e questo era il solo omaggio
possibile a un uomo senza qualità.
Parlai esattamente trentacinque secondi.
E quando dissi
che il sì e il no si scambiano le barbe
urla e fischi interruppero il discorso
e mi svegliai. Fu il sogno più laconico
della mia vita, forse il solo non sprovvisto
'di qualità'.

LA GLORIA O QUASI

A Ginevra alle felicemente defunte
Rencontres Internationales c'era una poltrona
sempre vuota e una scritta che diceva
Riservata alla vedova
di Affricano Spir.
Simili scritte appaiono sulle poltrone
di mezzo mondo
come apprendo da fogli autorevoli quali l'Eco
di Mazara del Vallo e il Diario de Pamplona.
Anche per me suppongo dev'essere scattata
tale macchinazione che non risparmia i celibi.
Certo, Affricano, se la sua incredibile
consorte ch'ebbi il vanto di conoscere
lo avesse risparmiato, esulterebbe,
nichilista com'era in senso filosofico e non politico.
Non riuscì ad annullarsi. Oltre l'impresa
fallimentare della sua consorte
esistono dovunque quei monumentali
libri, le Enciclopedie che alla lettera S
portano un nome che anche senza di loro
e con scarsa sua gioia avrebbe galleggiato
alla meglio sul tempo.

Mi pare impossibile,
mia divina, mio tutto,
che di te resti meno
del fuoco rosso verdognolo
di una lucciola fuori stagione.
La verità è che nemmeno
l'incorporeo
può eguagliare il tuo cielo
e solo i refusi del cosmo
spropositando dicono qualcosa
che ti riguardi.

Non più notizie
da San Felice.

Hai sempre amato i viaggi
e alla prima occasione
sei saltata fuori
del tuo cubicolo.

Ma ora come riconoscersi
nell'Etere?

Tergi gli occhiali appannati
se c'è nebbia e fumo nell'aldilà,
e guarda in giro e laggiù se mai accada
ciò che nei tuoi anni scolari fu detto vita.
Anche per noi viventi o sedicenti tali
è difficile credere che siamo intrappolati
in attesa che scatti qualche serratura
che metta a nostro libito l'accesso
a una più spaventevole felicità.
È mezzogiorno, qualcuno col fazzoletto
ci dirà di affrettarci perché la cena è pronta,
la cena o l'antipasto o qualsivoglia mangime,
ma il treno non rallenta per ora la sua corsa.

Il mio cronometro svizzero aveva il vizio
di delibare il tempo a modo suo.
E fu così
ch'erano solo le 5 e non le 6
quando potei sedermi al caffè San Marco.
Parve un'inezia, magari una fortuna
questo allungarsi dell'appuntamento
sebbene a lei pesasse assai l'attesa
ma il suo pallore divenne presto il mio.
Quale durata deve avere l'ultimo
(presumibile) addio? Non c'è manuale
di Erotica che illustri degnamente
la scomparsa di un dio. In tali eventi
che il cronometro avanzi o retroceda
non conta nulla.

LUNI E ALTRO

1938

Arrestammo la macchina
all'ombra di alcune rovine.
Qui sarà sbarcata la jeunesse dorée
e dopo secoli vi sostò Gabriel
per compiervi la pessima delle sue prove.
Più modesti dobbiamo contentarci
di poco: il Poveromo, la Fossa dell'Abate.
Troppe cose, dicesti. Ne ho abbastanza
di cadaveri illustri.
     E ripartimmo
senza nessuna nostalgia: quel poco
che ancora oggi resiste.

A C.

Ho tanta fede in te
che durerà
(è la sciocchezza che ti dissi un giorno)
finché un lampo d'oltremondo distrugga
quell'immenso cascame in cui viviamo.
Ci troveremo allora in non so che punto
se ha un senso dire punto dove non è spazio
a discutere qualche verso controverso
del divino poema.

So che oltre il visibile e il tangibile
non è vita possibile ma l'oltrevita
è forse l'altra faccia della morte
che portammo rinchiusa in noi per anni e anni.

Ho tanta fede in me
e l'hai riaccesa tu senza volerlo
senza saperlo perché in ogni rottame
della vita di qui è un trabocchetto
di cui nulla sappiamo ed era forse
in attesa di noi spersi e incapaci
di dargli un senso.

Ho tanta fede che mi brucia; certo
chi mi vedrà dirà è un uomo di cenere
senz'accorgersi ch'era una rinascita.

CLIZIA DICE

Sebbene mezzo secolo sia scorso
potremo facilmente ritrovare
il bovindo nel quale si stette ore
spulciando il monsignore delle pulci.
Sul tetto un usignolo si sgolava
ma non ebbe successo. Quanto al gergo
delle sagre del popolo o a quello
delle commedie o farse vive solo
in tradizioni orali, se con noi fosse
come un giorno un maestro del sermone umile
nonché del bronzeo della patrologia,
tutto sarebbe facile. Ma dove
sarà quel giorno e dove noi?
Se esiste un cielo e in esso molte lingue,
la sua fama d'interprete salirebbe
in altri cerchi ancora e il puzzle sarebbe
peggiore che all'inferno di noi sordomuti.

CLIZIA NEL '34

Sempre allungata
sulla chaise longue
della veranda
che dava sul giardino,
un libro in mano forse già da allora
vite di santi semisconosciuti
e poeti barocchi di scarsa reputazione
non era amore quello
era come oggi e sempre
venerazione.

PREVISIONI

Ci rifugiammo nel giardino (pensile se non sbaglio)
per metterci al riparo dalle fanfaluche
erotiche di un pensionante di fresco arrivo
e tu parlavi delle donne dei poeti
fatte per imbottire illeggibili carmi.
Così sarà di me aggiungesti di sottecchi.
Restai di sasso. Poi dissi dimentichi
che la pallottola ignora chi la spara
e ignora il suo bersaglio.
                              Ma non siamo
disse C. ai baracconi. E poi non credo
che tu abbia armi da fuoco nel tuo bagaglio.

INTERNO/ESTERNO

Quando la realtà si disarticola
(seppure mai ne fu una) e qualche sua parte
s'incrosta su di noi
allora un odore d'etere non di clinica
ci avverte che la catena s'è interrotta
e che il ricordo è un pezzo di eternità
che vagola per conto suo
forse in attesa di rintegrarsi in noi.
È perciò che ti vedo
volgerti indietro dall'imbarcadero
del transatlantico che ti riporta
alla Nuova Inghilterra
oppure siamo insieme nella veranda
di 'Annalena'
a spulciare le rime del venerabile
pruriginoso John Donne
messi da parte i deliranti abissi
di Meister Eckart o simili.
Ma ora squilla il telefono e una voce
che stento a riconoscere dice ciao.
Volevo dirtelo, aggiunge, dopo trent'anni.
Il mio nome è Giovanna, fui l'amica di Clizia
e m'imbarcai con lei. Non aggiungo altro
né dico arrivederci che sarebbe ridicolo
per tutti e due.

NEL '38

Si era con pochi amici
nel Dopopalio
e ci fermammo per scattare
le foto d'uso.
Ne ho ancora una, giallo sudicia,
quasi in pezzi,
ma c'è il tuo volto incredibile,
meraviglioso.
Si era nel '38.
Più tardi dissero
che bordeggiavi 'a sinistra'
ma la notizia non mi sorprese
perché sapevo che l'Essere
non ha opinioni o ne ha molte
a seconda del suo capriccio
e chi non può seguirle
ne è inseguito.
Si era nel '38.

QUARTETTO

In una istantanea ingiallita
di quarant'anni fa
ripescata dal fondo di un cassetto
il tuo volto severo nella sua dolcezza
e il tuo servo d'accanto; e dietro Sbarbaro
briologo e poeta – ed Elena Vivante
signora di noi tutti: qui giunti per vedere
quattro ronzini frustati a sangue
in una piazza-conchiglia
davanti a una folla inferocita.
E il tempo? Quarant'anni ho detto e forse zero.
Non credo al tempo, al big bang, a nulla
che misuri gli eventi in un prima e in un dopo.
Suppongo che a qualcuno, a qualcosa convenga
l'attributo di essente. In quel giorno eri tu.
Ma per quanto, ma come? Ed ecco che rispunta
la nozione esecrabile del tempo.

Poiché la vita fugge...

Poiché la vita fugge
e chi tenta di ricacciarla indietro
rientra nel gomitolo primigenio,
dove potremo occultare, se tentiamo
con rudimenti o peggio di sopravvivere,
gli oggetti che ci parvero
non peritura parte di noi stessi?
C'era una volta un piccolo scaffale
che viaggiava con Clizia, un ricettacolo
di Santi Padri e di poeti equivoci che forse
avesse la virtù di galleggiare
sulla cresta delle onde
quando il diluvio avrà sommerso tutto.
Se non di me almeno qualche briciola
di te dovrebbe vincere l'oblio.

E di me? La speranza è che sia disperso
il visibile e il tempo che gli ha dato
la dubbia prova che questa voce È
(una E maiuscola, la sola lettera
dell'alfabeto che rende possibile
o almeno ipotizzabile l'esistenza).
Poi (sovente hai portato
occhiali affumicati e li hai dimessi
del tutto con le pulci di John Donne)
preparati al gran tuffo.
Fummo felici un giorno, un'ora un attimo
e questo potrà essere distrutto?
C'è chi dice che tutto ricomincia

eguale come copia ma non lo credo
neppure come augurio. L'hai creduto
anche tu? Non esiste a Cuma una sibilla
che lo sappia. E se fosse, nessuno
sarebbe così sciocco da darle ascolto.

CREDO

1944

Forse per qualche sgarro nella legge
del contrapasso
era possibile che uno sternuto in via Varchi 6 Firenze
potesse giungere fino a Bard College N. J.
Era l'Amore? Non quello che ha popolato
con un orrendo choc il cielo di stelle e pianeti.
Non tale la forza del dio con barba e capelli
che fu detronizzato dai soci del Rotary Club
ma degno di sopravvivere alle loro cabale.
Credo vero il miracolo che tra la vita e la morte
esista un terzo status che ci trovò tra i suoi.
Che un dio (ma con la barba) ti protegga
mia divina. Ed il resto, le fandonie
di cui siamo imbottiti sono meno
che nulla.

A CLAUDIA MUZIO

Eravate sublime
per cuore e accento,
il fuoco e il ghiaccio fusi
quando Qualcuno disse basta
e fu obbedito.
Ovviamente
non fu affar vostro la disubbidienza
ma questo non conforta, anzi infittisce
il mistero: che sia pronto a dissolversi,
ciò che importa, ma tardo e incancellabile
l'essere per cui nascere fu un refuso.

Quando la capinera...

Quando la capinera fu assunta in cielo
(qualcuno sostiene che il fatto
era scritto nel giorno della sua nascita)
certo non si scordò di provvedersi
di qualche amico del suo repertorio
scelto tra i più fidati, Albert Savarus
e la piccola Alice strappata dal suo Wonderland.
Per il primo non sono problemi
ma per l'altra
distolta dall'ombrello del suo fungo
non mancherà qualche dissidio: ch'io
sappia tra i micologi del cielo
è buio pesto.

CARA AGLI DEI

Vista dal nostro balcone
in un giorno più chiaro d'una perla
la Corsica appariva sospesa in aria.
È dimezzata dicesti come spesso
la vita umana.
Le vieillard s'approcha, il avait
bien cinquante ans
dissi citando Rousseau, non si saprà mai
quanto deve durare una vita. Non sapevo
allora che tu per tuo conto
avresti risolto il problema
scacciandone una parte: 'un barba!'.
Non so ancora se fui caro o discaro agli Dei
e quale di queste Maschere abbia ragione o torto.
Il avait bien 50 ans! Quello ch'è sottinteso
in quel bien potrebbe anche farmi impazzire.

UNA VISITA

Roma 1922

Quasi a volo trovai una vettura
lasciando l'hôtel Dragoni.
Ci volle non poco tempo per giungere al cancello
dove lei mi attendeva. Dentro erano i parenti
e gl'invitati. Le signore in lungo
gli uomini in nero o nerofumo
io solo in grigio. C'erano due ammiragli
omonimi, il prefetto, due ex ministri
molto loquaci. Si parlò di tutto,
con preferenza per guerre da fare o prendere.
Io e lei quasi muti.
Venne servito il tè coi buccellati
di Cerasomma. E noi sempre meno loquaci.
Dopodiché allegai che fosse per me tempo
'di togliere il disturbo' e non trovai obiezioni.
Permetti
che ti accompagni disse lei uscendo dal suo mutismo.
Ma era ormai per poco, col cancello vicino.
Sulla ghiaia il suo passo pareva più leggero.
Non tardò una vettura.
                    Hasta la vista dissi
facendomi coraggio. La sua risposta si fuse
con uno schiocco di frusta.

POSTILLA A 'UNA VISITA'

Certo non fu un evento degno di storia
quel primo mio viaggio a Roma. Ma la storia
anche la privatissima storia di Everyman
registra ben altre sciocchezze. Non sa che farsene
di due cuori neppure infranti (e se anche
lo fossero o lo furono?). La storia è disumana
anche se qualche sciocco cerca di darle un senso.

AH!

Amavi le screziature le ibridazioni
gli incroci gli animali
di cui potesse dirsi mirabil mostro.
Non so se nel collège di Annecy
qualcuno abbia esclamato vedendoti e parlandoti
con meraviglia Ah! E fu da allora
che persi le tue tracce. Dopo anni seppi
il peggio. Dissi Ah! e tentai di pensare ad altro.
Rari i tuoi libri, la Bibbia
e il Cantico dei Cantici,
un bosco per la tua età
con tanto di cartello cave canem,
qualche romanzo del Far West e nulla
che fosse scritto per l'infanzia e i suoi
confini così incerti. Tuttavia,
se tu fossi scomparsa allora, anche a te
non sarebbe mancato un tenerissimo
Ah!
Ma più tardi nessuno
o soltanto il buon Dio quale che fosse
accompagnò la tua vacanza con un Ah!
che dicesse stupore o smarrimento.
Forse qualcuno si fermò sull'A
che dura meno e risparmia il fiato.
Poi fu silenzio. Ora l'infante là
dove si sopravvive se quella è vita
legge i miei versi zoppicanti, tenta
di ricostruire i nostri volti e incerta dice
Mah?

QUADERNO DI TRADUZIONI

da Shakespeare, *Sonetti*

SONETTO XXII

Allo specchio, ancor giovane mi credo
ché Giovinezza e te siete una cosa.
Ma se una ruga sul tuo volto io veda
saprò che anche per me morte non posa.
Quella beltà che ti ravvolge è ancora
parvenza del mio cuore che nel tuo
alberga – e il tuo nel mio –; e come allora
decidere chi è il vecchio di noi due?
Poni in serbo il tuo cuore, ed io lo stesso
farò di me: del tuo così zelante
come fida nutrice in veglia presso
la cuna, che ogni morbo stia distante.
    Spento il mio cuore, invano il tuo riprendere
    vorresti: chi l'ha avuto non lo rende.

SONETTO XXXIII

Spesso, a lusingar vette, vidi splendere
sovranamente l'occhio del mattino,
e baciar d'oro verdi prati, accendere
pallidi rivi d'alchimìe divine.
Poi vili fumi alzarsi, intorbidata
d'un tratto quella celestiale fronte,
e fuggendo a occidente il desolato
mondo, l'astro celare il viso e l'onta.
Anch'io sul far del giorno ebbi il mio sole
e il suo trionfo mi brillò sul ciglio:
ma, ahimè, poté restarvi un'ora sola,
rapito dalle nubi in cui s'impiglia.
    Pur non ne ho sdegno: bene può un terrestre
    sole abbuiarsi, se è così il celeste.

SONETTO XLVIII

Con che animo, partendo, li ho rinchiusi,
i miei ninnoli, e con che serrature,
per trovarli, inusati, al mio solo uso,
da mani d'altri, cupide, al sicuro.
Ma tu che rendi men che nulla questi
gioielli se ti mostri, tu mio primo
conforto e ora mio cruccio, preda resti
d'ogni furfante che ti s'avvicina.
Non t'ho messo in alcuno scrigno, fuori
di quello in cui non sei, ben ch'io ti senta
qui pure: nell'asilo del mio cuore
dove tu giungi e parti a tuo talento.
    Per essermi rubato, poi: se avviene
    ch'è ladra anche virtù con un tal bene.

da Shakespeare, *Midsummer-Night's Dream*
(*Frammenti di una riduzione*)

FATA

FATA
Tra boschi e tra spini,
tra mura e giardini,
tra fuochi e sorgenti,
sul colle e sul borro,
dove m'aggrada, più rapida
che raggio di luna, trascorro.
. . . .

OBERON E PUCK

OBERON
(*si china su Demetrio addormentato*)
Fior scarlatto, ferito
dall'arco di Cupido,
forza la sua pupilla!
E s'egli la sua bella
ricerchi, gli appaia ella
come Venere in cielo quando brilla.

. . . .

(*Riappare Puck*)

PUCK
Sovrano della nostra aerea banda,
ecco Elena s'avanza
e il giovane da me tratto in errore
la richiede d'un pegno del suo amore.
Anche su questo poseremo gli occhi?
Come sono, mio Dio, gli uomini, sciocchi!

OBERON
Discòstati; il rumore ch'essi fanno
può risvegliar Demetrio.

PUCK
               E allor saranno
in due a farle la corte,
e non sarà spettacolo da poco.
Nulla è al mondo ch'io ami quanto il gioco
bizzarro della sorte.

. . . .

OBERON SVEGLIA TITANIA

OBERON

. . . .
Sii qual fosti in passato,
come vedesti un dì torna a vedere.
Il germoglio di Diana ha tal potere
se col fior di Cupido s'è incontrato.

. . . .

RE DELLE FATE

PUCK
Re delle fate, il richiamo
dell'allodola senti!

OBERON
Ed ora tristi e silenti
l'ombra notturna seguiamo,
il giro del mondo, più rapidi
che raggio di luna, a compire.

TITANIA
Vieni, o sposo; e nel fuggire
dimmi come fui trovata
qui nel bosco, tra mortali
addormentata...
. . . .

PIRAMO E TISBE

PIRAMO
O luna per la tua luce solare
ti ringrazio e perché sì bella splendi,
e ne' tuoi raggi aurei m'appare
lo sguardo della mia Tisbe più vera.
Ma guarda e sosta,
povero cavaliere,
quale orrendo spettacolo! Oh sciagura!
Vedete, occhi? È possibile?
Cara anatrella!
Il tuo mantello
tinto di sangue, ahimè?
Venite, furie insane, e recidete
questo stame;
schiacciate tutto, tutto distruggete!
. . . .
O natura perché hai fatto i leoni?
È un leone che ha ucciso la mia cara,
colei che è, no... no... che fu più rara
tra quante amano, vivono ed hanno dolce aspetto.
Scendete, lagrime,
e tu spada nel petto
entrami a manca, dove
saltella il cuore.

(*Si trafigge*)

Così Piramo muore...
Ora son morto, son volato via,

l'anima è in cielo;
fuggi tu, luna,

(*Esce il chiaro di luna*)

        e scenda sulla lingua
il gelo.
      Ed ora muori, muori, muori...

(*Muore*)

TISBE
Dormi, amore, o sei morto?
Oh sorgi Piramo
e parla! Taci? Dunque coprirà
una tomba i tuoi dolci occhi? Ed il giglio
delle tue labbra, il naso tuo vermiglio
e le tue guance che hanno
il colore del tasso, ahimè, si sfanno?
. . . .
Ora venite, o tre
sorelle Parche, ora venite a me
con le mani di latte
rese scarlatte se reciso avete
nel sangue, con le forbici, il suo fiore.
Taci, lingua, soccorrermi
puoi sol tu, brando mio.
Squarciami il petto –

(*Si trafigge*)

        così Tisbe muore,
amici. Addio, addio.

(*Muore*).

CORO (PUCK)

PUCK
Rugge il leone affamato,
il lupo alla luna ùlula
e russa l'aratore che ha passato
il giorno sul lavoro.
Ora i tizzoni consumati splendono
ed uno strider di civetta sale
al cielo, e al poveretto che languisce
in miseria, ricorda il funerale.
Ecco l'ore notturne
in cui le tombe s'aprono e i fantasmi
scivolan via dall'urne
dei camposanti.
E noi spiriti erranti
che dietro il carro di Ecate, la tripla,
fuggiamo il sole ed inseguiamo in sogno
notturni incanti,
noi siamo allegri, oggi. Nessun topo
turberà questa casa consacrata:
io stesso resterò qui sulla porta
con la granata.

da Blake

ALLE MUSE

Siate sull'Ida dalla fronte ombrosa
o nelle stanze dell'Aurora,
le stanze del sole in cui ora
l'antica melodia riposa;

oppure in cielo, bionde,
o nei più verdi angoli del mondo,
o lungi, nei recessi azzurri d'onde
nascono i venti armoniosi;

o vaganti su rocce di cristallo
sotto il grembo del mare,
perdute tra grovigli di coralli,
voi belle Nove che obliaste i canti;

dove avete lasciato il vecchio fuoco,
delizia d'altri bardi?
Tarde e fioche le corde, il vostro suono
è forzato, le note sono poche!

da Emily Dickinson

TEMPESTA

Con un suono di corno
il vento arrivò, scosse l'erba;
un verde brivido diaccio
così sinistro passò nel caldo
che sbarrammo le porte e le finestre
quasi entrasse uno spettro di smeraldo:
e fu certo l'elettrico
segnale del Giudizio.
Una bizzarra turba di ansimanti
alberi, siepi alla deriva
e case in fuga nei fiumi
è ciò che videro i vivi.
Tocchi del campanile desolato
mulinavano le ultime nuove.
Quanto può giungere,
quanto può andarsene,
in un mondo che non si muove!

da Hopkins

LA BELLEZZA CANGIANTE

Gloria a Dio per le cose che ha spruzzate:
i cieli bicolori, pezzati come vacche,
la striscia roseo-biliottata della
trota in acqua, il tonfar delle castagne
– crollo di tizzi giovani nel fuoco –
e l'ali del fringuello; per le toppe
dei campi arati e dissodati, e tutti
i traffici e gli arnesi, e tutto ch'è
fuor di squadra, difforme, impari e strambo,
tutto che muta, punto da lentiggini
(chissà come?) di fretta o di lentezza,
di dolce o d'aspro, di lucore o buio.
Quegli le esprime – lode a Lui – ch'è sola
            bellezza non mutabile.

da Melville

BILLY IN CATENE

Il cappellano è entrato nella cella,
s'è curvato sull'ossa midollose e ha pregato
per quelli come me. Ma guarda, Billy,
il chiar di luna viene ed inargenta
la daga del guardiano e il mio cantuccio.
(Morrà lui pure all'ultima alba di Billy Budd).
Un gioiello faran di me domani,
un bel pendant di perle dal pennone,
come il par d'orecchini che un giorno detti a Molly.
Sospenderanno me, non la sentenza!
Ahi ahi, ché tutto è pronto e domattina
presto risalirò fra le mie gabbie.
E sarà questa volta con lo stomaco vuoto
o forse mi daranno
da rosicchiare un pezzo di galletta
ed un compagno m'offrirà un grappino.
E Dio sa chi dovrà tirarmi in alto
torcendo il capo dalla cerimonia!
Neppure avrà bisogno di fischietto...
Ma forse è una finzione,
un brutto sogno fatto ad occhi aperti.
Me n'andrò alla deriva, suonerà
la chiamata pel grog senza di me?
Donald m'ha garantito d'essere sulla plancia.
Gli stringerò la mano prima di andare giù.
(Ma ora mi ricordo che allora sarò morto).
Mi sovviene il gallese Taff quando dette il tuffo.
La sua guancia era come il garofano in fiore.
Ed io... io sarò avvolto in un'amaca, e giù,

sempre più giù, in un fondo sonno sarò calato.
E il sonno viene. Sei tu sentinella?
Allenta un poco le manette, ch'io
mi sporga appena.
Ho sonno e l'alghe viscide faranno
presto ad attorcigliarsi su di me.

da Thomas Hardy

VECCHIA PANCHINA

Il suo verde d'un tempo si logora, volge al blu.
Le sue solide gambe cedono sempre più.
Presto s'incurverà senz'avvedersene,
presto s'affonderà senz'avvedersene.

A notte, quando i più accesi fiori si fanno neri,
ritornano coloro che vi stettero a sedere;
e qui vengono in molti e vi si posano,
vengono in bella fila e vi riposano.

E la panchina non sarà stroncata,
né questi sentiranno gelo o acquate,
perché sono leggeri come l'aria
di lassù, perché sono fatti d'aria!

da Maragall

IL *CANT ESPIRITUAL*

Se il mondo è tanto bello, se si specchia
la tua pace nei nostri occhi, tu
potrai darci di più in un'altra vita?

Perciò tengo così, Signore, agli occhi,
al volto, al corpo che m'hai dato e al cuore
che vi batte; e perciò temo la morte.

Con che altri sensi mi farai vedere
sulle montagne questo cielo azzurro,
e il mare immenso e il sole ovunque acceso?
Metti tu nei miei sensi eterna pace,
e non vorrò che questo cielo azzurro.
Chi mai non disse 'fermati!' a un momento,
fuor di quello che gli portò la morte,
non lo intendo, Signore; io che vorrei
fermar tanti momenti d'ogni giorno
per farli eterni nel mio cuore. – O questo
'farli eterni' è già morte? – E che sarebbe
allora mai la vita? Ombra del tempo,
illusione del *qui* e del *laggiù*,
e il calcolo del poco e il molto e il troppo
solo un inganno, perché il tutto è il nulla?

Non importa. Sia il mondo ciò ch'esso è,
così diverso, esteso e temporale,
questa terra con quanto in essa cresce
è la mia patria; e non potrà, Signore,
essere la mia patria celestiale?

Uomo sono e la mia misura umana
per ciò che posso credere e sperare;
se qui fede e speranza in me si fermano,
nell'aldilà me ne farai tu colpa?
Nell'aldilà io vedo cielo e stelle,
anche lassù vorrei essere un uomo:
se ai miei occhi le cose hai fatto belle,
se per esse m'hai fatto gli occhi e i sensi,
con un altro 'perché?' dovrò rinchiuderli?

Tu sei, lo so; ma dove, chi può dirlo?
In me ti rassomiglia ciò che vedo...
Lasciami creder dunque che sei qui.
E quando verrà l'ora del timore
che chiuderà questi miei occhi umani,
aprimene, Signore, altri più grandi
per contemplare la tua immensa face,
e la morte mi sia un più grande nascere.

da Joyce, *Pomes Penyeach*

GUARDANDO I CANOTTIERI DI SAN SABBA

Ho udito quei giovani cuori gridare
spinti da Amore sul guizzante remo,
l'erbe dei prati ho udito sospirare
        non torna, non torna più!

O cuori, o erbe anelanti, invano gemono
gonfiate dall'amore le vostre bandierine!
Mai più il vento gagliardo che trascorre
vi tornerà vicino.

PER UN FIORE DATO ALLA MIA BAMBINA

Gracile rosa bianca e frali dita
di chi l'offerse, di lei
che ha l'anima più pallida e appassita
dell'onda scialba del tempo.

Fragile e bella come rosa, e ancora
più fragile la strana meraviglia
che veli ne' tuoi occhi, o mia azzurro-
venata figlia.

da Milosz

BERLINA FERMA NELLA NOTTE

Attendendo le chiavi
– forse le cercherà
tra le vesti di Tecla
morta trent'anni fa –
ascoltate, signora, il vecchio e sordo murmure
notturno del viale...
Così minuta e fragile nel doppio giro del mio mantello
ti condurrò fra i pruni e l'ortica delle rovine fino all'alta e nera porta
del castello.
E fu così che il nonno tornò un giorno
da Vercelli con la morta.
Che casa nera e diffidente e muta
per te, bambina mia!
Voi la sapete già, signora, questa storia.
Ormai dormono in lontani paesi.
Da cent'anni
li attende il loro posto
nel cuore della collina.
Con me si estingue quella stirpe.
O madonna di queste rovine!
Ora vedrai la stanza dell'infanzia: lì parlano
in silenzio profondo e soprannaturale
vecchi ritratti oscuri.
Di notte, rannicchiato nel mio letto,
mi giungeva dal cavo d'un'armatura
col suono dello sgelo dietro il muro
il bàttito del loro cuore.
Per la mia bimba spaurita che patria desolata!
La lanterna si spenge, la luna s'è velata,
la nottola chiama le figlie nel forteto.

Attendendo le chiavi
dormite un po', signora. – Dormi, mia pallidina,
e mettimi la testa sulla spalla.
Tu vedrai com'è bella la foresta
in ansia, nelle sue insonnie di giugno, e adorna
di fiori, bimba mia, da beniamina
della regina pazza.
Fasciatevi per bene nel mantello da viaggio:
la neve d'autunno, fitta, si fonde sul vostro viso
ed il sonno vi prende.
(Nel raggio della lanterna lei gira, gira nel vento
come nei miei sogni di fanciullo,
la vecchia, sapete?, la vecchia).
No, signora, non sento
che avviene: è vecchio assai,
ha la testa svanita,
scommetto ch'è andato a bere.
Per la mia bimba impaurita una casa così nera,
così lontana, in fondo al paese lituano!
No, signora, non so che cosa avviene.
Casa nera, nera,
serrature arrugginite,
tralci morti,
porte inchiodate,
imposte chiuse,
foglie su foglie da cent'anni sui viali.
Tutti i servi sono morti
ed io ho perduto la memoria.
Per la mia bimba fiduciosa una casa così nera!
Non mi ricordo più che l'aranciera
del trisnonno e il teatro
dove i gufi da nido mi beccavano in mano.
Di mezzo ai gelsomini la luna mi guardava.
Tempi lontani. S'ode
un passo in fondo al viale
e un'ombra appare. È Witold con le chiavi.

da Yeats

L'INDIANO ALL'AMATA

L'isola sogna sotto l'alba,
dai grandi tronchi stilla la pace;
sul prato liscio danzano i pavoni,
un pappagallo dondola su un ramo
e s'infuria specchiandosi in un mare di smalto.

Amarreremo qui la barca vuota,
con le mani intrecciate errando a lungo,
bocca su bocca mormorando teneri
tra l'erbe, tra le sabbie, susurrando
che le terre inquiete sono troppo lontane.

Come soli restiamo fra i mortali,
in disparte, celati fra le grandi ramure,
mentre dal nostro amore si esprime un astro indù,
una meteora dal bruciante cuore,
unita alla marea che luccica, alle ali
che scintillano e razzano,
alle rame pesanti, alla scura colomba
che geme e che sospira cento giorni;
e come vagheranno, quando saremo morti,
le nostre ombre, la sera sui sentieri felpati
smorzando coi passi aerei il sonno abbagliante dell'acque.

QUANDO TU SARAI VECCHIA

Quando tu sarai vecchia, tentennante
tra fuoco e veglia prendi questo libro,
leggilo senza fretta e sogna la dolcezza
dei tuoi occhi d'un tempo e le loro ombre.

Quanti hanno amato la tua dolce grazia
di allora e la bellezza di un vero o falso amore.
Ma uno solo ha amato l'anima tua pellegrina
e la tortura del tuo trascolorante volto.

Cùrvati dunque su questa tua griglia di brace
e di' a te stessa a bassa voce Amore
ecco come tu fuggi alto sulle montagne
e nascondi il tuo pianto in uno sciame di stelle.

DOPO UN LUNGO SILENZIO

Parlare dopo un lungo silenzio è cosa giusta.
Perduti o morti gli altri esseri amati,
nascosta nell'abat-jour l'ostile lampada
e calate le tende sulla nemica notte
che si parli così tra noi e noi
su questo tema eccelso, l'Arte e il Canto.
La decrepitudine del corpo è saggia: giovani
ci siamo amati senza saperne nulla.

VERSO BISANZIO

I

Qui non c'è posto per i vecchi. Giovinetti e fanciulle
Nei loro abbracci, uccelli ai loro canti,
Generazioni in extremis, tonfi
Di salmoni ed il fiotto degli sgombri,
Tutto che vola o che si caccia o pesca
Nell'estate infinita, ciò che fu concepito
O nato o morto dentro la musica dei sensi
Non cura i monumenti dell'eterno intelletto.

II

L'uomo invecchiato non è che uno straccio,
Una logora veste su uno stecco
Se non esulta l'anima e non batte le mani
A ogni sussulto del suo mortale abito.
Non qui scuola di canto ma lo studio
Di monumenti d'alta magnitudine;
Ed è perciò che a vele alzate sono
Giunto alla città santa di Bisanzio.

III

O voi saggi innalzati nel sacro fuoco
Come su un muro l'oro di un mosaico
Dal perno di un vorticoso fuoco uscite
E siate del mio cuore i maestri di canto.
Consumate il mio cuore stanco dal desiderio

Ma incollato alla bestia che muore
Non sa nulla di sé; e voi raccoglietemi
Nel supremo artifizio dell'eterno.

IV

Quando non sarò più materia di natura
Non prenderò una forma corporale,
A nulla che sia della natura, ma
A quanto hanno saputo fare gli orafi greci
D'oro battuto e smalti per tener desti
Gli sbadigli di qualche imperatore;
E sarà che deposto su un ramo d'oro io canti
Ai signori e alle dame di Bisanzio
Ciò che fu, ciò che è o sta per essere.

da Djuna Barnes
(*Adattamento*)

TRASFIGURAZIONI

Aguzze le sue grinfie, il Profeta
scava una dura terra che si sgretola.

La coccinella insegue la sua larva,
la rosellina s'adegua al suo seme.

La gorgia di Mosè ringhiotte un fumo
di parole non dette, una a una.

La lama di Caino ha vibrato il colpo,
Abele si risolleva dalla polvere.

Pilato non ha più lingua e farfuglia,
Giuda risale l'albero di cui fu pendaglio.

Rugge e fugge Lucifero dall'orizzonte,
dispare Cristo e rientra nella sua morte.

Adamo ha ritrovato la sua costola,
accanto a questa piaga c'è una donna che piange.

Il rifugio dell'Eden è vasto e folto,
fiorisce la foresta, non si vedono bestie.

Un sole furibondo, arso di sete,
sugge l'ultimo giorno e insieme il primo.

da Pound

HUGH SELWYN MAUBERLEY

V

Ne è morto una miriade,
E dei meglio, fra tutti gli altri,
Per una scanfarda spremuta,
Per una civiltà scassata,

Fascino, fresche bocche sorridenti,
Veloci sguardi ora sotto le ciglia della terra,

Tutto per due palate di statue in pezzi
E per qualche migliaio di libri squinternati.

da Eliot

CANTO DI SIMEONE

Signore, i giacinti romani fioriscono nei vasi
e il sole d'inverno rade i colli nevicati:
l'ostinata stagione si diffonde...
La mia vita leggera attende il vento di morte
come piuma sul dorso della mano.
La polvere nel sole e il ricordo negli angoli
attendono il vento che corre freddo alla terra deserta.

Accordaci la pace.
Molti anni camminai tra queste mura,
serbai fede e digiuno, provvedetti
ai poveri, ebbi e resi onori ed agi.
Nessuno fu respinto alla mia porta.
Chi penserà al mio tetto, dove vivranno i figli dei miei figli
quando arriverà il giorno del dolore?
Prenderanno il sentiero delle capre, la tana delle volpi
fuggendo i volti ignoti e le spade straniere.

Prima che tempo sia di corde verghe e lamenti
dacci la pace tua.
Prima che sia la sosta nei monti desolati,
prima che giunga l'ora di un materno dolore,
in quest'età di nascita e di morte
possa il Figliuolo, il Verbo non pronunciante ancora e
                                        [impronunciato
dar la consolazione d'Israele
a un uomo che ha ottant'anni e che non ha domani.

Secondo la promessa
soffrirà chi Ti loda a ogni generazione,

tra gloria e scherno, luce sopra luce,
e la scala dei santi ascenderà.
Non martirio per me – estasi di pensiero e di preghiera –
né la visione estrema.
Concedimi la pace.
(Ed una spada passerà il tuo cuore,
anche il tuo cuore).
Sono stanco della mia vita e di quella di chi verrà.
Muoio della mia morte e di quella di chi poi morrà.
Fa' che il tuo servo partendo
veda la tua salvezza.

LA FIGLIA CHE PIANGE

O quam te memorem virgo...

Sosta sul più alto piano della scala –
appoggiati ad un'urna di giardino –
tessi, tessi la luce del sole nei tuoi capelli –
stringi i tuoi fiori a te con sorpresa attristata –
gettali a terra e volgiti
con un rapido cruccio negli sguardi:
ma tessi, tessi la luce del sole nei tuoi capelli.

Così avrei voluto vederlo andare,
così avrei voluto ch'ella restasse e soffrisse,
così egli sarebbe partito
come l'anima lascia il corpo contuso e lacero,
come lo spirito lascia il corpo che ha logorato.
E troverei
un modo incomparabilmente lieve e abile,
un modo che capiremmo tutt'e due,
semplice e infido come un sorriso e una stretta di mano.

Ella si volse, ma col tempo d'autunno
sforzò per molti giorni la mia mente,
molti giorni e molte ore:
la sua chioma sulle sue braccia, le sue braccia piene di fiori,
e mi chiedo com'essi sarebbero stati insieme!
Avrei perduto un gesto ed una posa.
Questi pensieri a volte meravigliano ancora
la mezzanotte turbata e la pace del mezzodì.

ANIMULA

'Lascia la mano di Dio la semplice anima' e volge
a un piatto mondo di luci mutevoli e di rumore,
al chiaro, al buio, all'asciutto o all'umido, al fresco o al caldo;
s'indugia tra le gambe delle sedie e dei tavoli,
alzandosi o cadendo, baci afferrando o gingilli,
s'avanza franca, poi s'allarma subito,
si rifugia nell'angolo di un braccio e d'un ginocchio,
pronta a rassicurarsi, a rallegrarsi
del fragrante lucore che dà l'albero
di Natale, del vento e del sole e del mare;
sul pavimento scruta il trapunto dei raggi,
intorno a una sottocoppa d'argento una fuga di cervi,
verità e fantasia scambia e confonde,
carte da gioco e re e regine l'appagano,
ciò che fanno le fate, ciò che dicono i servi.
Il pesante fardello dell'anima che cresce
è sempre maggiore imbarazzo e offesa di giorno in giorno,
di settimana in settimana, è offesa
d'imperativi – l'essere e il parere,
il si può, il non si può, il desiderio e il possesso.
Pena di vita e narcotico di sogni torcono l'anima
piccoletta che accanto alla finestra
siede al riparo dell'*Enciclopedia Britannica*.
Lascia la mano del tempo la semplice anima, incerta
ed egoista, storta e zoppicante,
incapace di starsi avanti o indietro,
teme la realtà calda, l'offerto bene,
rifiuta il sangue come un importuno,
ombra delle sue ombre e spettro del suo buio,

disperde le sue carte tra buio e polvere
e comincia la vita nel silenzio che segue il viatico.
Prega per Guiterriez, avido di successo e di potere,
e per Boudin ch'è crollato,
per chi s'è fatto ricco e chi ha tirato
per la sua strada; prega per Floret che i segugi
sbranarono fra gli alberi di tasso; per noi prega
ora e nell'ora della nostra nascita.

da Guillén

I GIARDINI

Tempo in profondo; scende sui giardini.
Guarda come si posa. Ora s'affonda,
è tua l'anima sua. Che trasparenza
di sere unite insieme per l'eterno!
La tua infanzia, sì, favola di fonti...

RAMO D'AUTUNNO

Scricchia Autunno.
I declivi dell'ombre attorno cadono.

Agile albero...
Mondo e mente limpidi, guanto in mano all'aria.

Come affilano
calme il disegno nuove nervature!

Focolare
dammi in breve distanze di montagne.

... E s'inarca,
tarda estate, un'orografia di brace.

ALBERO AUTUNNALE

Già matura
la foglia pel sereno suo distacco

discende
nel cielo sempre verde dello stagno.

In calma
languore della fine, l'autunno s'immedesima.

Dolcissima
la foglia s'abbandona al puro gelo.

Sott'acqua
con incessanti foglie va l'albero al suo dio.

AVVENIMENTO

O luna! Quanto aprile!
O aria vasta e dolce!
Tutto che già perdei
tornerà con gli uccelli.

Tornerà con i piccoli
uccelli che mattinano
e pìano in coro senza
desiderio di grazia.

È prossima la luna,
ferma nell'aria nostra.
Quello che fui m'attende
di sotto ai miei pensieri.

Canterà il rosignolo
sul vertice dell'ansia.
Porpora, ancora porpora
tra l'azzurro e le brezze!

S'è perduto quel tempo
che smarrii? La mia mano
dispone, dio leggero,
di una luna senz'anni.

PRESAGIO

In te si fa profumo anche il destino.
Batte la vita tua non mai vissuta
dentro di me, tic tac di nessun tempo.

Che fa se il sole estraneo non illumina
queste figure da noi non sognate,
create sì, dal nostro doppio orgoglio?

Non conta. Così sono più veraci
che parvenze di luci verosimili
negli scorci dell'obbligo e del caso.

Tutta tu convertita nel presagio
tuo, ma senza mistero!: un'irrompente
verità di assoluto ti sostiene.

Che fu di quell'enorme e così informe
pullulare di oscuro dal profondo,
sotto le solitudini stellate?

Le stelle insigni di lassù non guardano
la nostra notte che non ha segreti.
Resta tranquillo quel profondo buio.

L'oscura eternità non è già un drago
celeste! Le nostre anime conquistano
non viste una presenza tra le cose.

IL CIGNO

Puro il cigno sospeso tra cielo e onda,
            virtuoso della neve,
immerge il becco capriccioso e sonda
            l'armonia che non vede.

Garrule acque! Inutile rovello
            per un mùsico accento!
I becchi senza presa accoglie il vento
            che scherza col fuscello.

Vuole poi con la voce il disinvolto
            sviluppar la sua curva.
Ah l'incauto apprendista che ha risolto
            solitudine in turba!

Forse... Cedono i bianchi! Già il fanale
            dell'accordo si strema.
Tutto il piumaggio disegna un sistema
            di silenzio fatale.

Ed il cigno fedele di tra il lume
            della corrente immota
guarda l'anima sua muta e remota:
            divinità del fiume.

da Leonie Adams

NINNA NANNA

Smettila, ninna nanna, arrugginisce
ogni tuo bene;
ogni ninnolo in cenere
        finisce.
Sotto l'arco di zàffiro
e sul terreno erboso
nulla da fare: il giuoco
        è assai noioso!

Nella febbre del sonno
ti scintillano
gli occhi, scendon le pàlpebre
        nel sogno.

Vai solo; tesa all'osso
la carne è rósa.

Muore l'amore in petto.
Ecco il guanciale:
        riposa.

da Dylan Thomas

QUINTA POESIA

La forza che urgendo nel verde calamo guida il fiore,
guida la mia verde età; quell'impeto che squassa le
                                        [radici degli alberi
è per me distruzione.
E muto non so dire alla rosa avvizzita
che questa febbre invernale piega anche la mia giovinezza.

La forza che guida l'acqua tra le rocce,
guida il mio rosso sangue; quella stessa che asciuga le
                                        [sorgenti che gridano,
le mie raggruma;
e son muto a gridare alle mie vene
che a quell'alpestre polla succhia la stessa bocca.

La mano che mulina l'acqua dentro alla pozza
sommuove il fondo limo; quella che lega i vènti, ora il sudario
della mia vela spinge.
E sono muto a dire all'impiccato
quant'è della mia argilla in chi lo impicca.

Le labbra del tempo lambiscono dove la fonte fa vena;
goccia l'amore, gonfia, ma il sangue che cade, di lei
addolcirà le pene.
E sono muto a dire al soffio che si leva
che paradiso è scandito dal tempo intorno alle stelle:

muto a dire alla tomba dell'amante
che sul mio letto appare lo stesso verme aggrinzito.

da Kavafis

I BARBARI

«Sull'agorà, qui in folla, chi attendiamo?».

«I Barbari, che devono arrivare».

«E perché i Senatori non si muovono?
Che aspettano essi per legiferare?».

«È che devono giungere, oggi, i Barbari.
Perché dettare leggi? Appena giunti,
i Barbari, sarà cómpito loro».

«Perché l'Imperatore s'è levato
di buonora ed è fermo sull'ingresso
con la corona in testa?».

«È che i Barbari devono arrivare
e anche l'Imperatore sta ad attenderli
per riceverne il Duce; e tiene in mano
tanto di pergamena con la quale
gli offre titoli e onori».

                              «E perché mai
sono usciti i due consoli e i pretori
in toghe rosse e ricamate? e portano
anelli tempestati di smeraldi,
braccialetti e ametiste?».

«È che vengono i Barbari e che queste
cose li sbalordiscono».

«E perché
gli oratori non son qui, come d'uso,
a parlare, ad esprimere pareri?».

«È che giungono i Barbari, e non vogliono
sentire tante chiacchiere».

«E perché
tutti sono nervosi? (I volti intorno
si fanno gravi). Perché piazze e strade
si vuotano ed ognuno torna a casa?».

«È che fa buio e i Barbari non vengono,
e chi arriva di là dalla frontiera
dice che non ce n'è più neppur l'ombra».

«E ora che faremo senza i Barbari?
(Era una soluzione come un'altra,
dopo tutto...)».

POESIE DISPERSE

I

A Giacomino Costa
questa pìstola augurale
è dedicata

Or che, méssi dell'algido brumaio,
riedono i pettirossi ai casolari
silvani, e molce l'ira del rovaio
il fuoco che rosseggia tra gli alari,

che fai musico Nume? Dagli avorî
del cembalo tu traggi itale note,
o nibelunghi e sigfridèi furori
ridestan gli echi delle stanze vuote?

Io come il vagneriano vïandante
gridando «Salve o Fabbro!» m'avvicino
al tuo palagio che ben sa l'errante
malìa de' suoni, a l'elisèo giardino.

E – «salve o fabbro industre d'armonie!» –
mi grido –, e tu perdona se a' concenti
divini, all'immortali melodie
ti strappo già co' miei mortali accenti!

Ascolta. I ludi bellici di Marte
non anche m'involarono: l'irato
Dio guerrier non m'accolse, ché in disparte,
imbelle sognatore, fui gittato.

Tale cred'io la tua sorte; e già ti penso
salvo dal crudo Verno cui le nevi

arrossa il sangue cristiano, e incenso
offro all'Eterno, memor de' primevi

riti, e ti veggo, co la redimita
fronte d'allori, rinseguir sui tasti
l'arte novella dietro a cui t'incìta
la Dea Polinnia negli alterni fasti!

«Ave, o Signor». Se al volo tuo gigante
un attimo frenai la rapid'ale
perdona tu all'ardir dell'ammirante
amico, e dà tue nuove ad
                                EMontale

Non chieggo si ponga su questa
mia tomba epitaffio gentile.
A dirvi soltanto mi resta:
– Fui uomo – fui vile –

RITMO

Orsù cammina! La strada
conosci, ora sparsa di subdoli
ostacoli, ora squallida e rada
di quieti rifugi. Sapesti i tentacoli
del dubbio, assai volte. Procedi ancora. Perché
riottoso t'arresti, disperi di te,
o vagabondo? Perché?
Cammina.

Procedi più cauto. Mortifica in te ciò che indaga
e spera, curioso. Conquistati una libertà,
recluso. Non lauto premio e non paga
esigi al tuo viaggio. Purifica dal desiderio
il tuo pensiero, santifica
l'andare cotidïano.
Cammina: tutto che già
vedesti, ritroverai...

Avvezzati ed ama il monotono
andare: pensa che se hai
molto percorsa di strada
più ne percorrerai.
Guardati innanzi: non beli, non lai,
o camminante; con le tue dita
non rïaprire l'accesa ferita:
e se il desiderio di volgerti mai
t'assalga, tu frenalo e pensa
che incontro a ciò che passò
tu vai ancora: cammina.

Non crederti solo. Rigetta
da te questa oscena superbia.
L'orrenda tortura che tu
acuisci in te soffrono i più.
Una folla va spersa, non reietta,
attorno a te: che certo Alcun dirige
il vostro andare: senti
or l'opra dei suoi muti accenti
che a te persuade il destino
del tuo cammino?

Va, adunque, raccolto e dismemore
di lagni, uccidi i pigmei
satelliti della ragione,
i vani pensieri; così quale sei
o tu nel profondo a cui parlo,
tu puoi risvegliarti un mattino,
trasfuso nel fuoco divino,
fratello: prosegui il cammino.

ELEGIA

Non muoverti.
Se ti muovi lo infrangi.
È come una gran bolla di cristallo
sottile
stasera il mondo:
e sempre più gonfia e si leva.
O chi credeva
di noi spiarne il ritmo e il respiro?

Meglio non muoversi.
È un azzurro subacqueo
che ci ravvolge
e in esso
pullulan forme imagini rabeschi.
Qui non c'è luna per noi:
più oltre deve sostare:
ne schiumano i confini del visibile.

Fiori d'ombra
non visti, imaginati,
frutteti imprigionati
fra due mura,
profumi tra le dita dei verzieri!
Oscura notte, crei fantasmi o adagi
tra le tue braccia un mondo?

Non muoverti.
Come un'immensa bolla
tutto gonfia, si leva.

E tutta questa finta realtà
scoppierà
forse.
Noi forse resteremo.
Noi forse.
Non muoverti.
Se ti muovi lo infrangi.

Piangi?

MONTALE IN GUERRA

a Solmi

Desiderio di stringer vecchie mani
di rispecchiarsi in visi un tempo noti
sotto il grondare di un gelato azzurro
che la campana dello Shrapnell scuote.

MUSICA SILENZIOSA

1

Minuetto di sensazioni
lietezza e insieme dolore,
giorni che tu vorresti
tanto che non vuoi nulla
e si trastulla
coi resti
di vecchie enciclopediche ambizioni
il cuore.

Facezie inezie illusioni?
Una piuma un nonnulla un bibelot
non so
di che ti componi
minuetto di sensazioni.
Basta un carro che passi rombando per la strada
a renderti, e ne piangi, imagine di un mondo
che cada.

2

Minuetto di sensazioni
sfiorar di un'ala che si alza,
e tu non sai, non t'opponi
al tempo che t'incalza,
triste e gaio minuetto
suonato
non si sa dove e spesso per dispetto
stuonato.

Dolcezze tristezze fantasie?
Ciò che si volle e non si compirà,
chi sa
di che ti componi
minuetto di sensazioni.

Minuetto irrequieto che t'alzi, che corri nel mondo
qualcuno c'è che indovina il tuo senso amaro
profondo,
minuetto di malinconia giunto alle nostre porte
stamane così lento che sembri l'elegia
di tutte le speranze nate morte.

A GALLA

Chiari mattini,
quando l'azzurro è inganno che non illude,
crescere immenso di vita,
fiumana che non ha ripe né sfocio
e va per sempre,
e sta – infinitamente.

Sono allora i rumori delle strade
l'incrinatura nel vetro
o la pietra che cade
nello specchio del lago e lo corrùga.
E il vocìo dei ragazzi
e il chiacchiericcio liquido dei passeri
che tra le gronde svolano
sono tralicci d'oro
su un fondo vivo di cobalto,
effimeri...

Ecco, e perduto nella rete di echi,
nel soffio di pruina
che discende sugli alberi sfoltiti
e ne deriva un murmure
d'irrequieta marina,
tu quasi vorresti, e ne tremi,
intento cuore disfarti,
non pulsar più! Ma sempre che lo invochi,
più netto batti come
orologio traudito in una stanza
d'albergo al primo rompere dell'aurora.

E senti allora,
se pure ti ripetono che puoi
fermarti a mezza via o in alto mare,
che non c'è sosta per noi,
ma strada, ancora strada,

e che il cammino è sempre da ricominciare.

SUONATINA DI PIANOFORTE

Vieni qui, facciamo una poesia
che non sappia di nulla
e dica tutto lo stesso,
e sia come un rigagnolo di suoni
stentati
che si perde tra sabbie
e vi muore con un gorgoglio sommesso;
facciamo una suonatina di pianoforte
alla Maurizio Ravel,
una musichetta incoerente
ma senza complicazioni,
ché tanto credi proprio
a grattare nel fondo non c'è senso;
facciamo qualche cosa di 'genere leggèro'.

Vieni qui, non c'è nemmeno bisogno
di disturbar la Natura
co' i suoi seriosi paesaggi
e le pirotecniche astrali;
né tireremo in ballo
i grandi problemi eterni,
l'immortalità dello Spirito
od altrettali garbugli;
diremo poche frasi comunali
senza grandi pretese,
da gente ormai classificata,
gente priva di 'profondità';
e se le parole ci mancheranno
noi strapperemo il filo del discorso

per svagarci
in un minuetto approssimativo
che si disciolga in arabeschi d'oro,
si rompa in una gran pioggia di lucciole
e dispaia lasciandoci negli occhi
un pullulare di stelle, un'ossessione di luci.

Poi quando la suonatina languirà davvero
la finiremo come vuole la moda
senza perorazioni urlanti ed enfasi;
la finiremo, se ci parrà il caso,
nel momento in cui pare ricominciare
e il pubblico rimane con un palmo di naso.

La spegneremo come un lume, di colpo. Con un soffio.

ACCORDI
(Sensi e fantasmi di una adolescente)

1
Violini

Gioventù troppe strade
distendi innanzi alle pupille
mie smarrite:
quali si snodano, erbite,
indecise curve in piane tranquille,
quali s'avventano alla roccia dura
dei monti,
o ad orizzonti vanno ove barbaglia
la calura!
Sono qui nell'attesa di un prodigio
e le mani mi chiudo nelle mani.
Forse è in questa incertezza,
mattino che trabocchi
dal cielo,
la più vera ricchezza e tu ne innimbi
tutto che tocchi!
Occhi corolle s'aprono
in me – chissà? – o nel suolo:
tutto vaneggia e nella luce nuova
volere non so più né disvolere.
Solo
m'è dato nel miracolo del giorno,
o cuore fatto muto,
scordare gioie o crucci,
ed offrirti alla vita
tra un mattinare arguto
di balestrucci!

2

Violoncelli

Ascolta il nostro canto che ti va nelle vene
e da queste nel cuore ti si accoglie,
che pare, angusto, frangersi: siamo l'Amore, ascoltaci!
Ascolta il rosso invito del mattino
che rapido trascorre come ombra d'ala in terra;
assurgi dal vivaio dei mortali
d'opaca creta, ignari d'ogni fiamma,
e seguici nel gurge dell'Iddio
che da sé ci disserra,
echi della sua voce, timbri della sua gamma!
Come l'esagitato animo allora
esprimerà scintille che giammai
avresti conosciute! La tua forma
più vera non capisce ormai nei limiti
della carne: t'è forza di confonderti
con altre vite e riplasmarti tutta
in un ritmo di gioia; la tua scorza
di un dì, non t'appartiene più. Sarai
rifatta dall'oblio, distrutta dal ricordo,
creatura d'un attimo. E saprai
i paradisi ambigui dove manca
ogni esistenza: seguici nel Centro
delle parvenze: (ti rivuole il Niente!).

3
Contrabbasso

Codesti i tuoi confini: quattro pareti nude,
da tanti anni le stesse;
e in esse
un susseguirsi monotono di necessità crude.

Invano con disperate ali la tua fantasia corre tutto
il fastoso dominio della vita universa;
non uscirai tu, viaggiatrice spersa,
dai limiti del 'Brutto'...

4
Flauti-Fagotti

Una notte, rammento, intesi un sufolo
bizzarro
che modulava un suo canto vetrino.
Non v'era luna: e pure quella nota
aguzza e un poco buffa siccome una
fischiata d'ottavino
illuminava a poco a poco il parco
(così pensavo) e certo nel giardino
le piante in ascoltarla
si piegavano ad arco
verso il terreno ond'ella pullulava;
e a questa ciarla
s'univano altre, ma più gravi, e come
bolle di vetro luminose intorno
stellavano la notte che raggiava.
Di contro al cielo buio erano sagome
di perle,
grandi flore di fuochi d'artifizio,
cupole di cristallo e nel vederle
gli occhi s'abbacinavano
in un gaio supplizio!
Esitai un istante: indi balzai
alla finestra e spalancai le imposte
sopra la vasca sottostante; e tosto
fu un tuffarsi di rane canterine,
uno sciacquare un buffo uno svolìo
d'uccelli nottivaghi;
ed improvviso
uscì da un mascherone di fontana

che gettava a fior d'acqua il suo sogghigno,
uno scroscio di riso
soffocato in un rantolo
roco
che l'eco ripeté
sempre più fioco.

E allora il buio si rifece in me.

5
Oboe

Ci son ore rare
che ogni apparenza dintorno vacilla s'umilia scompare,
come le stinte
quinte
d'un boccascena, ad atto finito, tra il parapiglia.

I sensi sono intorpiditi,
il minuto si piace di sé;
e nasce nei nostri occhi un po' stupiti
un sorriso senza perché.

6
Corno inglese

Il vento che stasera suona attento
– ricorda un forte scotere di lame –
gli strumenti dei fitti alberi e spazza
l'orizzonte di rame
dove strisce di luce si protendono
come aquiloni al cielo che rimbomba
(Nuvole in viaggio, chiari
reami di lassù! D'alti Eldoradi
malchiuse porte!)
e il mare che scaglia a scaglia,
livido, muta colore,
lancia a terra una tromba
di schiume intorte;
il vento che nasce e muore
nell'ora che lenta s'annera
suonasse te pure stasera
scordato strumento,
cuore.

7
Ottoni

Stamane, mia giovinezza,
una fanfara in te squilla,
voce di bronzo che immilla
l'eco, o disperde la brezza.

Vedi letizia breve, molto attesa,
ch'entri nella mia vita, tutta cinta
di fiori, come sia per te la pésa
malinconia dei giorni andati vinta!

O primavera fuggevole, vedi come gli animi invasi
dal tuo respiro si plachino, si facciano gli occhi sereni,
e per te in cielo s'accampino, di là dai torbidi occasi,
arcobaleni!

(Unissono fragoroso d'istrumenti. Comincia lo spettacolo della Vita).

Qui dove or è molti anni
s'espresse il nostro mattino
s'invera la tua vita
Guido, in un'ora che sembra
dolcisonante risacca
di memorie su dolci prode.
Bellezza dell'arco che si tende
e di tutto che ascende nel ronzante
tripudiare del sole! Io non un fiore
t'offro, sì questa bacca.
Conservala com'è; che nulla teme.
Su lei su te Acquario mai non versi
l'urne; sopra le viaggino
tersi gli astrali segni!

LETTERA LEVANTINA

Vorrei che queste sillabe
che con mano esitante di scolaro
io traccio a fatica per voi,
vi giungessero in un giorno d'oscura
noia; quando il meriggio
non rende altra parola
che quella d'una gronda che dimoia;
e in noi non resiste una sola
persuasione al minuto che róde,
e i muri candidi ci si fanno incontro
e l'orrore di vivere sale a gola.

Per certo vi sovverrete allora
del compagno di tante ore passate
nelle vie lastricate di mattoni,
che tagliano, seguaci a infossamenti e ascese,
i nostri colli nani cui vestono le trine
rade di spogli rami.
E vi parrà di correre non più sola
sotto i dòmi arruffati degli olivi
tra abbrivî e brusche soste,
come rimpiccinita in un baleno.
O il ricordo vi si farà pieno
degli alberi che abbiamo conosciuti,
e rivedrete le barbate palme
ed i cedri fronzuti,
o i nespoli che tanto amate.

Questo è il ricordo di me che vorrei porre
nella vostra vita:
essere l'ombra fedele che accompagna
e per sé nulla chiede;
l'imagine ch'esce fuori da una stampa tarmata,
scordata memoria d'infanzia, e crea un istante di pace
nella convulsa giornata.
E delle volte se una forza ignota
vi regge in un groviglio
di brucianti ore,
oh illudervi poteste
che v'ha preso per mano alcuni istanti
nel segreto,
non l'Angelo dei libri edificanti
ma il vostro amico discreto!

Ascoltate ancora, voglio svelarvi qual filo
unisce le nostre distanti esistenze
e fa che se voi tacete io pure v'intendo, quasi
udissi la vostra voce che ha ombre e trasparenze.
Un giorno mi diceste della vostra infanzia
scorsa framezzo ai cani e alle civette
del padre cacciatore; ed io pensai che foste
permeata da allora dell'essenza
ultima dei fenomeni, radice
delle piante frondose della vita.
Così mentre le eguali
vostre inconscie nei giuochi
trapassavano i giorni, o tra le vane
cure del mondo, ignave,
i vostri pochi Autunni,
amica, sì puri di stigmate,
scorgevano già dell'enigma
che ci affatica, la Chiave.

Anch'io sovente nella mia rustica
adolescenza levantina

salivo svelto prima della mattina
verso le rupestri cime che s'inalbavano;
e m'erano allato
compagni dal volto bruciato dal sole.
Zitti stringendo nei pugni
annosi archibugi,
col fiato grosso s'andava nel buio;
o si sostava, a momenti,
per misurare a dita
la polvere nera e i veccioni
pestati in fondo alle canne.
Attendevo affondato in un cespuglio
che la lunga corona
dei colombi selvatici
salisse dalle vallette
fumide degli uliveti
volta al cacume, ora adombrato ed ora
riassolato, del monte.
Lentamente miravo il capo-fila
grigio sopravanzante, indi premevo
lo scatto; era la bòtta nell'azzurro
sécca come di vetro che s'infrange.
Il colpito scartava, dava all'aria
qualche ciuffo di piume, e scompariva
come un pezzo di carta in mezzo al vento.
D'attorno un turbinare d'ali pazze
e il sùbito rifarsi del silenzio.

E ancora appresi in quelle mie giornate
prime, guardando
il lepre ucciso nelle basse vigne
o il cupreo scoiattolo che reca
la coda come una torcia
rossa da pino a pino,
che quei piccoli amici della macchia
portano a lungo talvolta
nel cuoio i pallini minuti

d'antiche sanate ferite
prima che un piombo più saldo
li giunga a terra per sempre.

Forse divago; ma perché il pensiero
di me e il ricordo vostro mi ridestano
visioni di bestiuole ferite;
perché non penso mai le nostre vite
disuguali
senza che il cuore evòchi
sensi rudimentali
e imagini che stanno
avanti del difficile
vivere ch'ora è il nostro.
Ah intendo, e lo sentite
voi pure: più che il senso
che ci rende fratelli degli alberi e del vento;
più che la nostalgia del terso
cielo che noi serbammo nello sguardo;
questo ci ha uniti antico
nostro presentimento
d'essere entrambi feriti
dall'oscuro male universo.

Fu il nostro incontro come un ritrovarci
dopo lunghi anni di straniato errare,
e in un attimo il guindolo del Tempo
per noi dipanò un filo interminabile.
Senza sorpresa camminammo accanto
con dimesse parole e volti senza maschera.
Penso ai tempi passati
quando un cader di giorno o un rifarsi di luce
mi struggevano tanto
ch'io non sapevo con chi mai spartire
la mia dura ricchezza, e pure intorno
di me sentivo fluire una potenza
benevolente, sorgere impensato

fra me e alcun altro un fermo sodalizio.
Intendo ch'eravate già al mio fianco
in quegli istanti; che vi siete ancora,
se pur lontana, in questo giorno stanco
che finisce senza apoteosi;
e che insieme guardiamo biancheggiare
tra i marosi e le spesse brume
le scogliere delle Cinqueterre
flagellate dalle spume.

Scendiamo la via che divalla
tra i grovigli dei dumi;
ci guiderà il volo di una farfalla
in faccia agli orizzonti rotti dai fiumi.

Serriamoci dietro come una porta
queste ore di esitanze e di groppi in gola.
Nostalgie non dette che più c'importano?
Anche l'aria d'attorno ci vola!

Ed ecco che a uno svolto ci appare
di colpo la riga argentea del mare;
buttano ancora l'àncora le nostre vite anèle.
Ne intendo il tonfo – Addio, sentiero! Ed ora
mi sento tutto fiorito non so se d'ali o di vele...

Sotto quest'umido arco dormì talora Ceccardo.
Partì come un merciaio di Lunigiana
lasciandosi macerie a tergo.
Si piacque d'ombre di pioppi, di fiori di cardo.

Lui non recava gingilli: soltanto un tremulo verso
portò alla gente lontana
e il meraviglioso suo gergo.
Andò per gran cammino. Finché cadde riverso.

GABBIANI

Ali contr'ali ondanti biancogrigie,
frullanti spole nel giro degli occhi,
croci rotanti all'aria che le porta.
È deserta la foce, affondato
il sole, ogni voce s'ammorta.
Meno pesanti giungono i rintocchi.
Li tiene uno sbattìo di sbarrate ali.

Ali ed ali contro al nascimento
dei lumi nell'ora chiara ancora,
sciamar d'esseri volti all'avvento
d'un'astrale scintillante flora.
Ali ali ali morbida tomba
al tuo finire, fratello:
oh ti cullino come il mare un burchiello!
L'onda più sulla piaggia non rimbomba.

NEL VUOTO

La criniera del sole s'invischiava
tra gli stecchi degli orti e sulla riva
qualche pigra scialuppa pareva assopita.

Non dava suono il giorno
sotto il lucido arco
né tonfava
pigna o sparava boccio
di là dai muri.

Il silenzio ingoiava tutto,
la nostra barca non s'era fermata,
tagliava a filo la sabbia, un segno a lungo
sospeso in alto precipitava.

Ora la terra era orlo che trabocca,
peso sciolto in barbaglio,
la vampa era la spuma dell'oscuro,
il fosso si allargava, troppo fondo
per l'àncora e per noi
                              finché di scatto
qualcosa avvenne intorno, il vallo chiuse
le valve, tutto e nulla era perduto.
Ed io fui desto al suono del tuo labbro
ritrovato – da allora prigionieri
della vena che attende nel cristallo
la sua giornata.

Buona Linuccia che ascendi
la via nella vita, esitante,
e temi il tempo che incrina,
l'acqua che varca i ponti e va distante.
Rammento Miramare perlato, rammento
il boschetto in salita d'onde appare
l'arsenale e il suo fumo che si confonde
con la malinconica nebbia mattutina.
Rammento le tue parole a ventaglio,
aperte-chiuse con scorrevole grazia,
e l'adriatica sera che disperdeva
la tua curiosità insazia.

Rammento...
               Nulla più rammento. Quanto
tempo, quanta distanza, quante mura
dritte; e che inferno attorno, scatenato.

Dolci anni che di lunghe rifrazioni
illuminano i nostri ultimi, sommersi
da un fiotto che straripa,
anni perduti quando l'avventura
era la stipa
coronata di voli in giro al campo
o un lubrico guizzare di tarantola
su screpolate mura;
dolci anni che ravviso come poca
luce tra nebbia ora che intorno mi ardono
senza vampa, infinito
struggersi che più e più borea rinfoca,
volti e pensieri ch'io non so e riguardo
sbigottito,
anni che seguirà nella vicina
bara colei che vede e non intende
quando la tragga il gorgo che mulina
le esistenze e le scende
nelle tenebre.

Il sole d'agosto trapela appena
dalle ragne del cielo, <Arletta> ...
      ?
La sua (carriera) esita senza le..
come la nostra (vita) (tra) acri lacci)) astretta
tra invisibili lacci, è là: soffonde
          in te
la tua forma, disvela a me la trama
      vene alle tempie a' polsi: intricano   indi
delle tue tempie, de' tuoi polsi: intrica   (di lì)
vie più le nostre vite: e se ti chiama
a me una voce, il nembo della luce
<t'infrange come un vetro>
che tu rifrangi come un trito vetro,
quasi <fatta> | nemica mi ti riconduce. | distrutta
          a me ti

La parola e il pensiero allor disviano
dietro l'obliqua traccia dei carriaggi
<de' carriaggi> nel viale del suburbio; e nulla rende
          ? ?
a noi queste esistenze che disuna (...)
la fissità, più che la frenesìa
che d'attorno ci turbina. La strada
fragorosa che all'occhio si distende,
i passaggi degli uomini, le tende
de' negozi, le risa e le parole:
tutto ciò come appare immenso e attònito
di vita; e come pròvvida, se accada
che l'avvenire innanzi ci si spieghi,

è questa fredda vampa che (ci) (ri)lega
noi stessi a noi, ci ricompone in una   <passo?>
certezza e fa che il gorgo
d'ogni giorno è più fermo che la pietra,   <sasso?>
e la bruma, il vapore che alza, annega
                            ora
lo stupore d'un' <giorno> giorno?

                                              lga
d'agosto, <e in sé> <se nel suo cavo ci accoglie>
              e ancora   ?
il <turbinare> ci si stende intorno.
    subbuglio (??)

pour Mme. Gerti T.F.
Ier fragment

. . .

Par toi nos destinées d'antan sont refondues
comme ces plombs, Gerti, dans la cuiller creuse

sur l'étoile blême du gaz; par toi je peux
plonger dans l'eau mes jours perdus, les voir

sur un papier, hérissés ou plats comme une semelle
restée au bord de la route; le jour s'achève,

l'année s'en va, ma vie n'existe, j'ai bien
la cravate grise au lieu de la cravate rouge,

et ne suis pas sauvé; par toi, j'entends
les Grandes-Voix-Eternelles qu'en moi déferlent...

. . .

II

(NOTIZIE & CONSIGLI)

Manda Mirò,
non dir di no,
i libri rei
lascia di ebrei.
Ricerchi invano
posti a Milano,
solo tra i proci
mangi peoci.
Non c'è chi beva
la grazia d'Eva,
pinge Israele
caduche tele.
Entra in Geltrude
il membro rude
del tuo nemico
Thomas di Pico.
Macrì concorre,
Leon discorre,
nulla è diverso,
tutto è perverso.
Di Sergi grassi
o Sergi secchi
lascia gli spassi,
se no t'invecchi.
Non esser vile,
fuggi in Brasile,
scorda di Lugo
fin l'esistenza,

se no ti frugo
nella coscienza.
D'Africa parla
lascia la ciarla,
di bergamasche
donne le frasche
Eusebio muore
ma c'è abituato,
fu grave errore
l'essere nato.

Addio addio crudele,
ti ho dato troppo spago,
se manchi non ti pago,
volgo altrove le vele.
Lascia i pesci in barile
e Camillo al rabarbaro,
per me ha tanto di barba
questo mestiere vile
ma solo traduzioni
mi chiedono i coglioni!

CANCIÓN DEL MARQUÉS

Più no se puede
reggersi in piede,
più no se posse
rodersi l'osse.

Ama il Marqués
il punt-e-mes,
ma se si stizza
corre alla Suiza.

Cuor cagulardo
come un petardo
manda en disgrácia
la democrácia.

Il mundo lobo
è tutto un robo,
solo il Caudillo
porta consiglio.

Arriba Mesa
e la sua impresa.
Viva il Marqués,
un giorno al mes.

*A Giuseppe Fontanelli
(maresciallo delle muse, oggi
retrocesso a sottotenente)*

Tornerei a Certaldo
se tal poeta io fossi
che il Balducci (Ronaldo,
anzi ribaldo)
non mi trattasse peggio d'uno straccio,
posponendo al Boccaccio i miei grami Ossi.
E così resto solo nelle grigie
(solferine) cantine dello Stige.

DA UNA PESA

cartolina a G. Contini

Mal covati col Segre, da 'rinfresco'
al nuovo Conte Palatino indenni,
curvi sulla cassoeula, mesto il ciglio,
blande animule ed egre
di mock Barbaresco ebre,
onoriamo il Contino fiorentino
come lo può il coniglio con la lepre.

III

IL LIEVE TINTINNÌO DEL COLLARINO...

Il lieve tintinnìo del collarino e un arpeggio vellutato, come uno sgranarsi di zampette sul muro che accompagna la via maestra annunciavano che il gatto Malfusso ci era venuto incontro un buon tratto per guidarci alla casa di Erasmo, una sorta di *maison du pendu* bianca anche sul far della sera, col fico rugginoso addossato da una parte e pochi alberi antropomorfici ai quattro lati, dai quali venne poi sempre, all'ora del crepuscolo, il lugubre gluglu delle tortore in gabbia. A sinistra e in basso il mare limaccioso e l'ammazzatoio. Ma di morti non c'erano che i topolini di nido, schiacciati con la scopa sullo spiazzo d'ingresso dalla fida Maria Vulpius. La casa era piena di libri, di tende di broccato, di armi e di diplomi in cornice; a spiare oltre il fitto reticolo di fil di ferro delle feritoie si scorgeva solo qualche spicchio di luce, una scaglia d'albero, uno svariare d'ombre, e i suoni non mutavano che di poco, passando dallo sfrigolìo intermittente delle ultime cicale al frùscio più ampio e lontano del mare. Un mare sempre inquieto, gonfio ma non grosso, che non si vedeva quasi e non cambiava mai il respiro, incurante delle lunazioni. Si faceva tardi e Maria Vulpius, l'inarrivabile, tentava invano di accendere il fuoco a pianterreno e di prepararci il *ciupìn* di scorpene e moscardini; la casa era tutta fumo e l'ospite s'indugiava fino all'ultimo a massacrare l'angelica fiaba di Papageno sulla tastiera cariata di un vecchio pianoforte che dava un suono acido di spinetta. Tra il fumo i fregi dorati di alcune rilegature brillavano incuranti a sommergersi e il ritratto dell'Icaro caduto in fiamme resisteva ancora tra le bombe Sipe e le pistole automatiche. Appoggiato allo spiovente stratificato di alcuni Webster attendevo l'ora della cena e continuavo a ritardare l'ora della partenza.

Se questi erano i pomeriggi, difficili a rammentarsi come un sogno, altrettanto brevi scorrevano le mattine, dopo che Erasmo si era lasciato cacciare dalla zanzariera nella quale dormiva sorridente e disumano come un Dio in una nuvola bianca. Seguivano curiosi riti, come il lancio delle oche in mare per il bagno quotidiano e l'omaggio al fenicottero giunto un giorno a volo e rimasto poi appollaiato per più di un mese su un comò, ad arrotarsi l'enorme becco a serbatoio che gli tirava in basso il collo sottile e la testina. Lo videro i ragazzi del paese e dissero senza sorpresa «oh, un perdigiorno». Mangiava raramente, spesso la notte, con un rumore di ciabatte che faceva rabbrividire; poi un bel mattino seppi (lo seppi dopo) aprì le ali e con un volo fermo e dritto andò a trasferirsi in un convento di cappuccini a breve distanza.

Del resto conviene dire che in quella casa piena di grandi ombre, in quella riserva di caccia dell'ultima storia che conta, la più sconosciuta (che non tutto, non tutto andasse in pezzi come le olive stritolate lì dietro, a pochi passi, dal frantoio), la vita era alta, incorrotta, senza compromessi; e fu difficile e anche doloroso, dopo pochi giorni, rimettersi all'esistenza degli altri, storcere con un dito l'asticella della meridiana ferma per sempre sulla stessa ora e avviarsi lungo la scarpata prima della giornaliera apparizione del cardinale rosso porpora, con lo zucchetto in testa, le pantofole di marocchino e l'aquila d'oro al collo!

Non avevo molte probabilità di svignarmela inosservato, mancava ancora una mezz'ora all'arrivo del diretto; ma prima di questo c'era un omnibus in gran ritardo, inatteso, al quale giunsi ad attaccarmi. Mi parve (ma fu certo un'illusione) di scorgere una fiamma rossa tra gli alberi e un gesto adirato, poi il treno imboccò un tunnel fuligginoso e dopo poco la loggia del Montorsoli si profilava contro un mare diverso, pieno di transatlantici.

VENTAGLIO PER S. F.

L'epitalamio non è nelle mie corde,
la felicità non fu mai la mia Musa,
la sposa l'ho vista appena, un attimo, tra le sàrtie
di un trealberi giunto dal reo Norte
all'Isola. Il mio augurio è dunque 'a scatola chiusa'.

Per lei, ma non per me, perché la *boîte à surprise*
è fatta per chi col suo nome decapitò Cassandra.
La gemma che v'è nascosta, frutto di un'inaudita
mainmise del bene sul male, io l'ho chiamata Speranza.

Sapeva ridere come nessun altro,
dice Goffredo. Resta da decidere
sul senso di quel ridere e sul numero
delle sue vittime.

LA MADRE DI BOBI

Una fiaba narrava che Trieste
fosse crocicchio o incontro di culture.
Forse era vero, un tempo; ma neppure
io lo sapevo quando
vi giunsi, il '19, mezzo fante
e mezzo pellegrino. Solo dopo,
nell'inamena via che porta il nome
di Cecilia Rittmeyer, una querula madre
legata a triplo filo a un figlio in fuga
mi aprì al suo Genio, a quel dio dispotico
e indifferente che poi l'ha lasciata.

Oggi pensarla è una tortura: quasi
frugare in una piaga che credevo
rimarginata.

REFRAIN
DEL PROFESSORE-ONOREVOLE

Il problema del full time mi preoccupa
ben poco.
Non lumi chiedono i pupilli, ma
il coprifuoco.

LA BELLE DAME SANS MERCI II

Se l'uomo è fatto vivere dalla sua causa
e l'atto dal motivo
non si torna alle origini, si vive
una retrocessione senza arresti.
Di te, del tuo segreto ho cercato invano
l'archetipo vivente o estinto, quale che fosse.
Tra gli animali forse l'unicorno
che vive nelle insegne araldiche e non oltre.
Per me non c'era dubbio: io ero il tasso,
quello che s'appallottola e piomba dalla cresta
alla proda tentando di sfuggire
al pennello da barba, il suo traguardo.
Non per te questo scorno, Pilar, se
il nome che tu porti ha ancora un senso.

POSTILLA

Forse non sarà il caso di vedersela.
L'autopsia della vita non fu più
che l'illusione di due o tre centurie.
Viverla è altro percorso, altro binario.

ALTRA POSTILLA

... o forse il nuovo dio
ha messo in pensione l'Altro
e non ci ha neppure avvertiti.
Non so, non oso credere che il nuovo
sia stato così scaltro
da insinuarsi alla furtiva. Noi
fummo ciechi, non lui. Moltiplicando gli occhi
siamo rimasti al buio.

IL 3

La fortuna del 3
non è opera del diavolo.
L'uno è la solitudine
il due la guerra
e il 3
salva la capra
e i cavoli.

PRECAUZIONI

Non a torto
mi avevano raccomandato,
se andavo a cena dal diavolo,
di usare il cucchiaio lungo.
Purtroppo
in quelle rare occasioni
il solo a disposizione
era corto.

PICCOLO DIARIO

Sono infreddato, tossicchio
è lo strascico dell'influenza,
domani andrò a ricevere
una medaglia per benemerenze
civiche o altre che ignoro.
Verrà a prendermi un tale
di cui non so più il nome. Ha una Mercedes,
presiede un Centro Culturale (quale?).

* * *

Si accumula la posta
'inevasa' sul tavolo. Parrebbe
che io sia molto importante
ma non l'ho fatto apposta.
Dio mio, se fosse vero
che mai saranno gli altri?

* * *

Comunicare, comunicazione,
parole che se frugo nei miei ricordi
di scuola non appaiono. Parole
inventate più tardi,
quando venne a mancare anche il sospetto
dell'oggetto in questione.

I NUOVI CREDENTI (?)

I capelloni ignorano
di inventare una nuova religione.
È più oscura delle altre ma sappiamo
che il peggio non ha limiti e come strada
è la più larga e sicura.
I capelloni suonano
trapani casseruole e scacciacani.
Il vecchio dio è un po' sordo: li preferisce
ai migliori complessi americani.
Il vecchio dio sa che non può guidare
il suo gregge con fulmini o rampogne.
Sordo, non cieco, sa che la vergogna deve
traboccare dov'è. E quanto al resto
se la vedranno gli altri. È troppo presto
(troppo tardi) per lui.

Il semiologo è il mago
che in un giro totale
abbraccia tutti i segni del visibile,
del toccabile, udibile, fiutabile
e gustabile.
            «Dunque anche l'effetto
dei sali inglesi?».
            «Sì, quando l'effabile
passi all'effato».

VERSO LODI

Era una bella giornata di primavera.
Sul tardi ci fermammo al quagliodromo,
un torrone di uccelli senza vuoti o interstizi
sotto una luce accecante.
Erano in molti nel gabbione e tranquilli,
forse un milione o più. E non mancavano
di nulla. Non toccati dal bacillo
dell'istruzione.

LA COMMEDIA

Si discute sulla commedia:
se dev'essere un atto unico o in tre o in cinque
come il genere classico;
se a lieto fine o tragico; se sia
latitante l'autore o reperibile
o se un'équipe lo abbia destituito;
se il pubblico pagante e gli abusivi,
onorevoli o altro
non stronchino i soppalchi dell'anfiteatro;
se sulla vasta udienza calerà
un sonno eterno o temporaneo; se
la pièce debba esaurire tutti i significati
o nessuno;
si arguisce che gli attori non siano necessari
e tanto meno il pubblico; si farfuglia dai perfidi
che la stessa commedia sia già stata
un bel fiasco e ora manchino i sussidi
per ulteriori repliche; si opina
che il sipario da tempo è già calato senza
che se ne sappia nulla; che il copione
è di un analfabeta ed il sovrintendente
non è iscritto al partito. Così si resta in coda
al botteghino delle prenotazioni
in attesa che lo aprano. O vi appaia
il cartello ESAURITO.

L'ANTIPAPA

Distribuendo urbi et orbi la sua benedizione
l'antipapa è comparso a Biella
con vari dignitari e un cardinale.
Sarà una farsa, ma vale
come primizia della
meno insoddisfacente contestazione.

IL PROFESSORE

Il professore ignora
se è supplente o aggregato
o è associato a tempo pieno o vuoto
o in toto esposto al vilipendio
o espettorato deputato con
doppio stipendio.
Il professore ha i capelli grigi,
non può cambiare mestiere.
Se a notte tutti i gatti sono bigi
meglio che la riforma
si faccia e poi si dorma.

SI SLOGGIA

Anche senza volerlo mi disloco.

Invidio la cicogna che se va
sa dove va e dove tornerà.

LEGGENDO IL GIORNALE

I dialoghi tra gli atei
e i credenti
si sono svolti, dicono,
senza incidenti.
Solo un po' stanchi i glutei
per le lunghe sedute
e conversioni reciproche,
imprevedute,
restando eguali, com'era prevedibile,
le percentuali.

La poesia consiste,
nei suoi secoli d'oro,
nel dire sempre peggio
le stesse cose. Di qui l'onore e il pregio.
In tempi magri è un'epidemia,
chi non l'ha avuta l'avrà presto, ma
ognuno crede che la malattia
sia di lui solo e che all'infermeria
il posto per l'egregio sia il peggiore.

Rabberciando alla meglio
il sistema hegeliano
si campa da più di un secolo.
E naturalmente invano.

La trascendenza è in calo, figuriamoci!
L'immanenza non vale una castagna secca.
La via di mezzo è il denaro. Meglio
cercare altrove.

* * *

E la follia? Anche lei per i suoi pregi
ma non pei fatti; solo per gli egregi.

* * *

E questi egregi sarebbero
davvero usati dal gregge?
Su questo punto urge
un decreto-legge.

Per me
l'ago della bilancia
sei sempre tu.
M'hanno chiesto chi sei. Se lo sapessi
lo direi a gran voce. E sarei chiuso
tra quelle sbarre donde non s'esce più.

AL VIDEO

Luna che obtorto collo
guardo in fotografia
quale fortuna t'incolse
quando ti distaccasti
da una terra in ammollo.

Ma ora?

PIRÒPO, PER CONCLUDERE

Meravigliose le tue braccia. Quando
morirò vieni ad abbracciarmi, ma
senza il pull over.

OBIEZIONI

Il Creatore fu increato? Questo
può darsi ma è difficile pensarlo
imprigionati
come siamo nel tempo e nello spazio.
E se non fu increato, anzi diventa
tardivamente opera nostra, allora
tutto s'imbroglia. Siamo Dio, a miliardi,
anche i poveri e i pazzi e ora soltanto
ce ne accorgiamo? E poi, con quanta voglia?

SURROGATI

Le violenze, i pestaggi,
le guerre (ma locali, che non ci tocchino),
gli allunamenti, d'interesse sempre
decrescente,
le lotterie, le canzonette, il calcio
internazionale,
tutto questo è l'ersatz della terza e ultima
(sempre ultima, s'intende,
per gli allocchi)
catastrofe mondiale?

Un didietro a chitarra è l'appannaggio
di chi vuole il diploma magistrale.
Non concorrono a gare musicali
le poverelle ma a portare via
gli alunni dalle stalle. Arduo miraggio,
misera paga. E poi c'è chi pretende
l'ortografia, l'ortoepia e altre balle.

FIGURE

L'anafora sarebbe una lungagnata?
Con l'uso è scomparso anche il significato.
E lo zeugma? Un imbroglio della vista
o delle dita del linotipista.
Non certo un reuma. Quando apparve il nome
Nietzsche uno scorrettore fu licenziato.

IL VATE

Ha prenotato un letto di prima classe
nel treno che va e non torna dall'aldilà.
Non porta con sé bagagli ma solo il fascicoletto
dei suoi morceaux choisis con l'autorevole
soffietto di... di... di... Forse lassù
farà il suo effetto.

L'immagine del diavolo può sembrare
malvagia ma non è. A lui dobbiamo
forse non la Maiuscola ma il rispetto
ch'è dovuto al più forte. Ormai non si presenta
come cane barbone o frate grigio. È un amico,
un buon amico che ci trae dai guai,
un padrone di casa che tratta a meraviglia
i suoi contubernali.

L'insonnia fu il mio male e anche il mio bene.
Poco amato dal sonno mi rifugiai nella veglia,
nel buio che non è poi tanto nero
se libera i fantasmi dalla luce
che li disgrega. Non sono tanto grati
questi ospiti notturni ma ce n'è uno
che non è sogno e forse è il solo vero.

APRÈS LE DÉLUGE

Galleggeranno le dispense Fabbri
sull'homo faber?

IL DONO

Chi ha il dono dell'umore
può disprezzare la vita?
Questa vita, sia pure, ma non è la sola,
non è la sola vita
dei fatti nostri, delle nostre parole.
E forse non è vita
neppure quella dell'aldilà
secondo la proposta antropomorfica
che dà barba e capelli al pantocratore
e le civetterie del superstar.
Noi non sappiamo nulla ma è ben certo
che sapere sarebbe dissoluzione
perché la nostra testa non è fatta per questo.
Solo ci è noto che non è sapere
l'escogitazione,
quella che fa di noi i più feroci animali,
ma un dono che ci fu dato
purché non se ne faccia uso
e nemmeno si sappia di possederlo.
Ed è un sapere mutilo, inservibile,
il solo che ci resta nell'attesa
come in sala d'aspetto che giunga il treno.

VANILOQUIO

La scomparsa del mondo che manda al settimo cielo
sinistri questuanti non m'interessa per nulla.
Sembra che sia lontana, per ora non minacciosa.
Inoltre c'è il pericolo che la notizia sia falsa.
Falsa o vera è scomparsa rateale.
E la mia quota? Forse ne ho già pagata
qualche rata e per le altre posso attendere.
'Ma fia l'attender corto'? O maledette
reminiscenze! Mi ostino a conficcare
nel tempo ciò che non è temporale.
Ho incontrato il divino in forme e modi
che ho sottratto al demonico senza sentirmi ladro.
Se una partita è in giuoco io non ne sono l'arbitro
e neppure l'urlante spettatore.
Me ne giunge notizia ma di rado.
Il mio tutore m'ha lasciato in margine
per una sua finezza particolare.
In tempo di carestia sono preziosi gli avanzi.
Non mi lusingo di essere prelibato,
non penso che l'infinito sia una mangiatoia
ma penso col mio mezzo limitato: il pensiero.
Non si pensa con l'occhio, non si guarda
con la testa. Parrebbe che i nostri sensi
siano male distribuiti. Oppure
è un mio difetto particolare. Meglio
una vita indivisa suddivisa
che un totale impensabile mostruoso;
o forse...

GLORIA DELLE VITE INUTILI

Siamo così legati al nostro corpo
da non immaginarne la sopravvivenza
che come un fiato, non un flatus vocis,
fatta eccezione per i soprassalti
di un tavolino che una versiera ad hoc
a modo suo manovri per far cassetta.
Ma una trasformazione che non sia
inidentità come può immaginarsi?
Così il grande e ventruto Kapdfer,
tale il nome di guerra benché non legato
a imprese eroiche o erotiche degne di un Margutte,
trent'anni fa un fantasma evanescente
distrutto dalla droga, poi risorto
tutto d'un pezzo non più riconoscibile
per la sublime sua inutilità,
compì il suo capo d'opera morendo
senza lasciare traccia che lo perpetui a lungo.
Chissà che
simili vite siano le sole autentiche,
ma perché, ma per chi? Si batte il capo
contro la biologia come se questa
avesse un senso o un'intenzione; ma
è troppo chiedere.

UNA MALATTIA

Se si rallenta la produzione
chissà dove andremo a finire
io non ho prodotto mai nulla
e so benissimo dove...

Anche gli omicidî entrano
nel fatturato del prodotto
ma io ho ucciso solo due tordi
e un passero solitario
mezzo secolo fa
e se anche il giudice chiuderà un occhio
non potrò fare altrettanto
affetto come sono dall'incurabile
imperdonabile malattia
della pietà.

Non ho molta fiducia d'incontrarti
nella vita eterna.
Era già problematico parlarti
nella terrena.
La colpa è nel sistema
delle comunicazioni.
Se ne scoprono molte ma non quella
che farebbe ridicole nonché inutili
le altre.

Se si potesse espungere molte sviste o refusi
di copista
direi che gli Evangelisti l'avevano azzeccata.
Il mestiere di proto non era ancora nato.

LA VITA IN PROSA

Il fatto è che la vita non si spiega
né con la biologia
né con la teologia.
La vita è molto lunga
anche quando è corta
come quella della farfalla –
la vita è sempre prodiga
anche quando la terra non produce nulla.
Furibonda è la lotta che si fa
per renderla inutile e impossibile.
Non resta che il pescaggio nell'inconscio
l'ultima farsa del nostro moribondo teatro.
Manderei ai lavori forzati o alla forca
chi la professa o la subisce. È chiaro che l'ignaro
è più che sufficiente per abbuiare il buio.

È assai pericoloso santificare un papa.
Questo suona a discredito del suo predecessore.
E se i papi più santi fossero i più corrotti?
È il funesto pensiero che mi frulla in testa
nelle ore più buie delle mie notti.

PER ALBUM

Assicurato
che il cuore non invecchia
il pentalaureato
si guarda nello specchio
con orrore.

L'evoluzione biologica
ha un passo così lento che a quel metro
la lumaca è un fulmine.
C'è voluta non so che iradiddio
prima che fosse nato l'archetipo di un bipede.
Non è questo lo strano; lo strano è
che tutto ciò sembri lungimiranza.
Bisognerà trovare un altro nome
per spiegare l'arcano.

L'HAPAX

È scomparso l'hapax
l'unico esemplare di qualcosa
che si suppone esistesse al mondo.
Si evita di parlarne, qualcuno minimizza
l'evento, l'inevento. Altri sono aux abois
ma la costernazione è prevalente.
Fosse stato un uccello, un cane o almeno un uomo
allo stato selvatico. Ma si sa
solo che non c'è più e non può rifarsi.

Per destare dal sonno i suoi scherani
il diavolo decise d'intervenire.
La sua speranza era l'armistizio: vincere
per lui sarebbe stato un grosso impaccio.
Se in principio era il verbo non occorrevano
solo armi ma bisticci
(di parole, s'intende). Vinca il peggiore
ma non c'è fretta per ora.

Non so se Dio si sia reso conto
della grande macchina da lui costruita
un errore di calcolo dev'essere alla base
dell'universo; tanto è lungo il suo
edificarsi e rapido il suo crollo.
C'era qualcosa dapprincipio, poi
venne il tutto, vacuo e imprevedibile.

NON OCCORRONO TEMPI LUNGHI

per i cercatori di funghi
ma basta un battibaleno
per apprendere che non ha senso
buccinare di tempi vuoti o pieni.
Non esistono tempi corti
per fare che lo spazio si raggrumi
nel solo punto che conta
e sembra anche ridicolo parlare
di vivi e morti.

Perseguitati
dai creditori
li accolse provvido
El Salvador.

Non più notizie
di loro a noi
di noi a lor.

Ci si credeva
tutti mor-
ti.

Traduzioni

Perch'io non spero...

Perch'io non spero di tornare ancora
Perch'io più nulla spero (non spero nulla più)
né spero ormai tornare il desiderio *che torni il desiderio*
alle virtù dell'uno, o all'altezza d'un altro,
io non mi sforzo più di tendere alle cose
(perché l'aquila vecchia dispiegherebbe le ali?)
perché rimpiangere(i)
il potere scomparso del reame ordinario?
Perch'io non spero ancora di conoscere
l'esigua gloria di un'ora positiva
Perch'io non penso (nulla) –
e so ch'io non saprò
il solo vero potere fuggitivo
e perch'io non berrò
là tra floridi alberi, sorgenti rivi di cui nulla è più.

Signora, tre bianchi leopardi giacevano sotto un ginepro
nella frescura del giorno, s'eran saziati
sulle mie gambe il cuore il fegato e ciò che parte era stato
del mio cranio. E Dio disse:
Vivranno quest'ossa? Queste
ossa vivranno? E ciò che parte era stato
dell'ossa (che già secche erano) susurrò:
per la bontà di questa Signora,
per la sua grazia e perché
in meditazione onora la Vergine,
rifulgiamo di splendore.

Note ai testi

PREMESSA

La presente edizione di tutte le liriche di Eugenio Montale è condotta sul testo critico pubblicato nel 1980 da Rosanna Bettarini e Gianfranco Contini presso l'editore Giulio Einaudi con il titolo *L'Opera in versi*. Le sole differenze concernono la sezione «Poesie disperse» nella quale, oltre ad alcuni componimenti inediti, abbiamo incluso un poemetto in prosa, liriche, frammenti, traduzioni che *L'Opera in versi* pubblica in apparato.

Oltre che la lezione definitiva dei testi, fissata con l'avallo dello stesso Montale, la presente edizione ha utilizzato tutti i materiali offerti nella sezione «Varianti e autocommenti» dell'*Opera in versi*; riconosciamo pertanto intero il nostro debito nei confronti di un lavoro fondamentale e, per la sua completezza, imprescindibile.

Il carattere del presente volume, rivolto a un pubblico non necessariamente di specialisti, ha consigliato un impiego più ridotto e una diversa presentazione di dati, che potranno trovarsi completi nell'*Opera in versi*; questo volume rinvia per ogni questione di critica testuale all'Edizione critica, ma dedica attenzione particolare, là dove è possibile, alla storia delle singole raccolte. In attesa di un commento che tenga conto di ogni aspetto dei testi, dal metrico allo storico, dal lessicale al grammaticale, riteniamo che indicazioni relative alla maturazione delle raccolte, con l'offerta di ogni dato disponibile (dal manoscritto all'incastonatura nelle diverse edizioni attraverso il «fissativo» del periodico) consentiranno al lettore di seguire, sia pure nelle vicende esterne, il farsi impercettibile e ineluttabile del Canzoniere.

Un ringraziamento particolare anzitutto a Gianfranca Lavezzi, collaboratrice preziosa nella stesura della «Bibliografia» e nella raccolta di dati relativi alle «Note ai testi».

Profonda gratitudine manifestiamo a Maria Corti, per la lungimiranza con cui già in anni lontani seppe raccogliere nel Fondo Manoscritti di Autori Contemporanei dell'Università di Pavia il gruppo fino ad oggi più consistente di manoscritti, dattiloscritti, stampe di Eugenio Montale, via via arricchendolo; e per la cura con cui, insieme con Maria Antonietta Grignani, ha inventariato e descritto i reperti.

Ringraziamo altresì la prof. Bianca Montale, il prof. Arturo Masini, Francesco Messina, donna Mimmina Sivo, il colonnello Sergio Pelagalli, Giuseppe Marcenaro, per l'aiuto prestato nell'accertare elementi utili alla «Cronologia», mentre ricordiamo la disponibilità costante di Alessandro Bonsanti, purtroppo di recente scomparso; un grazie a Laura Barile per il commento a *Quaderno genovese*, del quale ci siamo giovati nella prima parte della «Cronologia» e nelle «Poesie disperse».

Le note apposte a questa edizione descrivono i manoscritti e i dattiloscritti superstiti delle singole raccolte, indicandone la collocazione; elencano le stampe su periodici e numeri unici; enumerano le raccolte a stampa, ricostruendo quando è possibile la loro storia esterna sino all'assetto definitivo. Con attenzione particolare è stata seguita la vicenda delle tre prime edizioni di *Ossi di seppia*.

Qualche incremento hanno avuto le «disperse», ora distribuite in tre sezioni. Mentre nella prima si raccolgono i componimenti del «Protomontale», che non hanno trovato sistemazione nelle edizioni degli *Ossi*, si è riservata la seconda a un Montale satirico ed epigrammatico, di tono inferiore a quello che apparirà nelle raccolte posteriori a *Satura*, corrosivo e faceto, anche se in modi non altrettanto sottili. La terza presenta componimenti che si possono considerare appartenenti alla sfera dell'ultimo Montale, qui lasciata presentire *in limine* dal delizioso *Ventaglio per S. F.* Per quanto concerne la prosa *Il lieve tintinnìo del collarino...,* essa apparteneva ad una trilogia che per inavvertenza, pare, non passò intatta nella *Bufera;* saltò anche un pensato e calcolato recupero in *Satura;* venne accolta infine nella sezione «Varianti e autocommenti» dell'*Opera in versi.*

Per la «Bibliografia», al criterio della completezza abbiamo anteposto quelli della chiarezza e della funzionalità: tra centinaia di titoli si sono scelti quelli parsi più utili per l'interpretazione di liriche e di raccolte singole. Un grazie particolare a Marco Forti, che per questo settore ci ha messo a disposizione la sua documentazione.

1.
OSSI DI SEPPIA

1.1 *Manoscritti e dattiloscritti*

Il manoscritto, o dattiloscritto, completo degli *Ossi di seppia* non è a tutt'oggi reperibile. Esistono, presso amici, destinatari naturali delle liriche o dedicatari, fascicoletti manoscritti per lo più in pulito contenenti sezioni più o meno estese e non definitive del libro:

– fascicoletto, datato «15-25 Luglio 922», conservato dagli eredi di Angelo Barile: *L'agave su lo scoglio* (*Scirocco, Tramontana, Maestrale*).

– fascicoletto inviato a Giacomo Debenedetti il 19 dicembre 1922: *L'agave su lo scoglio* (*Scirocco, Tramontana, Maestrale*); *Tra gli orti* [= *Meriggiare pallido e assorto...*]; *I limoni*.

– fascicoletto, datato «marzo 1923», conservato dagli eredi di Angelo Barile, con titolo *Rottami*[1]: *Meriggiare pallido e assorto...* (datato «1916»); *Non rifugiarti nell'ombra...* (datato «1922»); *Ri-*

---

[1] È curioso che questo sia anche il titolo di una serie di frammenti che Adriano Grande pubblica (dichiarandoli, in linea con una moda del tempo, tradotti dall'opera di un ignoto norvegese) su «Le Opere e i Giorni» dell'aprile 1925 (pp. 25-28), «a conforto di quanti amano [...] le foglie secche, gli anelli di catena rotti, i conti che non tornano e tutto quello che di sbagliato seguita per buo-

penso il tuo sorriso, ed è per me un'acqua limpida... (datato «1923»);
I limoni (datato «nov. 922»).

– fascicoletto, datato «Marzo 923», conservato da Francesco
Messina, di contenuto identico a quello precedente.

– fascicoletto, datato «12-VII-23», conservato da Francesco Messina, con titolo *Ossi di seppia*: 4. *Portami il girasole, ch'io lo trapianti...*; 5. *Forse un mattino andando in un'aria di vetro...*; 6. *Non chiederci la parola che squadri da ogni lato...* (numerati dall'autore e datati rispettivamente «-23», «-7-23», «10-7-23»).

– fascicoletto, datato «fine '923», conservato da Francesco
Messina, con titolo *Sarcofaghi: Dove se ne vanno le ricciute donzelle...; Ora sia il tuo passo...; Il fuoco che scoppietta...; Ma dove cercare la tomba...*

– fascicoletto non datato, di cui Vanni Scheiwiller possiede
la fotocopia, per dono di Francesco Messina: *Mediterraneo 1-11.*

Ci sono inoltre pervenuti:

– un manoscritto, con varianti, de *I limoni*, datato «nov. 922».[2]
Conservato presso il Fondo Manoscritti di Autori Contemporanei dell'Istituto di Storia della Lingua Italiana dell'Università di Pavia (citato nel presente volume con l'abbreviazione PV).[3]

---

na sorte ad esistere nel mondo» (cfr. anche i *Trucioli* di Sbarbaro, i *Frantumi* di
Boine, i *Frammenti lirici* di Rebora).

[2] Se ne veda la trascrizione di Marco Forti in AA. VV., *Eugenio Montale. Profilo di
un autore*, a cura di Annalisa Cima e Cesare Segre, Milano, Rizzoli, 1977, pp. 21-37.

[3] Per i manoscritti lì conservati, cfr. *Autografi di Montale. Fondo dell'Università di
Pavia*, a cura di Maria Corti e Maria Antonietta Grignani, Torino, Einaudi, 1976
(poi parzialmente confluito, con qualche aggiornamento, in: Università degli
Studi - Pavia, *Fondo manoscritti di autori contemporanei. Catalogo*, a cura di Giampiero Ferretti, Maria Antonietta Grignani e Maria Pia Musatti. Nota introduttiva di Maria Corti, Torino, Einaudi, 1982, pp. 97-139).

– un manoscritto in pulito di *Egloga*, datato «19 Sett.bre '23».
Conservato nel Fondo PV.

– un manoscritto di *Vasca*, in pulito e con data «4 Ott. 23» (conservato da Francesco Messina); sul verso del foglio, la poesia *Gabbiani*, datata «Ottobre '23» (cfr. *Poesie disperse*).

– un dattiloscritto di *Minstrels*,[4] in pulito e con data «1923».
Conservato nel Fondo PV.

– un manoscritto di *Crisalide*, in pulito e con una variante alternativa, datato «Primavera-Estate '924». Conservato nel Fondo PV. Facsimile e trascrizione in *Autografi di Montale. Fondo dell'Università di Pavia*, a cura di Maria Corti e Maria Antonietta Grignani, Torino, Einaudi, 1976, pp. 15-21.

– un manoscritto di *Tentava la vostra mano la tastiera...*, in pulito e con data «18 Giugno 924». Conservato nel Fondo PV. Riprodotto in facsimile in: Università degli Studi - Pavia, *Fondo manoscritti di autori contemporanei. Catalogo*, a cura di Giampiero Ferretti, Maria Antonietta Grignani e Maria Pia Musatti. Nota introduttiva di Maria Corti, Torino, Einaudi, 1982, p. 109.

– un manoscritto di *Flussi*, in pulito, con titolo *2ª Egloga* e data «9 ag. 924». Conservato nel Fondo PV.

– un manoscritto di *Arremba su la strinata proda...*, in pulito e con data «22-VIII-924». Conservato nel Fondo PV. Facsimile e trascrizione in *Autografi di Montale. Fondo dell'Università di Pavia*, a cura di Maria Corti e Maria Antonietta Grignani, Torino, Einaudi, 1976, pp. 24-25.

---

[4] Tale l'ultimo titolo di una composizione apparsa nella Gobetti (con titolo *Musica sognata*), e reinserita negli *Ossi* solo a partire dall'edizione Mondadori di *Tutte le poesie*. Con titolo *Minstrels* appare anche nella 'Edizione per Nozze' *Satura*, Verona, Officina Bodoni, 1962 e, con titolo *Musica sognata*, chiude la *plaquette Accordi & pastelli*, Milano, Scheiwiller, 1962.

– un manoscritto di *Incontro*, con titolo *La foce* e data «14-16/VIII-1926» (conservato dagli eredi di Sergio Solmi); varianti rispetto a questo testo sono, manoscritte, in una lettera a Solmi datata «Monterosso 4-IX-1926».

– un manoscritto di *Meriggiare pallido e assorto...*, non datato (conservato da Giorgio Zampa), edito in facsimile in «Il Giornale nuovo», Milano, 24 ottobre 1975.

– un manoscritto di *Delta*, non datato. Conservato dagli eredi di Sergio Solmi.

– la fotocopia degli autografi di: *In limine* (senza data e con titolo *La libertà*); *Falsetto* (datato «11 Febb. 924»); *Meriggiare pallido e assorto...* (su un foglio numerato «5» dall'autore, con titolo *Rottami* e data «1916-922»); *Portami il girasole ch'io lo trapianti...* (con data «-6-23»); *Spesso il male di vivere ho incontrato...* e *So l'ora in cui la faccia più impassibile...* (in un unico foglio, non datato); *Felicità raggiunta, si cammina...* (non datato); *La farandola dei fanciulli sul greto...* e *Cigola la carrucola del pozzo...* (in un unico foglio, con titolo *Ossi di seppia* e senza data). Tali fotocopie sono conservate da Vanni Scheiwiller, grazie a Francesco Messina.

1.2   *Edizioni anteriori alle stampe*

– *Riviere, Corno inglese* (nella serie *Accordi*), in «Primo Tempo»,[5] Prima Serie, n. 2, Torino, 15 giugno 1922, pp. 35-37 e 40-41.

– *Scirocco, Tramontana, Maestrale* (con titolo collettivo *L'agave su*

[5] Rivista mensile nata il 15 maggio 1922 con il proposito di uscire «il 15 di ogni mese in fascicoli di 32 pagine»; in realtà i fascicoli furono cinque nel 1922 e due nel 1923, non datati (nn. 7-8 e 9-10). Il Comitato di Redazione era costituito da Giacomo Debenedetti (indicato come direttore negli ultimi due numeri), Mario Gromo, Emanuele F. Sacerdote e Sergio Solmi. Montale vi pubblicò anche (sul n. 9-10) un saggio su Emilio Cecchi.

lo scoglio), in «Primo Tempo», Prima Serie, n. 4-5, Torino, agosto-settembre 1922, pp. 113-115.[6]

– *Meriggiare pallido e assorto...*, *Non rifugiarti nell'ombra...*, *Ripenso il tuo sorriso, ed è per me un'acqua limpida...*, *Mia vita, a te non chiedo lineamenti...*, *Portami il girasole ch'io lo trapianti...* (con titolo collettivo *Ossi di seppia* e dedica «Per Adriano Grande»), in «Il Convegno»,[7] a. V, n. 5, Milano, 31 maggio 1924, pp. 263-265.

– *Fine dell'infanzia*, *Meriggio* [= *Gloria del disteso mezzogiorno...*], *Vasca*, in «Le Opere e i Giorni»,[8] a. III, n. 9, Genova, 1° settembre 1924, pp. 13-19.

– *Egloga*, *Casa sul mare*, *Marezzo*, in «Il Convegno», a. VI, n. 2-3, Milano, 28 febbraio - 30 marzo 1925, pp. 101-106.

– *I morti*, *Delta*, *Arletta* [= *Incontro*], in «Il Convegno», a. VII, n. 11-12, Milano, 25 novembre - 25 dicembre 1926, pp. 832-835.

– *La folata che alzò l'amaro aroma...* [= *Vento e bandiere*] e *Fuscel-*

---

[6] Montale era intenzionato a pubblicare su «Primo Tempo» anche altre poesie, come risulta da due lettere inviate una il 19 dicembre 1922 a Giacomo Debenedetti («... Le mando alcuni versi per *Primo Tempo*; "neiges d'antan" la più parte, tranne I limoni che è relativamente recente...») e l'altra il 20 settembre '23 a Francesco Messina («... Una novità: riesce Primo Tempo! Il n. 7-8 è buono. Credo che entro l'anno vi compariranno i miei "limoni"...»).

[7] Alla rivista mensile, fondata nel febbraio 1920 da Enzo Ferrieri, e finita nel '39, Montale collaborò nel '25, recensendo *L'entusiastica estate* di Piero Gadda, e nel '27 con numerose recensioni di libri francesi.

[8] Mensile fondato a Genova nel 1922 e diretto da Mario Maria Martini (Genova 1885-1900), autore di opere teatrali (*L'ultimo doge*, *Il dittatore*, *Gli emigranti*, *Il cavalier servente*) e opere in prosa, da *La passione di Fiume* (1919) a *Il cuore del tempo* (1935); egli fondò e diresse anche la «Rassegna Latina», collaborò come critico letterario al quotidiano genovese «Càffaro» ed a vari giornali e riviste. Tra i collaboratori più noti della rivista, nei suoi primi anni di vita: Enrico Corradini, Adolfo De Bosis, Federico De Roberto, Luigi Pirandello, Camillo Sbarbaro, Angiolo Silvio Novaro, Lorenzo Viani, Adriano Grande, Pierangelo e Adelchi Baratono, Giovanni Faldella.

. *lo teso dal muro...* (con titolo collettivo *Versi*), in «Solaria»,[9] a. I, n. 12, Firenze, dicembre 1926, pp. 10-12.

– *Arsenio,* in «Solaria», a. II, n. 6, Firenze, giugno 1927, pp. 21-23.

1.3 *Le stampe*

PRIMA EDIZIONE: TORINO, GOBETTI, 1925
In una lettera non conservata o a voce, nella primavera del 1924, Montale chiede all'amico che gli è più vicino, Sergio Solmi, allora residente a Torino, di consigliargli un editore per le poesie che ha raccolto e ordinato. Il 1° maggio, Solmi[10] risponde che, a suo parere, l'editore adatto potrebbe essere Piero Gobetti; e si offre di presentare il manoscritto. Montale si dice d'accordo. Il colloquio di Solmi con Gobetti dà risultati positivi, il direttore della «Rivoluzione Liberale» è disposto a considerare la proposta; Montale invia così all'amico il manoscritto, che forse non era ancora intitolato *Ossi di seppia*. Il 9 luglio Montale scrive all'amico, da Genova: «Eccoti un'altra cosa da aggiungere al mio manoscritto, in caso di accettazione da parte di Gobetti. Tu avrai davvero modo di vederlo e parlargli, senza che questo *ti costi*? Dimmelo francamente e ti vorrò più bene di prima, tanto più che di speranze ne ho pochine. Se ti interessasse avere un biglietto di Lodovici[11] – a mio favore – potrei mandartelo in due o tre giorni. Lodovici è intimo di Gobetti, il quale se ne è fatto editore e critico acuto».
    Proprio Lodovici, poco dopo, consegnò il manoscritto a Go-

---

[9] A «Solaria» (1926-34 [ma 1936]), fondata da Alberto Carocci, Montale collaborò assiduamente con poesie e recensioni, dal '27 al '31; pur non figurando nella Redazione della rivista, di fatto Montale esercitò un'influenza determinante.
[10] Le lettere di Sergio Solmi a Eugenio Montale, donate da Eugenio Montale a Giorgio Zampa, si trovano attualmente presso gli eredi di Sergio Solmi.
[11] Il commediografo Cesare Vico Lodovici (Carrara 1885 - Roma 1968), autore di *La donna di nessuno* (1920), molto apprezzata da Montale, *La buona novella* (1924), *Le fole del bel tempo* (1925), *L'incrinatura* (1937) e numerosi altri drammi. Ricca e varia la sua attività di traduttore, specie da Shakespeare, tradotto per intero.

betti. Il 4 agosto, Gobetti invia una cartolina[12] a Montale, che aveva conosciuto di persona a Genova: «Caro Montale, le sue poesie mi piacciono. Purtroppo però l'esperienza di altri versi mi dice che per un volume di eccezione e di gusto come il suo c'è in Italia uno scarso pubblico. Mandando ai suoi amici liste di prenotazione crede che si arriverebbe a qualche risultato? Io veramente terrei a concludere».

Montale risponde dalla casa di Monterosso in cui trascorre le estati con i genitori e i fratelli, e il 12 dello stesso mese Gobetti invia un'altra cartolina: «Caro Montale, le recensioni non hanno diretta influenza sulle vendite se non in certi casi. Sarà meglio conservare al libro un certo sapore d'inedito e non pubblicarlo troppo prima. Collaborerebbe lei con articoli di valutazione e recensioni alla rivista "Il Baretti" che sto per mandar fuori? Ci terrei. Se sì, mandi subito». Solmi viene informato di queste trattative il 27 agosto, con una cartolina: «Non so ancora se ti ho detto che Gobetti mi ha scritto parole di lode e sembra tentatissimo di farsi mio editore. Non si è impegnato però ancora definitivamente...». E il 26 novembre dopo un viaggio compiuto a Torino, il mese prima: «Non so ancora se Gobetti stamperà il mio libro; a tutt'oggi non ha risposto ancora al mio ultimatum; ma gli umori eran favorevoli piuttosto che no. Ora il manoscritto è in mano mia. È quel che è – ma val meglio darlo fuori e non pensarci più. Fra dieci anni lo ripiglierò fra le mani e mi giudicherò da me stesso...».

La corrispondenza con l'amico editore si era, nel frattempo, interrotta. Il 5 settembre, uscendo di casa, Gobetti era stato aggredito e selvaggiamente percosso da una dozzina di squadristi. Per un uomo fragile, dal fisico provato anche per l'eccesso di lavoro cui si sottoponeva, fu un colpo grave, forse fatale. Dichiarata organo antinazionale da Mussolini, «Rivoluzione Liberale» diventa oggetto di diffide, di sequestri continui. Gobetti non solo tiene duro, ma fonda come s'è visto un altro periodico,

---

[12] Prop. Giorgio Zampa.

«Il Baretti», di carattere letterario: il primo numero appare il 23 dicembre 1924, Montale ha accettato di collaborare.[13]

Il 10 novembre scrive a Giacomo Debenedetti: «Io non so che cosa avverrà di me; mi metto proprio nelle mani di Zeus. Ora lavoro al mio manoscritto; e spero che Gobetti si deciderà. Ma è un'opera da cui mi sento già staccato in gran parte; senz'aver – d'altro lato – maturate in me altre possibilità di sviluppi. Forse tacerò parecchi e parecchi anni».[14]

Il 4 dicembre, rispondendo evidentemente a una lettera del poeta, Gobetti aveva scritto: «Per gli *Ossi di seppia*,[15] il problema non è del deficit: il mio sistema di vendita è di garantire una vendita minima mediante prenotazione. I libri che reggono a questa prova possono andare anche al pubblico. Se io anticipo la somma totale dei libri che stampo, senza più curarmene sino al termine dell'anno quando i librai mi danno, o non mi danno!, i conti dopo tre mesi non posso più stampare libri. Il segreto è di rinnovare il *corrente*. Tu troverai piuttosto misteriosi o banali questi espedienti amministrativi ma così è. Mandami intanto il ms. completo dei versi».

Il 13 gennaio 1925, Gobetti conferma di avere il manoscritto dei versi completo: «*Ossi di seppia* vanno bene. Ma il volume costerà sulle 1500-2000 lire, forse più. Occorrerebbero non meno di 200 prenotazioni a 6 lire, sperando che qualche copia si venda poi. Ti va?».

Il 31 dello stesso mese i due si incontrano a Genova, nella Redazione de «Il Lavoro».

Lo scrittore torinese sta vivendo settimane drammatiche; dopo il 3 gennaio, quasi ogni numero della sua rivista viene sequestrato. Le autorità torinesi sono zelanti nell'eseguire alla lettera l'ordine impartito per telegramma dal Duce: «Rendere impossibile la vita a Piero Gobetti». Gobetti comincia a pensare all'espatrio, intanto continua nel suo lavoro, tra difficoltà che solo

[13] Nel 1925 Montale pubblicò sul «Baretti», oltre a due recensioni, *Stile e tradizione*.
[14] Cfr. Giacomo Debenedetti, *Amedeo*, Milano, Scheiwiller, 1967, p. 39.
[15] Titolo ormai evidentemente accettato da entrambi.

la sua tempra gli consente di superare. *Ossi di seppia*, non bisogna dimenticarlo, nascono in questo clima, dall'incontro di due nature non si potrebbe più differenti, eppure concordi nel comune atteggiamento di fronte al dilagare della volgarità, della violenza e tracotanza, nell'interpretazione della realtà italiana. Il motto della casa editrice, impresso in caratteri greci sulla copertina di ogni volume, quindi anche su quella di *Ossi di seppia*, dice: «Che ho a che fare io con gli schiavi?».

Il 31 marzo, Gobetti scrive: «Occorre che tu mi mandi *subito il manoscritto* se vuoi che si esca nel mese. – Vedrai che si farà una buona azione. Vedi di farmi avere il ms. per giovedì...». Pochi giorni dopo, il 5 aprile, Montale comunica a Solmi: «Il mio libretto va in macchina ora; non so immaginare che avverrà in tipografia... Eppure ho sorpassato le prenotazioni richiestemi (ora ne ho 240, e aumenteranno), e avrei diritto a qualche riguardo... Tra l'altro ho chiesto che mi facciano 15 copie in carta di lusso (magari a mie spese) – una delle quali per te. Nel libro ti ho dedicato un gruppetto di poesie...».[16] Il 26 aprile, in una lettera indirizzata a Giacomo Debenedetti,[17] Montale scrive: «Ti mando d'urgenza le *prime bozze corrette*, pregandoti di leggerle a volo e passarle (o farle recapitare) a Gobetti *entro lunedì*. Credo proprio che puoi essermi molto utile nell'impaginazione che, come vedrai, si presta a molti pericoli [...] Il formato dev'essere *ordinario*, non largo come fu fatto per il libro di Bongioanni,[18] la carta *non sottile* anche se mediocre: per la copertina mi arrendo al destino; ma almeno si usi un seppia *scuro* e non un arancio nel fregio; le copie di lusso (c'è da ridere a immaginarle) siano in carta ottima davvero, e in numero di 15 numerate dall'uno al quindici, con relativa dicitura nell'interno. Naturalmente una è per te. Se c'è da pagare la carta sono anche disposto a farlo; avvisami».

Una lettera del 4 giugno, indirizzata a Solmi (la corrisponden-

---

[16] La sezione è *Meriggi* (*Meriggi e ombre* a partire dalla seconda edizione).

[17] Pubblicata da Antonio Debenedetti (*Due lettere inedite di Eugenio Montale. «Ti mando le prime bozze di "Ossi di seppia"...»*, in «Corriere della Sera», 21 dicembre 1975).

[18] Fausto M. Bongioanni, *Venti poesie*, Torino, Gobetti, 1924.

za con Gobetti, a questo punto, presenta una lacuna), è pessimista: «Del libro non so nulla! Doveva uscire, secondo le promesse, il 1° aprile, e io consegnai il manos. per tempissimo. Dalle
1.e alle 2.e bozze passò un mese (si trattava di correggere pochi errori!) e dalle 2.e alle 3.e un altro mese, e più. Così esce in
Estate: figurati...». Di fatto, il libro uscì nella seconda metà di
giugno, al prezzo di sei lire.

Mancano anche le lettere di Gobetti che dovettero accompa-
gnare o seguire l'invio degli esemplari a Montale; in una lettera senza data, da collocare nella seconda metà del '25, si parla di collaborazioni al «Baretti», e si accenna a una recensione
di Gargiulo: «Gargiulo avrà finito l'articolo sul tuo libro nel
1950».[19] Il proposito di lasciare l'Italia prende, in Gobetti, sempre maggiore consistenza, come si può vedere da una lettera a
Prezzolini,[20] in data 3 ottobre '25, nella quale si parla di fonda-
re una casa editrice a Parigi. Esso diventa necessità quando il
prefetto di Torino comunica che «in considerazione dell'attività nettamente antinazionale del dott. Gobetti lo si diffida a cessare da qualsiasi attività editoriale». La sera dell'8 febbraio 1926
Montale si accomiata alla stazione di Genova-Principe dall'amico in viaggio per Parigi: è il loro ultimo incontro, Gobetti muore
in clinica dopo una settimana, alla mezzanotte del 15 febbraio.

«Il libro cade, com'era prevedibile, nell'indifferenza generale», aveva scritto Montale a Solmi il 21 luglio dell'anno precedente. Il «Regno» di Torino aveva pubblicato il 26 giugno un
articolo anonimo,[21] il primo scritto su *Ossi di seppia*, negando
al libro ogni valore e raccomandando al poeta «di studiare e di
raccogliersi. E si raccolga anche ad ascoltar davvero la musica
prima di voler rendere la poesia del corno inglese». Il 1° luglio
Camillo Sbarbaro invia una lettera,[22] scrivendo: «Ho letto e ri-

[19] Previsione che non si avverò: il critico napoletano scrisse infatti un'introduzione per la seconda edizione del libro.
[20] Cfr. Giuseppe Prezzolini, *Gobetti e «La Voce»*, Firenze, Sansoni, 1971.
[21] Nella rubrica "Cronache Librarie". In un ritaglio della breve recensione, conservato da Montale e ora di proprietà Zampa, è aggiunto a penna: «firmato Carl.».
[22] Prop. Giorgio Zampa.

letto, pigliando ogni volta maggior piacere, le tue poesie. Se la turpe vita che meno mi consentisse d'incrociare dallo studio di Rod[23] all'ore che puoi esserci, sarei stato a dirti le cose che preferisco (di più non posso fare, lo sai). La parte appunto intitolata *Ossi di seppia* è quella che mi piace di più; tutta, ma principalmente 29, 30, 33, 34, 35, 43, 40. "I limoni", il "Mediterraneo" (dove c'è ancora qc. nell'ombra), "Flussi", "Casa sul mare", "Riviere" (il mio epigramma sembra tradotto dall'Antologia). *Ti ringrazio*! e auguro».

Il 25 luglio Umberto Saba scrive[24] da Trieste: «Desidero di ricevere presto le tue poesie in 25 esemplari, e spero che ognuna di esse sarà *una sola poesia*, e non molte poesie in una. Questo, come t'ho detto, mi parve essere il difetto delle poesie contenute in *Ossi di seppia*. È in parte il difetto della giovinezza, ma anche, in parte, quello della tua ispirazione artistica. Sorvegliati molto, e non abbandonarti all'affluire delle belle immagini. Le bellezze, mi ha insegnato un filosofo, sono nemiche della bellezza (Scusami)».

Cecchi recensisce favorevolmente il libro su «Il Secolo» del 31 ottobre; su «Il Convegno» di settembre, Carlo Linati, pure esprimendo giudizi positivi, scorge in Montale un eccessivo influsso di Paul Valéry;[25] sul terzo numero del «Quindicinale», del febbraio 1926, appare un articolo di Sergio Solmi, che rimarrà fondamentale nella bibliografia di Montale. Sul n. 6 del «Baretti», il mese successivo, si occupa del libro anche Natalino Sapegno,

[23] Il pittore Paolo Stamaty Rodocanachi (Genova, 1891-1958), marito di Lucia Morpurgo (amico di Marianna Montale e poi dello stesso Eugenio). Il suo studio di via Montaldo (quella di *Incontro*, negli *Ossi di seppia*) e, dopo il matrimonio avvenuto nel 1930, la casa di Arenzano furono punti di incontro di Sbarbaro, Grande, Montale, Barile e più tardi Gadda e Vittorini. Cfr. *Paolo S. Rodocanachi*. Catalogo della Mostra a cura di Giuseppe Marcenaro, Genova, Accademia Ligustica di Belle Arti/Banco di Chiavari e della Riviera Ligure, 1977.
[24] Prop. Giorgio Zampa.
[25] In una lettera del 26 settembre a Solmi, Montale scrive: «Se vai da Somaré fatti mostrare il Convegno ultimo, dove Linati avalla l'opinione di Alessandro Pellegrini ch'io sono un *imitatore* di Valéry! (Del quale conosco solo, e da 3 mesi, le tre pièces stampate nell'Antologia du Sagittaire!)».

sotto lo pseudonimo di Silvestro Gallico, esprimendo un giudizio sostanzialmente negativo, che sarà da lui ribadito tre anni dopo, nella recensione alla seconda edizione: «Di rado [...] l'espressione può dirsi, in questo libro, perfetta: talora l'impedisce e l'intorbida l'ambizione di costruire intorno ad un'immagine concreta miti sostanziati di pensiero che la trascendono e la deformano [...] altre volte la fatica della forma non raggiunta rompe il flusso dei versi con dissonanze aspre ed improvvisi abbassamenti di tono».[26]

Montale intanto entra in relazione con Valery Larbaud, che si adoprerà per fare conoscere il libro negli ambienti parigini (se ne occuperà nel 1928 sulle «Nouvelles Littéraires» Marcel Brion, recensendolo insieme con due opere di Walter Benjamin).

In una cartolina datata Parigi, 24 novembre, Giuseppe Prezzolini scrive:[27] «Gobetti fece bene a pubblicare il suo libro, e male ad annunziarlo con troppo impegnativi squilli; così che anche io fui tra quelli che presero a considerarlo con certa severità»; e così comincia a recensire gli *Ossi* sul «Leonardo»:[28] «mi è accaduto di aprire questo libro con animo un poco severo, e di scoprire che il Montale non era proprio la rivelazione annunziata».

Fatta eccezione per Solmi, che ne comprese sino in fondo valore e significato, e per Raffaello Franchi,[29] il libro ebbe, al suo apparire, un successo di stima, quando non andò incontro ad incomprensioni; arrivò in un ambiente impreparato ad accoglierlo, e trovò la sua strada, quella definitiva, solo dopo il 1930.

Il 25 luglio del '25, Solmi aveva scritto all'amico: «Ho ricevuto giorni fa il libretto, e te ne ringrazio di cuore. La veste è un po' povera, e mi rincresce degli errori di stampa. Ad ogni modo è fatta, e non c'è da rammaricarsene. Mi sembra che tu l'abbia un poco smilzito: *Accordi, Musica silenziosa* e le altre liriche senza titolo del genere *Fine dell'infanzia* che avevo lette manoscritte e mi sembrava potessero esservi accolte senza timore di disper-

---

[26] Cfr. «Leonardo», maggio-giugno 1928, p. 151.
[27] Prop. Giorgio Zampa.
[28] Cfr. «Leonardo», novembre 1925, p. 250.
[29] Cfr. «Solaria», n. 1, 1926; poi in *Memorie critiche*, Firenze, Parenti, 1938, pp. 71-76.

sione. Del resto, la vittoria è sempre di chi sa limitarsi. E la tua plaquette si presenta così perfettamente salda e compatta, e di tono assai intenso. Del resto non rammaricarti se i tuoi "ossi" andranno incontro a subita incomprensione. Il tuo è uno di quei libri che ad attendere han tutto da guadagnare...».

Il volume, dedicato «All'amico Adriano Grande», presenta l'Indice seguente:

IN LIMINE

MOVIMENTI:

I limoni
Corno inglese
Falsetto [ded. a Esterina[30]]
Musica sognata
Versi a Sbarbaro:
    I - Caffè a Rapallo
    II - Epigramma
Quasi una fantasia
Sarcofaghi [ded. a Francesco Messina]

OSSI DI SEPPIA: [ded. a Emilio Cecchi]

Non chiederci la parola
Meriggiare pallido e assorto
Non rifugiarti nell'ombra
Ripenso il tuo sorriso [ded. a K.[31]]
Mia vita a te non chiedo
Portami il girasole
Spesso il male di vivere
Ciò che di me sapeste [ded. a Carlo Linati]

---

[30] Esterina Rossi, presentata a Montale da Bianca e Francesco Messina.
[31] «K.» è il danzatore russo Boris Kniaseff, che Montale conobbe a Genova nello studio di Francesco Messina dopo averlo ammirato al Teatro Verdi mentre lavorava nella Compagnia di Maria Jureva.

Là fuoresce il Tritone
So l'ora in cui la faccia
Gloria del disteso mezzogiorno
Felicità raggiunta, si cammina
Il canneto rispunta
Forse un mattino andando
Valmorbia, discorrevano il tuo fondo
Tentava la vostra mano
La farandola dei fanciulli
Debole sistro al vento
Cigola la carrucola
Arremba su la strinata proda
Upupa, ilare uccello
Sul muro grafito

MEDITERRANEO [ded. a Bobi B.[32]]

MERIGGI: [ded. a Sergio Solmi]

Fine dell'infanzia
L'agave su lo scoglio
Vasca
Egloga [ded. a Cesare Lodovici]
Flussi [ded. ad Attilio Perducca[33]]
Clivo
Casa sul mare
Marezzo [ded. a Giacomo Debenedetti]
Crisalide

---

[32] Roberto Bazlen (Trieste, 1902 - Milano, 1965). Montale lo conobbe nell'inverno 1923-24 (quando «Bobi» passò da Trieste a Genova per lavorare presso la ditta Atlantic Refining C.) e da lui gli venne l'invito a leggere Svevo, oltre che molte pagine di Kafka, Musil e altri autori tedeschi. Cfr. E. M., *Ricordo di Roberto Bazlen*, in Italo Svevo - Eugenio Montale, *Carteggio*, con gli scritti di Montale su Svevo, a cura di Giorgio Zampa, Milano, Mondadori, 1976, p. 145.
[33] Lo scultore Attilio Perducca.

RIVIERE [ded. ad Angelo Barile]

Il volume si chiude con la seguente *Nota* dell'autore:

Le liriche comprese nel presente volume, scritte tra il 1916 e il 1924, non sono date in ordine cronologico.

La Gobetti è stata ristampata a Verona, Officina Bodoni, 1964.

SECONDA EDIZIONE: TORINO, RIBET, 1928
450 esemplari + 22 su carta a mano.

Il volume si apre con un'introduzione di Alfredo Gargiulo, che qui riportiamo in ragione del peso che essa ebbe sulla vicenda critica del libro:

Un senso della vita umana e cosmica che lascia intravvedere, in fondo a tutto, qualcosa come una «petraia». A tratti pare anzi di udire laggiù un «crollo di pietrame». E quassù il «male di vivere» in grado supremo, è forse appunto nei sassi, in questo «ciottolo róso», «impietrato soffrire senza nome». Pietre ovunque, e informi rottami che la «fiumara del vivere» gitta fuori del suo corso. Dev'esserci nel mondo un «punto morto», l'«anello che non tiene»: ora il mondo lentamente, segretamente s'incrina, ora violento «viene lo spacco». Vivere, per l'uomo, è questo andare lungo una muraglia, «che ha in cima cocci aguzzi di bottiglia»; e «andremo innanzi senza smuovere un solo sasso della gran muraglia». Il poeta può dire di sé: «questo secco pendìo, mezzo non fine, strada aperta a sbocchi di rigagnoli, lento franamento».

La corrosione critica dell'esistenza, che in queste pagine di poesia costituisce l'essenziale motivo, ha certo, in tutto risalto, un tale aspetto aspro, «pietroso». Inoltre, nella misura almeno in cui riesce ad essere aspra, essa sembra attestare ancora un certo anelito alla rivolta. Ecco però, inseparabile e punto contraddittorio, l'altro suo aspetto, che non lascia più dubbi. Sono intaccati fin gli ultimi centri della resistenza vitale; caduta è anche ogni velleità di reazione; lo stesso sgomento di vivere è superato: la vita séguita solo come un riconosciuto non vivere. Gli «animi arsi in cui l'illusione brucia un fuoco pieno di cenere», da qual potere, infatti, riavrebbero una forma? Han perduto ogni memoria del «fuoco che arse impetuoso nelle vene del mondo»; intorno ad essi, «in un riposo freddo le forme, opache, sono sparse». E se vivere significa «assumere un volto», qual volto dunque assumerà chi giace nel «limbo squallido delle monche esistenze»? Così: «Se un'ombra scorgete, non è un'ombra – ma quella io sono».

Che a dire l'intensità di tanta negazione allo scrittore occorresse il verso, appare non solo dal canto, ove più ove meno liberato: certi stridori di suoni, certe fratture di ritmi, se restano lontani dal canto, restan però tanto più lontani da qualsiasi immaginabile prosa. In altri termini, erano inibite a Montale le tonalità basse, – e diciam pure, per intenderci, «evasive» – in cui trova di solito da risolversi, con tutta la sua sostanza riflessa, la disposizione lirica del tempo nostro. La via d'uscita discorsivo-lirica, cadesse pur forte l'accento sul secondo aggettivo, gli era preclusa. E accade allora che il poeta stesso, ripiegato sul proprio lavoro, sia il primo acuto testimone e giudice del contrasto: da una parte, quella materia costituita da un mordente processo di disgregazione critica; dall'altra, questa aspirazione, in essa immanente, a comporsi nelle forme più sintetiche, quali soltanto dagli alti toni lirici son consentite.

Naturalmente, testimone e giudice son staccati dal poeta; e deve infatti tutt'altro che sorprendere, in un caso simile, questa specie di assunzione al secondo grado del motivo essenziale. Sta in fatto che Montale vi raggiunge qualche accento di particolare efficacia. Ma qui si vuol rilevare soprattutto che egli offre al giudizio di altri, mercè l'autocritica in funzione di lirica, taluni elementi assai persuasivi. Son da cercarsi non già nelle effusioni più larghe: «Non chiederci la parola che squadri da ogni lato l'animo nostro informe», eccetera. Invece, egli strettamente denuncierà le «lettere fruste dei dizionari», la «storta sillaba e secca come un ramo», il «ritmo stento»; e, intese con la discrezione opportuna, queste ed altrettali espressioni aderiscono senza dubbio a quanto il critico nella poesia qui raccolta troverà di men reso: in ispecie nei riguardi della «pietrosità», dov'essa resta mero documento.

Poiché, d'altra parte, in Montale non v'è traccia alcuna di residuo letterario: il residuo è appunto tutto documento, vita. E la prima vivace impressione che si ha di fronte a molte sue composizioni, è in proposito decisiva. Sembra che il compito dell'esprimere gli diventi, esso, atto di vita; e come tale egli l'affronti, affidandosi all'impulso, a tutto rischio: come uno che senta nella singolare difficoltà della materia da dominare, fors'anche il pericolo che il compito gli resti interdetto fin dall'inizio. Così, è dir poco che manca in lui la letteratura d'ordinario surrogante la poesia: quasi si vorrebbe dire, invece, che egli opera addirittura, dal primo moto e per tutto il corso dell'esecuzione, letterariamente a caso vergine. L'aspro e contorto residuo documentale non ha contraddetto, nel lettore, con ogni altra legittima esigenza formale, pur le più elementari esigenze foniche e ritmiche? Ed ecco, si spiega allora che un alone di meraviglia, nell'effetto sul lettore, circondi i passi dove il canto nasce, simile a «un'acqua limpida scorta per avventura tra le petraie d'un greto»; come, a stringente esempio, in certi finali alati: «Filerà nell'aria o scenderà s'un paletto qualche galletto di marzo».

A riprova di tali osservazioni, e quindi a conferma del significato non indifferente di questi *Ossi di seppia* tra la tormentata lirica del nostro tempo, bisognerebbe poi mostrare che proprio la linfa del «secco» ramo, ed essa sola, alimenta in Montale il fiore della poesia: procedere per conseguenza all'esame dei vari aspetti, più o meno felici, della fioritura. E ciò, evidentemente, trascende i giusti limiti di opportunità assegnati ad uno scritto di carattere introduttivo.

Quei limiti non saranno tuttavia oltrepassati di troppo, se qui in fine si cerca di indicare, almeno, le condizioni in cui la disperata materia critica di Montale si risolve più compiutamente in poesia. Constatato allora che lo scrittore resta lontano dalla creazione di miti cosmici «pietrosi», ai quali pur tenderebbe, risulta subito che in lui trova più aperta la via all'espressione poetica, soprattutto la «vita non vissuta», e nelle occasioni che ne concentrano come in un punto l'attonito vuoto: un «meriggiare pallido e assorto», un'«ora d'attesa in cielo, vacua»; che sono, comunque, momenti di sollievo. E il sollievo si fa talvolta nostalgico, sino a delinearsi in qualche accenno di consolante formazione mitica: «Nell'età dell'oro florida sulle sponde felici anche un nome, una veste, erano un vizio». Poi, più spesso, una sensazione: una sensazione che improvvisa riscuote, confermandola, la vita stagnante: quell'odor di limoni, alla soglia del volume; «nel silenzio della campagna un colpo di fucile».

Ma il lettore vedrà, – dovunque nel libro, non solo nella più bella serie: *Mediterraneo*, – che muove meglio di ogni altra cosa l'ispirazione di Montale, se pure attraverso reazioni a momenti non abbastanza placate, il mare: come quello che forse a volta a volta può rinnovargli l'incantato nirvana; e pungerlo con gli aspetti infiniti del suo meraviglioso fermento. D'altra parte, è il mare suo, il mare dei più vitali se non degli unici ricordi: l'infanzia, l'adolescenza. E non sorprende quindi che la «dolce risacca su le prode» gli dia sbigottimento «quale d'uno scemato di memoria quando si risovviene del suo paese»; che egli ritrovi nel mare una «patria» e un'«evidenza»: «Nasceva dal fiotto la patria sognata. Dal subbuglio emergeva l'evidenza»; che perfino riconosca nella «legge rischiosa» e «severa» del mare, la sua propria legge.

Rispetto alla prima edizione, la struttura del libro rimane invariata nella parte centrale (serie *Ossi di seppia* e *Mediterraneo*), mentre cambia all'inizio ed alla fine, come appare dal suo Indice:

IN LIMINE

MOVIMENTI:

I limoni
Corno inglese
Quasi una fantasia
Falsetto
Versi a Camillo Sbarbaro:
    I - Caffè a Rapallo
    II - Epigramma
Altri versi:
    Vento e bandiere
    Fuscello teso dal muro
    Sarcofaghi

OSSI DI SEPPIA:

Non chiederci la parola
Meriggiare pallido e assorto
Non rifugiarti nell'ombra
Ripenso il tuo sorriso
Mia vita a te non chiedo
Portami il girasole
Spesso il male di vivere
Ciò che di me sapeste
Là fuoresce il Tritone
So l'ora in cui la faccia
Gloria del disteso mezzogiorno
Felicità raggiunta, si cammina

Il canneto rispunta
Forse un mattino andando
Valmorbia, discorrevano il tuo fondo
Tentava la vostra mano
La farandola dei fanciulli
Debole sistro al vento
Cigola la carrucola
Arremba su la strinata proda
Upupa, ilare uccello
Sul muro grafito

MEDITERRANEO

MERIGGI E OMBRE:

I.
Fine dell'infanzia
L'agave su lo scoglio
Vasca
Egloga
Flussi
Clivo

II.
Arsenio

III.
Crisalide
Marezzo
Casa sul mare
I morti
Delta
Incontro

RIVIERE

Le dediche vengono mantenute, fatta eccezione per quella di *Sarcofaghi* a Francesco Messina, espunta. *Arsenio* è dedicato «a G.B. Angioletti».

Il libro si chiude con la seguente *Nota* dell'autore:

Tranne le sei poesie aggiunte a questa ristampa del libro (*Vento e bandiere, Fuscello teso dal muro, I morti, Delta, Incontro*, 1926, e *Arsenio*, 1927), le liriche della presente raccolta sono state scritte tra il 1916 e il 1924, e non sono date in ordine cronologico. *Riviere*, che s'è voluto lasciare in fondo al volume come nella I edizione (Gobetti 1925) è del marzo 1920. Una sola lirica è stata esclusa dalla presente edizione in confronto alla prima: *Musica sognata*.

TERZA EDIZIONE: LANCIANO, CARABBA, 1931

Copertina di Scipione.

La struttura del libro è ormai quella definitiva (fatta eccezione per *Musica sognata*).

Nota dell'autore:

Le precedenti edizioni di questo libro sono uscite nel 1925 e nel 1928; la seconda, aumentata di una prefazione di Alfredo Gargiulo e di cinque [*in realtà sei*] liriche.

La poesia più antica del libro – *Meriggiare* ecc. – è del 1916; la più recente – *Arsenio* – del 1927. La disposizione delle liriche è approssimativamente cronologica solo in qualche gruppo; ma i vari gruppi devono intendersi paralleli. L'ultima poesia – *Riviere* – è delle meno recenti: Marzo 1920.

QUARTA EDIZIONE: LANCIANO, CARABBA, 1941

Non concordemente considerata quarta edizione in quanto non autorizzata dall'autore. In ogni caso si tratta di una ristampa anastatica della precedente.

QUINTA EDIZIONE: TORINO, EINAUDI, 1942

Nota dell'autore:

Per uniformare anche esteriormente questa edizione degli *Ossi di seppia* a quella delle *Occasioni*, che è un libro pieno di dediche taciute, ho tolto dagli *Ossi* tutte le dediche,[34] e anche la prefazione del Gargiulo, – ora che l'illustre critico l'ha inclusa nel suo volume *La letteratura italiana del Novecento* (Ed. Le Monnier). Non per ciò resta minore la mia riconoscenza verso amici ai quali tanto debbono queste poesie, fin dagli anni più lontani.

Sarei lieto di poter indicare (come ho fatto nelle *Occasioni*) la data di composizione delle liriche qui raccolte; ma non mi è possibile che per poche. I termini 1920-1927 escludono un solo frammento (*Meriggiare pallido* ecc.) che è del 1916. Fra le poesie più antiche sono *Riviere* (1920) e *I limoni* (1921). I veri e propri *Ossi di seppia* nacquero tra il '21 e il '25. *Mediterraneo* è del 1924; la serie *Meriggi e ombre* appartiene al periodo 1922-1924, eccettuandone le poesie aggiunte all'edizione del '28 (*Vento e bandiere*, *Fuscello teso dal muro*, *Arsenio*, *I morti*, *Delta* e *Incontro*), scritte tutte nel '26 e '27.

Ritocchi ho potuto farne pochi, a distanza di tanti anni: o avrei scritto un libro nuovo. Una poesia – *Vasca* – cammin facendo s'è scorciata di molto; tutte le altre varianti sono di minor interesse e non tentano affatto di aggiornare i miei versi di gioventù.

SESTA EDIZIONE: TORINO, EINAUDI, 1942
La *Nota* dell'autore è così ampliata:

A questa nota, scritta per la 5ª edizione, nulla ho da aggiungere nel licenziare la 6ª. Qualche nuovo ritocco è anche qui, ma talvolta si tratta di un semplice ritorno alla lezione del 1925.

SETTIMA EDIZIONE: TORINO, EINAUDI, 1943
La *Nota* dell'autore dichiara:

La 7ª ediz. è conforme alla 6ª, non senza qualche variante di scarsa importanza.

OTTAVA EDIZIONE: MILANO, MONDADORI, 1948
Nota dell'autore:

Sarei lieto di poter indicare (come ho fatto nelle *Occasioni*) la data di composizione delle liriche qui raccolte; ma non mi è possibile che per

---

[34] Rimane solo, forse per una svista, la dedica «a K.» di *Ripenso il tuo sorriso, ed è per me un'acqua limpida...*

poche. I termini 1920-1927 escludono un solo frammento (*Meriggiare pallido* ecc.) che è del 1916. Fra le poesie più antiche sono *Riviere* (1920) e *I limoni* (1921). I veri e propri *Ossi di seppia* nacquero tra il '21 e il '25. *Mediterraneo* è del 1924; la serie *Meriggi e ombre* appartiene al periodo 1922-1924, eccettuandone le poesie aggiunte all'edizione del '28 (*Vento e bandiere, Fuscello teso dal muro, Arsenio, I morti, Delta* e *Incontro*), scritte tutte nel '26 e '27.

Le varianti e i ritocchi sono stati molti dalla 2ª alla 7ª edizione del libro. Questa 8ª edizione (1ª Mondadori) è conforme alla 7ª.

NONA EDIZIONE: MILANO, MONDADORI, 1951

DECIMA EDIZIONE: MILANO, MONDADORI, 1954

UNDICESIMA EDIZIONE: MILANO, MONDADORI, 1956

DODICESIMA EDIZIONE: MILANO, MONDADORI, 1958

TREDICESIMA EDIZIONE: MILANO, MONDADORI, 1959

QUATTORDICESIMA EDIZIONE: MILANO, MONDADORI, 1960

QUINDICESIMA EDIZIONE: MILANO, MONDADORI, 1961
Edizione definitiva; ma in *Tutte le poesie*, Milano, Mondadori, 1977 e 1982, viene reinserita *Musica sognata*.

Successive ristampe Mondadori: 1962, 1963, 1965, 1966, 1967, 1968, 1969, 1970, 1971 (marzo), 1971 (settembre), 1972, 1973, 1974, 1975, 1976, 1977 e 1982 (in *Tutte le poesie*).

2.
LE OCCASIONI

2.1 *Manoscritti e dattiloscritti*

Non reperito il dattiloscritto inviato all'editore Giulio Einaudi verso la fine del maggio 1939. A tutt'oggi non si conoscono manoscritti e dattiloscritti complessivi precedenti.

Ci sono conservati i seguenti manoscritti o dattiloscritti:

– facsimile di un manoscritto di *Dora Markus I* con data «192» (ultima cifra illeggibile o mancante), pubblicato in «Il Meridiano di Roma»,[1] a. I, n. 2, 10 gennaio 1937, p. III. A p. IV, una trascrizione dell'autore (ma non autorizzata). Una nota editoriale avverte: «Eugenio Montale ci scrive di questo frammento: "Questo è l'inizio di una poesia che non fu mai né finita né pubblicata e non lo sarà mai più. Naturalmente va pubblicata in autografo, altrimenti assumerebbe un valore che non voglio darle...". Vedine a pag. 6 la trascrizione».

– una minuta di *Stanze*, senza titolo e con data «1927-29», sul verso della bellacopia di *Destino di Arletta* [= *Dolci anni che di lunghe rifrazioni...*, in *Poesie disperse*]. Conservata da Luciano Rebay.

– un dattiloscritto in bellacopia di *Nel Parco di Caserta*, con data «1936» corretta a lapis in «1937» (ora all'Archivio Contemporaneo «Alessandro Bonsanti» di Firenze).

---

[1] Settimanale romano (1936-43) diretto da P.M. Bardi.

– una prima redazione di *Non recidere, forbice, quel volto...*, in una lettera di Montale a Renzo Laurano del 17-11-1937, con titolo *Quinto Mottetto*; altre varianti sono in due lettere allo stesso, rispettivamente del 18 e 22 novembre 1937: le tre lettere sono pubblicate nell'«Almanacco Letterario Bompiani», Milano, 1940, p. 88.

– un dattiloscritto di *Bibe a Ponte all'Asse*, con varianti e data a lapis «1937» cancellata (ora all'Archivio Contemporaneo «Alessandro Bonsanti» di Firenze).

– un dattiloscritto di *La speranza di pure rivederti...*, con varianti a lapis e la data manoscritta «1937» cancellata; in alto, l'indicazione seriale «I°» (cassata) e il titolo, sempre a lapis, *Mottetto* (ora all'Archivio Contemporaneo «Alessandro Bonsanti» di Firenze). È riprodotto in facsimile in «Letteratura», a. XXX, n. 79-81, Firenze, gennaio-giugno 1966, p. 235, poi in AA. VV., *Omaggio a Montale*, a cura di Silvio Ramat, Milano, Mondadori, 1966, tav. 14.

– facsimile di un manoscritto di *Costa San Giorgio*, con varianti, data «1933» e nota a penna dell'autore: «già pubblicata in *Caratteri*[2] nel 1934 [*ma* 1935] (e così rifatta nel 1938)», in «Corrente»,[3] a. II, n. 11, Milano, 15 giugno 1939, p. 3.

– un manoscritto di *Perché tardi? Nel pino lo scoiattolo...*, con varianti e data «17/18 novembre 1938» (ora all'Archivio Contemporaneo «Alessandro Bonsanti» di Firenze). È riprodotto in facsimile in «Letteratura», a. XXX, n. 79-81, Firenze, gennaio-giugno 1966, p. 135, poi in AA. VV., *Omaggio a Montale*, a cura di Silvio Ramat, Milano, Mondadori, 1966, tav. 15.

– tre stesure (ora presso la Casa Editrice Adelphi) dell'*Elegia di Pico Farnese*, accluse a tre lettere indirizzate da Montale a Bobi Bazlen, rispettivamente del 1° maggio, 5 maggio e proba-

[2] Rassegna mensile (Roma, 1935) diretta da Antonio Delfini e Mario Pannunzio.
[3] Settimanale politico e letterario (Milano, 1938-40) diretto da Ernesto Treccani.

bilmente 9 giugno 1939. Le ha stampate Luciano Rebay, in appendice a *I diàspori di Montale* («Italica», vol. 46, n. 1, Evanston, Spring 1969, pp. 33-53).

– due fogli dattiloscritti in pulito (di proprietà di Gianfranco Contini), acclusi a una lettera di Montale inviata a Contini da Firenze il 15 maggio 1939, contenenti rispettivamente *Ormai nella tua Carinzia...* [seconda parte di *Dora Markus*], contrassegnata dal numero 2, e *Prima che i biondi fili del tabacco...* [= *Nuove Stanze*].

– un dattiloscritto di *Barche sulla Marna*, con il titolo aggiunto in un secondo momento e una correzione a penna, ed una successiva redazione manoscritta con varianti (ora all'Archivio Contemporaneo «Alessandro Bonsanti» di Firenze). Il manoscritto è riprodotto in «Letteratura», a. XXX, n. 79-81, Firenze, gennaio-giugno 1966, pp. 236-237, poi in AA. VV., *Omaggio a Montale*, a cura di Silvio Ramat, Milano, Mondadori, 1966, tavv. 12-13.

– facsimile di un manoscritto di *Ecco il segno; s'innerva...*, in pulito, senza data e recante un asterisco seriale, in E. M., *Mottetti e altre poesie*, Introduzione e versione poetica di Margherita Dalmati, Atene, Istituto Italiano di Cultura, 1971.

– Le seguenti poesie, già possedute in autografo da Gianfranco Contini (e a lui sottratte fra l'ottobre 1944 e l'aprile 1945), si ritrovano in copie eseguite da Fausto Ardigò per Sergio Steve:

   – *Accelerato*
   – *Il saliscendi bianco e nero dei...* (con titolo *Mottetto*)
   – *Ti libero la fronte dai ghiaccioli...* (acclusa a una lettera per Sergio Steve del 4 febbraio 1940)
   – *Il fiore che ripete...* (con titolo *Mottetto*)
   – *Corrispondenze*
   – *Palio*

– Bozze, corrette a penna dall'autore, di *Eastbourne* e *Corrispondenze* (relative alla loro pubblicazione in «Letteratura», a. I, n. 1,

Firenze, gennaio 1937, pp. 29-31), sono ora all'Archivio Contemporaneo «Alessandro Bonsanti» di Firenze. Riprodotte in facsimile in «Letteratura», a. XXX, n. 79-81, Firenze, gennaio-giugno 1966, pp. 233-234, e poi in AA. VV., *Omaggio a Montale*, a cura di Silvio Ramat, Milano, Mondadori, 1966, tavv. 11 e 16.

2.2 *Edizioni anteriori alle stampe*

– *Carnevale di Gerti*, in «Il Convegno», a. IX, n. 6, Milano, 25 giugno 1928, pp. 279-280.

– *Vecchi versi*, in «Solaria», a. IV, n. 2, Firenze, febbraio 1929, pp. 73-75.

– *Buffalo, Keepsake*, in «L'Italia Letteraria»,[4] a. I, n. 32, Roma, 10 novembre 1929, p. 1.

– *Stanze*, in «Solaria», a. IV, n. 11, Firenze, novembre 1929, pp. 7-8 (con data «1927»).

– *La Casa dei Doganieri*, in «L'Italia Letteraria», a. II, n. 39, Roma, 28 settembre 1930, p. 1.

– *Ricordo delle Cinque terre* [= *Vecchi versi*], in «Il Giornale di Genova», 23 dicembre 1931, p. 3.

– *Cave d'Autunno*, in «Almanacco Letterario Bompiani», Milano, 1932, p. 100.

– *La Casa dei Doganieri e altri versi*, Firenze, Vallecchi, 1932. Contiene: *La casa dei doganieri; Cave d'autunno; Vecchi versi; Stanze; Carnevale di Gerti*.

---

[4] Con questa nuova testata la rivista settimanale «La Fiera Letteraria», fondata a Milano nel 1925 da Umberto Fracchia, uscì (diretta da Giovan Battista Angioletti e Curzio Malaparte) dal 1929 al '36, anno in cui sospese le pubblicazioni per riprenderle nel '46, con l'antica testata e la direzione di Angioletti.

912   *Note ai testi*

– *Lindau*, in «Almanacco Letterario Bompiani», Milano, 1933, p. 125.

– *Bassa marea, Bagni di Lucca*, in «L'Italia Letteraria», a. V, n. 6, Roma, 5 febbraio 1933, p. 1.

– *Sotto la pioggia*, in «La Gazzetta del Popolo»,[5] Torino, 26 luglio 1933, p. 3 (poi ripresa da «L'Italia Letteraria», a. V, n. 34, Roma, 20 agosto 1933, p. 5).

– *Punta del Mesco*, in «La Gazzetta del Popolo», Torino, 29 novembre 1933, p. 3.

– *Lo sai: debbo riperderti e non posso..., Molti anni, e uno più duro sopra il lago..., Brina sui vetri; uniti...* (con titolo collettivo *Mottetti* e numerati rispettivamente «1°», «2°», «3°»), in «La Gazzetta del Popolo», Torino, 5 dicembre 1934, p. 3.

– *Costa San Giorgio*, in «Caratteri», a. I, n. 4, Roma, giugno-luglio 1935, pp. 255-256 (datata «Firenze, 1933»).

– *L'Estate*, in «La Gazzetta del Popolo», Torino, 16 luglio 1935, p. 3.

– *Punta del Mesco*, in *Poeti del nostro tempo*, a cura di G. Bianchini e P. Mariani, Rieti, GUF, 1935, pp. 181-182.

– *Eastbourne, Corrispondenze* (con titolo collettivo *Poesie* e datate rispettivamente «Ferragosto 1933» e «1936»), in «Letteratura»,[6] a. I, n. 1, Firenze, gennaio 1937, pp. 29-31.

[5] Il "Diorama letterario" della «Gazzetta del Popolo», la più antica tra le «pagine letterarie» apparse sui quotidiani italiani, uscì per cura di Lorenzo Gigli settimanalmente dal 10 giugno 1931 al 22 maggio 1935, proseguendo poi saltuariamente fino al 4 novembre 1939.
[6] La prima serie di «Letteratura» (trimestrale [poi bimestrale], 1937-47) uscì a Firenze, diretta da Alessandro Bonsanti e stampata dall'editore Parenti.

– *Eastbourne,* in *Le più belle liriche dell'anno 1937,* scelte da Nicola Moscardelli, Roma, Libreria Internazionale Modernissima, 1937, pp. 95-97.

– *Il fiore che ripete...* (con titolo *Mottetto*), in «Corriere Padano»,[7] Ferrara, 23 gennaio 1938, p. 3.

– *Barche sulla Marna, Bibe a Ponte all'Asse, Mottetto* [= *La speranza di pure rivederti...*], *Nel Parco di Caserta* (con titolo collettivo *Poesie*), in «Letteratura», a. II, n. 1, Firenze, gennaio 1938, pp. 66-69.

– *Non recidere, forbice, quel volto...* (con titolo *Quinto Mottetto* e traduzione in greco moderno), in «Olimpo», n. 1-2, Thessaloniki, gennaio-febbraio 1938, p. 89.

– *Eastbourne,* in «Il Frontespizio»,[8] a. X, n. 2, Firenze, febbraio 1938, pp. 123-124.

– *Il saliscendi bianco e nero dei...* (con titolo *Mottetto*), in «Campo di Marte»,[9] a. I, n. 5, Firenze, 1° ottobre 1938, p. 3; poi in «Campo di Marte», a. I, n. 6, Firenze, 15 ottobre 1938, p. 3, dove precede la poesia una nota editoriale firmata «c[ampo] d[i] m[arte]»: «Nel numero precedente, nel "Mottetto" di Eugenio Montale da noi pubblicato, il nostro scrupolo di revisori non ha dato buona prova se due insidiosi errori che apparentemente non spostavano il significato della lirica sono venuti a tradire il testo originario che il poeta, dandoci prova della sua fiducia, ci aveva cortesemente dato per le stampe. Anziché rettificare i due versi noi crediamo che sia degno e giusto ripubblicare interamente il *Mottetto*». I «refusi» sono *dove tu* per *dove più* (v. 5) e *steccato* per *sterrato* (v. 7).

---

[7] La terza pagina era curata da Giuseppe Ravegnani.
[8] Rivista mensile diretta da Piero Bargellini (Firenze, 1929-40).
[9] Quindicinale (Firenze, 1938-39) fondato da Enrico Vallecchi e redatto da Alfonso Gatto e Vasco Pratolini.

– *Nel Parco di Caserta*, in *Le più belle liriche dell'anno 1938*, scelte da Nicola Moscardelli, Roma, Libreria Internazionale Modernissima, 1939, pp. 66-67.

– *Perché tardi? Nel pino lo scoiattolo...*, in «Il Tesoretto», Almanacco delle Lettere, Milano, Edizioni Primi Piani, 1939, p. 61 (testo riprodotto poi in «Domus», n. 134, Milano, febbraio 1939, p. 84).

– *Verso Vienna* e *La tua voce* [= *L'anima che dispensa...*], in «La Gazzetta del Popolo», Torino, 11 gennaio 1939, p. 3 (datate rispettivamente «1933» e «1938»).

– *La Venezia di Hoffmann – e la mia* [= *La gondola che scivola in un forte...*] e *Il Balcone*, in «Corrente», a. II, n. 4, Milano, 28 febbraio 1939, p. 3. Le due liriche hanno titolo collettivo *Due poesie di Eugenio Montale* e sono seguite da una *Nota dell'autore*: «Queste poesie andranno ristampate con varie altre sotto il titolo generico di *Mottetti* e saranno distinte solo da un numero progressivo. Il titolo d'oggi, puramente possibile e indicativo, vuol essere il riflettore di un momento, un sottinteso e magari una chiave in più offerta al lettore (se pur ce ne sia il bisogno). Il "subdolo" canto della prima poesia può essere la *canzone di Dappertutto*, nel secondo atto dei *Racconti di Hoffmann*; ma il motivo della lirica non è di maniera. Dalla pura invenzione non mi riesce, purtroppo, ricavar nulla».

– *Il Ritorno*, in «Letteratura», a. VI, n. 1, Firenze, gennaio 1940, p. 16.

– *Alla maniera di Filippo De Pisis nell'inviargli «Le occasioni»* [= *Alla maniera di Filippo De Pisis nell'inviargli questo libro*], in «Tempo»,[10] a. IV, n. 38, Milano, 15 febbraio 1940, p. 13.

– *Addii, suoni di tromba, cenni, tosse...* [= *Addii, fischi nel buio, cen-*

---

[10] Settimanale fondato a Milano nel 1939 da Alberto Mondadori, che lo diresse fino al 1943 (quando gli subentrò Arturo Tofanelli).

ni, tosse...] (con titolo *Mottetto*), in «Corrente», a. III, n. 4, Milano, 29 febbraio 1940, p. 3.

– *Ti libero la fronte...* [= *Ti libero la fronte dai ghiaccioli...*], in «La Ruota»,[11] Serie III, a. I, n. 1, Roma, aprile 1940, p. 15.

2.3 *Le stampe*

PRIMA EDIZIONE: TORINO, EINAUDI, 1939
La parte essenziale della vicenda editoriale del libro è deducibile da un articolo di Ernesto Ferrero (*Come nacquero «Le Occasioni»*, in «Libri Nuovi [Einaudi]», gennaio 1977, p. 3). In una lettera datata 13 gennaio 1939 Montale propone la pubblicazione delle *Occasioni* al giovane Giulio Einaudi, che, impegnato a riorganizzare la propria attività di editore dopo un intervento fascista del '35 (confino per Pavese, carcere per Ginzburg e Mila), gli aveva chiesto (nel giugno dell'anno precedente) «un libro sulla poesia del nostro secolo, sulle tendenze effettive, sane o deleterie, dei poeti più rappresentativi di oggi, non solo italiani». Montale declina l'offerta, contemporaneamente avanzando una controproposta:

Un libro come quello che Lei mi propone presupporrebbe una chiarezza critica che io, per ora, non ho in materia. Siccome non ho cessato di far versi (pochi), ho bisogno piuttosto di oscurità interiore che di autocoscienza. Non sarà così per tutti, ma è così per me. Ma arrischio una controproposta, destinata a fallire nel caso Lei pubblichi solo organiche "collezioni" (perché mai Le consiglierei una collezione di poeti, oggi!). Pubblicherebbe *entro il '39* la raccolta delle mie poesie posteriori a *Ossi di seppia*? Saranno 40, non lunghe. Con titanici sforzi tipografici, spazi sapienti e carta di certo spessore si può farne un libro di mole normale (non vorrei la solita *plaquette*) da vendere a 10 lire o più. L'esito di 1000 copie sarebbe, credo, sicuro.

---

[11] Rivista mensile di letteratura e arte (Roma, 1937-43) diretta da Mario A. Meschini. Comitato di Redazione: Mario Alicata, Giuliano Briganti, Carlo Muscetta, Guglielmo Petroni, Antonello Trombadori.

Einaudi accetta subito, ed anzi vorrebbe pubblicare insieme anche *Ossi di seppia*. Montale gli risponde due giorni dopo:

Ho l'impressione che per due o tre anni non ci sia bisogno del mio vecchio libro, che ha un po' saturato il "mercato", in tre fortunate edizioni. Domani le cose muteranno perché i varii GUF eruttano annualmente legioni di aspiranti poeti, pseudo intellettuali ecc. Inoltre le mie cose ultime sono effettivamente un libro nuovo che pubblicato come coda del libro vecchio rischierebbe di non essere considerato di per sé e di avere poca "stampa" e poco successo. Questo sarebbe un rischio anche per l'editore, e occorre evitarlo. Last and least, ho il bisogno di non sentirmi più un autore *unius libri* e di aumentare di un "numero" la mia scarsa bibliografia [...] Per queste *Occasioni* non occorre lusso; solo bisogna trovare il modo di NON farne un opuscolo, ma un libro [...] L'attesa del libro c'è, in molti. Sarò felicissimo di riapparire da Torino, città di dove presi le mosse sotto Gobetti. Se è d'accordo può annunziare il libro quando vuole. Titolo LE OCCASIONI (1928-1938).

Il 31 maggio, sempre da Firenze, Montale annuncia di avere spedito il dattiloscritto e chiede qualche prova di impaginazione, suggerendo di usare un corpo piuttosto piccolo, così da non spezzare i versi lunghi. Il 13 giugno manda altri 10 foglietti con varianti e aggiunte, tra cui la breve «serie» *Tempi di Bellosguardo*: «Siamo così a 50 poesie – e veramente stop».

Il 19 ottobre la prima copia delle *Occasioni* è pronta, come scrive al poeta Giulio Einaudi, augurandosi che la copertina marrone chiaro (che alla seconda edizione diventa grigio cenere) con il disegno di Francesco Menzio (una farfalla, forse l'Acherontia Atropos di *Vecchi versi*, che sta per spiccare il volo con elitre appesantite) sia di suo gradimento.

Il 21 ottobre, Montale ringrazia: «l'attesa è stata ripagata dal resultato. Sono molto contento e Vi prego di esprimere all'amico Menzio la mia gratitudine».

In calce al volume, le *Note* dell'autore:

Il presente volume contiene quasi tutte le poesie da me scritte dopo il 1928, anno in cui uscì la 2ª edizione accresciuta degli *Ossi di seppia* (la 3ª edizione, del '31, non ebbe aggiunte); e in tal senso si deve intendere la delimitazione 1928-1939. Due sole liriche delle *Occasioni* esorbitano da tale periodo, risalendo al 1926. Nelle note che seguono, oltre a fornire ai lettori più semplici alcune indicazioni di luogo e di fatto, ho procurato di chiarire alcuni rari luoghi nei quali una eccessiva confidenza nella mia materia può avermi indotto a minore perspicuità.

I

BUFFALO: velodromo parigino. Si assiste a una gara di *stayers*.

KEEPSAKE. Ridotti a pura esistenza nominale, *flatus vocis*, tornano qui personaggi delle seguenti operette: Fanfan la Tulipe, La Geisha, Surcouf, Le campane di Corneville, La Cicala e la Formica, Fatinitza, La Mascotte, I briganti, Il Marchese del Grillo, Primavera scapigliata, Il campanello dello speziale, I moschettieri al convento, La principessa dei dollari, La figlia di Madama Angot, Robinson Crusoe.

LINDAU: sul lago di Costanza.

CARNEVALE DI GERTI: ... 'il piombo fuso' gettato a cucchiaiate nell'acqua fredda dà luogo a incrostazioni e solidificazioni che permettono, a seconda delle varie difformità, astrusi oroscopi individuali.

... 'che sfolla le caserme'. Posso indicare che il marito di Gerti (già incluso fra gli *assenti*) era allora soldato.

A LIUBA. Finale di una poesia non scritta. Antefatto *ad libitum*.

DORA MARKUS. La prima parte è rimasta allo stato di frammento. Fu pubblicata a mia insaputa nel '37. Alla distanza di 13 anni (e si sente) le ho dato una conclusione, se non un centro.

NEL PARCO DI CASERTA. Intorno alle *Madri* si vedano le spiegazioni, alquanto insufficienti, di Goethe.

II

MOTTETTI

Lo sai, ecc. 'Sottoripa', portici di Genova, vicini al mare.

Brina sui vetri, ecc. Vita di sanatorio ('molti anni e uno più duro') e vita di guerra contrapposte. La bomba 'ballerina' fu usata dalle nostre fanterie nel 1915 e forse anche dopo.

La gondola, ecc. La 'subdola canzone' può anche essere la 'canzone di Dappertutto', nel secondo atto dei *Racconti di Hoffmann* di Offenbach.

Infuria sale, ecc. Il 'rintocco subacqueo': molto probabilmente *La Cathédrale engloutie*.

IV

SOTTO LA PIOGGIA: ... 'por amor de la fiebre', parole di Santa Teresa.
COSTA SAN GIORGIO: caratteristica rampa fiorentina. Riguardo alla
leggenda evocata cfr. Eduardo Posada, *El Dorado,* nouvelie histoire ti-
rée des chroniques de la Nouvelle Grenade, trad. di Joseph de Bret-
tes, Liège.
EASTBOURNE: nel Sussex. L'*August Bank Holiday* è il ferragosto inglese.
PICO FARNESE, borgo in provincia di Frosinone.
NUOVE STANZE. Forse non tutti sanno che la Martinella è la campana
di Palazzo Vecchio, a Firenze.

SECONDA EDIZIONE: TORINO, EINAUDI, 1940
Tiratura di 1200 copie.
    La premessa alle *Note* finali è identica a quella della prima
edizione, tranne che per il periodo «Due sole liriche delle *Occasioni* [...] 1926», così ampliato:

In realtà due liriche delle *Occasioni* risalgono al 1926; e due delle quattro poesie aggiunte in questa seconda edizione appartengono ai primi giorni del 1940.

    Vengono inserite due note:

Lontano, ero con te, ecc. Cumerlotti e Anghébeni, paesi in Vallarsa.
IL RITORNO. Aria di musica, nella quale i mozartiani *Angui d'inferno*
non dovrebbero solo giustificare la raffica finale.

    In calce alle *Note*:

Questa edizione è stata aumentata di quattro poesie: *Alla maniera
di F. de Pisis;* i 'mottetti': *Addii, fischi nel buio...*, *Ti libero la fronte...*; e
Il Ritorno.

TERZA EDIZIONE: TORINO, EINAUDI, 1942
La premessa alle *Note* è lievemente cambiata nel primo periodo:

Il presente volume contiene quasi tutte le poesie da me scritte dopo il
1928, anno in cui uscì la 2ª edizione accresciuta degli *Ossi di seppia* (le
successive edizioni non recano aggiunte); e in tal senso si devono intendere le date 1928-1939.

e nell'aggiunta in calce: non «Questa edizione è stata aumentata di quattro poesie», ma, ovviamente, «La seconda edizione di questo libro ecc.».

Inoltre, compare per la prima volta una nota relativa alla poesia proemiale:

IL BALCONE: fa parte dei *Mottetti*. È stampato in limine per il suo valore di dedica.

E ancora: la nota a *Costa San Giorgio* viene completamente rifatta:

COSTA SAN GIORGIO: passeggiata in due sulla nota rampa fiorentina, e un poco più su, potrebbe appunto intitolarsi 'La passeggiata'. Maritornes è quella del Don Chisciotte, o una simile. È noto che *el dorado* fu il mito dell'*uomo* d'oro, prima di diventar quello del *paese* dell'oro. Qui il povero feticcio è ormai in mano degli uomini e non ha nulla a che fare col 'nemico muto' che lavora in fondo... La poesia è rimasta a metà: ma forse uno sviluppo sarebbe inconcepibile.

QUARTA EDIZIONE: TORINO, EINAUDI, 1943

QUINTA EDIZIONE: TORINO, EINAUDI, 1945

SESTA EDIZIONE: MILANO, MONDADORI, 1949
A partire da questa edizione compare la dedica dell'intero libro «a I. B.».

SETTIMA EDIZIONE: MILANO, MONDADORI, 1954

OTTAVA EDIZIONE: MILANO, MONDADORI, 1956

NONA EDIZIONE: MILANO, MONDADORI, 1960
(Edizione definitiva)

Successive ristampe Mondadori: 1962, 1963, 1966, 1967, 1970, 1971, 1972, 1975, 1976, 1977 e 1982 (in *Tutte le poesie*).

3.
LA BUFERA E ALTRO

3.1 *Manoscritti e dattiloscritti*

A tutt'oggi non si conoscono manoscritti o dattiloscritti complessivi.

Ci sono conservati i seguenti manoscritti e dattiloscritti:

– una minuta (conservata da Giacinto Spagnoletti e di cui Alessandro Parronchi ha la fotografia) di *Due nel crepuscolo*, con asterisco in luogo del titolo e data «5.IX.26/M Rosso».

– una redazione dattiloscritta di *Serenata indiana*, con titolo *Havaiana*, e data «Nov. 1940». Conservata da Gianfranco Contini.

– una redazione manoscritta di *Il ventaglio*, a tergo di una lettera di Montale a Contini del 6 giugno 1942, con la data «(1942)» sotto il titolo e «(8 maggio), Firenze 1942» in calce. Conservata da Gianfranco Contini.

– una redazione dattiloscritta di *Il tuo volo*, in una lettera di Montale a Contini dell'11 febbraio 1943. Conservata da Gianfranco Contini.

– una redazione dattiloscritta di *Da una torre*, senza titolo e inclusa in una lettera di Montale a Contini del 1° novembre 1945. Conservata da Gianfranco Contini.

– una redazione dattiloscritta di *La primavera hitleriana*, con data «1939-1946». Conservata da Alessandro Parronchi.

– una redazione manoscritta di *La trota nera*, con data «Reading, 1948» e un'altra indicazione topografica – «Caversham Bridge» – accompagnata dalla nota «No trouts in this River!»; in calce, la dedica «to Donald Gordon this private poem of Eugenio Montale». Conservata da Luigi Meneghello; il Fondo PV ne possiede una fotocopia.

– due dattiloscritti (conservati da Maria Luisa Spaziani, alla quale sono indirizzati) di *Le processioni del 1949*: il primo ha titolo *Oltrepò*, una variante a penna, data «3 giugno 1949» e, in calce, le seguenti parole: «my baby, imposto alle 17 e temo che questa non giunga prima di me. In ogni modo provo. Arriverò quasi certo col rapido, in ogni caso in serata di sabato. [*il punto è cambiato in virgola a penna, e, sempre a penna, è aggiunto* telefonando]. Eccoti un pezzetto dei Carmina Sacra. Ti abbraccio, tuo Eugenio [*a penna*]». Il secondo dattiloscritto, numerato «4» e datato «3 giugno 1949», reca in alto, a penna, «To M.L.S.» e in calce la firma «Eugenio Montale» scritta, cassata e riscritta in stenografia (sistema Gabelsberger). I due dattiloscritti sono riprodotti in «Prospettive libri», a. I, n. 9, Roma, settembre 1981, pp. 9-12.

– una versione in inglese di *Il gallo cedrone* in una lettera di Montale a Contini del 7 giugno 1949, con una aggiunta del giorno 11 giugno che porta una redazione dattiloscritta di *Oltrepò* [= *Le processioni del 1949*]. Conservata da Gianfranco Contini.

– un manoscritto di *Per un 'Omaggio a Rimbaud'*, con titolo *Dopo una 'lettura' d'A.R.* e data «30/6/1950». Conservato da Vanni Scheiwiller.

– una redazione manoscritta di *Nubi color magenta...*, con titolo *Il rosso e il nero* e data «1950», riprodotta in «Perspectives», n. 2, Dison, ottobre 1950 (fascicolo dedicato a Montale a cura di Robert J. Van Nuffel).

– facsimile di un manoscritto di *A mia madre*, non datato, riprodotto in *Autografi di alcuni poeti italiani contemporanei scelti da Enrico Falqui per l'editore Colombo*, Roma, Stab. Carlo Colombo, 1947.

– copia dei manoscritti di *Il giglio rosso* e *Il ventaglio*, eseguita da Sergio Steve su trascrizione di Fausto Ardigò tratta da originali già appartenuti a Contini e a lui sottratti fra l'ottobre 1944 e l'aprile 1945.

– due fogli di bozze di *Proda di Versilia* e due di '*Ezekiel saw the Wheel...*', corrette a penna dall'autore, relative alla loro pubblicazione in «Società», a. II, n. 7-8, Firenze, luglio-dicembre 1946, pp. 575-577. Conservati da Gianfranco Contini.

3.2 *Edizioni anteriori alle stampe*

– *Lungomare*, in «Il Tesoretto», «Almanacco dello Specchio» 1941, Milano, Mondadori, 1940, p. 49.

– *Su una lettera non scritta, Nel sonno*, in «Primato»,[1] a. I, n. 12, Roma, 15 agosto 1940, p. 5.

– *Gli orecchini*, in «Prospettive»,[2] a. IV, n. 11-12, Roma, 15 novembre 1940, p. 21.

– *La bufera*, in «Tempo», a. V, n. 89, Milano, 6-13 febbraio 1941, p. 41.

– *La frangia dei capelli...*, in «Domus»,[3] n. 160, Milano, aprile 1941, p. 54.

---

[1] Quindicinale (Roma, 1940-43) fondato e diretto da Giuseppe Bottai e Giorgio Vecchietti.
[2] Mensile (Firenze [poi Roma], 1937-40) fondato e diretto da Curzio Malaparte.
[3] Rivista mensile fondata a Milano nel 1928 da Gio Ponti.

– *Finestra fiesolana*, in «Il Tesoretto», «Almanacco dello Specchio» 1942, Milano, Mondadori, 1941, p. 367 (datata «1941»).

– *Il giglio rosso, Il ventaglio*, in «Primato», a. III, n. 15, Roma, 1° agosto 1942, p. 284 (datate «Primavera 1942»).

– *Personae separatae*, in «La Ruota», Serie III, a. IV, n. 1, Roma, gennaio 1943, p. 9 (datata «Novembre 1942»).

– *L'arca*, in «Tempo», a. VII, n. 196, Milano, 25 febbraio 1943, p. 35.

– *A mia madre*, in «Letteratura», a. VII, n. 1, Firenze, gennaio-aprile 1943, p. 52 (datata «1942»).

– *Visite. Tre prose*, in «Lettere d'Oggi»,[4] a. V, n. 3-4, Roma, marzo-aprile 1943, pp. 3-10. Comprende: 1. *Passata la Madonna dell'Orto...* [= *Visita a Fadin*]; 2. *Il lieve tintinnìo del collarino...*; 3. *La fuga dei porcelli sull'Ambretta...*, con dedica «a P. G., cartolina» [= vv. 3-6 di *Verso Siena*]; 4. *Dov'era una volta il tennis...* [= *Dov'era il tennis...*].

– *Giorno e notte, Il tuo volo*, in «Parallelo»,[5] a. I, n. 1, Roma, primavera 1943, pp. 27-28.

– *Due nel crepuscolo*, in «Primato», a. IV, n. 9-10, Roma, 15 maggio 1943, p. 171. Segue una *N.d.A.*: «Nel vecchio taccuino dove ho ritrovato, anni fa, *Dora Markus*, c'erano anche questi appunti che portano la data del 5 settembre 1926. Li ho ritrascritti aggiungendovi un titolo un po' alla Browning (*Two in the Campagna*) e inserendo poche parole dov'erano dei vuoti o delle cancellature. Ho anche tolto due versi inutili. Ho compiuto, cioè, il lavo-

---

[4] Mensile (Roma, 1941-43) diretto da Giovanni Macchia e Giambattista Vicari.
[5] Rivista trimestrale di letteratura, arte e cultura fondata a Roma da Libero De Libero. Ne uscirono due numeri, datati rispettivamente «primavera 1943» e «estate 1943».

ro che avrei dovuto fare allora, se avessi pensato che l'abbozzo poteva interessarmi dopo molti anni».

– *Finisterre*, Lugano, Collana di Lugano, 1943. Contiene: *La bufera; Lungomare; Su una lettera non scritta; Nel sonno; Serenata indiana; Gli orecchini; La frangia dei capelli che ti vela...; Finestra fiesolana; Il giglio rosso; Il ventaglio; Personae separatae; L'arca; Giorno e notte; Il tuo volo; A mia madre.*

– *Due madrigali fiorentini* [= *Madrigali fiorentini*], in «La Nazione del Popolo», Firenze, 16 ottobre 1944, p. 2 (intitolati rispettivamente *11 settembre 1943* e *11 agosto 1944*).

– *11 settembre 1943, 11 agosto 1944* [= *Madrigali fiorentini*], in «Mercurio»,[6] a. I, n. 4, Roma, 1° dicembre 1944 p. 291.

– *Serenata indiana*, in «Città», Roma, 7 dicembre 1944.

– *Iride*, in «Poesia»,[7] Quaderno II, Milano, maggio 1945, pp. 300-301 (datata «1943-1944»).

– *Ballata scritta in una clinica*, in «Il Ponte»,[8] a. I, n. 5, Firenze, agosto 1945, pp. 399-400 (datata «Gennaio 1945»).

– *Da una torre*, in «Il Politecnico»,[9] a. I, n. 6, Milano, 3 novembre 1945, p. 1. Precede la seguente spiegazione «che Montale ha voluto premettere per il "Politecnico"»: «Un merlo, e anche un cane morto da anni, possono forse tornare, perché per noi essi contano più come "specie" che come individui. Ma è ben difficile ritrovare un paese distrutto o far risorgere "un labbro di sangue". In Liguria s'intende per merlo acquaiolo l'uccello che Giacomo Leopardi e gli ornitologi chiamano "passero soli-

---

[6] Mensile (Roma, 1944-48) diretto da Alba de Céspedes.
[7] Rivista trimestrale (Roma [poi Milano], 1945-49) diretta da Enrico Falqui.
[8] Rivista mensile, fondata da Piero Calamandrei a Firenze nel 1945.
[9] La rivista di Vittorini uscì a Milano dal 1945 al '47.

tario". (Molti professori[10] ingannati dal "te solingo augellin" lo credono un passerotto, cioè un uccello lontanissimo dalla solitudine e dall'austerità di questo melodioso volatile color lavagna). Quanto al *Perrito* (che vuol dir cagnolino) il nome spagnolo e l'accenno ai lunghi orecchi ci fanno supporre trattarsi di un Cocker Spaniel. Ma chissà?».

– *Finisterre*, Firenze, Barbèra, 1945. Edizione speciale di 200 esemplari numerati da 1 a 191 + 9 numerati con le lettere dell'alfabeto. A p. [9] un ritratto dell'autore eseguito da Giacomo Manzù. Consta di tre sezioni: la prima (*Finisterre*) è identica alla prima edizione di *Finisterre*; la seconda (*Una poesia del '26*) è formata da una sola poesia, *Due nel crepuscolo*; la terza (*Ultime*) comprende: il facsimile d'autografo della traduzione delle prime due strofe della parte I di *Ash-Wednesday* di Eliot; il facsimile d'autografo di *Buona Linuccia che ascendi...*; *In Liguria* (I. *Visita a Fadin*, II. *Dov'era il tennis...*); *Madrigali fiorentini* (*11 settembre 1943 – 11 agosto 1944*); *Iride*.

La presenza di due facsimili è commentata a p. [8]: «Dei due autografi il primo è un frammento di una poesia del 1926 dedicata a Linuccia Saba, il secondo l'inizio di una traduzione da T.S. Eliot (1928 circa). Si tratta di due composizioni rimaste incomplete ed inedite».

Chiudono il libro le *Note* dell'autore:

Non offro questo come un nuovo volume di versi, ma semplicemente come un'appendice alle *Occasioni*, per gli amici che non vorrebbero fermarsi e far punto a quel libro. Se un giorno *Finisterre* dovesse risultare il primo nucleo di una mia terza raccolta, poco male per me (o male solo per il lettore): oggi non posso far previsioni.

Le 15 liriche intitolate propriamente *Finisterre* (versi del 1940-42) non sono che la ristampa senza varianti del volumetto da me pubblicato, sotto questo titolo, nella Collana di Lugano (n. 6 della collezione di-

---

[10] Probabile allusione al breve carteggio di Montale con il professor Alessi di Varese. Sulla questione del «passero» cfr. anche *In regola il passaporto del «Passero solitario»*, in «Corriere d'Informazione», 29-30 novembre 1949 (ora in *Sulla poesia*, a cura di Giorgio Zampa, Milano, Mondadori, 1976, pp. 82-84).

retta da Pino Bernasconi), il giorno di San Giovanni del 1943. Ne furono tirate solo 150 copie.

Aggiungo in appendice due prose e quattro poesie che non disdicono molto al carattere del libretto; a eccezione forse della lirica del '26, anch'essa nata, però, dal paesaggio delle due prose. *Due nel crepuscolo*. Fu pubblicata nel maggio '43 con questa nota: «Nel vecchio quaderno dove ho ritrovato, anni fa, *Dora Markus*, c'erano anche questi appunti che portano la data del 5 settembre 1926. Li ho ricopiati aggiungendovi solo un titolo un po' alla Browning (*Two in the Campagna*) e inserendo poche parole dov'erano dei vuoti e delle cancellature. Ho anche tolto due versi inutili. Ho compiuto, cioè, il lavoro che avrei dovuto fare allora, se avessi pensato che l'abbozzo poteva ancora interessarmi dopo molti anni».

Visita a Fadin. Di Sergio Fadin sono poi uscite postume le *Elegie* (con prefazione di Sergio Solmi), Milano, Scheiwiller, 1943.

Dov'era il tennis... È del '43, come la precedente. – *Del salon* ecc. Dalle *Rimas* di Bécquer. – *Bovindo* (sicuramente da *bow-window*) era parola d'uso in quei paesi.

Madrigali fiorentini. Debbo dare spiegazioni sul Bedlington (terrier)? Pare di sì, perché è stato preso per un aeroplano (forse di nuovo tipo, un'arma segreta...).

Iride. Il personaggio è quello del mio *Giglio rosso*, in particolare, e di tutta la serie di *Finisterre*; ma con nuovi motivi. È una poesia che ho sognato e trascritto; ne sono forse più il medium che l'autore.

– *Nella serra*, in «Il '45»,[11] a. I, n. 1, Milano, febbraio 1946, p. 19.

– *Nel parco*, in «Lettere ed Arti»,[12] a. III, n. 4, Roma, aprile 1946, p. 13.

– *L'orto*, in «La Fiera Letteraria», a. I, n. 1, Roma, 11 aprile 1946, p. 3.

– *I miei morti che prego perché preghino...* [= *Proda di Versilia*], *Ghermito m'hai dall'intrico...* [= '*Ezekiel saw the Wheel...*'], in «Società»,[13]

---

[11] Rivista mensile d'arte e poesia (Milano, 1946).
[12] Rassegna mensile (Venezia, 1945-46) diretta da Sergio Solmi e Roberto Nonveiller.
[13] Rivista trimestrale (Firenze [poi Milano], 1945-61) fondata da Ranuccio Bian-

a. II, n. 7-8, Firenze, luglio-dicembre 1946, pp. 575-577. Le due liriche hanno titolo collettivo *Due motivi* e sono numerate rispettivamente «1» e «2»; la prima è datata «Viareggio, 1946».

– *La primavera hitleriana*, in «Inventario»,[14] a. I, n. 3-4, Firenze, autunno-inverno 1946-47, pp. 11-12. Datata «1939-1946». Testo riprodotto in *Antologia poetica della Resistenza italiana*, a cura di Elio Filippo Accrocca e Valerio Volpini, San Giovanni Valdarno-Roma, Landi, 1955, pp. 47-48.

– *Una voce è giunta con le folaghe* [=*Voce giunta con le folaghe*], in «L'Immagine»,[15] a. I, n. 2, Roma, giugno 1947, pp. 109-110, con una *Nota* di Giovanni Macchia (che riportiamo più sotto); qui anche il facsimile di autografo di *Il sole d'agosto trapela appena...* (cfr. *Poesie disperse*) e la traduzione di due sonetti shakespeariani con il titolo collettivo di *Motivi* [*Allo specchio ancor giovane mi credo...* e *Con che animo, partendo, li ho rinchiusi...*: cfr. *Quaderno di traduzioni*].

NOTA. Ammirevole, ma non sempre ricco di risultati criticamente ineccepibili, il coraggio di un poeta che osi parlare della propria poesia.

È stato Montale ad avvertirci – in una «intervista immaginaria» concessa ad un personaggio-fantoccio che non parla e che con alcuni magici colpetti della sua gamba di legno (una serie di puntini) lo invita a confessarsi («La Rassegna d'Italia» I, 1) – su quale nuova via corrono, da qualche anno ormai, i suoi versi. Ma Montale, anche in questo caso, non delude. «*Le Occasioni* erano un'arancia, o meglio un limone – riferisce egli al silenzioso interlocutore – a cui mancava uno spicchio: non proprio quello della poesia pura nel senso che ho indicato prima, ma in quello del *pedale*, della musica profonda e della contemplazione. Ho completato il mio lavoro con le poesie di *Finisterre*, che rappresentano la mia esperienza, diciamo così, petrarchesca. Ho proiettato la Selvaggia o la Mandetta o la Delia (la chiami come vuole) dei *Mottet-*

chi Bandinelli.
[14] Rivista trimestrale fondata a Firenze nel 1946 da Luigi Berti.
[15] Rivista di arte, di critica e di letteratura (Roma, 1947-50) diretta da Cesare Brandi.

ti sullo sfondo di una guerra cosmica e terrestre, senza scopo e senza ragione, e mi sono affidato a lei, donna o nube, angelo o procellaria...

«In chiave, terribilmente in chiave... *Iride*, nella quale la sfinge delle *Nuove Stanze*, che aveva lasciato l'oriente per illuminare i ghiacci e le brume del nord, torna a noi come continuatrice e simbolo dell'eterno sacrificio cristiano. Paga lei per tutti, sconta per tutti. E chi la riconosce è il Nestoriano, l'uomo che meglio conosce le affinità che legano Dio alle creature incarnate, non già lo sciocco spiritualista o il rigido e astratto monofisita».

L'impassibile intervistatore non dà naturalmente il minimo segno d'approvazione. Ma il lettore appassionato – quello per cui l'amore è conoscenza – trova utili indicazioni per una rilettura in senso unico di quelle poesie.

«Non s'esce dagli alberi per mezzo degli alberi», leggevamo tempo fa in Ponge. Montale non ha certamente rischiato una simile «impossibilità», se non ha mai chiesto all'albero di salvarlo; né vi accumulò, in una forma di adorazione dell'oggetto, disperati tentativi di trascendenza. Ma è innegabile che quel suo drammatico chiudersi entro puri valori di paesaggio, tesi a fissarsi in una «eternità di istante», ad alimentare una vicenda, quasi metafisica, d'acqua, di vento e di ruggine (l'eterno moto universale e la immobile corrosione del tempo), ove la fuggevole evocazione di un volto veniva presto cancellata, si sia aperto in una realtà più esposta alla storia, più cocente, in una esperienza umana più vicina e diretta. Chi oserà rimproverare ad un poeta di essere meno universale, se si accosti a toccare un uomo ferito, un uomo, cioè, che soffre per un male reale e visibile? se egli entri nella corsìa di una clinica, invece che declamare alle stelle il dolore cosmico? se egli attraversi un mondo dolorante animato da una trepida speranza? «L'ora della tortura e dei lamenti, che s'abbatté sul mondo», «la lotta dei viventi» che infuria, sono i fatti, il *tempo* entro cui prende forma la sua ultima poesia: con immagini nate da quel clima o riportate in quel clima, e un'insistenza di morte e flagelli, e una resurrezione, non si sa se per dolore o conforto, di care ombre di trapassati. E tanti desolanti o luminosissimi squarci, non restano, anche in senso oggettivo, frammenti o temi unici. Vengono legati, agganciati ad un'immagine-chiave, un personaggio misterioso, centrale, dominante che prende posto, per così dire, tra gli avvenimenti ed esprime in modo sufficientemente oscuro il bisogno di un «sublime morale», che si fa strada nel cuore del poeta, la fede nel sacrificio come speranza di riscatto, forse anche l'attesa in un bene futuro. E non è difficile allora interpretare quelle parole: «l'esperienza, diciamo così, petrarchesca».

Ma la figura petrarchesca può dirsi animata da una contemplazione per tutti gli elementi sensibili che la formano. (Chi non ricorda, per es. in Serafino dell'Aquila, per citare non Petrarca ma un petrarchista dei più *flamboyants*, quel cielo indistinto, quella nuvola che avvolge la sua donna: i guanti, la cintura, il braccialetto, il ventaglio, la camicia, il cane, il falcone, un anello, lo specchio?). La figura montaliana è spezzata in alcuni oggetti, ridotta ad un particolare-essenziale con cui il poeta offre – per usare una famosa espressione di Eliot – un «correlativo oggettivo» della propria emozione: gli orecchini e le giade accerchiate sul polso e la frangia dei capelli, quella frangia che diventa cara ossessione visiva, una forma di dolce vampirismo spirituale:

> La frangia dei capelli che ti vela
> la fronte puerile, tu distrarla
> con la mano non devi...

> ... Come quando
> ti rivolgesti e con la mano, sgombra
> la fronte dalla nube dei capelli,
> mi salutasti – per entrar nel buio.

Una voce è giunta con le folaghe, che qui si stampa per la prima volta, ricorda altre poesie che abbiamo letto via via che si pubblicavano, dalle più antiche *L'Elegia di Pico* o *Nuove Stanze*, alle recenti come *La Primavera Hitleriana*, attraverso *Iride*, *Il tuo volo*, ecc. «L'ombra» che accompagna il poeta ogni attento lettore di Montale non stenterà a riconoscerla: ecco ancora la sua fronte, il «biocco infantile», e quella vita ardente che l'interno fuoco scorporò (e che «forse Ritroverà la forma in cui bruciava Amor di Chi la mosse e non di sé»: la Clizia della *Primavera Hitleriana*, Iride).

E quell'ombra è messa accanto ad un'altra, il fantasma di un defunto, il «padre», il grave depositario delle memorie, per cui i morti si legano ai vivi, il custode geloso dei luoghi che non mutano (le prode, «la bàttima è la stessa di sempre»). La resurrezione improvvisa del fantasma, sorto d'un balzo, con forza prepotente («senza scialle e berretto»), da un mezzo dove non si respira che la decomposizione e la morte (la cera, le vermene) e non si soffre che la stanchezza e la vile fatica del vivere (il «sentiero da capre»: la via del cimitero o l'esistenza che ci avanza?), è uno dei momenti lirici più intensi e immediati di Montale, spiegato serenamente in un paesaggio nitido. L'amore del concreto, la felice capacità di render tutto rappresentazione. E, per provare liricamente l'*irrealtà* di un'ombra, non chiede aiuto a termini vaghi.

Situata in un paesaggio, quell'ombra trova la sua evidenza poetica nel contrasto tra ciò che le cose *sono* ed essa che *non è*: essa, attraversata dalle farfalle ignare, sfiorata al suo passaggio dalla sensitiva che non si rattrappisce. Il lettore si sente trasportato al centro di un miracolo. L'andamento narrativo è in funzione di un dialogo, che diventa monologo: il centro «morale» della poesia. E poiché abbiamo usato questa espressione, non sarà esente dalla lirica una forza assertiva, un'intenzione necessariamente didascalica, che nel nostro caso, si spera, non farà inorridire nessuno. (Così d'altra parte a nessuno salterà in mente di suggerire il nome di qualche ottocentista o di Pascoli). Che quella donna debba dare la libertà al suo essere, che lo liberi dal «viluppo di memorie», dal suo «reliquiario», che egli debba alla donna il dono dell'avvenire: questa ansia, questa speranza per cui la lirica forse fu scritta, supera ogni lento e sicuro procedere didattico.

La fresca immersione nelle onde del visitatore meno silenzioso di un altro cimitero, il *Cimetière Marin*, risolveva energicamente, retto sull'istante, un dibattito assoluto. Da quella voce invernale giunta con le folaghe dal nord, non ci si attenda un esito così tagliente. Sorretto nel momento d'abbandono alla memoria che potrebbe irretire, persuaso ad accettare l'eterna trasmutazione delle forme nel ritmo del divenire («il cielo libero che ti tramuta»), il poeta resta immobile, investito anch'egli dal movimento perenne, dal vento del giorno che confonde le due ombre. Ed è l'attimo in cui la coscienza scava in sé stessa – oscuro senso reminiscente – il nulla. L'attimo che precede, il ricordo, il punto che precede l'immagine, prima della parola, prima della creazione: in quel «punto dilatato» si svela il vuoto da cui uscimmo.

– *L'ombra della magnolia...*, in «Le Tre Venezie»,[16] a. XXI, n. 10-11-12, Padova, novembre-dicembre 1947, p. 311 con sottotitolo (*Altra lettera non scritta*) e data «1947».

– *L'anguilla*, in «Botteghe oscure»,[17] Quaderno I, Napoli, luglio 1948, pp. 1-2.

[16] Rivista d'umanità, lettere ed arti, edita da Neri Pozza e diretta da Aldo Camerino.
[17] Rivista semestrale (Roma, 1948-60), diretta dalla principessa Margherita Caetani.

– *Di un Natale metropolitano,* in «Bellezza», a. IX, n. 1, Milano, gennaio 1949, p. 46 (datata «1948»).

– *Il gallo cedrone,* in «La Fiera Letteraria», a. IV, n. 21, Roma, 22 maggio 1949, p. 3.

– I. *So che un raggio di sole (di Dio?) ancora...,* II. *Hai dato il mio nome a un albero? Non è poco...,* III. *Se t'hanno assomigliato...,* IV. *Lampi d'afa sul punto del distacco...* [= *Le processioni del 1949*], in «Botteghe oscure», Quaderno IV, Roma, dicembre 1949, pp. 9-11.

– *Mia volpe... (da un lago svizzero)* [= *Da un lago svizzero*], in «Archi»,[18] a. I, n. 1, Bologna, gennaio 1950, p. 5 (datata «Settembre 1949»).

– *Il rosso e il nero* [= *Nubi color magenta...*], in «Domus», n. 245, Milano, aprile 1950, p. 51.

– *Da un lago svizzero,* in «Il Dovere», Lugano, 20 aprile 1950, p. 5. Con l'indicazione «Ouchy [sul lago Lemano], settembre 1949».

– *Verso Siena, Sulla Greve, Di un Natale metropolitano* (Londra, 1948), *Argyll Tour* (Glasgow, 1948), *Vento sulla Mezzaluna* (Edimburgo, 1948), *Sulla colonna più alta* (Moschea di Damasco, 1948), in «Paragone»,[19] a. I, n. 10, Firenze, ottobre 1950, pp. 50-51 (con titolo collettivo *Col rovescio del binocolo*).

– *Verso Finistère, Dal treno, Siria, Luce d'inverno,* in «Comunità»,[20] a. VI, n. 13, Milano, gennaio 1952, pp. 73-75 (con titolo collettivo *Col rovescio del binocolo* e numerazione progressiva da «9» a «12»).

[18] Quaderni di lettere e arti moderne (Bologna, 1950-52), furono pubblicati sotto gli auspici del Centro Italiano di Relazioni e Cultura Internazionali. Redattori: Alfredo Rizzardi e Mario Pasi, affiancati per i primi sei numeri da Gian Carlo Celli.
[19] Rivista mensile fondata a Firenze da Roberto Longhi nel 1950.
[20] Rivista mensile fondata a Roma da Adriano Olivetti nel 1946.

– *L'anguilla, Nella serra, Nel parco,* in Renzo Sommaruga, *6 incisioni con tre poesie di Eugenio Montale,* Verona, Editore del Gatto, 1952, pp. 5-7.

– *Voce giunta con le folaghe,* in *Panorama dell'arte italiana [1951],* a cura di Marco Valsecchi e Umbro Apollonio, Torino, Lattes [1952], pp. 19-20.

– *Una voce ci è giunta con le folaghe* [= *Voce giunta con le folaghe*], *Congedo provvisorio* [= *Piccolo testamento*], in «La Fiera Letteraria», a. VIII, n. 28, Roma, 12 luglio 1953, pp. 3-5; la prima è accompagnata dalla seguente nota redazionale (oltre che dalla ristampa della *Nota* di Giovanni Macchia già apparsa in «L'Immagine», a. I, n. 2, Roma, giugno 1947): «Si tratta, come si vede, di una poesia e di una nota critica già edite in rivista [...]»; la seconda è datata «12 maggio 1953».

– *Da un album ritrovato* [= *Per album*], in «Almanacco del Cartiglio» (pubblicazione degli Stabilimenti Chimico-Farmaceutici R. Ravasini), a cura di Libero De Libero, Roma, Edizioni del Cartiglio, 1953, p. 20.

– *Il sogno del prigioniero,* in «Il Ponte», a. X, n. 10, Firenze, ottobre 1954, p. 1633. Riprodotto poi in «Il Caffè»,[21] a. II, n. 8, Roma, novembre 1954, p. 19.

– *Dopo una «lettura» d'A.R.* [= *Per un 'Omaggio a Rimbaud'*], in AA. VV., *Omaggio a Rimbaud,* Milano, Scheiwiller, 1954, p. 22.

3.3   Le stampe

PRIMA EDIZIONE: VENEZIA, NERI POZZA,1956
1000 esemplari.
Importante testimonianza del passaggio da *Finisterre* alla *Bu-*

---

[21] Rivista satirico-letteraria fondata nel 1953 e diretta da Giambattista Vicari.

fera è in un indice provvisorio del libro (intitolato *Romanzo*), accluso ad una lettera del 4 novembre 1949, con la quale Montale invita Giovanni Macchia a scrivere per il suo «terzo e ultimo libro di poesie» che vorrebbe uscisse «entro il 1950» una prefazione «*storica*, di quelle che restano per lunghi anni»:[22]

ROMANZO (1940-1950). I: Finisterre (poesie per Clizia) - La bufera - Lungomare - Serenata indiana - Il giglio rosso - Nel sonno - Su una lettera non scritta - Gli orecchini - Il ventaglio - La frangia dei capelli... - Finestra fiesolana - Giorno e notte - L'arca - Personae separatae - Il tuo volo - A mia madre - II: Dopo - Madrigali fiorentini (I e II) - Da una torre - Ballata scritta in una clinica - Iride - III: Intermezzo - Due nel crepuscolo - Dov'era il tennis... - Visita a Fadin - Nella serra - Nel parco - IV: Col rovescio del binocolo - Verso Siena - La trota nera - Lasciando un Dove - Di un Natale metropolitano - V: L'angelo e la volpe - Proda di Versilia - Ezekiel saw the Wheel - La primavera Hitleriana - Voce giunta con le folaghe - Ombra di magnolia - L'anguilla - Il gallo cedrone - «Nel segno del trifoglio» - So che un raggio... - Se t'hanno assomigliato... - Hai dato il mio nome... - Lampi d'afa sul punto... - Mia volpe un giorno... - The end.
P.S. Saranno aggiunte, in tutto, da 7 a 10 poesie.

In calce alla *princeps*, le *Note* dell'autore:

Questo libro contiene una scelta delle poesie da me scritte dopo *Le occasioni*. La prima parte ristampa *Finisterre (poesie del '40-'42)* così come il libro apparve (1943) nei quaderni della Collana di Lugano, diretta da Pino Bernasconi. Una successiva edizione del libro pubblicata a Firenze dal Barbèra, a cura di Giorgio Zampa, conteneva anche due prose e tre poesie che si ritroveranno nella seconda e terza sezione del presente volume. Le note che seguono sono tolte in parte dall'edizione fiorentina di *Finisterre*; e in parte sono nuove.
Due nel crepuscolo. Fu pubblicata nel maggio '43 con questo avvertimento: «Nel vecchio quaderno dove ho ritrovato, due anni fa, *Dora Markus*, c'erano anche questi appunti, che portano la data del 5 settembre 1926. Li ho ricopiati aggiungendovi un titolo un po' alla Browning (*Two in*

---

[22] Cfr. Giovanni Macchia, *Montale e la donna salvatrice*, in «Corriere della Sera», 24 gennaio 1982, e ora con il titolo «Il romanzo di Clizia», in *Saggi italiani*, Milano, Mondadori, 1983, pp. 302-316.

934   *Note ai testi*

the Campagna), e inserendo poche parole dov'erano vuoti o cancellature. Ho anche tolto due versi inutili. Ho compiuto, cioè, il lavoro che
avrei dovuto fare prima, se avessi pensato che l'abbozzo poteva interessarmi dopo molti anni».
Visita a Fadin. Di Sergio Fadin sono poi uscite postume le *Elegie* (con
prefazione di Sergio Solmi), Milano, Scheiwiller, 1943.
Dov'era il tennis... È del '43, come la precedente. *Del salón* ecc.: dalle *Rimas* di Bécquer. Bovindo (da *bow-window*) era parola in uso in quei paesi.
Madrigali fiorentini. Un Bedlington (terrier), dunque un cane, non un
aeroplano come fu creduto, si affacciò da un troncone del ponte di Santa Trinità in un'alba di quei giorni. Il gong fa eco a quello che diceva
alla famiglia: «il pranzo è servito». I lampi di magnesio e le dediche
(sezione quarta) appartengono agli anni 1948-52. Le *Silvae* (esclusa *Iride* che è del '46) sono state scritte tra il '44 e il '50.[23] Posteriori sono i
Madrigali (esclusa *Le processioni del '49*).
«Lampi» e dediche.[24] *Lasciando un Dove.* Il Dove era un tipo di aereo turistico costruito in quel tempo (1948). *Argyll Tour*: un giro in battello
nei dintorni di Glasgow. *Vento sulla Mezzaluna*: crescenti o mezzelune
sono chiamate alcune strade semicircolari di Glasgow. *Sul Llobregat*:
il Llobregat è un fiume che s'incontra andando da Barcellona verso
Monserrat.
Silvae. Iride: il personaggio è quello del *Giglio Rosso* e di tutta la serie
di *Finisterre*. Ritorna in *Primavera Hitleriana*, in varie *Silvae* (anche col
nome di Clizia) e nel *Piccolo Testamento*. Già si era incontrato in molte
poesie delle *Occasioni*: p. es. nei *Mottetti* e nelle *Nuove Stanze. Iride* è una
poesia che ho sognato e poi tradotto da una lingua inesistente: ne sono
forse più il medium che l'autore. Altra è la figura della *Ballata scritta
in una clinica*; altra ancora quella dei *«Lampi» e dediche* e dei *Madrigali.*
La primavera hitleriana. Hitler e Mussolini a Firenze. Serata di gala al
teatro Comunale. Sull'Arno, una nevicata di farfalle bianche.

[23] Le *Note* sono qui corrette nell'*Opera in versi* nel modo seguente: «I lampi di
magnesio e le dediche (sezione quarta) appartengono agli anni 1948-1954. Le
Silvae (esclusa *Iride* che è del '44) sono state scritte tra il '46 e il '50».
[24] A partire dalla prima edizione, *Lampi e dediche* è il titolo della sezione IV che
appare in occhiello, mentre l'Indice reca *'Flashes' e dediche*: nell'*Opera in versi* la
situazione è normalizzata con il consenso dell'autore, che ha optato per *Flashes*
«perché è più restrittivo di lampi (in questo caso)».

Il *Piccolo Testamento* è del 12 maggio '53. Il *Sogno del prigioniero* è uscito sul «Ponte» di Calamandrei (n. 10, ottobre 1954).[25]

SECONDA EDIZIONE: MILANO, MONDADORI, 1957
È uguale alla prima edizione, solo arricchita di una poesia: il primo dei *Madrigali privati, Se t'hanno assomigliato.*

TERZA EDIZIONE: MILANO, MONDADORI, 1961

QUARTA EDIZIONE: MILANO, MONDADORI, 1963

QUINTA EDIZIONE: MILANO, MONDADORI, 1967

SESTA EDIZIONE: MILANO, MONDADORI, 1970

SETTIMA EDIZIONE: MILANO, MONDADORI, 1972

Successive ristampe: 1973, 1975, 1976.

In *Tutte le poesie* (Milano, Mondadori, 1977 e 1982) sono inseriti, come primi due *Madrigali privati*: *So che un raggio di sole (di Dio?) ancora...* e *Hai dato il mio nome a un albero? Non è poco...* Definitiva quindi, nel caso di *La bufera e altro,* è da considerarsi l'edizione di *Tutte le poesie.*

---

[25] A partire dalla seconda edizione della *Bufera*, qui è aggiunto il seguente periodo: «Su questa rivista era uscita, anni prima, la *Ballata*».

4.
SATURA

4.1 Manoscritti e dattiloscritti

Di straordinaria ricchezza il materiale manoscritto e dattiloscritto conservatoci:

– Un libretto giapponese (con la caratteristica apertura inverti-
ta rispetto alla nostra e quindi l'opportunità di scrittura nei due
sensi), conservato da Giorgio Zampa, contiene la serie *Xenia* I e
parte di *Xenia* II. Nella prima pagina: XENIA / > 1964-1965 < /
a mia moglie / + 12/10/1963 [la data, in realtà, non della morte della moglie, avvenuta il 20 ottobre dello stesso anno, ma del
sessantasettesimo compleanno di Montale].
  I testi si succedono nell'ordine seguente:

– *Caro piccolo insetto...* (datata «10.4.1964»)
– *Senza occhiali né antenne...* («10.4.1964»)
– *Al Saint James di Parigi...* («10.4.1964»; una variante è da-
tata «6/2/66»)
– *Avevamo studiato per l'aldilà...* («2.XII.65»)
– *Non ho mai capito se io fossi...* («10.4.64»; una variante è da-
tata «15.XII.65»)
– *Non hai pensato mai di lasciar traccia...* («10.4.64»)
– *La tua parola così stenta e imprudente...* (due stesure alterna-
tive datate rispettivamente «9/XII/65» e «14/12/65»)
– *«Pregava?» «Sì, pregava Sant'Antonio...* («8/XII/65»)

- *Pietà di sé, infinita pena e angoscia...* («9.XII.65»)
- *Ricordare il tuo pianto (il mio era il doppio)...* («10/12/65»; testo cassato, al quale segue una stesura progressiva con la stessa data)
- *Tuo fratello morì giovane; tu eri...* («10/XII/65»)
- *Dicono che la mia...* («10/XII/65»)
- *Ascoltare era il solo tuo modo di vedere...* («6/2/1966»)
- *La primavera sbuca col suo passo di talpa...* (due stesure, la prima delle quali cassata, datate rispettivamente «5/2/1966» e «11/2/66»)
- *L'alluvione ha sommerso il pack dei mobili...* («27 nov. 1966»)
- *«Non sono molto sicuro di essere al mondo»...* [= *«Non sono mai stato certo di essere al mondo»...*] («notte 27/28 Nov. 1966»)
- *Abbiamo rimpianto a lungo l'infilascarpe...* («12/XII/1966»)
- *Il vinattiere ti versava un poco...* («20 sett. 67»; due redazioni)
- *Celia De Rica m'ha telefonato...* («4 ott. 67»; due redazioni)
- *«E il Paradiso? Esiste un paradiso?»...* («5 ott. 67»)
- *I falchi...* («8 ott. 67»)
- *Ricordo...* [= *Dopo lunghe ricerche...*] («15 ott. 67»)
- *Sapeva ridere come nessun altro...* («15 ott. 67»)
- *Ho appeso nella mia stanza il dagherròtipo...* (due redazioni, una cassata e con data «18 ott. 67», l'altra «20 ottobre 67»)
- *«È matta!»...* [= *Con astuzia...*] (due redazioni, la prima delle quali cassata, datate rispettivamente «21 ott. 67» e «22 ott. 67»)

Nel verso della copertina anteriore, l'Indice cronologico dei componimenti di *Xenia* I e (con inchiostro diverso) di *Xenia* II 14, 7, 3; sul risvolto della copertina posteriore, l'Indice cronologico di *Xenia* II, inclusivo, oltre che dei testi compresi nel libretto, anche di II, 2 (con data «22 ott. 67»), II, 1 («23 ott. 67»), II, 9 («21 ott. 67?»).

- Fascicoletto consegnato a Giorgio Zampa per la stampa di *Xenia* = 14 fogli sciolti (mm. 140x220) numerati a matita dall'autore sul margine superiore destro. Comprende i 14 *Xenia* della stampa dell'edizione di San Severino dattiloscritti, singolarmente datati a matita dall'autore in basso a sinistra, con varianti manoscritte a penna o a matita.

– Un taccuino, ora presso il Fondo PV (sigla Ql) contiene alcuni *Xenia* e due altre poesie di *Satura*:

– *Sempre attenta a scansare...* [= *Le monache e le vedove, mortifere...*] (senza data)
– *Ho sceso, dandoti il braccio, almeno un milione di scale...* («20 novembre 67»)
– *Con astuzia...* (3 redazioni con *incipit* diverso, la prima datata «22 nov. 67», la seconda senza data, la terza datata «23 nov. 67». La seconda redazione è riprodotta in facsimile da Maria Antonietta Grignani, *Per una storia del testo di «Xenia»*, in «Studi di Filologia Italiana», XXXII, Firenze, 1974, pp. 360-386)
– *Botta e risposta II* («19/2/68»)
– *Niente di grave* (data cassata: «16 settembre 68»)
– *Il vinattiere suggeriva un vecchio...* [=*Il vinattiere ti versava un poco...*] («10/9/67». Facsimile riprodotto da Maria Antonietta Grignani, *Per una storia del testo di «Xenia»*, in «Studi di Filologia Italiana», XXXII, Firenze, 1974, pp. 360-386)
– *«E il Paradiso? Esiste un paradiso?»...* («10/9/67». Facsimile riprodotto da Maria Antonietta Grignani, *Per una storia del testo di «Xenia»*, in «Studi di Filologia Italiana», XXXII, Firenze, 1974, pp. 360-386).

A questo taccuino sono allegati 14 fogli dattiloscritti (due originali, relativi a *Xenia* II, 4 e *Xenia* II, 5, e dodici fotocopie), numerati dall'autore:

– *La morte non ti riguardava...* («23 ott. 67»)
– *Spesso ti ricordavi (io poco) del signor Cap...* («22 ott. 67»)
– *«Non sono mai stato certo di essere al mondo»...* («27/28 nov. 66»)
– *Ho sceso, dandoti il braccio, almeno un milione di scale...* («20 nov. 67»)
– *Con astuzia...* («23 nov. 67»)
– *L'abbiamo rimpianto a lungo l'infilascarpe...* («12 Dic. 66»)
– *Il vinattiere ti versava un poco...* («20 Sett. 67»)
– *«E il Paradiso? Esiste un paradiso?»...* («5 ott. 67»)

– *Le monache e le vedove, mortifere...* («21 ott. 67»)
– *Dopo lunghe ricerche...* («15 ott. 67»)
– *Riemersa da un'infinità di tempo...* («4 ott. 67»)
– *I falchi...* («8 ott. 67»)
– *Ho appeso nella mia stanza il dagherròtipo...* («20 ott. 67»)
– *L'alluvione ha sommerso il pack dei mobili...* («27 Nov. 66»)

– Un taccuino, conservato nel Fondo PV (sigla Q2), reca manoscritte le seguenti poesie:

  – *Vedo un uccello fermo sulla grondaia...* (datata «6/2/68»)
  – *Gerarchie* («21 ott. 68»)
  – *La belle dame sans merci [II]* (ora in *Poesie disperse*) (due redazioni datate rispettivamente «26/X/68» e «10 nov. 68»)
  – *Il 3* (ora in *Poesie disperse*) («3/XI/68»)
  – *L'Antipapa* (ora in *Poesie disperse*) (due redazioni datate «28/2/1969»)
  – *Altra postilla* (ora in *Poesie disperse*) (senza data)
  – *Divinità terrene [= Divinità in incognito]* («28/ X/68»)
  – *L'angelo nero* («30/X/68»)
  – *È ridicolo pensare [= È ridicolo credere]* («3/XI/ 68»)
  – *Incespicare* («4/XI/68»)
  – *Pasqua senza week-end* («7/4/69»)
  – *Prima rappresentazione [= Götterdämmerung]* («17 nov. 68»)
  – *La commedia* (ora in *Poesie disperse*) («26/2/69»)
  – *Auf Wiedersehen* (due redazioni, datate entrambe «23/3/69» e con titolo, rispettivamente, *Per le allodole* e *La gibigianna*)
  – *Si sloggia* (ora in *Poesie disperse*) (due stesure, la prima delle quali cassata, datate rispettivamente «19/3/69» e «20/3/69»)
  – *Rabberciando alla meglio* (ora in *Poesie disperse*) («20/4/69»)
  – *La trascendenza è in calo, figuriamoci!* (ora in *Poesie disperse*) (abbozzo senza data)

– Nel Fondo PV (fascicolo II) sono inoltre conservati molti manoscritti e dattiloscritti (originali o fotocopie) relativi a quasi tutti i componimenti della raccolta:

– *Vedo un uccello fermo sulla grondaia...* (dattiloscritto datato «6/2/68»)

– *Botta e risposta II* (quattro dattiloscritti [tre in fotocopia], due dei quali sono datati «Versilia, 1968»)

– *Le revenant* (fotocopia di un dattiloscritto datato «settembre 1968»)

– *Niente di grave* (fotocopia di un dattiloscritto non datato)

– *Gerarchie* (fotocopia di un dattiloscritto datato «2/X/68»)

– *Le parole* (fotocopia di un dattiloscritto datato «23/X/68»)

– *Prima del viaggio* (fotocopia di un dattiloscritto datato «24/X/68»)

– *Divinità in incognito* (fotocopia di un dattiloscritto datato «28/X/68»)

– *L'angelo nero* (un dattiloscritto datato «30/X/68», riprodotto in facsimile in Università degli Studi – Pavia, *Fondo manoscritti di autori contemporanei. Catalogo*, a cura di Giampiero Ferretti, Maria Antonietta Grignani e Maria Pia Musatti. Nota introduttiva di Maria Corti, Torino, Einaudi, 1982, p. 115; due fotocopie di un dattiloscritto non datato)

– *A tarda notte* (manoscritto con titolo *Vancouver-Venezia* e data «3 nov. 68»; fotocopia di un dattiloscritto non datato)

– *È ridicolo credere* (fotocopia di un dattiloscritto con titolo *È ridicolo pensare* e data «3/XI/68»)

– *Incespicare* (fotocopia di un dattiloscritto datato «4/XI/68»)

– *Botta e risposta III* (fotocopia di un dattiloscritto datato «17/XI/68»; due manoscritti datati «29/12/68» e «10/1/69»; due dattiloscritti non datati)

– *Götterdämmerung* (fotocopia di un dattiloscritto datato «17/XI/68»)

– *In vetrina* (un dattiloscritto con titolo primitivo *Altri uccelli*, non datato; dattiloscritto datato «19/XI/ 68»; fotocopia di un dattiloscritto datato erroneamente «19/XI/69»)

– *Il raschino* (due fotocopie di un dattiloscritto datato «19/XI/68»; la seconda reca varianti manoscritte posteriori)

– *Dialogo* (dattiloscritto non datato e fotocopia di un dattiloscritto con titolo primitivo *Filosofia, ninfa gentile...* e data «30 nov. 68»)

– *Gli ultimi spari* (fotocopia di due dattiloscritti, uno senza data e l'altro datato «.../XII/68»)

– *Tempo e tempi* (fotocopia di un dattiloscritto non datato)

– *A un gesuita moderno* (dattiloscritto con titolo *Teilhard de Chardin* e data «10/XII/68»; fotocopia di un dattiloscritto non datato)

– *Un mese tra i bambini* (fotocopia di un dattiloscritto non datato)

– *Provo rimorso per aver schiacciato...* (dattiloscritto non datato)

– *Fine del '68* (fotocopia di un dattiloscritto datato «1/1/69»)

– *Gli uomini che si voltano* (dattiloscritto datato «1/1/69»; fotocopia di tre dattiloscritti datati «1/1/69», il primo con titolo *Gli uomini che non si voltano*)

– *Ex voto* (fotocopia di un dattiloscritto datato «9/2/1969»)

– *Qui e là* (manoscritto con data «24/2/69» e titolo *La prova è rimandata*; fotocopia di un dattiloscritto con la stessa data)

– *Realismo non magico* (dattiloscritto datato «15/3/69»; fotocopia di un dattiloscritto datato «16/3/69»)

– *L'Eufrate* (dattiloscritto datato «16/3/69»; fotocopia di un dattiloscritto con la stessa data)

– *Auf Wiedersehen* (dattiloscritto datato «23/3/69»; fotocopia di un dattiloscritto datato «23/3/68 [*ma* 69]»)

– *L'Arno a Rovezzano* (dattiloscritto datato «27/3/69»; fotocopia di un dattiloscritto con la stessa data)

– *Fanfara* (fotocopia di un dattiloscritto con titolo *Marcia trionfale* e data «1/4/69»)

– *Pasqua senza week-end* (fotocopia di un dattiloscritto datato «7/4/69»)

– *La poesia 2.* (due dattiloscritti e una fotocopia di dattiloscritto datati «10/4/69»)

– *Il tu* (abbozzo manoscritto non datato; dattiloscritto datato «13/4/69»)

– *Lettera* (dattiloscritto con titolo *I superstiti,* non datato; dattiloscritto datato «13/4/69»; dattiloscritto non datato; fotocopia di un dattiloscritto datato «13/4/69»)

– *La morte di Dio* (fotocopia di un dattiloscritto datato «15/4/69»; altra fotocopia dello stesso dattiloscritto con varianti manoscritte. Facsimile di questo dattiloscritto, che reca in calce il testo manoscritto di *L'antipapa* [in *Poesie disperse*], in *Specimen* delle «Edizioni dell'Aldina», edizione in 75 esemplari numerati e firmati, Roma, febbraio 1970)

– *Intercettazione telefonica* (fotocopia di un dattiloscritto datato «21/4/69»)

– *Cielo e terra* (fotocopia di un dattiloscritto datato «24/4/69»)

– *La poesia 1.* (dattiloscritto non datato; fotocopia di un dattiloscritto datato «28/4/69»)

– *La storia 1.* (due dattiloscritti non datati e quattro con data «28/4/69»)

– *Piove* (dattiloscritto non datato; fotocopia di un dattiloscritto datato «4/5/69»)

– *Le stagioni* (fotocopia di un dattiloscritto datato «18/5/69»)

– *Dopo una fuga*:

  – *C'erano le betulle, folte, per nascondere...* (dattiloscritto con titolo *C'erano le betulle* e data «15/6/69»; fotocopia di un dattiloscritto con titolo – riferito all'intera serie – *Dopo una fuga* e data «15/6/69»)

  – *Il tuo passo non è sacerdotale...* (un manoscritto, due dattiloscritti e una fotocopia di dattiloscritto datati «4/7/69»)

  – *Gli Amerindi se tu...* (fotocopia di un dattiloscritto non datato)

  – *La mia strada è passata...* (dattiloscritto datato «18/9/69»; fotocopia di un dattiloscritto con la stessa data)

  – *Mentre ti penso si staccano...* (manoscritto datato «18 Sett. 69»; fotocopia di un dattiloscritto non datato)

  – *Quando si giunse al borgo del massacro nazista...* (dattiloscritto e fotocopia di dattiloscritto non datati)

  – *Tardivo ricettore di neologismi...* (manoscritto con titolo *Last and least* e data «26 Sett. 69» [riprodotto in facsimile in Università degli Studi – Pavia, *Fondo manoscritti di autori contemporanei. Catalogo*, a cura di Giampiero Ferretti, Maria Antonietta Grignani e Maria Pia Musatti. Nota in-

troduttiva di Maria Corti, Torino, Einaudi, 1982, p. 121];
dattiloscritto datato «26/9/1969»; fotocopia di un dattiloscritto datato «26/9/69»)

— *Non posso respirare se sei lontana...* (dattiloscritto datato
«19/X/69»; fotocopia di un dattiloscritto con la stessa data)

— *Non si nasconde fuori...* (manoscritto con titolo *Chi ci salva* e
data «1 luglio 69»; due dattiloscritti datati «1/7/69» [il primo con
titolo *Chi ci salva*]; fotocopia di un dattiloscritto datato «8/9/69»)

— *La storia 2.* (un manoscritto e un dattiloscritto datati
«10/7/69»)

— *Annaspando* (fotocopia di un dattiloscritto datato «14/7/69»)

— *Che mastice tiene insieme...* (un manoscritto, tre dattiloscritti
[uno con titolo *Nonsensi*], una fotocopia di dattiloscritto, tutti con data «19/7/69»)

— *Si andava...* (fotocopia di un dattiloscritto datato «22/7/69»)

— *Sono venuto al mondo...* (fotocopia di un dattiloscritto datato «30/7/69»)

— *L'altro* (un manoscritto, tre dattiloscritti [il primo dei quali
reca in calce una stesura manoscritta], una fotocopia di dattiloscritto, tutti con data «10/XI/69»)

— *Nell'attesa* (manoscritto non datato; fotocopia di un dattiloscritto datato «21/XI/69»)

— *Déconfiture non vuol dire che la crème caramel...* (dattiloscritto non datato; dattiloscritto datato «21/XI/69»)

— *A pianterreno* (manoscritto con titolo *Versilia minore* e data
«24/XI/69»; dattiloscritto con titolo *Versiliana* e data «24/
XI/69»; dattiloscritto con titolo *Il ghiottone*, corretto in *Il visitatore* e infine in *A pianterreno*, e data «14 [*ma* 24]/XI/69»; dattiloscritto datato «14 [*ma* 24]/XI/69» e copia di questo dattiloscritto; fotocopia di dattiloscritto datato «14 [*ma* 24]/XI/69»)

— *Il repertorio* (manoscritto e fotocopia di un dattiloscritto
datati «14/XII/69»)

— *Senza salvacondotto* (dattiloscritto con titolo cassato *Amica
dell'amica* e data «15/XII/69»; dattiloscritto non datato; fotocopia di un dattiloscritto datato «15/XII/69»)

– *Laggiù* (manoscritto [con titolo, poi cassato, *Dall'alto*] e fotocopia di un dattiloscritto datati «16/XII/69»)

– *Nel fumo* (dattiloscritto non datato; dattiloscritto datato «19/XII/69»; fotocopia di un dattiloscritto datato «18/XII/69»)

– *Il notaro* (dattiloscritto datato «20/XII/69»; dattiloscritto datato «20/XII/69» [in calce al testo, cassato, una stesura manoscritta datata «26/XII/69»]; fotocopia di un dattiloscritto datato «20/XII/69»)

– *Due prose veneziane*

– *Dalle finestre si vedevano dattilografe...* (tre dattiloscritti datati «28/XII/69» [il primo con titolo *Due scherzi veneziani* e il secondo *Altre prose veneziane*]; un dattiloscritto non datato)

– *Il Farfarella garrulo portiere ligio agli ordini...* (quattro dattiloscritti e un manoscritto datati «28/XII/69»)

– *Il genio* (dattiloscritto datato «15/1/70»)

– *Il primo gennaio* (sette dattiloscritti: uno con titolo *So che si può vivere* e data «8/II/70»; tre non datati; due con data «1970»; uno con data «4/I/1970»)

– *La belle dame sans merci* (fotocopia di un dattiloscritto con titolo *Elegia* e senza data. Nel dattiloscritto di tutto il testo di *Satura* conservato da Marco Forti, la data «1950-1960»)

– Ancora nel Fondo PV, cinque poesie di *Satura* sono manoscritte in un taccuino (sigla Q3):

– *Botta e risposta III* (datata «17? nov. 68»)

– *Gli ultimi spari* (redazione dattiloscritta non datata in un foglio staccato inserito nel taccuino)

– *Tempo e tempi* (datata «2/XII/68»)

– *Fine del '68* (con titolo *Fine d'anno '68* e data «31 Dic. 68»)

– *Gli uomini che si voltano* (datata «1/I/69»)

– Il dattiloscritto di tutto il testo di *Satura*, evidentemente approntato per la stampa, numerato da 1 a 125, è conservato da Marco Forti: consta in parte di originali e in parte di fotocopie (anche di testi già a stampa, es. *Xenia*). Quattro componenti hanno qui la loro unica attestazione dattiloscritta:

- *La diacronia* (con data, cassata, «15.I.70»)
- *Suoni* (con data, cassata, «20.I.70»)
- *Nel silenzio* (datato «15/5/70»)
- *Luci e colori* (datato «2/7/70»)

Nel primo foglio del fascicolo, il titolo *Satura* sostituisce il primitivo, e cassato, *Rete a strascico*.

Altri manoscritti e dattiloscritti conservatici:

– un manoscritto di *Il grillo di Strasburgo notturno col suo trapano...* del maggio 1968, conservato da D'Arco Silvio Avalle e pubblicato in facsimile in AA. VV., *Eugenio Montale. Profilo di un autore*, a cura di Annalisa Cima e Cesare Segre, Milano, Rizzoli, 1977, p. 132.

– un manoscritto di *Fine del '68*, con data «31 Dic. 68» e dedica «a Rebay, prima persona che leggerà questo inedito», pubblicato in facsimile in «Forum Italicum», vol. IV, n. 2, Buffalo, giugno 1970, pp. 238-239. Seguono la trascrizione dell'autografo e la traduzione inglese di Luciano Rebay.

– due dattiloscritti di *La storia I.* (*La storia non si snoda...*), uno dei quali datato «28/4/69» e allegato a una lettera indirizzata da Montale a Contini il 17 ottobre 1969. Alla stessa lettera è unito un dattiloscritto di *La storia II.* (*La storia non è poi...*). E ancora: nella lettera, una variante per il v. 16 di *Lettera*. Dattiloscritti e lettera conservati da Gianfranco Contini.

– un manoscritto di *Sono venuto al mondo...*, datato «30/7/69». Conservato da Vanni Scheiwiller.

– un dattiloscritto di sei elementi di *Dopo una fuga* (I, II, III, V, IV, VII), seguiti da *Piròpo, per concludere* (ora in *Poesie disperse*), con data «1969» e accluso a una lettera del 1° ottobre 1969 inviata a Luciano Rebay. Gli altri due elementi (VI e VIII) sono allegati ad un'altra lettera a Rebay, del 22 dicembre 1969.

– un dattiloscritto di *Cielo e terra*, con data «1969», in una lettera inviata a Gianfranco Contini il 27 dicembre 1969.

– un dattiloscritto di *Le rime*, anepigrafo e con data «24 III 70». Conservato da Vanni Scheiwiller.

– un manoscritto di *Rebecca*, datato «5 maggio 1970». Conservato da Luciano Rebay, che ne ha pubblicato il facsimile e le varianti in *La rete a strascico di Montale* (in «Forum Italicum», vol. V, n. 3, Buffalo, settembre 1971, pp. 347-350).

4.2   *Edizioni anteriori alle stampe*

– *Botta e risposta I*, in *Satura*, 'Edizione per Nozze', Verona, Officina Bodoni, 1962. Ristampa in *Foglio Volante* compilato da Eugenio Montale e Giorgio Morandi, Milano, Edizioni «Avanti!», giugno 1963, con l'indicazione *Le stalle di Augìa*. (Un facsimile del *Foglio Volante* in «L'Europa Letteraria», a. V, n. 26, Roma, febbraio 1964.) Poi in *Poesia satirica dell'Italia d'oggi*, a cura di Cesare Vivaldi, Parma, Guanda, 1964, pp. 25-27 e in Silvio Ramat, *Montale*, Firenze, Vallecchi, 1965, pp. 273-274 e 1968[2], pp. 284-285.

– *Xenia*, s. 1. [San Severino Marche, Tipografia Bellabarba], s. d. [1966]. Contiene: *Caro piccolo insetto...*; *Senza occhiali né antenne...*; *Al Saint James di Parigi dovrò chiedere...*; *Avevamo studiato per l'aldilà...*; *Non ho mai capito se io fossi...*; *Non hai pensato mai di lasciar traccia...*; *Pietà di sé, infinita pena e angoscia...*; *La tua parola, così stenta e imprudente...*; *Ascoltare era il solo tuo modo di vedere...*; *«Pregava?» «Sì, pregava Sant'Antonio...*; *Ricordare il tuo pianto (il mio era doppio)...*; *La primavera sbuca col suo passo di talpa...*; *Tuo fratello morì giovane; tu eri...*; *Dicono che la mia...*
   Ristampa di 9 *Xenia* [*Caro piccolo insetto...*; *Senza occhiali né antenne...*; *Avevamo studiato per l'aldilà...*; *Non ho mai capito se io fossi...*; *La tua parola così stenta e imprudente...*; *Ascoltare era il solo tuo modo di vedere...*; *«Pregava?» «Sì, pregava Sant'Antonio...*; *Ricordare*

il tuo pianto (il mio era doppio)...; Dicono che la mia...] in *In memoria della moglie*, «La Fiera Letteraria», a. XLI, n. 42, Roma, 27 ottobre 1966, p. 13 (con la nota di Antonio Barolini *Un dono una memoria un compleanno*) e in *In memoria della moglie (20 ottobre 1963)*. *Omaggio a Montale*, dépliant a cura dell'Istituto Italiano di Cultura, Parigi, 16 gennaio 1967.

Al Saint James di Parigi dovrò chiedere... è ristampato in *Amor coniugale*, opuscolo fuori commercio a cura di Vanni Scheiwiller per le nozze di Mia Schubert e Carlo Somajni, Milano, Tip. Allegretti di Campi, 15 ottobre 1966, p. 15.

Tutti gli *Xenia* (con l'esclusione però di *La primavera sbuca col suo passo di talpa...*) in Silvio Ramat, *Montale*, Firenze, Vallecchi, 1968², pp. 287-290.

– *Altri Xenia*, in «Strumenti critici», a. I, n. 2, Torino, febbraio 1967, pp. 158-161. Comprende: *L'abbiamo rimpianto a lungo l'infilascarpe...* e *L'alluvione ha sommerso il pack dei mobili...*, con facsimile d'autografo a fronte. In calce la seguente *N. d. R.*: «Questi due frammenti vanno ad aggiungersi ai quattordici da me pubblicati in edizione fuori commercio (*Xenia*, San Severino Marche, 1966). Essi risalgono al 12 dicembre e al 27 novembre 1966».

– *Altri Xenia*, in «Strumenti critici», a. II, n. 5, Torino, febbraio 1968, pp. 65-69. Comprende: 1. *La morte non ti riguardava...* (23 ottobre '67); 2. *Spesso ti ricordavi (io poco) del signor Cap...* (22 ottobre '67); 3. (...); 4. *Con astuzia...* (23 novembre '67); 5. *Ho sceso, dandoti il braccio, almeno un milione di scale...* (20 novembre '67); 6. *Il vinattiere ti versava un poco...* (20 settembre '67); 7. *«Non sono mai stato certo d'essere al mondo.»...* (27/28 novembre '66); 8. *«E il Paradiso? Esiste un paradiso?»...* (5 ottobre '67); 9. *Le monache e le vedove, mortifere...* (21 ottobre '67); 10. *Dopo lunghe ricerche...* (15 ottobre '67); 11. *Riemersa da un'infinità di tempo...* (4 ottobre '67); 12. *I falchi...* (8 ottobre '67); 13. *Ho appeso nella mia stanza il dagherròtipo...* (20 ottobre '67); 14. (...). In calce la seguente *N.d.R.*: «I numeri 3 *L'abbiamo rimpianto a lungo l'infilascarpe...* e 14 *L'alluvione ha sommerso il pack dei mobili...* sono stati pubblicati in "Strumenti critici", I (1967), n. 2, pp. 157-61».

– *Xenia*, Verona, Editiones Dominicae, 1968 (75 esemplari numerati curati da Franco Riva). Il contenuto è identico a quello della prima edizione, tranne che *La primavera sbuca col suo passo di talpa...* è sostituita da *Il grillo di Strasburgo notturno col suo trapano...* Una *N. d. A.* reca: «Lascio al lettore il facile compito di identificare l'amico Ruggero O. al quale chiedo scusa di averlo fatto apparire come semplice comprimario, lui sempre in primo piano».

– *Altri Xenia*, in «L'Approdo Letterario», a. XIV, n. 62, n. s., Roma, aprile-giugno 1968, pp. 33-39. Con una *Indicazione per gli Xenia* di Silvio Ramat e con la seguente *Nota dell'editore*: «Per una ristampa che nell'affettuosa intenzione avrebbe dovuto riunire tutti gli *Xenia* montaliani, ma dalla quale il poeta ci ha pregati poi di omettere la prima serie di essi, quella che vide la luce nell'opuscoletto uscito in edizione di 50 copie fuori commercio presso la tipografia Bellabarba di Sanseverino Marche, riuniamo qui per i nostri lettori la serie seconda, e cioè i 14 *Xenia* già pubblicati nei nn. 2 e 5 di "Strumenti critici"».

– *Xenia 1964-1966* e *Altri Xenia*, in «Gazzetta di Mantova», 21 giugno 1968, p. 3. Comprende: *Xenia 1964-1966*: *Caro piccolo insetto...*; *Senza occhiali né antenne...*; *Al Saint James di Parigi dovrò chiedere...*; *Avevamo studiato per l'aldilà...*; *Non ho mai capito se io fossi...*; *Non hai pensato mai di lasciar traccia...*; *Pietà di sé, infinita pena e angoscia...*; *La tua parola così stenta e imprudente...*; *Ascoltare era il solo tuo modo di vedere...*; *«Pregava?» «Sì, pregava Sant'Antonio...*; *Ricordare il tuo pianto (il mio era doppio)...*; *La primavera sbuca col suo passo di talpa...*; *Tuo fratello morì giovane; tu eri...*; *Dicono che la mia...* Nota editoriale: «Poesie inedite in volume per gentile concessione del poeta». *Altri Xenia*: *La morte non ti riguardava...*; *Con astuzia...*; *Ho sceso, dandoti il braccio, almeno un milione di scale...*; *Dopo lunghe ricerche...*; *Riemersa da un'infinità di tempo...*; *I falchi...* Nota editoriale: «Da "Strumenti critici", 5.2.1968. Gli *Xenia* che riproduciamo in questa pagina sono le ultime poesie di Eugenio Montale non ancora edite in volume e pubblicate in alcune riviste letterarie ("Strumenti critici" e "La Fiera Letteraria") e in fascicoletto non venale di sole cinquanta copie [...] Gli *Xenia* di questa pagina saranno forse il prossimo libro di Eugenio Montale, ma mai una sola pubblicazione li ha accolti tutti insieme così da poterne valutare l'esatto valore nel corpo della produzione del poeta. La gentilezza dell'autore ci ha offerto questa straordinaria possibilità».

Comprende inoltre: facsimile d'autografo e testo della poesia *La madre di Bobi B.*, scritta per la nuova edizione di Carpinteri & Faraguna, *Serbidìola*, Milano, Scheiwiller, 1968, con una dichiarazione di Montale su Bobi Bazlen; *Cinque Terre* (1966), acquaforte; *Ritratto di Giacomo Noventa* (1939), disegno. Anche in estratto, in 100 copie in carta speciale, firmate e numerate.

– *Provo rimorso per avere schiacciato...*, in «Corriere della Sera», Milano, 27 ottobre 1968. In calce all'elzeviro *Variazioni*, in cui è così spiegata la nascita di questa poesia: «Non avevo libri: sul tavolino c'era un *dépliant* [...] il rovescio del foglio era bianco. Mi venne in mente di scrivere qualcosa che si potesse leggere in modo verticale senza far troppo torto al senso comune. Ed ecco il prodotto, o con più nobile parola "l'artefatto" [...]».

– *Dialogo*, in «Corriere della Sera», Milano, 30 novembre 1968. In calce all'elzeviro *Variazioni* e senza titolo, con questa introduzione: «Il solito anonimo poeta (?) mi manda questa pseudo poesia che pubblico senz'appulcrarci parola. Penso che sia opera di un nemico della dialettica».

– *Fine del '68*, in «Corriere della Sera», Milano, 12 gennaio 1969. In calce all'elzeviro *Variazioni*.

– *La vera gibigianna* [= *Auf Wiedersehen*], in «Corriere della Sera», Milano, 11 aprile 1969. In calce all'elzeviro *Variazioni*.

– *La poesia. I*, in «Corriere della Sera», Milano, 18 maggio 1969. In calce all'elzeviro *Variazioni*, in cui è ristampato *Il lieve tintinnìo del collarino...*

– *Götterdämmerung*, in «London Magazine», vol. 9, n. 4-5, Londra, luglio-agosto 1969, p. 151. Traduzione di G. Singh, senza testo italiano.

– *Intercettazione telefonica*, in «Forum Italicum», vol. III, n. 3, Buffalo, settembre 1969, pp. 220-221. Facsimile d'autografo, con dedica «a Ramat» e data «1969» e diversa lezione a stampa (con la data «21-4-1969»). Una *Nota* di Silvio Ramat avverte: «La lezione del manoscritto è quella datami da Montale subito dopo l'incontro del 26 maggio; l'altra, a stampa, è quella che il poeta alcuni giorni più tardi mi ha autorizzato a pubblicare su "Forum Italicum"». Poi, con titolo *In pectore e fuori*, in «L'Espresso», a. XV, n. 46, Roma, 16 novembre 1969, p. 26.

– *La morte di Dio, L'antipapa* (ora in *Poesie disperse*), *Il raschino*, in *Specimen* delle «Edizioni dell'Aldina» (75 esemplari numerati e firmati, con illustrazioni di Sergio Vacchi), Roma, febbraio 1970; non distribuito.

– *New Poems*, in «London Magazine», vol. 10, n. 1, Londra, aprile 1970, pp. 70-71. Traduzione di G. Singh. Comprende: *Nel fumo; Il repertorio; Laggiù* (ancora inedite in italiano).

– *Tre poesie inedite*, in «Strumenti critici», a. IV, n. 12, Torino, giugno 1970, pp. 165-168. Comprende: 1. *L'Arno a Rovezzano* (27 marzo 1969); 2. *Che mastice tiene insieme...* (19 luglio 1969); 3. *Il primo gennaio* (4 gennaio 1970).

– *After a Flight* [= *Dopo una fuga*], in «Delos», n. 5, National Translation Center, University of Texas, 1970. Traduzione di Luciano Rebay. Senza testo italiano. Poi in «The American Scholar», a. XL, n. 3, Washington, estate 1971, pp. 416-420.

– *Rebecca*, in «Conoscenza religiosa», n. 3, Firenze, luglio-settembre 1970, pp. 313-314. Datata «5 maggio 1970».

– *Poesie*, in *Un augurio a Raffaele Mattioli*, Firenze, Sansoni, 1970, pp. 47-50. Comprende: *Lettera; Cielo e terra* (1969); *La storia*: I (28 aprile 1969) e II (10 luglio 1969).

– *Xenia*, Verona, Editiones Dominicae, 1970 (100 esemplari curati da Franco Riva). Consta di una prima parte datata «1964-1966», identica a *Xenia* 1968, e di una seconda parte datata «1966-1967», che comprende: *La morte non ti riguardava...; Con astuzia...; Spesso ti ricordavi (io poco) del signor Cap...; L'abbiamo rimpianto a lungo l'infilascarpe...; Ho sceso, dandoti il braccio, almeno un milione di scale...; «Non sono mai stato certo d'essere al mondo»...; Il vinattiere ti versava un poco...; «E il Paradiso? Esiste un paradiso?»...; Le monache e le vedove, mortifere...; Dopo lunghe ricerche...; Riemersa da un'infinità di tempo...; I falchi...; Ho appeso nella mia stanza il dagherròtipo...; L'alluvione ha sommerso il pack dei mobili...*

– *Xenia* I, 1, 2, 3, 4, 5, 8, 9, 10, 11, 13, 14; *Xenia* II, 3, 5, 10, 13, 14; *La storia; Le parole; Come Zaccheo* (poi in *Diario del '71 e del '72*), in «L'Espresso/Colore», a. XII, n. 5-8, Roma, 28 febbraio 1971, pp. 6-17. Pre-pubblicazione di *Satura*, con riproduzione di dipinti di Montale e l'articolo di Giovanni Giudici *Le occasioni dipinte*. A p. 6 facsimile d'autografo di *«Pregava?» «Sì, pregava Sant'Antonio...*

4.3   *Le stampe*

PRIMA EDIZIONE: MILANO, MONDADORI, 1971
Il titolo *Satura* sostituisce solo al momento della stampa il precedente *Rete a strascico*, come risulta dal dattiloscritto complessivo della raccolta conservato da Marco Forti e da una lettera inviata da Montale a Luciano Rebay l'8 febbraio 1970 (cfr. Luciano Rebay, *La rete a strascico di Montale*, in «Forum Italicum», vol. V, n. 3, Buffalo, settembre 1971, pp. 329-349):

Il nuovo libro porterà il titolo *Rete a strascico* (1962-1970) e conterrà oltre i 28 Xenia, una Satura I (12-13 poesie) e una Satura II (55-60 poesie). Della Satura già pubblicata da Mardersteig sopravviverà una sola poesia: Botta e risposta I, in limine. Nella parte Satura II figurano anche Botta e risposta II e Botta e risposta III.

In calce al volume, le *Note* dell'autore:

IL GRILLO DI STRASBURGO NOTTURNO COL SUO TRAPANO
I personaggi citati sono Ruggero Orlando (con cui mi scuso) e un pubblicista d'altro nome, noto per la sua avarizia.

LETTERA
Il Podestà delle Chiavi era il concièrge Vicari, oggi scomparso, un lutto per Venezia, grande insostituibile uomo. Nella parte del bandito Ramerrez, *La fanciulla del West*, ebbe grandi successi il tenore Martinelli. Il meconio figurava (forse figura ancora) tra gli ingredienti della pasticca del Re Sole.

REALISMO NON MAGICO
L'Acquasola era il giardino pubblico di Genova. Non so se vi suoni tuttora la banda comunale.

GLI ULTIMI SPARI
Stanislaus Joyce, fratello di James, dette lezioni di inglese a mia moglie, durante l'ultima guerra.

BOTTA E RISPOSTA III
In occasione delle nozze di Sofia di Grecia con Juan Carlos di Borbone un'infinità di principi del sangue traboccò dall'albergo King George (Atene, 1962).

DOPO UNA FUGA
Sono noti i Burlamacchi, famiglia di protestanti italiani che si rifugiarono in Svizzera (credo a Ginevra) negli anni della Controriforma. Il Caponsacchi, prete che rapì una malmaritata, è l'eroe del poema di Browning *The Ring and the Book*. Solo ragioni di numero e di suono, quel giorno, mi indussero ad associare questi due nomi.

Successive ristampe Mondadori: febbraio 1971, maggio 1971, 1972, 1973, 1975, 1976, 1977 e 1982 (in *Tutte le poesie*).

Il libro ha il suo assetto definitivo nella prima edizione: ma ne *L'Opera in versi*, per desiderio dell'autore, *La primavera sbuca col suo passo di talpa...* prende il posto (come *Xenia* I, 12) di *Il grillo di Strasburgo...*, che slitta in penultima sede (non di *Xenia* ma di *Satura*).

5.

DIARIO DEL '71 E DEL '72

5.1 *Manoscritti e dattiloscritti*

– Un quaderno manoscritto conservato nel Fondo PV (sigla Q4) contiene, oltre ad appunti e indici provvisori del *Diario del '72*, i seguenti componimenti, nell'ordine:

– *a C.* (datato «20/3/71»; riprodotto in facsimile in Università degli Studi – Pavia, *Fondo manoscritti di autori contemporanei. Catalogo,* a cura di Giampiero Ferretti, Maria Antonietta Grignani e Maria Pia Musatti. Nota introduttiva di Maria Corti, Torino, Einaudi, 1982, p. 129)
– *Per una nona strofa* (due stesure, la prima cassata e la seconda datata «28 Sett. 70»)
– *A Leone Traverso I.* (senza data e con titolo *A Leone T.*)
– *Come Zaccheo* (senza data)
– *Il positivo* («14/3/71»)
– *Il negativo* («14/3/71»)
– *A Leone Traverso II.* (due stesure, una datata «13/2/71» e l'altra « /2/71»)
– *Trascolorando* (senza data)
– *L'arte povera* («4/3/71»)
– *Il Re pescatore* («21/4/71»)
– *El Desdichado* (due stesure, datate rispettivamente «13/3/71» e «14/4/71»; la seconda ha titolo *Nel chiuso*)
– *Verso il fondo* («19?/4/71»)

- *Presto o tardi* («22/4/71»; testo cassato)
- *Il tuffatore* (senza data)
- *Dove comincia la carità* (due stesure, la prima solo abbozzata e cassata, la seconda con titolo *Le imposture*, non datate)
- *Il pirla* (con data «26/V/71» e titolo *A mia moglie*)
- *Sulla spiaggia* («30 agosto 72»)
- *Chi tiene i fili...* (due stesure [la prima cassata] datate rispettivamente «14/I/72» e «15/I/72»)
- *La fama e il fisco* (con data «14/I/72» e titolo *Spleen*)
- *Il cavallo* (due stesure datate entrambe «3/I/72»)
- *Le acque alte* («30/12/71»; testo cassato)
- *Jaufré* («14/I/72»; dedica «a G. Parise»)
- *Verboten* («28/2/72»)

Vi è aggiunto un foglio manoscritto contenente *In un giardino «italiano»*, con data «3/6/72».
In testa al quaderno (c. 2 *r*) il titolo *Quaderno del '71*.

Nel Fondo PV sono conservati molti altri manoscritti e dattiloscritti:

- fotocopia di un dattiloscritto di *Il paguro*, datato «19/XI/68».

- un dattiloscritto di *Per una nona strofa*, datato «28/8/70»; fotocopia di un dattiloscritto datato «28/3/71».

- un dattiloscritto e fotocopia di un dattiloscritto di *A Leone Traverso I*, non datati (data nell'edizione: «25 dicembre 1970»).

- fotocopia di un dattiloscritto di *Come Zaccheo*, datato «28/XII/70».

- fotocopia di un dattiloscritto di *A Leone Traverso II*, datato «13/2/71».

- fotocopia di un dattiloscritto di *L'arte povera*, datato «4/3/71».

– due dattiloscritti di *El Desdichado*, con titolo *Indoor* e data «13/3/71»; una fotocopia di dattiloscritto con la stessa data.

– fotocopia di un dattiloscritto di *Il positivo*, datato «14/3/71».

– fotocopia di un dattiloscritto di *Il negativo*, datato «14/3/71».

– due dattiloscritti di *a C.*, datati «20/3/71»; fotocopia di un dattiloscritto datato «23/3/71».

– due dattiloscritti di *Trascolorando*, con titolo *Le pietre che trascolorano* e data «27/3/71»; fotocopia di un dattiloscritto datato «22/3/71».

– fotocopia di un dattiloscritto di *Nel cortile*, datato «4/4/71».

– fotocopia di un dattiloscritto di *Corso Dogali*, datato «5/4/71».

– un manoscritto di *I nascondigli*, con titolo *Nascondigli* e data «7/4/71»; fotocopia di un dattiloscritto con la stessa data.

– un manoscritto di *Retrocedendo* (con titolo *Lo spessore*), un dattiloscritto e fotocopia di un altro dattiloscritto, tutti datati «11/4/71».

– un dattiloscritto di *Rosso su rosso*, datato «13/4/71», recante in calce una stesura progressiva manoscritta non datata; fotocopia di un dattiloscritto pulito, con il testo definitivo, datato «11/4/71».

– fotocopia di un dattiloscritto di *Verso il fondo*, datato «19/4/71».

– fotocopia di un dat tiloscritto di *Il Re pescatore*, datato «21/4/71».

– fotocopia di un dattiloscritto di *Presto o tardi*, con titolo *Dall'ar-*

gine e data «21/4/71»; un dattiloscritto con lo stesso titolo e data «22/4/71».

– un manoscritto di *La mia Musa*, con data «15?/5/71» corretta in «13/5/71».

– un dattiloscritto di *Il tuffatore*, datato «17/V/71».

– due dattiloscritti di *Il pirla*, il primo datato «26/V/ 71», il secondo senza data.

– un dattiloscritto di *Il fuoco*, con data «1/VI/71» corretta in «31/V/71».

– un dattiloscritto di *A quella che legge i giornali*, datato «1/VI/71».

– un manoscritto e un dattiloscritto di *Il tiro a volo*, datati «4/VI/71».

– un dattiloscritto di *Il rondone*, non datato (data nell'edizione: 5 giugno 71).

– un manoscritto di *La forma del mondo*, datato «6/VI/71».

– due dattiloscritti di *Senza sorpresa*, datati rispettivamente «7/VI/71» e «7/VII/71».

– quattro dattiloscritti di *Il frullato*: il primo non datato, il secondo con titolo *Il ballo e il resto* e data «12/VI/71», il terzo non datato e il quarto con data «14/VI/71».

– un manoscritto di *Ne abbiamo abbastanza...*, non datato (data nell'edizione: 13 giugno '71).

– tre stesure dattiloscritte di *La lingua di Dio*, l'ultima datata «17/VI/71».

– un manoscritto di *A questo punto*, datato «18/6/71».

– un dattiloscritto di *Il trionfo della spazzatura*, datato «24/VI/71».

– un foglio di bozza di stampa (relativa alla pubblicazione in *Diario del '71*, Milano, Scheiwiller, 1971) di *Il dottor Schweitzer*, con una variante autografa e non datato (data nell'edizione: 26 giugno 71).

– un foglio di bozza di stampa (relativa alla pubblicazione in *Diario del '71*, Milano, Scheiwiller, 1971) di *p.p.c.*, con una variante autografa e non datato (data nell'edizione: 30 giugno '71).

– un dattiloscritto di *Lettera a Bobi*, datato «I/VII/71».

– due manoscritti di *Lettera a Malvolio*, datati rispettivamente «7/7/71» e «8/VII/71».

– un dattiloscritto di *Visitatori*, datato «19/VIII/71».

– un dattiloscritto di *Le acque alte*, con titolo *Diluviale* e data «1/I/72».

– un dattiloscritto di *Il cavallo*, datato «3/I/72».

– un dattiloscritto di *La fama e il fisco*, datato «14/I/72».

– un dattiloscritto di *Jaufré*, con data «14/I/72» e dedica «a Goffredo Parise».

– un dattiloscritto di *Notturno*, non datato (data nell'edizione: 29 gennaio 1972).

– un abbozzo manoscritto di *Le figure*, con titolo *Figure* e data «22/2/72»; un dattiloscritto datato «23/2/72»

– un manoscritto di *Il terrore di esistere*, datato «22/2/72».

– un manoscritto di *Kingfisher*, con titolo *La pesca* e data «24/2/72»; due dattiloscritti datati «29/2/72».

– un manoscritto di *Quel che più conta*, datato «29/2/72».

– un dattiloscritto di *La pendola a carillon*, datato «2/3/72».

– un manoscritto di *C'è chi muore...*, con due stesure entrambe datate «3/3/72».

– un manoscritto di *L'odore dell'eresia*, datato «6/3/72».

– un dattiloscritto di *In un giardino «italiano»*, con titolo *All'Antella* e data «3/6/72»; il testo è cassato ed ha in calce una stesura progressiva manoscritta con la stessa data.

– tre redazioni dattiloscritte di *Sulla spiaggia*, tutte datate «30/8/72».

– un manoscritto di *Non c'è morte*, datato «22 Sett. 72».

– un manoscritto di *Il principe della festa*, datato «24 Sett. 72»; un dattiloscritto datato «23 Sett. 72».

– un dattiloscritto di *Gli uomini si sono organizzati...*, senza data (data nell'edizione: 25 settembre 1972).

– un manoscritto di *Non era tanto facile abitare...*, datato «26?/ Sett. 72».

– due dattiloscritti di *Annetta*, il primo recante solo la prima strofa e senza data, il secondo datato «28 settembre 72».

– un manoscritto di *Tra chiaro e oscuro*, datato «11 ott. 72».

– un dattiloscritto di *Opinioni*, datato «13 ottobre 72».

– un dattiloscritto di *La caduta dei valori*, datato «15/X/72».

– un dattiloscritto di *Non partita di boxe o di ramino...*, datato «20/X/72».

– un dattiloscritto di *Sorapis, 40 anni fa*, datato «21 ott. 72».

– un manoscritto di *Senza colpi di scena*, datato «21/X/72».

– un dattiloscritto di *In hoc signo*, non datato (data nell'edizione: 22 ottobre 1972).

– un dattiloscritto di *L'élan vital*, non datato (data nell'edizione: 25 ottobre 1972).

– un manoscritto di *A un grande filosofo*, con titolo *A B.C.* e senza data (data nell'edizione: 28 ottobre 1972).

– un dattiloscritto di *Ancora ad Annecy*, con titolo *Ad Annecy con Cirillo*, non datato (data nell'edizione: 22 novembre [*ma* settembre] 1972).

Ci sono inoltre pervenuti:

– un dattiloscritto di *Due epigrammi*, con titolo complessivo *Motivi* e data «18 X 72», conservato da Rosanna Bettarini.

– il dattiloscritto complessivo del *Diario del '72*, destinato evidentemente alla stampa, numerato dall'autore da 1 a 48, tutto in fotocopia (fatta eccezione per i ff. 19 bis, 32, 37-38, 40, relativi rispettivamente a *Il paguro, Opinioni, Diamantina, Non partita di boxe o di ramino...*), conservato da Marco Forti. Sulla copertina, l'indicazione autografa: «questo manoscritto sostituisce il precedente che deve essere *annullato*». Sono acclusi un Indice dattiloscritto con le date delle poesie e un foglio con le *Note*.

960   *Note ai testi*

5.2   *Edizioni anteriori alle stampe*

– *Quando l'indiavolata gioca a nascondino...* [= *A Leone Traverso I*], in «La Stampa», Torino, 2 febbraio 1971, con una *Nota* dell'autore: «Questa l'ho scritta per la morte di Leone Traverso».

– *Come Zaccheo*, in «L'Espresso/Colore», a. XII, n. 5-8, Roma, 28 febbraio 1971, p. 14.

– *Quando l'indiavolata gioca a nascondino...* e *Sognai anch'io di essere un giorno mestre...* (con titolo *Due poesie per Leone Traverso*), in *Studi in onore di Leone Traverso*, «Studi Urbinati», a. XLV, n.s., n. 1-2, Urbino, 1971, tomo I, p. 381. Datate rispettivamente «25. XII. 1970» e «13.11.1971».

– *Trascolorando* (con data «22 marzo 1971» e dedica «A Riccardo Campa e all''Antologia'»); *La mia Musa* (con data «13 maggio 1971», dedica «Al caro amico Riccardo Campa» e un facsimile d'autografo); *Dove comincia la carità* (con data «19 maggio 1971»), in «Nuova Antologia», n. 2047, Roma, luglio 1971, pp. 307-310.

– *Diario '71*, in «L'Espresso/Colore», a. XII, n. 51, Roma, 19 dicembre 1971, pp. 8-17. Comprende: *La mia Musa* (datata 13.IV.1971); *Dove comincia la carità* (19.V. 1971); *Il fuoco* (3.VI.1971); *Lettera a Malvolio* (8.VII. 1971); *Se il male naturaliter non può smettere...* (21. VI. 1971); *L'arte povera* (4.III.1971); *Il rondone* (5.VI.1971); *Il trionfo della spazzatura* (24.VI.1971); *Il frullato* (14.VI. 1971); *Rosso su rosso* (2.IV.1971); *Lettera a Bobi* (1.VII. 1971); *Il lago di Annecy* (6.VI.1971); *a C.* (21.III.1971); *A questo punto* (18.VI.1971); *I nascondigli* (7.IV.1971); *Il tiro a volo* (4.VI.1971); *Retrocedendo* (11.IV.1971); *Il Re pescatore* (21. IV.1971); *Non mi stanco di dire al mio allenatore...* (24.VI.1971); *Sono pronto ripeto, ma pronto a che?...* (28.VI.1971); *p.p.c.* (30.VI.1971). Presentazione di Giovanni Giudici, illustrazioni di Giuseppe Viviani.

– *Diario del '71*, Milano, Scheiwiller, 1971 (100 copie fuori commercio). Il contenuto è identico a quello della prima sezione, omonima, della stampa.

– *Il Re pescatore, Il pirla*, in *Strenna per l'anno 1972*, Roma, Orlando, 1971, pp. 9-11. Con facsimile d'autografo a fronte.

– *In un giardino «italiano»*, in Eugenio Montale, *Nel nostro tempo*, Milano, Rizzoli, 1972, p. 11. Datata «Antella, 3.VI.72». Nella premessa al volume firmata E. M.:

Accetto il tempo che mi è toccato, non ne vorrei uno diverso perché oggi, come forse mai prima, non si può credere in un'assoluta continuità temporale. Non credo affatto che i giorni e i secoli abbiano occhi per prefigurare il futuro e per renderlo migliore. Se ciò avverrà non sarà certo per merito o colpa nostra. A riprova di quelle ch'io dico le reviviscenze del tempo mi permetto di pubblicare qui un piccolo inedito. È una poesia che ho scritto dopo aver visitato un vecchio giardino italiano (cioè a scacchiera). Valga quel che vale, può essere un esempio del mio modo di *sentire* il tempo.

– *Il poeta/Diario*, Verona, Officina Bodoni, Natale 1972 (150 esemplari numerati e 15 fuori commercio, segnati con lettere). Il contenuto è identico a quello della prima sezione, omonima, della stampa.

– *Diario appena scritto*, in «L'Espresso/Colore», a. XIV, n. 14, Roma, 8 aprile 1973, pp. 9-15. Prepubblicazione di *Diario del '71 e del '72*, con un saggio di Paolo Milano. Comprende: *Il terrore di esistere; A un grande filosofo; Sulla spiaggia; I nuovi iconografi; Asor; Il principe della Festa; Non c'è morte; Gli uomini si sono organizzati...; Non era tanto facile abitare...; La caduta dei valori; In hoc signo...; Al mio grillo; Senza colpi di scena; Per finire.*

– *Poesie del '72*, in *Scritti in onore di Luigi Ronga*, Milano-Napoli, Ricciardi, 1973, pp. 23-25. Comprende: *Le acque alte; Chi tiene i fili; Jaufrè* (con dedica «A Goffredo Parise»); *Il cavallo; Notturno; La Fama e il Fisco.*

5.3   *Le stampe*

PRIMA EDIZIONE: MILANO, MONDADORI, 1973 (MARZO)
In calce, le *Note* dell'autore:

Le poesie *Visitatori* e *L'odore dell'eresia* sono del '70. Nell'indice si registra la data del loro rifacimento. Il lied *In questa tomba oscura* è di Beethoven (Carpani). Era nel repertorio di Fiodor Scialiapin che lo aveva alquanto russificato.

PER UNA NONA STROFA
La strofa doveva concludere la suite *Dopo una fuga* (cfr. *Satura*). Sopravvive in una bella versione di Luciano Rebay.

IL PRINCIPE DELLA FESTA
Qui resta incerto se il principe della Festa sia il Demiurgo dei greci (creatore) o il suo unico e insostituibile chargé de pouvoir.

DIAMANTINA
È una variazione del tema già svolto nel *Trionfo della spazzatura* (in *Diario del '71*). Solo il personaggio ha mutato nome.

Si noterà che nel *Diario del '72* quattro mesi non produssero alcun verso. Ragioni di malattia furono la causa di questa lamentevole (o pregevole?) lacuna.

Successive ristampe Mondadori: 1973 (maggio); 1977 e 1982 (in *Tutte le poesie*).

6.

QUADERNO DI QUATTRO ANNI

6.1 *Manoscritti e dattiloscritti*

– Il dattiloscritto complessivo del *Quaderno* (forse quello approntato per la stampa), numerato dall'autore da 1 a 124, è conservato in fotocopia da Dante Isella. Vi sono compresi anche tredici componimenti poi esclusi dal *Quaderno* (ora in *Poesie disperse: Après le déluge; Il dono; Vaniloquio; Gloria delle vite inutili; Una malattia; Non ho molta fiducia d'incontrarti...; La vita in prosa; È assai pericoloso santificare un papa...; Per album; L'evoluzione biologica...; L'hapax; Per destare dal sonno i suoi scherani...; Non occorrono tempi lunghi...*), e non vi compaiono cinque componimenti poi entrati nella stampa (*Lagunare; Si risolve ben poco...; Oltre il breve recinto di fildiferro...; Spenta l'identità...; I miraggi*).
Ai testi è accluso un indice dattiloscritto con le date dei componimenti.

– Un fascicolo, conservato da Marco Forti, contiene, dattiloscritte, le poesie stampate nell'«Almanacco dello Specchio» 1975:

– *L'educazione intellettuale* (con la data «luglio 73 / gennaio 74», cassata e sostituita a penna con «1973»)
– *Senza mia colpa...* (con la data «22/2/74», cassata e sostituita a penna con «1974»)
– *Sotto un quadro lombardo* (con la data manoscritta «20/3/74», cassata e sostituita con «1974»)

– *In quel tempo abitavo al terzo piano...* [= *Nei miei primi anni abitavo al terzo piano...*] (con la data «17/4/74» cancellata e sostituita a penna con «1974»)
– *A ritroso* (datata «1974»)
– *Quando cominciai a dipingere mia formica...* (con la data a penna, cassata, «16/3/74»)
– *Il sabià* (con la data «2 nov. 74» a penna; giorno e mese sono cassati)
– *Il giorno dei morti* (con la data «2 nov. 74», cassata a penna e sostituita con «1974»)
– *La vita l'infinita...* (con il titolo *Darsi e sdarsi* cassato a penna e la data «'74»)
– *L'onore* (con la dedica «a G. P.» e la data «nov. 74» con l'indicazione del mese cassata a penna)

Ci sono inoltre conservati:

– un dattiloscritto di *Intermezzo*, in pulito, con data «29/7/73» e l'indicazione in calce «Poesia inedita in volume, dedicata a Manzù». Conservato da Rosanna Bettarini. Il facsimile di un manoscritto in pulito con la stessa data è in E. M., *Intermezzo*, Roma, Franca May Edizioni, s. d. (allegato al volume *Edoardo De Filippo e Manzù*, Album inedito, Roma, Franca May Edizioni, 1977; nel frontespizio l'indicazione «poesia inedita dedicata a Manzù»).

– un dattiloscritto di *L'educazione intellettuale*, non datato (data nell'edizione: «1973»). Conservato nel Fondo PV.

– un dattiloscritto di *Lagunare*, senza titolo, con la data «12/V/74» e una *Nota* dell'autore: «Pubblicata sul Corriere il 12/V/75 [*ma* '74] sotto il falso nome di John Freeman, nome che ho inventato lì per lì. Scopersi poi che un poeta di tal nome è esistito nel '700». Conservato da Rosanna Bettarini.

– un dattiloscritto di *Gli uccelli parlanti*, contenente una prima redazione con titolo *Recitativo* e la data «14 ottobre 74»; in calce, una stesura progressiva a penna relativa ai vv. 9-15, datata

«9/I/75». Sul verso, *La memoria fu un genere letterario* [= *La memoria*] (dattiloscritto anepigrafo e senza data). Conservato da Marco Forti.

– un dattiloscritto di *Gli uccelli parlanti*, datato «14 ottobre 74»; in calce, una redazione dattiloscritta (cassata) di *L'eroismo*, datata «10/2/75». Sul verso, *Ho sparso di becchime per domani...* [= *Ho sparso di becchime il davanzale...*]: dattiloscritto datato «11 aprile 74»; in calce, una stesura progressiva dattiloscritta con la stessa data. Conservato da Marco Forti.

– un dattiloscritto di *Big bang o altro*, datato «24/12/74». Nella stessa facciata, *La solitudine* (dattiloscritto con la data «28. XII.74» e l'indicazione «Hotel Continental»; testo cassato con una sbarra orizzontale) e *Après le déluge* (in *Poesie disperse*). Nel verso, *Sotto la pergola* (dattiloscritto datato «16.3.75»). Conservato da Marco Forti.

– un dattiloscritto di *A Pio Rajna*, datato «31/XII/1974». Conservato da Marco Forti.

– un dattiloscritto di *L'eroismo*, anepigrafo, datato «10/2/75». Conservato da Marco Forti.

– un dattiloscritto contenente *Se al più si oppone il meno il risultato...* e *Siamo alla solitudine di gruppo...*, entrambi datati «21 4 75»; il primo testo è interamente cassato. Conservato nel Fondo PV.

– un dattiloscritto di *Domande senza risposta*, anepigrafo e datato «27 4 75». Conservato nel Fondo PV.

– un dattiloscritto di *Vivere*, datato «2 maggio 1975», riprodotto in facsimile in «Il Settimanale», a. II, n. 45, Milano, 5 novembre 1975, p. 69.

– due dattiloscritti di *Il fuoco e il buio*: il primo anepigrafo e senza data, con il testo cassato (conservato da Marco Forti); il secondo con data «27/5/75» e testo cassato (conservato nel Fondo PV).

– un dattiloscritto di *In una città del nord*, con titolo *Nel nord*, data «17 XII 75» (testo cassato). Conservato nel Fondo PV.

– il facsimile di una prima redazione dattiloscritta di *Le ore della sera*, con altro titolo [*Attesa*] aggiunto a mano, in *Cento anni del Corriere della Sera*, Milano, 1976, supplemento al «Corriere della Sera» del 13 ottobre 1976. Reca la data «31/I/76» cassata e corretta, a penna, in «I/II/76».

– un dattiloscritto di *Nel disumano*, anepigrafo e con data «4/2/76» (testo cassato). Conservato nel Fondo PV.

– una redazione dattiloscritta di *Epigramma*, senza titolo e con la data «1976», su un foglio (inviato da Montale a Contini il 3 aprile 1976) recante sul verso *La poesia* (redazione dattiloscritta datata «'76»). Conservato da Gianfranco Contini.

– un dattiloscritto di *Sulla spiaggia*, senza titolo, con la data «17 agosto 76» e una nota manoscritta in calce: «Resta il ? dopo catamarano [v. 19] per mostrare l'ignoranza di sport nautici nel bagnante». Conservato da Rosanna Bettarini.

– un dattiloscritto di *Dormiveglia*, con titolo *Il sonno* e data «26 XII 76». Conservato nel Fondo PV.

– due redazioni dattiloscritte (la prima cassata) di *Si risolve ben poco...*, entrambe datate «2 I 77». Conservate nel Fondo PV.

– due dattiloscritti di *I ripostigli*, con titolo *Children's corner*; il secondo reca la data «7/I/77». Conservati nel Fondo PV.

– una redazione manoscritta della parte finale di *Morgana* (vv. 23-29), non datata (data nell'edizione: «17 gennaio 1977»). Conservata nel Fondo PV.

– due dattiloscritti contenenti il secondo elemento di *Appunti*, non datati (data nell'edizione: «25 maggio 1977»). Conservati nel Fondo PV.

– un dattiloscritto di *I miraggi*, datato «20/VI/77». Conservato nel Fondo PV.

6.2 *Edizioni anteriori alle stampe*

– *Lagunare*, in «Corriere della Sera», Milano, 12 maggio 1974, senza titolo, in calce all'elzeviro *Variazioni*. Tra parentesi tonda l'indicazione «da John Freeman».

– *Poesie del '74*, in «Nuovi Argomenti», n.s., n. 43-44, gennaio-aprile 1975, pp. 3-9. Comprende: *A Pio Rajna; Riflessi nell'acqua; Big bang o altro; Gli uccelli parlanti; La memoria; L'armonia.*

– *Poesie inedite*, in «Almanacco dello Specchio», n. 4, 1975, a cura di Marco Forti, Milano, Mondadori, marzo 1975, pp. 59-66. Comprende: *L'educazione intellettuale* (datata «1973»); *Senza mia colpa...* («1974»); *Sotto un quadro lombardo* («1974»); *In quel tempo abitavo al terzo piano...* [= *Nei miei primi anni abitavo al terzo piano...*] («1974»); *A ritroso* («1974»); *Quando cominciai a dipingere mia formica...* («1974»); *Il sabià* («1974»); *Il giorno dei morti* («1974»); *La vita l'infinita...* («1974»); *L'onore* (con dedica «a G. P.» e data «1974»).

– *Soliloquio*, in «Corriere della Sera», Milano, 1° giugno 1975 (datata «27.3.1975»).

– *Vivere*, in «Il Giornale nuovo», Milano, 27 giugno 1975 (datata «2 maggio 1975»).

– *Sul lago d'Orta*, in «Corriere della Sera», Milano, 26 ottobre 1975, preceduta da una nota editoriale: «Pubblichiamo una poesia inedita di Eugenio Montale, Premio Nobel per la Lettera-

968   *Note ai testi*

tura. Montale l'ha data al "Corriere della Sera" il giorno dopo l'assegnazione del prestigioso riconoscimento [...] Sul manoscritto originale la poesia era intitolata *Una casa sul lago*. Montale ha avuto un ripensamento: "C'è già un'altra mia poesia intitolata *Casa sul mare*. È meglio non ripetersi". E ha cambiato il titolo in *Sul lago d'Orta*. Montale ha aggiunto: "Nel penultimo verso c'è una specie di gioco di parole: angeli, angli. Un papa, non ricordo il suo nome, quando vide per la prima volta degli inglesi, fu colpito dai loro capelli biondi e domandò: angeli o angli?"».

– *Sub tegmine fagi...* e *Ho sparso di becchime il davanzale...* (datata «11 aprile 1975»), in «L'Espresso», a. XXI, n. 44, Roma, 2 novembre 1975, p. 131. I due componimenti vi sono erroneamente fusi.

– *I travestiti* [= *I travestimenti*], in «Il Racconto»,[1] a. I, n. 7, Milano, dicembre 1975, p. 5 (datata «25 febbraio 1975»).

– *Otto poesie*, Milano, Scheiwiller, 1975 (300 esemplari fuori commercio numerati da 1 a 300). Contiene: *A Pio Rajna*; *Riflessi nell'acqua*; *Big bang o altro*; *Gli uccelli parlanti*; *La memoria*; *L'armonia*; *La cultura*; *Un poeta*.
   A p. 25 una *N. d. E.*: «Devo all'amicizia dell'autore la gioia di ristampare in un volumetto fuori commercio le 6 poesie di Eugenio Montale uscite sotto il titolo di Poesie del '74 in "Nuovi Argomenti", Nuova Serie, 43-44, Roma, gennaio-aprile 1975, pp. 3-9. La ristampa è integrale a eccezione della poesia *Big bang o altro* di cui è stata rifatta la seconda quartina. Le ultime due poesie sono del 1975 e del tutto inedite. V. S.».

– *Soliloquio; Vivere; Sul lago d'Orta*, in *Il foglio restò bianco*, tre poesie di E. M., tre incisioni di Marco Radice, Milano, Edizioni della Galleria Corsini, 1976.

---

[1] Mensile d'autore, fondato a Milano da Giovanni Arpino (1975-1976).

– *Dall'altra sponda*, in AA. VV., *Eugenio Montale. Profilo di un autore*, a cura di Annalisa Cima e Cesare Segre, Milano, Rizzoli, 1977, pp. 194-195 (con la data del 12 luglio 1976).

6.3   *Le stampe*

PRIMA EDIZIONE: MILANO, MONDADORI, 1977, SETTEMBRE (Edizione definitiva)

Ristampa in *Tutte le poesie*, Milano, Mondadori, 1977 (novembre) e 1982.

7.
ALTRI VERSI

7.1 *Manoscritti e dattiloscritti*

Ci sono conservati i seguenti manoscritti e dattiloscritti (tutti, salvo indicazione contraria, donati dall'autore a Rosanna Bettarini e a Gianfranco Contini):

– un manoscritto di *Nixon a Roma*, anepigrafo, con data «2/3/69». Conservato nel Fondo PV, dove si trovano anche tre dattiloscritti.

– quattro dattiloscritti di *Càffaro*, due dei quali con data «3/III/72», uno con data «3/II [*su* III]/72» e l'ultimo, in pulito, con data «'72».

– un dattiloscritto di *L'allevamento*, datato «1972».

– un dattiloscritto di *Le pulci*, datato «1974», e *Ipotesi II*.

– un dattiloscritto di *A zig zag*, datato «75».

– un dattiloscritto di *Come si restringe l'orizzonte...*, datato «4 sett. 76».

– un dattiloscritto di *Una zuffa di galli inferociti...*, datato «1976».

– un dattiloscritto di *Interno/esterno*, datato «76».

– un dattiloscritto di *Ah!*, con la data «1976» e l'indicazione a penna: «forse il libro potrebbe finire con questa poesia».

– un dattiloscritto contenente ... *cupole di fogliame da cui sprizza...* (datata «12/3/77») e *A Claudia Muzio* (datata «10/II/78»). Sul verso, dattiloscritto di *Quel bischero del merlo è arrivato tardi...*, cassato a penna e con data «15/II/77».

– un dattiloscritto di *Previsioni*, datato «1977».

– un dattiloscritto di *Nell'attesa*, datato «7/V/78».

– un dattiloscritto di *Una visita*, datato «13 VI 78».

– un dattiloscritto di *Le piante grasse*, datato «3 IX 78».

– un dattiloscritto di *Schiappino*, datato «5 IX 78».

– un dattiloscritto di *Cara agli dei*, datato «30 X 78».

– un dattiloscritto di *La gloria o quasi*, datato «10 XI 78».

– un dattiloscritto di *L'inverno si prolunga, il sole adopera...*, datato «1978».

– un dattiloscritto di *Oggi*, datato «'78». Un'altra redazione, anepigrafa e senza data, in un dattiloscritto in pulito.

– un dattiloscritto di *L'allegoria*, con la data manoscritta «'78»; in calce, dattiloscritto di *Quando la capinera...*, con la data «'78».

– un dattiloscritto di *Non è crudele come il passero di Valéry...*, datato «'78».

– un dattiloscritto di *All'amico Pea*, datato «1978».

– un dattiloscritto di *Al Giardino d'Italia*, datato «'78».

– un dattiloscritto di *I nascondigli II*, con la data «1978». Altre due stesure in due dattiloscritti non datati.

– un dattiloscritto di *Un invito a pranzo*, datato «'78».

– un dattiloscritto di *Nel '38*, datato «1978».

– un dattiloscritto di *Credo*, datato «1978». Una prima redazione, anepigrafa e senza data, è in un quadernetto quadrettato.

– un dattiloscritto di *Postilla a 'Una visita'*, datato «1978».

– un dattiloscritto di *Rimuginando*, datato «Pasqua '79».

– un manoscritto di *La buccia della Terra è più sottile...*, con data «26 agosto 79», e un dattiloscritto con la data «'79».

– un dattiloscritto di *Con quale voluttà...*, datato «79». Esistono anche una prima redazione manoscritta con varianti, senza data, in un quadernetto quadrettato, e una redazione alternativa, con titolo *Il prestigio* e data «1976».

– un dattiloscritto di *Tempo e tempi II*, datato «1979».

– un dattiloscritto di *L'oboe*, datato «1979».

– un dattiloscritto di *Lo spettacolo*, datato «1979».

– un dattiloscritto di *Sono passati trent'anni, forse quaranta...*, datato «1979». Una prima stesura con varianti, cassata e senza data, è in altro dattiloscritto.

– un dattiloscritto di *Una visitatrice*, non datato; un altro dattiloscritto porta una prima stesura con la data «1979» e il titolo *Una visita*.

– un dattiloscritto di *Ottobre di sangue*, con data «1979»; un dattiloscritto successivo, con una variante, porta erroneamente la data «78».

– un dattiloscritto di *Nel dubbio*, con titolo primitivo *Nel sonno* e data «1979».

– un dattiloscritto di *Clizia dice*, con la data «'79» e la nota seguente:

N.B. Il dotto [*cfr. v. 10*] è Charles Singleton da me non mai dimenticato (se poi fosse possibile!). Il monsignore delle pulci [*v. 4*] è John Donne, oggi di moda.

– un dattiloscritto di *Quartetto*, con titolo primitivo *Dopopalio* e data «1979».

– un dattiloscritto di *Gioviana*, datato «2/I/1980»; nello stesso foglio, dattiloscritto di *Clizia nel '34*, con la data «5/I/1980».

– un dattiloscritto di *In oriente*, datato «8/I/80».

– un dattiloscritto di *Quando il mio nome apparve in quasi tutti i giornali...*, datato «14/I/80».

– un dattiloscritto di *Poiché la vita fugge...*, con la data «20/I/80». Un'altra redazione, formata dalla sola prima 'strofe', reca la data «1980».

– due dattiloscritti di *Prosa per A. M.*, uno con la data «1980», titolo *Prosa per Anne More*, l'altro non datato con la nota seguente: «Anne More moglie di John Donne, poeta che immortalò le pulci».

– un dattiloscritto di *Alunna delle Muse*, datato «1980».

– un dattiloscritto contenente: una redazione alternativa di *Le pulci* (anepigrafa e senza data); *Forse non era inutile...*; *Costrette a una sola le sue punte...* (senza data).

– un dattiloscritto di *Può darsi che sia ora di tirare...* (senza data). Nel Fondo PV è conservato un precedente dattiloscritto con varianti e senza data, battuto sul foglio che reca anche il membro centrale di *Appunti* (nel *Quaderno di quattro anni*). Sullo stesso foglio, il testo dattiloscritto, interamente cassato e senza data, di *Quando il fischio del pipistrello...*

– un dattiloscritto senza data con titolo complessivo *Appunti* e comprendente *Manon in Francia* [la seconda parte dei *Nascondigli II*]; *A caccia*; *Può darsi*.

– un dattiloscritto senza data comprendente *Amici, non credete agli anni-luce...*; *Il big bang dovette produrre...*; *Mi pare impossibile...* (forse del 1979).

– un dattiloscritto contenente *Ho tanta fede in te...* (senza data [forse del 1979]) e *Vinca il peggiore* (senza data; un altro dattiloscritto, non datato, ne reca la prima stesura).

– un dattiloscritto di *L'avvenire è già passato da un pezzo...*, senza data (forse del 1979)

– un dattiloscritto di *Il grande scoppio iniziale...*, senza data (1979?).

– un dattiloscritto di *È probabile che io possa dire io...*, senza data (1979?).

– un dattiloscritto contenente *Colui che allestì alla meno peggio...*, senza data (1980?), e *Se l'universo nacque...*, senza data (1980?).

– un dattiloscritto di *Si può essere a destra...*, senza data (1980?).

– un dattiloscritto di *All'alba*, senza data (1980?) e, con titolo primitivo *All'alba*, corretto in *Ipotesi* e poi ristabilito.

– un dattiloscritto di *Monologo*, senza data (1980?) e con titolo primitivo *Dormiveglia*.

– un dattiloscritto di *Non più notizie...*, senza data (1979?).

– un dattiloscritto contenente *Tergi gli occhiali appannati...*, senza data (1979?), e *Il mio cronometro svizzero aveva il vizio...*, senza data (1979?; in un altro dattiloscritto una prima stesura, non datata).

– un dattiloscritto di *Luni e altro*, senza data. Due redazioni alternative, non datate, in altri due dattiloscritti.

7.2   *Edizioni anteriori alle stampe*

– *All'amico Pea*, in «Il Ponte», a. XXXIV, n. 7-8, Firenze, 31 luglio-31 agosto 1978, p. 779, con la data «4/II/78».

7.3   *Le stampe*

PRIMA EDIZIONE: in *L'Opera in versi*, Edizione critica a cura di Rosanna Bettarini e Gianfranco Contini, TORINO, EINAUDI, 1980

I curatori (pp. 834-835) così riferiscono sulla genesi della raccolta:

Una sezione del Libro in senso stretto, quella che lo chiude se si prescinde dall'appendice di traduzioni, è una novità clamante, perché raccoglie le decine di poesie interamente inedite (tolta la sola in memoria di Enrico Pea) scritte dopo il *Quaderno di quattro anni*. Facendo un'eccezione ben significativa all'uso dominante di tutta una vita, che era stato quello di spargere i suoi versi in direzione dei più varî, anche eccentrici, giornali e periodici, quasi a saggiarne sùbito la resistenza, Montale si trova ad aver messo insieme una nuova raccolta di poesie non inferiore alle sue precedenti, e pure illibata per i lettori della presente opera. Non diremo che si tratti di una raccolta involontaria, ma in rapida dilatazione sì, per obbedienza a un felicemente sorprendente stimolo di fecondità. Le è rimasto il titolo inapparistente che ci è sembrato il più montaliano possibile (*Altri versi* è già l'intitolazione di una sezione minore di *Ossi di seppia*), ma la sua organizzazione, che riflette alcuni punti ben fissi dell'autore, era soggetta, dopo ciascun nuovo arrivo, a un aggiustamento in cui si rifletteva la nuova proporzione, continuamente ritoccata, di quel rapporto tra vincolo e libertà che si è segnalato più sopra. La sua divisione in due sezioni vuol rispecchiare la duplice organizzazione assunta dall'ultimissima poesia di Montale, per un verso stabilendo la prevedibile continuità col linguaggio e la tematica inaugurati da *Satura* nell'ostentata intenzione di «non-poesia» e comunque di non-lirica, ma per altro verso ripensando, sobriamente quanto elegiacamente, la propria vita senza più l'amarezza inconsolabile di chi registra il «male di vivere» o, più tardi, la salvezza improbabile di un'istantanea o lungamente attesa epifania, bensì con la saggezza a suo modo retrospettiva di chi è vissuto col ritmo lento di cui parlano i *Diari*. Sono testi affabili offerti a lettori che hanno consuetudine di familiarità con la storia e la mitologia riflesse nella precedente opera di Montale, e su di essi si eserciterà lungamente quella critica che a noi qui la divisione del lavoro inibisce di praticare, se non per questi accenni generalissimi vòlti a informare dell'idea con cui abbiamo prestato la collaborazione a noi richiesta.

PRIMA EDIZIONE MONDADORI: MAGGIO 1981, a cura di Giorgio Zampa

– Thomas Stearns Eliot, *La figlia che piange*; *Canto di Simeone*, in «Circoli», a. III, n. 6, Genova, novembre-dicembre 1933, pp. 50-57. Alle traduzioni è premessa una *Nota* critico-biografica dell'autore:

A voler distinguere qualche fase nella poesia di Thomas Stearns Eliot e accettando per ragioni di comodo l'indicazione del Pound di un Laforgue «spartiacque» della poesia europea moderna, si potrebbe riconoscere un periodo iniziale, realistico, ironico e post-laforguiano, del quale il *Love Song of Alfred Prufrock*, il *Portrait of a Lady*, e altre liriche raccolte nel volume *Poems* (ed. Faber & Faber) possono rendere una compiuta idea. *The Waste Land*, che è apparso in «Circoli» tradotto da Mario Praz, potenzia e conclude tale periodo che è il più noto e svolto di Eliot, quello che maggiore influsso ha avuto sulla nuova poesia americana. La liquidazione di tale fase (che il Mirskij indicherebbe come «morte della poesia borghese») si compie col *Fragment of an Agon* (riprodotto anche nell'antologia *Profile* pubblicata dal nostro Scheiwiller) e con l'altro frammento di *Sweeney Agonistes* (Faber & Faber). *Ash Wednesday* (Faber & Faber) – e la successione s'intende ideale piuttosto che cronologica – segna con le sue risoluzioni stilnovistiche e dantesche un passaggio alla più recente maniera epica, obbiettiva, quale è documentata dalle liriche che Eliot è andato pubblicando nella serie degli *Ariel Poems*: *Journey of the Magi*, *A Song for Simeon*, *Marina*, *Animula*, *Triumphal March*. A tale passaggio non è naturalmente estraneo il «passaggio» dell'Eliot a una fede confessionale che crediamo quella anglicana. Significative [*sic*] a tale riguardo il *Journey of the Magi* e il *Song for Simeon* che già pubblicai tradotto in «Solaria» (Dicembre 1929) e che si ripubblica qui. L'altra lirica eliotiana che presentiamo: *La figlia che piange*, è meno notevole e appartiene alla serie dei primi *Poems*. Discusso e talvolta osteggiato da facili «superatori», T.S. Eliot segna una data nella nuova poesia americana, la quale è stata come ossessionata dai suoi ritornelli, dalle sue suggestive cadenze e dalla sua inquieta musicalità. I *big arifts* [?] dell'eloquenza gli sono rimasti estranei. Ciò riuscì nuovo, e per lui la moda è passata alla concentrazione, allo scorcio, non senza influssi della lirica francese che va da Rimbaud-Laforgue ad Apollinaire. Debitore al Pound di qualche soluzione ritmica e forse del suo primo orientamento d'artista, Eliot è riuscito poi personale, e forse più profondo, in un'espressione che costituisce, per usare una sua formula nota, il «correlativo obbiettivo» del suo mondo interiore. Il cosiddetto «classicismo» di Eliot è tutto qui; e nulla contiene di archeologico e di vuoto [...].

Segue il testo semidiplomatico della traduzione delle prime due strofe della prima parte di *Ash-Wednesday* (secondo il facsimile pubblicato nel *Finisterre* di Barbèra) e la traduzione dell'inizio della seconda parte che Montale ha inserito nel discorso del 1965 *Dante ieri e oggi* (ora in *Sulla poesia*, a cura di Giorgio Zampa, Milano, Mondadori, 1976, p. 33).

– Leonie Adams, *Ninna nanna*, in «Circoli», a. III, n. 6, Genova, novembre-dicembre 1933, pp. 102-103. In calce, l'indicazione: «Adattamento di Eugenio Montale».

– Herman Melville, *Billy in catene*, in *La storia di Billy Budd*, Milano, Bompiani, 1942.

– Thomas Stearns Eliot, *Canto di Simeone*, in *Lirici nuovi*, Antologia a cura di Luciano Anceschi, Milano, Hoepli, 1943.

– O.V. De L. Milosz, *Berlina ferma nella notte*, in «La Ruota», Serie III, a. IV, n. 4, Roma, aprile 1943, pp. 105-106. In calce, la seguente *Nota*:

O.V. De L. Milosz, poeta e diplomatico lituano, morì a Parigi pochi anni fa. Le sue poesie, scritte in francese, furono pubblicate in un sol volume dall'editore Fourcade nel 1929, sotto il titolo di *Poèmes* (1895-1927). Nella storia del post-simbolismo europeo Milosz ha un nome e una figura da cui non si può prescindere. Nel 1906 Apollinaire, che gli dovette qualcosa, segnalò l'importanza dell'opera sua in una conferenza pubblica. La poesia che pubblichiamo fu scritta sicuramente prima del 1906; essa è perciò uno dei fili della matassa da cui si sdipanò, con ragioni proprie, il cosiddetto crepuscolarismo italiano. Il Milosz fu pure autore di due misteri, *Miguel Manara* e *Mephiboseth*, e di due opere metafisiche, *Ars Magna* e *Les Arcanes*.

– William Shakespeare, *Sonetti XXV* [= *XXII*], *XXXIII*, in «Città», Roma, 7 dicembre 1944.

– Emily Dickinson, *Tempesta*, in «Il Mondo»,[2] a. I, n. 1, Firenze, 7 aprile 1945, p. 9.

– William Shakespeare, *Motivo* [= *Sonetto XXII*], in «Uomo»,[3] Milano, giugno 1945, p. 37.

– William Shakespeare, *Sonetto XXII* e *Sonetto XXXIII*; Emily Dickinson, *Tempesta*; Herman Melville, *Billy in catene*; Thomas Stearns Eliot, *La figlia che piange* e *Canto di Simeone*; Jorge Guillén, *I giardini*, *Albero autunnale*, *Ramo d'autunno*, *Avvenimento*, *Presagio*, *Il cigno*; O.V. De Lubicz Milosz, *Berlina ferma nella notte*, in *Poeti antichi e moderni tradotti dai lirici nuovi*, a cura di Luciano Anceschi e Domenico Porzio, Milano, Il Balcone, 1945.

– James Joyce, *Guardando i canottieri, a San Sabba* [= *Guardando i canottieri di San Sabba*], *Per un fiore dato alla mia bambina*, in «Il Mondo», n. 19, Firenze, 5 gennaio 1946, p. 7. Datate «Trieste, 1912» e «Trieste, 1913».

– Dylan Thomas, *Quinta poesia*, in «Il Mondo», n. 23, Firenze, 2 marzo 1946, p. 6.

– Costantino Kavafis, *I barbari*, in «Il Ponte», a. II, n. 3, Firenze, marzo 1946, p. 288.

– Joan Maragall, *Il «Cant espiritual»*, in «Il Mondo europeo»,[4] a. III, n. 39, Roma, 15 marzo 1947, p. 15. Segue una *Nota*:

Non è difficile trasportare in endecasillabi italiani gli endecasillabi catalani della più nota lirica del Maragall: il *Cant espiritual*. Basta, o così sembra, una diligente versione letterale. Sopprimendo poi, come

---

[2] Quindicinale di lettere, scienze, arti, musica (Firenze, 1945-46), fondato da Montale con Alessandro Bonsanti, Arturo Loria, Luigi Scaravelli.

[3] Quaderni di letteratura (Milano, 1943-45) diretti da Domenico Porzio e Marco Valsecchi.

[4] Rivista mensile di civiltà europea (Roma, 1945-49) diretta da Antonio Milo di Villagrazia.

ho fatto io, un verso e mezzo che risultano pleonastici e qualche inutile esclamativo, la poesia ci pare persino guadagnare qualcosa. A lavoro finito si vede invece che di essa è andato perduto il più e il meglio, quel suono scoppiettante di pigna verde buttata nel fuoco ch'è proprio di tutta la poesia catalana. Ma vano sarebbe cercare di ottenere tali effetti con complicate allitterazioni e sfoggi di tronche inusitate. Si darebbe, con ciò, un'idea lambiccata e barocca di un poeta estremamente semplice. Joan Maragall nacque a Barcellona il 10 ottobre 1860; avvocato, pubblicista, traduttore di Goethe in castigliano, ottenne un premio nei 'Juegos Florales' del '94 e fu proclamato 'Mestre en Gay Saber' nel 1904. Sei anni dopo l'Accademia Spagnola gli concesse il premio Fasteurath per il suo libro *Eullà*. Morì a Barcellona il 20 dicembre 1911. È considerato il maggiore dei lirici catalani moderni (e. m.).

– William Shakespeare, *Motivi* [= *Sonetti XXII, XLVIII*], in «L'Immagine», a. I, n. 2, Roma, giugno 1947, pp. 109-115.

– Thomas Stearns Eliot, *Animula*, in «L'Immagine», a. I, n. 5, Roma, novembre-dicembre 1947, pp. 296-298. È in calce all'articolo *Eliot e noi*.

– Gerard Manley Hopkins, *Bellezza cangiante* [= *La bellezza cangiante*] (1877), in «La Fiera Letteraria», a. III, n. 28-29, Roma, 10 ottobre 1948, p. 1.

– Ezra Pound, *Hugh Selwyn Mauberley*, Part I, «V», in «Stagione»,[5] a. II, n. 7, Roma, luglio-dicembre 1955. Ristampata in *Iconografia italiana di Ezra Pound*, a cura di Vanni Scheiwiller, con una piccola Antologia poundiana, Milano, Scheiwiller, 1955, p. 22.

– Djuna Barnes, *Trasfigurazioni*, in «Corriere della Sera», Milano, 17 febbraio 1974. In calce all'elzeviro *Variazioni*.

---

[5] Rivista trimestrale di lettere a arti (Roma, 1954-61) diretta da Romano Romani. Redattori: Mario Costanzo e Luciano Erba.

– William Butler Yeats, *Quando tu sarai vecchia* e *Dopo un lungo silenzio* (senza titolo), in «Corriere della Sera», Milano, 27 marzo 1974. In calce all'elzeviro *Variazioni*.

– Thomas Stearns Eliot, *La figlia che piange, Canto di Simeone, Animula* in *T.S. Eliot tradotto da Eugenio Montale*, Milano, Scheiwiller, 1958 e 1963[2].

– Jorge Guillén, *Avvenimento; Presagio; I giardini; Albero autunnale; Ramo d'autunno; Il cigno*, in *Jorge Guillén tradotto da Eugenio Montale*, Milano, Scheiwiller, 1958.

– Jorge Guillén, *Ramo d'autunno* e *Avvenimento*, in *Poesia straniera del Novecento*, a cura di Attilio Bertolucci, Milano, Garzanti, 1958 e 1960, pp. 557-559.

8.3 *Le stampe*

PRIMA EDIZIONE: MILANO, EDIZIONI DELLA MERIDIANA, 1948
1500 esemplari stampati su carta normale, numerati da 1 a 1500 + 21 esemplari stampati su carta uso mano, distinti con lettere dell'alfabeto. A p. [4] disegno di Mino Maccari. A p. 7 [9] la seguente *Nota* dell'autore:

Dal banchetto – non certo luculliano – delle mie maggiori traduzioni (che furono tra il 1938 e il 1943 i soli *pot boilers* a me concessi) erano cadute sotto il tavolo alcune briciole che finora non avevo pensato a raccogliere. Mi ha aiutato a ritrovarle la fraterna sollecitudine dell'amico Vittorio Sereni, al quale dedico il mio «Quaderno». Alcune di queste prove – le liriche di Guillén e due delle poesie di Eliot – risalgono al 1928-29. Anteriori al '38 sono anche i rifacimenti dei tre sonetti shakespeariani. I brani di *Midsummer* sono del '33; alcuni di essi dovevano adattarsi a musiche preesistenti, e qui sarebbe inutile attendersi una fedeltà letterale al testo. Di tutte le versioni s'è voluto, in ogni modo, pubblicare l'originale a fronte per ragioni di uniformità. E. M.

SECONDA EDIZIONE: MILANO, MONDADORI, 1975, SETTEMBRE
La *Nota* della prima edizione è sostituita dalla seguente:

In questa ristampa di un libro da anni irreperibile mi sono permesso di includermi tra i poeti per far conoscere la bella versione latina della mia *La bufera*, opera del poeta Fernando Bandini. La poesia *I barbari* di Kavafis è stata da me tradotta dall'inglese. Ne offro il testo neogreco per i pochi che possano controllare che cosa resta dell'originale nella traduzione di una traduzione. Io non saprei compiere questa verifica. E. M.

Rispetto alla prima edizione, sono aggiunte:

– William Butler Yeats, *Quando tu sarai vecchia, Dopo un lungo silenzio, Verso Bisanzio*
– Djuna Barnes, *Trasfigurazioni* (adattamento)
– Costantino Kavafis, *I barbari*
– Fernando Bandini, *Nimbus* (traduzione latina di *La bufera*)

TERZA EDIZIONE: MILANO, MONDADORI, 1975, DICEMBRE
(Edizione definitiva)

9.
POESIE DISPERSE

I.

– *Or che, méssi dell'algido brumaio...*
Con il titolo di *Primi versi* Laura Barile pubblica, in Appendice a *Quaderno genovese* (Milano, Mondadori, 1983, pp. 83-90), tre «relitti» della fase crepuscolare del poeta, avvertendo che la seconda e la terza poesia furono rifiutate dall'autore. La prima, datata «Genova X nov. XV» e dedicata a Giacomino Costa, amico e compositore, è conservata manoscritta dagli eredi del destinatario.

– *Non chieggo si ponga su questa...*
Il frammento è riportato in una lettera del 15 marzo 1917 di Marianna Montale, sorella del poeta, all'amica Ida Zambaldi:

Ho rammendato calze stamane, e cucendo pensavo a Eugenio. Quell'orgoglio sdegnoso che finora è stato la sua salvaguardia mi preoccupa. Si fissa in un individualismo ribelle – e ribelle ad ogni sforzo, ad ogni fatica, come a una compressione e a una diminuzione di sé. Troppo. [...]
   Ha fatto delle poesie, a cui manca qualcosa, ma così espressive! Specialmente due: *Confiteor* e *Cammina!* Con una tal nota tragica e malinconica, sotto un sorriso rassegnato.
[*Segue il testo dei frammenti*]
Ma non li ricordo.

– *Ritmo*

La poesia, evidentemente da identificare con il *Cammina!* della lettera di Marianna Montale a Ida Zambaldi del 15 marzo 1917, è riportata in una lettera del 19 giugno 1917, diretta sempre alla Zambaldi:

Eugenio... che sarà mai di lui in questa vita? *Mai* potrà arrivare a un porto qualsiasi. Ma qualche cosa deve diventare; c'è un tale ardore di vita e una così vivida intelligenza in quel fragile corpo di fanciullo.

I suoi versi non sono ancora *arrivati*, si sente, ma c'è *qualche cosa*. Senti questo *Ritmo*:

[...]

Bada che l'ha scritta d'impeto, senza mai fermarsi, con *quattro* cancellature in tutto.

Un'altra ne ha così originale! Parla degli *sguardi*: dice che a lui basta uno sguardo per penetrare nel fondo di un'anima, per averne l'impressione definitiva, perfetta, l'intuizione che non sbaglia. Parla di occhi ch'egli ha visto e che gli hanno rivelato tutto. E finisce col rammarico di non potersi sdoppiare, staccar da se stesso per vedere una volta il *suo* sguardo e saper che cosa pensare di sé.

E un'altra sul battesimo di un bimbo è così graziosa anche di forma.

Poi tante tante dove c'è del buono e del meno buono; subisce l'influenza dei francesi, molto, Rimbaud, Baudelaire e altri. Già, ci ha una passione tale per questi!

Di *Ritmo* nell'Archivio Contemporaneo «Alessandro Bonsanti» di Firenze esiste una copia dattiloscritta su velina con minime varianti rispetto alla redazione di *Quaderno genovese*. Sul lato destro del dattiloscritto, di mano probabilmente della Zambaldi, sotto «19 giugno 1917»: «data della lettera della sorella». Nel senso della lunghezza del foglio, la stessa mano trascrive la quartina *Non chieggo si ponga su questa...*

– *Elegia*

Edita in AA. VV., *Omaggio a Montale*, a cura di Silvio Ramat, Milano, Mondadori, 1966, pp. 13-14, con la data «26 gennaio 1918»: il testo è condotto su una copia dattiloscritta, non d'autore, conservata da Ida Zambaldi. Un'altra copia non d'autore nell'Archivio Contemporaneo «Alessandro Bonsanti» di Firenze.

– *Montale in guerra*
Manoscritto conservato dagli eredi di Sergio Solmi. Pubblicata da Sergio Solmi su «La Fiera Letteraria», a. VIII, n. 28, Roma, 12 luglio 1953, p. 3 (*Parma 1917*), ripresa da Giulio Nascimbeni in *Eugenio Montale*, Milano, Longanesi, 1969, p. 58. Ripubblicata da Lanfranco Caretti, con varianti desunte da autografo appartenente a Sergio Solmi, in *Ancora per l'Ur-Montale* («Paragone», a. XXX, n. 346, Firenze, dicembre 1978, pp. 27-29). Pubblicata ancora da Nascimbeni, senza tenere conto della stampa Caretti, sulla «Nuova Antologia» (fasc. 2137, Roma, gennaio-marzo 1981, p. 169: *Due «lapilli»*).

– *Musica silenziosa*
Nel Fondo PV, un manoscritto datato «M.[onte] Loner, ott. 918». Edita in «Strumenti critici», a. VII, n. 21-22, Torino, ottobre 1973, pp. 217-219, con una *Nota* di Maria Antonietta Grignani e insieme con *Prima della primavera* [= *Dolci anni che di lunghe rifrazioni...*].

– *A galla*
Nel Fondo PV un manoscritto datato «1919».
    Un'altra redazione, ma con la stessa data, pubblicata in *Satura*, 'Edizione per Nozze', Verona, Officina Bodoni, 1962, pp. 7-8.

– *Suonatina di pianoforte*
Manoscritto, con data «Giugno 1919», conservato dagli eredi di Sergio Solmi. Testo pubblicato in «Paragone», a. XXX, n. 336, Firenze, febbraio 1978, pp. 3-4, a cura di Lanfranco Caretti.

– *Accordi*
Serie composta da sette elementi [*Violini, Violoncelli, Contrabbasso, Flauti-fagotti, Oboe, Corno inglese* (poi in *Ossi di seppia*), *Ottoni*] apparsa con sottotitolo *Sensi e fantasmi di una adolescente* e con la didascalia, in calce, «Unissono fragoroso d'istrumenti. Comincia lo spettacolo della Vita», in «Primo Tempo», Prima Se-

rie, n. 2, Torino, 15 giugno 1922, pp. 37-41, preceduta da *Riviere* (poi in *Ossi di seppia*). Ristampata in «L'Espresso-Mese», a. I, n. 6, Roma, ottobre 1960, pp. 88-89, a cura di Giacinto Spagnoletti. E ancora: in *Accordi & Pastelli*, Milano, Scheiwiller, 1962, dove gli *Accordi*, seguiti da *Musica sognata*, sono alternati alla riproduzione di quattro disegni di Montale; chiude il libro la seguente *Nota dell'Editore*:

Ristampo integralmente 8 rare poesie di Eugenio Montale, abusando della cortese amicizia e pazienza dell'Autore. Le prime 7 furono pubblicate nel numero 2 di «Primo Tempo», rivista letteraria mensile, fondata nel maggio 1922 da Giacomo Debenedetti, Mario Gromo e Sergio Solmi e ristampate da Giacinto Spagnoletti ne «L'Espresso-Mese», I, 6, Roma, ottobre 1960. *Musica sognata* uscì nella prima edizione degli *Ossi di seppia* (Gobetti, Torino, 1925) e non fu mai più ristampata dall'Autore in volume. V. S.

– *Qui dove or è molti anni...*
Manoscritto conservato da Giorgio Zampa. Il taccuino di appartenenza comprendeva *Scendiamo la via che divalla*, oltre a una recensione all'*Atalanta in Calidone* di Swinburne tradotta da Giulia Celenza (Firenze, 1922) scritta per «Primo Tempo», come risulta da una lettera inedita a Solmi del 12 dicembre 1922. La lirica è da supporre composta tra la fine del '22 e la prima metà del '23.

– *Lettera levantina*
Manoscritto, conservato da Francesco Messina, con la data «Febb. Giugno 23» e la dedica «a F. Messina, in copia unica, questo papiro di amicizia... E. Montale - 26-7-23».

– *Scendiamo la via che divalla...*
Manoscritto con data «-VII-23», conservato da Francesco Messina; manoscritto conservato da Giorgio Zampa (cfr. *Qui dove or è molti anni...*).

– *Sotto quest'umido arco dormì talora Ceccardo...*
Prima redazione manoscritta su mezzo foglio che nell'altra metà contiene *Ecloga* [= *Egloga*] (quest'ultima datata «19 settembre

1923»). Seconda redazione (qui riprodotta) su pagina che reca la probabile prima redazione di *Gloria del disteso mezzogiorno...* (con la data «19 novembre 1923»). Il manoscritto è conservato da Giorgio Zampa. Testo edito in «Il Giornale nuovo», Milano, 7 dicembre 1980, senza stacco delle quartine.

– *Gabbiani*
Manoscritto, con data «Ottobre '23», conservato da Francesco Messina.

– *Nel vuoto*
Edita in *Satura*, 'Edizione per Nozze', Verona, Officina Bodoni, 1962, con la data «1924» (e ristampata in «L'Europa Letteraria», a. V, n. 26, Roma, febbraio 1964, p. 15). Di qui un dattiloscritto, conservato da Gianfranco Contini, con la data «1926» (erronea); lo stesso foglio reca l'epigramma *Perseguitati...* (in *Poesie disperse* II), datato «1978». Contini conserva anche un rifacimento in un dattiloscritto con la data «1924» della prima redazione.

– *Buona Linuccia che ascendi...*
Manoscritto riprodotto in facsimile in *Finisterre*, Firenze, Barbèra, 1945, in cui una nota editoriale posta nel verso del frontespizio avverte: «Dei due autografi il primo è un frammento di una poesia del 1926 dedicata a Linuccia Saba, il secondo l'inizio di una traduzione da T.S. Eliot (1928 circa). Si tratta di due composizioni rimaste incomplete ed inedite». Alcuni versi sono citati da Giovanni Macchia nella *Nota* che accompagna il facsimile di *Il sole d'agosto trapela appena...*, in «L'Immagine», a. I, n. 2, Roma, giugno 1947, p. 112. Trascrizione in «Il Ponte», a. XXXIII, n. 4-5, Firenze, 30 aprile-31 maggio 1977, pp. 488-489, a cura di Lanfranco Caretti.

– *Dolci anni che di lunghe rifrazioni...*
Prima redazione manoscritta, senza data e con titolo *Destino di Arletta*, conservata da Luciano Rebay.
    Stesura senza titolo e sormontata da un asterisco acclusa ad una lettera indirizzata a Sergio Solmi e datata «Monterosso 28.IX.26».

Trascrizione in pulito, con titolo *Destino di Arletta* e data «1926», a tergo di una lettera ad Angelo Barile datata «Monterosso 9.IX.26» (lettera e poesia riprodotte in facsimile in «Letteratura», a. XXX, n. 79-81, Firenze, gennaio-giugno 1966, pp. 230-231; poi in AA. VV., *Omaggio a Montale*, a cura di Silvio Ramat, Milano, Mondadori, 1966, tav. 10).

Nel Fondo PV, un dattiloscritto con titolo *Prima della primavera* e data a penna «1922?» (con il punto interrogativo cancellato). Testo edito da Maria Antonietta Grignani in «Strumenti critici», a. VII, n. 21-22, Torino, ottobre 1973, pp. 217-219; pubblicato poi in «Corriere della Sera», 6 ottobre 1977, con la data «1926».

Dattiloscritto in pulito, con titolo *Una poesia del 1924* (cancellato a penna) e data «1924», conservato da Gianfranco Contini.

– *Il sole d'agosto trapela appena...*
Facsimile d'autografo in «L'Immagine», a. I, n. 2, Roma, giugno 1947, p. 113, preceduto dalla seguente nota editoriale:

Nella pagina seguente diamo la riproduzione di una poesia di Montale stralciata da un suo «vecchio taccuino» del 1926. Di questo taccuino faceva parte *Dora Markus*, che fu pubblicata, a insaputa del poeta, nel '37; anche in quell'occasione il manoscritto fu fotografato. Dallo stesso taccuino Montale ritrascrisse, con lievi ritocchi, *Due nel crepuscolo*, e la pubblicò nel '43. Del presente manoscritto fuor di pagina sono rimasti l'indicazione: «Pontetto, 3-4 agosto 1926» e alcuni richiami. Un altro frammento conosciuto soltanto in facsimile è quello per Linuccia Saba, riprodotto nell'edizione fiorentina di *Finisterre*, che ci ha rivelato, in calligrafia di ragno, questi versi: Rammento... Nulla più rammento. E getto / in aria per me il soldo, testa o croce, / luce o buio, fortuna o smarrimento.

Poi nell'*Opera in versi*, p. 782 e in *Altri versi e poesie disperse*, p. 132. Trascrizione diplomatica del testo curata da Rosanna Bettarini in *Appunti sul «Taccuino» del 1926 di Eugenio Montale*, in «Studi di Filologia Italiana», XXXVI, Firenze, 1978, pp. 478-479, 486. Noi riproduciamo la poesia in questa trascrizione; in calce al testo una strofa circuita reca:

a stento
Il sole d'Agosto si svela > appena <
tra i > dai vagabondi < cirri, > Arletta <....
Poi s>e<'alta
la sua vampa ti guardo e di te sola
che non > ... < resta che un'eco di parola
e il sapore ch'io sento tuo: di cenere
la

– *Par toi nos destinées d'antan sont refondues...*
Dattiloscritto su carta intestata: «IL MONDO Lettere Scienze Arti Musica. Firenze. Palazzo Strozzi». Nota finale chiusa da parentesi: «sostituire eventualmente al *toi* il *vous*» e giunta manoscritta: «= annullata Eusebio». La data manoscritta 1928 è seguita da tre interrogativi. Conservato da Giorgio Zampa.

II.

– *(notizie & consigli)*
Dattiloscritto datato 5/3/1938 inviato nel marzo o nell'aprile dello stesso anno a Roberto Bazlen. Dall'erede di Bazlen passato a Luciano Foà.

– *Addio addio crudele...*
La poesia chiude una lettera (conservata presso la Fondazione Paolo e Lucia Rodocanachi di Genova) inviata da Montale a Lucia Rodocanachi in data 18 marzo 1943. Edita da Giuseppe Marcenaro in «il Giornale», Milano, 15 aprile 1984.

– *Canción del Marqués*
Manoscritto non datato conservato da Giorgio Zampa. In calce, una nota relativa al v. 17: «Enrique de Mesa fotteva appoggiandosi alla ringhiera del 6° piano e i visitatori dicevano (ascoltando il fremito della medesima): è molto occupato, e tornavano indietro».
    La poesia è presente anche, in redazione parzialmente diversa, in una lettera inviata da Montale a Gianfranco Contini in data

21 aprile 1943 e pubblicata da Contini in «Corriere della Sera», Milano, 12 settembre 1982 (poi in «Lettere di Eugenio Montale», in *La poesia di Eugenio Montale. Atti del Convegno Internazionale, Milano, 12-13-14 settembre, Genova, 15-18 settembre 1982*, Librex 1983, p. 31).

– *Tornerei a Certaldo...*
Edita in «Corriere della Sera», Milano, 5 settembre 1982 con firma e data «1958».

– *Da una Pesa*
Manoscritto conservato da Giorgio Zampa. Alla fine: «1960 Eusebio a Giorgio». Pubblicata con varianti da Giulio Nascimbeni sulla «Nuova Antologia», fasc. 2137, Roma, gennaio-marzo 1981, p. 170 (*Due «lapilli»*).

III.

– *Il lieve tintinnìo del collarino...*
Prosa edita, nel gruppo *Visite* (comprendente anche *Visita a Fadin* e *Dov'era il tennis...*), in «Lettere d'Oggi», a. V, n. 3-4, Milano, marzo-aprile 1943, pp. 3-10, col titolo *Maria Vulpius*. Riedita in «Corriere della Sera», Milano, 18 maggio 1969 (nell'elzeviro *Variazioni*) e in *Trentadue variazioni*, Milano, Giorgio Lucini, 1973. Da alcuni Indici di *Satura* conservati nel Fondo PV, risulta che Montale pensò di inserirla nella raccolta, con il titolo di *Il falso cardinale* (cfr. Maria Antonietta Grignani, *La «Satura» montaliana: da miscellanea a libro*, in «Otto/Novecento», a. IV, n. 2, marzo-aprile 1980, pp. 106 e 112-115). Il testo qui riprodotto è quello (definitivo) edito nel «Corriere della Sera», dove è seguito da una *Postilla*, che riportiamo:

La prosa che precede doveva figurare nel mio libro *La bufera e altro* che apparve nel 1956. Ma fu scritta nel '43 e ora non so perché io l'abbia esclusa da una raccolta dove pure compaiono due altri *petits poèmes en prose*. L'argomento, nettamente reale, avrebbe potuto fornir materia a un più lungo ed elaborato elzeviro, o meglio ancora a un breve racconto, di quelli che sempre più raramente si leggono sulle pagine dei quotidiani. Ma una simile destinazione era da escludersi perché fino a quel tempo io non ero autore di nulla che potesse dirsi narrativo e non avevo alcuna intenzione di iscrivermi sotto quell'etichetta. Sarebbe mancato, inoltre, il destinatario, il giornale. Avevo già sulla coscienza un buon numero di prose, ma tutte di critica letteraria e sparse in quotidiani di second'ordine o in riviste. A un grande quotidiano approdai solo dopo la liberazione di Milano e in quella nuova sede mi si fece intendere che lo spazio era ristretto e che la critica letteraria doveva entrare, almeno provvisoriamente, in quarantena. Sparì allora del tutto l'illusione che io potessi diventare un emulo di Aloysius Bertrand, un cesellatore di brevi gioielli in prosa «d'arte». D'altra parte mi mancava la fantasia del narratore nato e non potevo contare che su ricordi personali, su esperienze vissute. Non disponevo certo del pozzo di San Patrizio avendo sempre condotto una vita appartata, dopo il '40 semiclandestina. In compenso quelle poche memorie erano andate lievitando e di giorno in giorno mi sembravano sempre più irreali. Si rifiutavano di organizzarsi secondo un ordine e una prospettiva. Dovevo lasciarle sorgere a piacer loro e così fu.

Nacquero così i racconti non-racconti, le poesie non-poesia che anni dopo raccolsi sotto il titolo *Farfalla di Dinard*. Mi accorsi dopo che quel libro scritto a Milano affondava parte delle sue radici in una città, Firenze, che io avevo guardato con gli occhi di uno straniero innamorato dell'Italia. Che poi il tentativo, del tutto involontario, avesse incontrato due handicap prevedibili era ben chiaro. Gli occhi dello straniero mi erano inibiti dal fatto che io a Firenze dovevo lavorare e non contemplare; e lavorare in condizioni che mi rendevano italiano al cento per cento. Inoltre, la Firenze che mi interessava era in via di dissoluzione. Le inique sanzioni erano riuscite a svuotarla di gran parte delle sue reliquie viventi: degli uomini che avevano vissuto in quella città ore irripetibili. In sostanza io dovevo cibarmi di ricordi alimentati da precedenti ricordi di altri, di sconosciuti. Però entro questi limiti assai gravi io sono riuscito a dare, sia pure in poche pagine, non un capitolo ma due righe di un ipotetico libro che un giorno qualcuno dovrà decidersi a scrivere e porterà press'a poco questo titolo: Stranieri a Firenze. Non è che tentativi del genere siano del tutto mancati; ma nessuno ch'io sappia è stato all'altezza dell'argomento. Il meglio l'ha fatto Emilio Cecchi, che però era emigrato a Roma sui trent'anni e non aveva il vantaggio di essere uno straniero.

– *Ventaglio per S. F.*
Edita in *Satura*, 'Edizione per Nozze', Verona, Officina Bodoni, 1962, con la data «1962» (e ristampata in «L'Europa Letteraria», a. V, n. 26, Roma, febbraio 1964, p. 15): una fotocopia di questa pubblicazione nel Fondo PV, con titolo corretto in *Ventaglio per Sandra F.* [= Alessandra Fagiuoli].

– *Sapeva ridere come nessun altro...*
Manoscritto datato «15 ott. 67», in calce a *Dopo lunghe ricerche* (in *Satura*); nell'Indice manoscritto del libretto giapponese contenente *Xenia* è previsto come il nono elemento di *Xenia* II.

– *La madre di Bobi*
Manoscritto con data «17/3/68» conservato da Vanni Scheiwiller; lo stesso foglio reca una redazione dattiloscritta con la stessa data. I due testi sono riprodotti in facsimile in «Gazzetta di Mantova», 21 giugno 1968, p. 3.
 Un altro facsimile è in *Storia della Letteratura Italiana*, a cura di Emilio Cecchi e Natalino Sapegno, vol. IX, *Il Novecento*, Milano, Garzanti, 1969, p. 389. Testo a stampa in Carpinteri & Faraguna, *Serbidiòla*, Milano, Scheiwiller, 1968, p. 9, con la stessa data; il testo, eseguito sul dattiloscritto conservato da Vanni Scheiwiller, è poi riprodotto in *Le città di Tinè*, 6 litografie a colori di Lino Tinè e poesie inedite di Aldo Palazzeschi, Eugenio Montale, Raffaele Carrieri, Vittorio Sereni, Luciano Erba, Giovanni Raboni, Milano, Scheiwiller, 1972.
 Un dattiloscritto, con la medesima data, conservato nel Fondo PV.

– *Refrain del Professore-Onorevole*
Edita in «Corriere della Sera», Milano, 10 agosto 1968; poi in *Trentadue variazioni*, Milano, Giorgio Lucini, 1973.

– *La belle dame sans merci II*
Nel Fondo PV sono conservati: due manoscritti datati rispettivamente «26/X/68» e «10 nov. 68»; due dattiloscritti, uno con varianti e l'altro pulito, datati «26/X/68»; due fotocopie (una

con varianti manoscritte) di un dattiloscritto datato «26/X 10/ XI/68». Edita in «Corriere della Sera», Milano, 11 febbraio 1973.

– *Postilla*
Nel Fondo PV, un dattiloscritto non datato, ma presumibilmente precedente *Altra postilla*.

– *Altra postilla*
Nel Fondo PV, un manoscritto non datato e la fotocopia di un dattiloscritto con data «28/X/68».

– *Il 3*
Nel Fondo PV, un manoscritto datato «3/XI/68» e la fotocopia di un dattiloscritto non datato.

– *Precauzioni*
Nel Fondo PV, fotocopia di un dattiloscritto non datato. Edita in «Corriere della Sera», Milano, 15 novembre 1968, in calce all'elzeviro *Variazioni*.

– *Piccolo diario*
Nel Fondo PV, due dattiloscritti, uno datato «2/XII/69 [*ma* 68]», l'altro «3/XII/68».

– *I nuovi credenti (?)*
Nel Fondo PV, fotocopia di un dattiloscritto e un dattiloscritto non datati. La composizione risale probabilmente alla fine del '68 o inizio '69 (cfr. Maria Antonietta Grignani, *La «Satura» montaliana: da miscellanea a libro*, in «Otto/Novecento», a. IV, n. 2, marzo-aprile 1980, pp. 102-104).

– *Il semiologo è il mago...*
Nel Fondo PV, un manoscritto datato «1/I/69».

– *Verso Lodi*
Nel Fondo PV, un dattiloscritto datato «26/2/69».

– *La commedia*
Nel Fondo PV, un manoscritto (anepigrafo) e un dattiloscritto datati «26/2/69». Edita in «Corriere della Sera», Milano, 9 marzo 1969, in calce all'elzeviro *Variazioni*.

– *L'antipapa*
Nel Fondo PV, due manoscritti datati «28/2/69» e la fotocopia di un dattiloscritto datato «1969», dove il testo è cassato con un tratto trasversale e iscritto in un circolo a penna (facsimile di questo dattiloscritto in *Specimen* delle «Edizioni dell'Aldina», con illustrazioni di Sergio Vacchi, Roma, febbraio 1970).

– *Il professore*
Nel Fondo PV, un dattiloscritto anepigrafo e non datato, con la nota manoscritta «da non pubblicare», e un dattiloscritto datato «19/3/69».

– *Si sloggia*
Nel Fondo PV, un manoscritto con due redazioni: la prima è anepigrafa, datata «19/3/69» e cassata, mentre la seconda presenta correzioni successive e in calce la data «20/3/69»; inoltre, un dattiloscritto datato «1969».

– *Leggendo il giornale*
Nel Fondo PV, un dattiloscritto con titolo *Match nullo* e data «6/4/69» e un altro dattiloscritto con la stessa data e il titolo attuale aggiunto a penna. Edita in «Corriere della Sera», Milano, 23 settembre 1969, in calce all'elzeviro *Variazioni*; poi in «L'Espresso», a. XV, n. 46, Roma, 16 novembre 1969, p. 26.

– *La poesia consiste...*
Nel Fondo PV, un dattiloscritto datato «7/4/69».

– *Rabberciando alla meglio...*
Nel Fondo PV, un manoscritto datato «20/4/69».

– *La trascendenza è in calo, figuriamoci!...*
Nel Fondo PV, un manoscritto non datato, ma presumibilmente del marzo-aprile 1969.

– *Per me...*
Nel Fondo PV, un dattiloscritto datato «1/7/69».

– *Al video*
Nel Fondo PV, la fotocopia di un dattiloscritto datato «5/7/69».

– *Piròpo, per concludere*
Nel Fondo PV, un dattiloscritto datato «10.9.69». Nel fascicolo comprendente tutti i testi di *Satura* conservato da Marco Forti, a f. 109*r* la fotocopia di un dattiloscritto con la data «Sett. Ottobre 1969», cassata a penna: al centro del foglio, l'indicazione, cassata, «THE END» (evidentemente, della serie *Dopo una fuga* in *Satura*, di cui questo testo costituirebbe il nono elemento).

Nel Fondo PV, un'altra fotocopia dello stesso dattiloscritto, ma senza cassature.

Un dattiloscritto accluso, insieme con gli elementi I, II, III, V, IV, VII, ad una lettera del 1° ottobre 1969 indirizzata a Luciano Rebay.

Il componimento è soppresso dall'autore solo sulle prime bozze impaginate della prima edizione di *Satura*.

Cfr. *Per una nona strofa* (in *Diario del '71 e del '72*). La forma regolare del vocabolo spagnolo *piropo* non reca accento; al v. 3, *pull over* andrebbe corretto in *pullover*.

– *Obiezioni*
Nel Fondo PV, fotocopia di un dattiloscritto datato «18/ 9/69».

– *Surrogati*
Nel Fondo PV, due abbozzi manoscritti anepigrafi e non datati; due manoscritti con titolo *I surrogati* e senza data (ma il secondo è scritto sul verso di una lettera datata «21 nov. 1969»). Edita in «Corriere della Sera», Milano, 29 novembre 1969, in calce all'elzeviro *Variazioni*.

– *Un didietro a chitarra è l'appannaggio...*
Dattiloscritto datato «26 III 70», in calce a *Le rime sono più noiose delle...* (in *Satura*), conservato da Vanni Scheiwiller.

– *Figure*
Edita in «Corriere della Sera», Milano, 19 aprile 1970; poi in *Trentadue variazioni*, Milano, Giorgio Lucini, 1973.

– *Il vate*
Nel Fondo PV, un manoscritto con titolo *Il poeta* e data «22/2/72» e un dattiloscritto con la stessa data, in cui il testo è cassato a penna e accompagnato dalla nota manoscritta «da scartare».

– *L'immagine del diavolo può sembrare...*
Nel Fondo PV, un manoscritto non datato (probabilmente del 1972).

– *L'insonnia fu il mio male e anche il mio bene...*
Nel Fondo PV, due dattiloscritti non datati: nel primo il testo è cassato. Databile «1972».

– *Après le déluge*
Un dattiloscritto non datato, con testo cassato, conserva Marco Forti; un dattiloscritto con data «19 3 75» e testo cassato è nel dattiloscritto del *Quaderno di quattro anni* conservato da Dante Isella.[1]

– *Il dono*
Nel Fascicolo Isella, un dattiloscritto datato «16 4 75».

– *Vaniloquio*
Nel Fascicolo Isella, fotocopia di un dattiloscritto datato «12/6/75» (l'originale è nel Fondo PV).

---

[1] Citato nel presente volume come Fascicolo Isella.

– *Gloria delle vite inutili*
Nel Fascicolo Isella, un dattiloscritto datato «13/II/76»; un dattiloscritto con data «'76» conserva Rosanna Bettarini.

– *Una malattia*
Nel Fascicolo Isella, un dattiloscritto datato «21 [*su* 20]/ III/76».

– *Non ho molta fiducia d'incontrarti...*
Nel Fascicolo Isella, un dattiloscritto datato «26/4/76».

– *Se si potesse espungere molte sviste o refusi...*
Nel Fondo PV, un dattiloscritto con data «29 VIII 76» e testo cassato.

– *La vita in prosa*
Nel Fascicolo Isella, un dattiloscritto datato «20/X/76».

– *È assai pericoloso santificare un papa...*
Nel Fascicolo Isella, una redazione dattiloscritta datata «26/2/75» e cassata (poi a stampa in «il Resto del Carlino», Bologna, 17 aprile 1975, con la stessa data) e una successiva redazione dattiloscritta con la data «1976» (integrata a penna con «12-XI-1976»), seguita dalla nota a penna «direi di togliere questa poesia».

– *Per album*
Nel Fascicolo Isella, un dattiloscritto datato «11/XII/76».

– *L'evoluzione biologica...*
Nel Fascicolo Isella, un dattiloscritto datato «12 XII 76».

– *L'hapax*
Nel Fascicolo Isella, un dattiloscritto datato «15-XII-1976». Edita in «Corriere della Sera», Milano, 6 ottobre 1977, con la stessa data.

– *Per destare dal sonno i suoi scherani...*
Nel Fascicolo Isella, un dattiloscritto datato «2/I/77».

– *Non so se Dio si sia reso conto...*
Nel Fondo PV, un dattiloscritto con testo cassato e senza data, ma risalente probabilmente ai primi di gennaio 1977.

– *Non occorrono tempi lunghi*
Nel Fascicolo Isella, un dattiloscritto datato «15 3 77»; un dattiloscritto con data «'77» è conservato da Gianfranco Contini.

– *Perseguitati...*
Dattiloscritto con data «1978» conservato da Gianfranco Contini.

Traduzioni

– *Perch'io non spero...*
È la trascrizione semidiplomatica (molte le varianti alternative e le lezioni irrisolte) della traduzione delle prime due strofe della Parte I di *Ash-Wednesday* di Thomas Stearns Eliot, secondo il facsimile pubblicato in *Finisterre*, Firenze, Barbèra, 1945. Risale, secondo l'autore (cfr. la *Nota* di *Finisterre*) al 1928 circa: Lanfranco Caretti, che per primo ne ha pubblicato la trascrizione (in *Testi montaliani inediti*, «Il Ponte», a. XXXIII, n. 4-5, Firenze, 30 aprile-31 maggio 1977, pp. 488-489), rileva che la Parte I di *Ash-Wednesday* uscì in «Commerce», XV, Primavera 1928.

– *Signora, tre bianchi leopardi giacevano sotto un ginepro...*
È la traduzione dell'inizio della Parte II di *Ash-Wednesday* di Thomas Stearns Eliot, che Montale ha inserito nel discorso *Dante ieri e oggi* tenuto a Firenze al Congresso per il VII centenario della nascita di Dante Alighieri (ora in *Sulla poesia*, a cura di Giorgio Zampa, Milano, Mondadori, 1976, p. 33).

Come accade per altre raccolte montaliane *Le occasioni* hanno il loro germe in una *plaquette* che, per certi aspetti legata ancora a *Ossi di seppia*, di fatto prefigura la raccolta successiva:

LA CASA DEI DOGANIERI E ALTRI VERSI, Firenze, Vallecchi, 1932
La stampa (150 esemplari, dei quali 25 numerati con lettere dell'alfabeto, 25 con numeri romani, 100 con numeri arabi) è finanziata con parte del premio dell'Antico Fattore, assegnato nel 1931 a *La casa dei doganieri*. (Al secondo posto è *Vento a Tindari* di Quasimodo, cui andrà l'edizione successiva del premio, al terzo *Alla sera* di Adriano Grande.)
In una *Testimonianza* edita in *Firenze: dalle «Giubbe Rosse» all'«Antico Fattore»*, a cura di Marcello Vannucci (Firenze, Le Monnier, 1973, pp. 51-53), Montale afferma: «Debbo ad Andreotti se una mia poesia, *La Casa dei Doganieri*, poté fregiarsi del più gradito premio a me toccato». Alle poesie sono alternati disegni di Libero Andreotti, Felice Carena, Giovanni Colacicchi, Alberto Magnelli, Gianni Vagnetti (non di Guido Peyron, come dichiarato *in limine*).
Contiene: *La casa dei doganieri, Cave d'autunno, Vecchi versi, Stanze, Carnevale di Gerti*.

FINISTERRE, Lugano, Collana di Lugano, 1943
150 esemplari + 50 copie fuori commercio. Il colophon del volume reca: «Finito di stampare in Lugano nel giorno di San Gio-

vanni 1943, coi tipi della Società Anonima Successori a Natale Mazzuconi, per conto della "Collana di Lugano" a cura di Pino Bernasconi».

Contiene: *La bufera, Lungomare, Su una lettera non scritta, Nel sonno, Serenata indiana, Gli orecchini, La frangia dei capelli..., Finestra fiesolana, Il giglio rosso, Il ventaglio, Personae separatae, L'arca, Giorno e notte, Il tuo volo, A mia madre*.

SATURA, 'Edizione per Nozze', Verona, Officina Bodoni, 1962, 150 esemplari.

La pubblicazione di questa *plaquette* è così annunciata da Montale a Giorgio Zampa in una lettera datata «14 Ottobre sera [1962]»:

Caro Zampetto,
stasera parto per Parigi, hotel St. James, rue St. Honoré. Mi è mancato il tempo di spiegarti come e perché, dietro richiesta urgente di Cini io abbia messo insieme 5 brevi poesie che appariranno in esile plaquette presso il veronese Manderstein. Si tratta di un dono per le nozze di una Sandra Fagiuoli protegée di Cini e a me poco nota. Due delle poesie erano contenute nella busta (che ho messo da parte per te); vi ho apportato lievi ritocchi. Una terza poesia è Musica sognata che apparve nella prima ediz. degli Ossi e poi fu rifiutata; qui prende il titolo: Minstrels (da C. Debussy). Due altre poesie sono nuove: una s'intitola Botta e risposta, l'altra è un "ventaglio per S. F.", di sapore quasi scherzoso. Titolo generale della raccoltina: SATURA.

La tua assenza e la fretta di C. mi impedì di consultarmi con te: la mia prima idea era di chiederti qualche cosa in prosa, qualche ritaglio ancora utilizzabile. Ma ora non voglio che tu ne sia informato da altri. Si tratterà di un libretto di 10/12 pagine a tiratura microscopica, esemplari numerati e fuori commercio; e una delle poche copie sarà per te. Spero che ti farà piacere.

Nota dell'autore a chiusura del volume:

All'infuori di *Minstrels*, che fu pubblicata con altro titolo nella prima edizione degli *Ossi di seppia* e sparve nelle stampe successive, queste vecchie e nuove poesie erano finora inedite.

Contiene: *A galla, Minstrels, Nel vuoto, Botta e risposta* (I. «*Arsenio*» *(lei mi scrive), «io qui 'asolante'*...; II. *Uscito appena dall'adolescenza*...), *Ventaglio per S. F.*

XENIA, s. 1. [San Severino Marche, Tipografia Bellabarba], s. d. [1966]
Edizione fuori commercio di 50 copie non numerate.
Contiene: *Caro piccolo insetto*..., *Senza occhiali né antenne*..., *Al Saint James di Parigi dovrò chiedere*..., *Avevamo studiato per l'aldilà*..., *Non ho mai capito se io fossi*..., *Non hai pensato mai di lasciar traccia*..., *Pietà di sé, infinita pena e angoscia*..., *La tua parola così stenta e imprudente*..., *Ascoltare era il solo tuo modo di vedere*..., «*Pregava?*» «*Sì, pregava Sant'Antonio*...», *Ricordare il tuo pianto (il mio era doppio)*..., *La primavera sbuca col suo passo di talpa*..., *Tuo fratello morì giovane, tu eri*..., *Dicono che la mia*...

Bibliografia

Bibliografia

1. *Bibliografia delle opere di Eugenio Montale*

Barile, Laura, *Bibliografia montaliana*, Milano, Mondadori, 1977.

2. *Biografie*

Nascimbeni, Giulio, *Eugenio Montale*, Milano, Longanesi, 1969; 3ª ed. ampliata, *ibidem*, 1975.

3. *Antologie e edizioni commentate*

Con esclusione di quelle scolastiche si indicano qui di seguito le antologie di maggiore significato:

Lirici Nuovi, a cura di Luciano Anceschi, Milano, Hoepli, 1942; 2ª ed. con una nuova premessa e aggiornamenti bibliografici, Milano, Mursia, 1964, pp. 153-208.
Antologia della poesia italiana contemporanea, a cura di Giacinto Spagnoletti, Firenze, Vallecchi, 1946; 4ª ed. rinnovata, con titolo *Poesia italiana contemporanea. 1909-1959*, Parma, Guanda, 1959, pp. 339-381.
Lirici del Novecento, a cura di Luciano Anceschi e Sergio Antonielli, Firenze, Vallecchi, 1953; 2ª ed. ampliata, *ibidem*, 1961, pp. 371-412.
Letteratura dell'Italia unita. 1861-1968, a cura di Gianfranco Contini, Firenze, Sansoni, 1968, pp. 813-833.
Poesia del Novecento, a cura di Edoardo Sanguineti, Torino, Einaudi, 1969, pp. 892-944.

Poeti italiani del Novecento, a cura di Pier Vincenzo Mengaldo, Milano, Mondadori, 1978, pp. 517-566.

Eugenio Montale, *Mottetti*, a cura di Dante Isella, Milano, il Saggiatore, 1980 e 1982[2].

Poesia italiana contemporanea, a cura di Giovanni Raboni, Firenze, Sansoni, 1981, pp. 124-166.

4.   *Bibliografie della critica*

Pettinelli, Rosanna - Amedeo Quondam, Giovanni Maria, *Bibliografia montaliana (1925-1966)*, in «La Rassegna della Letteratura Italiana», a. 70°, n. 2-3, maggio-dicembre 1966, pp. 377-391.

Contini, Gianfranco, «Critica su Montale», in *Una lunga fedeltà. Scritti su Eugenio Montale*, Torino, Einaudi, 1974, pp. 112-115.

Forti, Marco, «Scritti critici su Montale», in *Per conoscere Montale*, a cura di Marco Forti, Milano, Mondadori, 1976 e 1983[3].

Scrivano, Riccardo, «Eugenio Montale», in *Da Fogazzaro a Moravia. I classici italiani nella storia della critica*, Firenze, La Nuova Italia, 1977, pp. 551-624.

5.   *Omaggi, Numeri unici, Opere collettive*

«Perspectives», n. 2 ('Poésie Italienne Contemporaine'), Dison, ottobre 1950. A cura di Robert J. Van Nuffel.

«La Fiera Letteraria», a. VIII, n. 28, Roma, 12 luglio 1953. A cura di Giorgio Soavi e Vittorio Sereni.

[Sergio Solmi, *Parma 1917*; Giansiro Ferrata, *A Firenze con Arsenio (e due passi con Eusebio)*; Mario Luzi, *Montale come l'ho visto*; Antonio Barolini, *Uno scompigliato tempo*; Gaetano Arcangeli, *Una dizione di poesia*; Elio Chinol, *Incontri con Montale*; Luigi Capelli, *Il segno della pietà*; Luciano Anceschi, *Discorso critico*; Giacinto Spagnoletti, *I nostri primi anni*; Gillo Dorfles, *Come dipinge*; Attilio Bertolucci, *Interprete di poeti*; Alessandro Parronchi, *Vecchia lettura di Montale*; Leone Piccioni, *Appunti per una rilettura degli «Ossi» e delle «Occasioni»*; Giuliano Gramigna, *Memoria e poesia*; Andrea Zanzotto, *L'inno nel fango*; Aldo Borlenghi, *Gli ossi di seppia*; Gianfranco Contini, *Fisiologia e biologia della disperazione*; Emilio Tadini, *Diffidenza non mancanza di fede*; Piero Bigongiari, *Il terzo libro*.]

«Quarterly Review of Literature», vol. XI, n. 4, s.d. [1962]. Editors:
T. Weiss e Renée Weiss. Guest Editor: Irma Brandeis.

«Letteratura», a. XXX, n. 79-81, Firenze, gennaio-giugno 1966. A cura
di Silvio Ramat.

[Alessandro Bonsanti, *Saluto a Montale*; Silvio Ramat,*; Rosario Assunto, *Per una teoria della poesia di Montale*; Mario Luzi, *La compiutezza dell'arte*; Donato Valli, *Montale, Saba e la poetica dell'oggetto*; Marco
Forti, *Montale prima de «Le Occasioni»*; Massimo Grillandi, *Montale e
Gozzano*; Mario Petrucciani, ... *In un'aria di vetro*; Adriano Seroni, *Alle
origini della poesia montaliana: «Fine dell'infanzia»*; Giacinto Spagnoletti, *Preistoria di Montale*; Giovanni Getto, *Antico omaggio a Montale*;
Andrea Zanzotto, *Sviluppo di una situazione montaliana*; Sergio Antonielli, *Clizia e altro*; Glauco Cambon, *La forma dinamica de «L'orto»
di Montale*; Arnaldo Bocelli, *Su «La Bufera»*; Giorgio Cerboni Baiardi,
I «segni» de «La Bufera»; Oreste Macrì, *Esegesi del terzo libro di Montale*; Sergio Salvi, *«L'anguilla»: testo e pretesto*; Claudio Varese, *Tempo
d'uomo, spazio d'uomo*; Giuliano Gramigna, *Un debito con la «Farfalla»*; Cesare Segre, *Invito alla «Farfalla di Dinard»*; Luciano Anceschi,
Osservazioni su Montale come critico; Lanfranco Caretti, *Montale e
Svevo*; Maria Corti, *«Esposizione sopra Dante» di Eugenio Montale*; *Testimonianze* di Giacomo Antonini, Francesco Arcangeli, Angelo Barile, Antonio Barolini, Carlo Betocchi, Piero Bigongiari, Walter Binni, Giorgio Caproni, Arrigo Benedetti, Franco Fortini, Piero Gadda
Conti, Gianandrea Gavazzeni, Silvio Guarnieri, Giorgio Levi Della
Vida, Gianna Manzini, Geno Pampaloni, Alessandro Parronchi, Guido Piovene, Mario Praz, Silvio Ramat, Nelo Risi, Piero Santi, Vittorio Sereni, Bonaventura Tecchi, Ferruccio Ulivi.] Fascicolo confluito
in *Omaggio a Montale*, a cura di Silvio Ramat, Milano, Mondadori,
1966, con qualche mutamento e le aggiunte seguenti: Carlo Emilio
Gadda, *Poesia 1931-1932*; Silvio Guarnieri, *«Creare a noi il nostro destino»*; Maria Luisa Spaziani, *Un'ipotesi sul «Sogno del prigioniero»*;
Elio Filippo Accrocca, *Appunti per un ritratto*; *Testimonianze* di Vittore Branca, Giovanni Giudici, Jorge Guillén, Renato Guttuso, Alberto Moravia, Lucio Piccolo, Giovanni Raboni, Carlo L. Ragghianti,
Franco Russoli, Roberto Sanesi, Francesco Tentori.

«La Rassegna della Letteratura Italiana», a. 70°, n. 2-3, maggio-dicembre 1966. A cura di Walter Binni.

[Walter Binni, *Omaggio a Montale* e *Montale nella mia esperienza della
poesia*; Lucio Lugnani, *«Ossi di seppia»*; Franco Croce, *«Le occasioni»*;

Riccardo Scrivano, «*La bufera*»; Mauro Manciotti, *Montale prosatore*; Umberto Carpi, *Montale critico*.]

Contributi per Montale, a cura di Giovanni Cillo, Lecce, Milella, 1976.
[Edoardo Vineis, «Per un'interpretazione strutturale delle ricorrenze fonetiche nella poesia montaliana»; Marco Marchi, «Il lirismo contraddetto degli "Ossi di seppia"»; Gianni Marucelli, «La metrica di Montale. Isosillabismo ed equivalenza ritmica dagli "Ossi di seppia" alle "Occasioni"»; Giovanni Cillo, «Le spore del possibile. Sviluppi di alcuni aspetti della poesia di Eugenio Montale dagli "Ossi di seppia" alle "Occasioni"»; Giuliana Castellani, «Alle soglie della memoria» e «Tra memoria e storia»; Giovanni Cillo, «"Satura", o dell'ossimoro permanente»; Giorgio Luti, «Asterischi montaliani».]

Eugenio Montale. Profilo di un autore, a cura di Annalisa Cima e Cesare Segre, Milano, Rizzoli, 1977.
[Giulio Nascimbeni, «Ritratto di Montale»; Marco Forti, «Esercizio su "I limoni"»; Giansiro Ferrata, «Pro "Mediterraneo"»; Glauco Cambon, «"Carnevale di Gerti"»; Dante Isella, «"Infuria sale o grandine?"»; Giorgio Orelli, «"L'anguilla"»; Marisa Bulgheroni, «Dickinson/Montale: Il passo sull'erba»; Andrea Zanzotto, «Da "Botta e risposta I" a "Satura"»; D'Arco Silvio Avalle, «Dalla letteratura al mito»; Pier Vincenzo Mengaldo, «La "Lettera a Malvolio"»; Stefano Agosti, «Il testo della poesia in Montale: "Sul lago d'Orta"»; Sergio Solmi, «Il limone»; «Le reazioni di Montale», a cura di Annalisa Cima.]

Letture Montaliane, in occasione dell'80° compleanno del Poeta, Genova, Bozzi, 1977.
[Emerico Giachery, «"In limine" e la metamorfosi dell'"orto"»; Italo Calvino, «"Forse un mattino andando"»; Edoardo Sanguineti, «"Forse un mattino andando"»; Elio Gioanola, «"Mediterraneo"»; Cesare Federico Goffis, «Lettura di "Arsenio"»; Laura Barile, «Le varianti di "Crisalide"»; Fredi Chiappelli, «L'imperativo e l'occasione»; Gilberto Lonardi, «"Alla maniera di Filippo De Pisis" e "il nostro pesante linguaggio polisillabico"»; Fausto Montanari, «"Alla maniera di Filippo De Pisis nell'inviargli questo libro"»; Umberto Carpi, «"Elegia di Pico Farnese"»; Angelo Jacomuzzi, «Il fanciulletto Anacleto a Pico Farnese: un'iniziazione all'allegoria»; Vittorio Sereni, «"Il ritorno"»; Marziano Guglielminetti, «La "Ballata scritta in una clinica"»; Natalino Sapegno, «Nel solco dell'emergenza»; Franco Croce, «"La primavera hitleriana"»; Lorenzo Greco, «"Di un Natale metropolitano"»; Silvio Guarnieri, «Montale dai "Madrigali

privati" alle "Conclusioni provvisorie"»; Giorgio Bàrberi Squarotti, «"La storia"»; Claudio Varese, «"L'Arno a Rovezzano"»; Maria
Antonietta Grignani, «"Due prose veneziane": tra prosa e poesia»;
Mario Puppo, «"Corso Dogali"»; Franco Fortini, «I latrati di fedeltà»; Leonardo Sciascia, «La grande domanda»; Silvio Ramat, «Un
pre-accordo»; Lanfranco Caretti, «Testi "montaliani" inediti»; Piero
Bigongiari, «Arsenio più Simeone, ovvero dall'orfismo al correlativo oggettivo»; Adriano Guerrini, «Montale e Sbarbaro».]
La poesia di Eugenio Montale. Atti del Convegno Internazionale. Milano, 12-13-14 settembre, Genova, 15-18 settembre 1982, Librex 1983.
[Elio Gioanola, «Introduzione»; Carlo Bo, «Ricordo di Eugenio Montale»; Charles Singleton, «Quelli che restano»; Gianfranco Contini,
«Lettere di Eugenio Montale»; Vittorio Sereni, «Il nostro debito verso
Montale»; Vittore Branca, «Montale critico di teatro»; Andrea Zanzotto, «La freccia dei diari»; Luciano Erba, «Una forma di felicità,
non un oggetto di giudizio»; Piero Bigongiari, «Montale tra il continuo e il discontinuo»; Giovanni Macchia, «La stanza dell'Amiata»;
Ettore Bonora, «Un grande trittico al centro della "Bufera" ("La primavera hitleriana", "Iride", "L'orto")»; Silvio Guarnieri, «Con Montale a Firenze»; Pier Vincenzo Mengaldo, «La panchina e i morti (su
una versione di Montale)»; Angelo Jacomuzzi, «Incontro – Per una
costante della poesia montaliana»; Marco Forti, «Per "Diario del
'71"»; Giorgio Bàrberi Squarotti, «Montale o il superamento del soggetto»; Silvio Ramat, «Da Arsenio a Gerti»; Mario Martelli, «L'auto-
citazione nel secondo Montale»; Rosanna Bettarini, «Un altro lapil-
lo»; Glauco Cambon, «Ancora su "Iride", frammento di Apocalisse»;
Mladen Machiedo, «Una lettera di Eugenio Montale (e documenti
circostanti)»; Claudio Scarpati, «Sullo stilnovismo di Montale»; Gilberto Lonardi, «L'altra Madre»; Luciano Rebay, «Montale, Clizia e
l'America»; Stefano Agosti, «Tombeau»; Maria Antonietta Grignani, «Occasioni diacroniche nella poesia di Montale»; Claudio Marabini, «Montale giornalista»; Gilberto Finzi, «Un'intervista del 1964»;
Franco Croce, «"Satura"»; Edoardo Sanguineti, «Tombeau di Eusebio»; Giuseppe Savoca, «L'ombra viva della bufera»; Oreste Macrì,
«Sulla poetica di Eugenio Montale attraverso gli scritti critici»; Laura Barile, «Primi versi di Eugenio Montale»; Emerico Giachery, «La
poesia di Montale e il senso dell'Europa»; Giovanni Bonalumi, «In
margine al "Povero Nestoriano smarrito"»; Lorenzo Greco, «Tempo e "fuor del tempo" nell'ultimo Montale».]

6. *Studi*

AA. VV., *Tavola rotonda e conferenza stampa su Eugenio Montale.* Interventi di Giansiro Ferrata, Marco Forti, Silvio Guarnieri, Renato Guttuso, Giorgio Luti, Mario Luzi, Oreste Macrì, Ferruccio Ulivi, Giorgio Zampa, in «Antologia Vieusseux», n. 49, gennaio-marzo 1978.

AA. VV., *Dedicato a Montale.* Contributi di Rosanna Bettarini, Gianfranco Contini, Dante Isella e Giorgio Zampa, in «Antologia Vieusseux», n. 64, ottobre-dicembre 1981. L'intervento di Giorgio Zampa è stato ristampato, con titolo *Due rare edizioni montaliane: «Finisterre» di Firenze e «Xenia» di San Severino,* in «Miscellanea Settempedana», III, San Severino Marche, 1982, pp. 9-16.

Agosti, Stefano, «Forme trans-comunicative in "Xenia"», in *Il testo poetico. Teoria e pratiche d'analisi,* Milano, Rizzoli, 1972, pp. 191-207.

–, «Il testo della poesia: "Sul lago d'Orta"» e «Testo del segno e testo poetico: il "mottetto" degli sciacalli», in *Cinque analisi. Il testo della poesia,* Milano, Feltrinelli, 1982, pp. 69-87 e 88-102.

Alicata, Mario, «La "ragione poetica" di Montale», in *Scritti letterari,* Milano, il Saggiatore, 1968, pp. 41-45.

Almansi, Guido, *Earth and Water in Montale's Poetry,* in «Forum for Modern Language Studies», vol. II, n. 4, October 1966, pp. 377-385.

–, *Lettura di «Corno inglese» di Montale,* in «Studi Novecenteschi», a. II, n. 6, novembre 1973, pp. 401-405.

–, *Ipotesi e documenti per il primo Montale,* in «Paragone», n. 304, giugno 1975, pp. 86-104.

–, «Montale e "Il piacere" di D'Annunzio», in AA. VV., *Letteratura e critica. Studi in onore di Natalino Sapegno,* Roma, Bulzoni, 1976, vol. IV, pp. 797-804.

–, *I privatissimi madrigali di Eugenio Montale,* in «Lingua e stile», a. XIV, n. 1, marzo 1979, pp. 107-118.

Almansi, Guido - Merry, Bruce, *Eugenio Montale. The private language of poetry,* Edinburgh, University Press, 1977.

Angeleri, Carla - Erba, Edoardo, *L'influenza dell'«Alcyone» ne «I limoni» di Montale,* in «Quaderni del Vittoriale», n. 15, maggio-giugno 1979, pp. 29-44.

Angelini, Patrice, *Eugenio Montale: «Satura» et «Diario del '71 e del '72»,* in «Revue des Études Italiennes», tome XXI, n. 1-2, janvier-juin 1975.

Antonielli, Sergio, «Eugenio Montale», in *Aspetti e figure del Novecento,* Parma, Guanda, 1955, pp. 57-67.

–, «Clizia e altro», in AA. VV., *Omaggio a Montale*, a cura di Silvio Ramat, Milano, Mondadori, 1966, pp. 159-167.

–, «La memoria di Montale», in *Studi in memoria di Luigi Russo*, Pisa, Nistri-Lischi, 1974, pp. 525-532.

–, *L'edizione critica di Montale*. *L'opera di un uomo che sa dubitare di sé*, in «l'Unità», 23 dicembre 1980.

Avalle, D'Arco Silvio, *Tre saggi su Montale*, Torino, Einaudi, 1970.
[«"Gli orecchini" di Montale»; «"A Liuba che parte"»; «Cosmografia montaliana».]

Baldacci, Luigi, *Il suo itinerario creativo*, in «Il Gazzettino», 24 ottobre 1975.

–, *Montale un sole che si raffredda*, in «Il Gazzettino», 11 ottobre 1977.

Baldissone, Giusi, *Il male di scrivere. L'inconscio e Montale*, Torino, Einaudi, 1979.

Balduino, Armando, «Per un glossario montaliano», in *Messaggi e problemi della letteratura contemporanea*, Venezia, Marsilio, 1976, pp. 13-29 [recensione a A. Barbuto, *Le parole di Montale*, Roma, Bulzoni, 1973].

Bàrberi Squarotti, Giorgio, *Satira e altro*, in «Quaderni internazionali», n. 1, maggio 1972, pp. 34-57.

–, «La metrica e altro» e «L'ironia: scatologia ed escatologia», in *Gli Inferi e il Labirinto. Da Pascoli a Montale*, Bologna, Cappelli, 1974, pp. 195-210 e 223-249.

Barbuto, Antonio, *Le parole di Montale. Glossario del lessico poetico*, Roma, Bulzoni, 1973 [ma cfr. le recensioni di A. Balduino e R. Broggini].

Barilli, Renato, *Il novissimo Montale*, in «Alfabeta», a. III, n. 21, febbraio 1981.

Bellucci, Laura, *Due schede per gli «Ossi di seppia» di Montale: I. Le poesie per Camillo Sbarbaro II. I sarcofaghi di Montale*, in «Studi e problemi di critica testuale», n. 14, ottobre 1976, pp. 189-237.

–, *Di là dalla metafora in quattro poesie del primo Montale*, in «Atti dell'Accademia delle Scienze dell'Istituto di Bologna. Classe di Scienze Morali», a. 71°, Bologna, 1977, pp. 5-35.

–, *Per l'interpretazione di «Vento e bandiere»*, in «Studi e problemi di critica testuale», n. 15, ottobre 1977, pp. 176-186.

Bertolucci, Attilio, «*Ossi di seppia» a Parma*, in «la Repubblica», 11 ottobre 1976.

–, *La febbre si accese in me, quando lessi per la prima volta «Ossi di seppia». E comprai quel libretto color ocra*, in «la Repubblica», 15 settembre 1981.

Bettarini, Rosanna, *Appunti sul «Taccuino» del 1926 di Eugenio Montale*, in «Studi di Filologia Italiana», vol. XXXVI, 1978, pp. 457-512.

–, *Lavorando col poeta*, in «La Nazione», 14 settembre 1981.

Biasin, Gian Paolo, *Il vento di Debussy: poesia e musica in Montale*, in «La Regione Liguria», a. X, n. 12, dicembre 1982 [*ma* aprile 1983], pp. 39-52.

Bigongiari, Piero, «L'autoriflessività del significato. Eugenio Montale dalla quantità esistenziale alla qualità essenziale», in *Poesia italiana del Novecento*, tomo II, Milano, il Saggiatore, 1980, pp. 321-418. [«Storia di Montale»; «Altri dati per la storia di Montale»; «I primi tre tempi della lirica montaliana ovvero "Il difficile discorso"»; «Arsenio più Simeone ovvero "Dall'orfismo al correlativo oggettivo"»; «Montale tra Boutroux e M.lle de Scudéry»; «Il quarto tempo ovvero "Il facile discorso"».]

Blasucci, Luigi, «Lettura e collocazione di "Nuove Stanze"», in *Studi in memoria di Luigi Russo*, Pisa, Nistri-Lischi, 1974, pp. 505-524.

–, *Esercizio esegetico su una lirica di «Finisterre»*, in «Linguistica e letteratura», a. III, n. 2, 1978, pp. 35-50.

Bo, Carlo, «Della poesia di Montale», in *Otto studi*, Firenze, Vallecchi, 1939, pp. 175-205.

–, *Il terzo Montale*, in «Lettere ed Arti», a. II, n. 4, aprile 1946, pp. 30-35.

–, *Montale dopo la bufera*, in «La Stampa», 5 luglio 1956.

–, *Il Montale di «Satura»*, in «Corriere della Sera», 19 febbraio 1971.

–, *Montale poeta-critico*, in «Nuova Antologia», fasc. 2047, luglio 1971, pp. 311-315.

–, *Il nulla, o quasi, di Montale*, in «Corriere della Sera», 1° giugno 1975.

–, *Un italiano diverso senza padrini*, in «Corriere della Sera», 24 ottobre 1975.

–, *Montale parla di Montale*, in «Corriere della Sera», 26 giugno 1977.

–, *Il «borghese» Montale*, in «Nuova Antologia», fasc. 2144, ottobre-dicembre 1982, pp. 242-246.

Bonfiglioli, Pietro, *Pascoli, Gozzano, Montale e la poesia dell'oggetto*, in «Il Verri», a. II, n. 4, 1958, pp. 34-54.

–, *Pascoli e il Novecento*, in «Palatina», a. II, n. 7, luglio-settembre 1958, pp. 14-39.

–, «Pascoli e Montale», in *Studi per il centenario della nascita di Giovanni Pascoli pubblicati nel cinquantenario della morte*, Bologna, Commissione per i testi di lingua, 1962, I, pp. 219-243.

–, «Dante Pascoli Montale», in *Nuovi studi pascoliani*, Bolzano - Cesena, Centro di Cultura dell'Alto Adige - Società di Studi Romagnoli, 1963, pp. 35-62.

–, «Il "ritorno dei morti" da Pascoli a Montale», in *Pascoli*. Atti del Convegno Nazionale di Studi Pascoliani, Santarcangelo di Romagna, STEM, 1965, pp. 55-72.

Bonnet, F., *De «L'Infinito» de Leopardi à «Non chiederci la parola» de Montale. Esquisse d'une problématique épistémologique du signe*, in «Revue des Études Italiennes», a. XVIII, 1972, pp. 168-200.

Bonora, Ettore, *Le metafore del vero. Saggi sulle «Occasioni» di Eugenio Montale*, Roma, Bonacci, 1981.

–, *La poesia di Montale. «Ossi di seppia»*, Padova, Liviana, 1982.

–, «Anelli del ciclo di Arletta nelle "Occasioni"», in AA. VV., *Scritti in onore di Giovanni Macchia*, Milano, Mondadori, 1983, tomo I, pp. 742-763.

Broggini, Romano, *Briciole montaliane*, in «Strumenti critici», n. 25, ottobre 1974, pp. 383-390 [recensione a A. Barbuto, *Le parole di Montale*, Roma, Bulzoni, 1973].

Bulgheroni, Marisa, «Dickinson/Montale: Il passo sull'erba», in AA. VV., *Eugenio Montale. Profilo di un autore*, a cura di Annalisa Cima e Cesare Segre, Milano, Rizzoli, 1977, pp. 91-114.

Calvino, Italo, «"Forse un mattino andando"», in AA. VV., *Letture Montaliane, in occasione dell'80° compleanno del Poeta*, Genova, Bozzi, 1977, pp. 35-46.

–, *Le parole nate nella Bufera*, in «la Repubblica», 15 settembre 1981.

Cambon, Glauco, *Memoria come profezia in una lirica di Montale*, in «Aut-aut», n. 65, settembre 1961, pp. 460-463 [su *Giorno e Notte* (in *La bufera e altro*)].

–, «Montale e l'Altro», in *Lotta con Proteo*, Milano, Bompiani, 1963, pp. 113-137.

–, «La forma dinamica de "L'orto" di Montale», in AA. VV., *Omaggio a Montale*, a cura di Silvio Ramat, Milano, Mondadori, 1966, pp. 168-174.

–, *Eugenio Montale*, New York & London, Columbia University Press, 1972.

–, «"Carnevale di Gerti"», in AA. VV., *Eugenio Montale. Profilo di un autore*, a cura di Annalisa Cima e Cesare Segre, Milano, Rizzoli, 1977, pp. 51-65.

–, *Eugenio Montale's Poetry, a dream in reason's presence*, Princeton University Press, 1983.

Camon, Ferdinando, «Montale», in *Il mestiere di poeta*, Milano, Lerici, 1965, pp. 77-84; poi Milano, Garzanti, 1982², pp. 23-28.

Campailla, Sergio, *Per una lettura di «Iride»*, in «Studi e problemi di critica testuale», a. IV, n. 6, aprile 1973, pp. 215-230.

Caproni, Giorgio, *Nelle sue liriche ritrovavo anche la mia Liguria*, in «Tuttolibri», a. VII, n. 284, 19 settembre 1981.

Caretti, Lanfranco, «Testi "montaliani" inediti», in AA. VV., *Letture*

Montaliane, in occasione dell'80° compleanno del Poeta, Genova, Boz-
     zi, 1977, pp. 441-420.

–, *Un inedito montaliano*, in «Paragone», n. 336, febbraio 1978, pp. 3-7.

–, *Ancora per l'Ur-Montale*, in «Paragone», n. 346, dicembre 1978, pp. 27-29.

Caretti, Laura, «Un caso di affinità: Eugenio Montale», in *T.S. Eliot in
     Italia*, Bari, Adriatica Editrice, 1968, pp. 49-80.

–, *L'«Amleto» di Montale*, in «Paese Sera», 28 gennaio 1972.

Carpi, Umberto, *Montale dopo il fascismo dalla «Bufera» a «Satura»*, Pa-
     dova, Liviana, 1971.

–, «L'ideologia di Montale», in *Il poeta e la politica. Belli, Leopardi, Mon-
     tale*, Napoli, Liguori, 1978, pp. 269-355.

Cary, Joseph, «Eugenio Montale», in *Three Modem Italian Poets*, New
     York - London, New York University Press - University of London
     Press Ltd., 1969, pp. 235-329.

Cassola, Carlo, *Canto e discorso. Leopardi, Pascoli, Montale*, in «Belfagor»,
     a. XXXII, fasc. I, 31 gennaio 1977, pp. 93-101.

Cecchi, Emilio, «La poesia italiana del Novecento», in *Beltempo*, Roma,
     Edizioni della Cometa, 1940.

–, «Alla ricerca della gioventù» [recensione a *Ossi di seppia*] e «La poe-
     sia di Montale», in *Letteratura italiana del Novecento*, Milano, Mon-
     dadori, 1972, pp. 939-944 e 947-950.

Cillo, Giovanni, «"Satura" o dell'ossimoro permanente», in AA. VV.,
     Contributi per Montale, a cura di Giovanni Cillo, Lecce, Milella, 1976,
     pp. 171-198.

Citati, Pietro, *Nell'ultimo Montale una tarda letizia*, in «Il Giorno», 24
     febbraio 1971.

Comello, Toni, *Dante e Montale*, in «Dimensioni», a. VI, n. 5-6, 1961,
     pp. 13-19.

Consiglio, Alberto, «Eugenio Montale», in *Studi di poesia*, Firenze, So-
     laria, 1934, pp. 37-60.

–, *Eugenio Montale poesia e non poesia*, Roma, Edizioni Ararat, 1972.

Contini, Gianfranco, *Una lunga fedeltà. Scritti su Eugenio Montale*, Tori-
     no, Einaudi, 1974.

     [«Introduzione a "Ossi di seppia"» (1933); «Dagli "Ossi" alle "Occa-
     sioni"» (1938, con titolo «Eugenio Montale»); «Di Gargiulo su Mon-
     tale» (1940); «Pour présenter Eugenio Montale» (1946); «Montale e
     "La bufera"» (1956); «Sul "Diario del '71 e del '72"» (1973).]

–, *La «fonte» di un inizio di Montale. Nubi color magenta...*, in «Il Dove-
     re», 6 ottobre 1979.

–, «*Occorrono troppe vite per farne una…*». *Come è nata la grande edizione critica delle poesie di Montale*, in «Corriere della Sera», 4 gennaio 1981.

–, *E Montale scrive al* «*Caro Contini*». *(Lettere inedite dal 1933 al 1978)*, in «Corriere della Sera», 12 settembre 1982.

Cordelli, Franco, *Il folgorante silenzio di un grande poeta stoico*, in «La Nuova Sardegna», 16 settembre 1981.

Corti, Maria, «Esposizione sopra Dante di Eugenio Montale», in *Metodi e fantasmi*, Milano, Feltrinelli, 1969, pp. 53-62.

–, *Un nuovo messaggio di Montale:* «*Satura*», in «Strumenti critici», n. 15, giugno 1971, pp. 217-236.

Croce, Franco, *Due nuove poesie di Montale*, in «La Rassegna della Letteratura Italiana», a. 67°, n. 3, settembre-dicembre 1963, pp. 493-506.

–, «*Le occasioni*», in «La Rassegna della Letteratura Italiana», a. 70°, n. 2-3, maggio-dicembre 1966, pp. 266-305.

–, *L'ultimo Montale*, in «La Rassegna della Letteratura Italiana», a. 77°, n. 2, maggio-agosto 1973, pp. 286-310.

–, «"La primavera hitleriana"», in AA. VV., *Letture Montaliane, in occasione dell'80° compleanno del Poeta*, Genova, Bozzi, 1977, pp. 221-254.

Cucchi, Maurizio, *Montale parla della poesia*, in «l'Unità», 18 aprile 1977.

David, Michel, *Eugenio Montale, poète de l'angoisse*, in «Le Monde», 6 dicembre 1969.

Debenedetti, Giacomo, «Riviera, amici», in *Amedeo ed altri racconti*, Torino, Edizioni del Baretti, 1926, pp. 109-158.

–, «Montale», in *Poesia italiana del Novecento*, Milano, Garzanti, 1974, pp. 35-55.

de C.L. Huffman, Claire, *Montale and the occasions of poetry*, Princeton University Press, 1983.

De Robertis, Giuseppe, «"Ossi di seppia"», in *Scrittori del Novecento*, Firenze, Le Monnier, 1940, pp. 50-56.

–, «"Le occasioni"» e «"La bufera e altro"», in *Altro Novecento*, Firenze, Le Monnier, 1962, pp. 308-315 e 321-324.

Di Girolamo, Costanzo, *Eugenio Montale. L'opera in versi*, in «Belfagor», a. XXXVI, fasc. III, 31 maggio 1981, pp. 365-367.

Falqui, Enrico, *I due diari di Montale*, in «Il Tempo», 20 maggio 1973.

Ferrata, Giansiro, «*Ossi di seppia*», in «Il Lavoro», 29 marzo 1928.

–, «*La casa dei doganieri*», in «Solaria», VII, n. 12, 1932, pp. 46-51; poi in *Antologia di Solaria*, a cura di Enzo Siciliano, Milano, Lerici, 1958, pp. 417-424.

–, *La ristampa degli* «*Ossi di seppia*», in «Primato», III, n. 17, 1942, pp. 325-326.

–, «Pro "Mediterraneo"», in AA. VV., *Eugenio Montale. Profilo di un*

1016   *Bibliografia*

autore, a cura di Annalisa Cima e Cesare Segre, Milano, Rizzoli, 1977, pp. 38-50.

Flora, Francesco, «Eugenio Montale», in *Scrittori Italiani contemporanei*, Pisa, Nistri-Lischi, 1952, pp. 119-159.

Forti, Marco, *Amari dialoghi della saggezza. «Satura»: il quarto volume di poesie di Montale*, in «Avvenire», 16 febbraio 1971.

–, *Le proposte della poesia e nuove proposte*, Milano, Mursia, 1971, pp. 127-175.

–, *Eugenio Montale. La poesia, la prosa di fantasia e d'invenzione*, Milano, Mursia, 1973; 2ª ed. accresciuta, *ibidem*, 1974.

–, [a cura di], *Per conoscere Montale*, Milano, Mondadori, 1976. Poi ulteriormente aggiornato fino all'ed. 1983.

–, «Esercizio su "I limoni"», in AA. VV., *Eugenio Montale. Profilo di un autore*, a cura di Annalisa Cima e Cesare Segre, Milano, Rizzoli, 1977, pp. 21-37.

Fortini, Franco, *Nota su Montale*, in «La Riforma letteraria», giugno 1939.

–, «Montale», in *Ventiquattro voci per un dizionario di lettere*, Milano, il Saggiatore, 1968, pp. 229-234.

–, «Due letture di Ungaretti e Montale» e «Di Montale», in *Saggi italiani*, Bari, De Donato, 1974, pp. 25-36 e 144-157.

–, «Eugenio Montale», in *I poeti del Novecento*, Bari, Laterza, 1977, pp. 129-143.

–, «I latrati di fedeltà», in AA. VV., *Letture Montaliane, in occasione dell'80° compleanno del Poeta*, Genova, Bozzi, 1977, pp. 377-386.

Franchi, Raffaello, «"Ossi di seppia"», in *Memorie critiche*, Firenze, Parenti, 1938, pp. 71-76.

Gadda, Carlo Emilio, *Poesia di Montale*, in «L'Ambrosiano», 9 agosto 1932.

–, «Montale, o l'uomo-mùsico», in *Il tempo e le opere. Saggi, note e divagazioni*, a cura di Dante Isella, Milano, Adelphi, 1982, pp. 161-166.

Garboli, Cesare, *L'ombra viva della moglie. Il quarto libro di poesie di Eugenio Montale*, in «Il Mondo», n. 13, 28 marzo 1971.

–, *Questo poeta è uno scienziato*, in «Corriere della Sera», 6 ottobre 1977.

Gargiulo, Alfredo, «Eugenio Montale» [introduzione a *Ossi di seppia*, Torino, Ribet, 1928] e «"Le occasioni"», in *Letteratura italiana del Novecento*, edizione ampliata, Firenze, Le Monnier, 1958, pp. 453-457 e 633-641.

Getto, Giovanni, «Eugenio Montale», in *Poeti del Novecento e altre cose*, Milano, Mursia, 1977, pp. 63-73.

Ghermandi Barbieri, Donata, «La musica delle pause nelle varianti di Montale», in AA. VV., *Studi in onore di Raffaele Spongano*, Bologna, Boni, 1980.

Giachery, Emerico, «"In limine" e la metamorfosi dell'"orto"», in AA. VV.,

Letture Montaliane, in occasione dell'80° compleanno del Poeta, Genova, Bozzi, 1977, pp. 17-34.

Gioanola, Elio, «"Mediterraneo"», in AA. VV., *Letture Montaliane, in occasione dell'80° compleanno del Poeta*, Genova, Bozzi, 1977, pp. 53-68.

Giudici, Giovanni, *Nota a «Diario del '71»*, in «L'Espresso», n. 51, 19 dicembre 1971.

Giuliani, Alfredo, «"La bufera e altro"», in *Immagini e maniere*, Milano, Feltrinelli, 1965, pp. 39-48.

–, *Sempre moderno*, in «Il Messaggero», 24 ottobre 1975.

–, *Eugenio Montale i grilli e i folletti*, in «la Repubblica», 31 dicembre 1976.

–, *Ha raccontato in versi il disagio di vivere*, in «la Repubblica», 13 settembre 1981.

Goffis, Cesare Federico, «Lettura di "Arsenio"», in AA. VV., *Letture Montaliane, in occasione dell'80° compleanno del Poeta*, Genova, Bozzi, 1977, pp. 69-84.

Gramigna, Giuliano, *La vecchia diffidenza ironica per la Storia come meccanismo*, in «Il Giorno», 7 febbraio 1973.

–, *Montale. La poesia giorno per giorno*, in «Il Giorno», 8 aprile 1973.

–, *Nel quaderno di Montale*, in «Il Giorno», 1° ottobre 1977.

–, *Un nuovo commento alla parte più famosa delle «Occasioni». Quell'indimenticabile «suite» di Montale*, in «Corriere della Sera», 16 novembre 1980.

-, *Il libro unico*, in «Corriere della Sera», 7 dicembre 1980.

–, *«Altri versi», nuovo libro del grande scrittore ottantaquattrenne. Montale: la poesia sempre aperta*, in «Corriere della Sera», 28 giugno 1981.

Graziosi, Elisabetta, *Le figure del tempo negli «Ossi di seppia»*, in «Lingua e stile», a. VII, n. 1, aprile 1972, pp. 147-180.

–, *Il tempo delle «Occasioni»: una sintassi tematica*, in «Lingua e stile», a. VII, n. 3, dicembre 1972, pp. 505-532.

–, *Il tempo in Montale. Storia di un tema*, Firenze, La Nuova Italia, 1978.

Greco, Lorenzo, *Montale commenta Montale*, Parma, Pratiche Editrice, 1980.

Grignani, Maria Antonietta, *«Xenia»: appunti per uno studio dei materiali elaborativi*, in «Strumenti critici», n. 25, ottobre 1974, pp. 352-382.

–, *Per una storia del testo di «Xenia»*, in «Studi di Filologia Italiana», vol. XXXII, 1974, pp. 360-386.

–, «Per una conclusione provvisoria di Montale: "Gli uomini che (non) si voltano"», in AA. VV., *In ricordo di Cesare Angelini. Studi di Letteratura e Filologia*, Milano, il Saggiatore, 1979, pp. 491-518.

–, *La «Satura» montaliana: da miscellanea a libro*, in «Otto/Novecento», a. IV, n. 2, marzo-aprile 1980, pp. 99-117.

Guarnieri, Silvio, «Motivi e caratteri della poesia italiana da Gozzano a Montale», «Tesi per una storia della poesia italiana del Novecento», «Per i settant'anni di Montale», in *Condizione della letteratura*, Roma, Editori Riuniti, 1975, pp. 115-222 e 277-292.

–, «Montale dai "Madrigali privati" alle "Conclusioni provvisorie"», in AA. VV., *Letture Montaliane, in occasione dell'80° compleanno del Poeta*, Genova, Bozzi, 1977, pp. 265-280.

–, vedi Greco, Lorenzo, *Montale commenta Montale*, Parma, Pratiche Editrice, 1980.

Guglielminetti, Marziano, «La "Ballata scritta in una clinica"», in AA. VV., *Letture Montaliane, in occasione dell'80° compleanno del Poeta*, Genova, Bozzi, 1977, pp. 197-212.

Guzzoni, Giorgio, *Das Ding im Gedicht. Erläuterungen zu einem Gedicht Eugenio Montales*, Freiburg im Breisgau, Eckhard Becksmann Verlag, 1972.

Imberty, C., *Le Temps et l'Histoire dans la poésie d'Eugenio Montale*, in «Revue des Études Italiennes», a. XX, 1974, pp. 30-48.

Ioli, Giovanna, *Montale e le allusioni all'«antico»*, in «Italian Quarterly», a. XXII, n. 86, autunno 1981.

Isella, Dante, «"Infuria sale o grandine?"», in AA. VV., *Eugenio Montale. Profilo di un autore*, a cura di Annalisa Cima e Cesare Segre, Milano, Rizzoli, 1977, pp. 66-70.

Jacomuzzi, Angelo, *La poesia di Montale. Dagli «Ossi» ai «Diari»*, Torino, Einaudi, 1978.
    [«Sul linguaggio di Montale: l'elencazione ellittica»; «Una nozione critica: la "non-poesia"»; «Per uno studio sulla religiosità nella poesia della "Bufera e altro"»; «Le stalle di Augìa»; «Per un "omaggio" di Montale "a Rimbaud"»; «Il fanciulletto Anacleto a Pico Farnese: un'iniziazione all'allegoria»; «L'elogio della balbuzie: da "Satura" ai "Diari"».]

–, «Alcune premesse per uno studio sul tema "Montale e Dante"», in AA. VV., *Dante nella letteratura italiana del Novecento*. Atti del Convegno di Studi – Casa di Dante – Roma, 6-7 maggio 1977, Roma, Bonacci, 1979, pp. 217-227.

Lavezzi, Gianfranca, *Per una lettura delle varianti montaliane dagli «Ossi» alla «Bufera»*, in «Otto/Novecento», a. V, n. 2, marzo-aprile 1981, pp. 33-58.

–, *Occasioni variantistiche per la metrica delle prime tre raccolte montaliane*, in «Metrica», II, 1981, pp. 159-172.

Lonardi, Gilberto, *Montale. «Quaderno di traduzioni»*, in «Corriere del Ticino», 13 dicembre 1975.

–, *Il Vecchio e il Giovane e altri studi su Montale*, Bologna, Zanichelli, 1980. [«Montale da Cecchi a Svevo»; «Il grande semenzaio: qualche trovata»; «Lungo l'asse leopardiano»; «I padri metafisici»; «Fuori e dentro il tradurre montaliano»; «"Alla maniera di Filippo de Pisis" e "il nostro pesante linguaggio polisillabico"»; «Con il gallo cedrone»; «"Presto o tardi": fine del romanzo mitologico»; «Due note: le lettere a Svevo e i saggi sulla poesia»; «Montaliana».]

Luzi, Mario, «La compiutezza dell'arte», in *Vicissitudine e forma*, Milano, Rizzoli, 1974, pp. 198-200.

–, *Religiosità creativa*, in «Il Giornale nuovo», 12 ottobre 1976.

–, *L'eredità di Montale. Il dubbio e l'ironia*, in «Il Giornale nuovo», 13 ottobre 1981.

–, «Montale», in *Trame*, Milano, Rizzoli, 1982, pp. 120-122.

Macchia, Giovanni, «La poesia moderna e Montale», in *Saggi italiani*, Milano, Mondadori, 1983, pp. 263-316. [«Nascita della poesia contemporanea»; «La stanza dell'Amiata»; «Una voce è giunta con le folaghe»; «Il romanzo di Clizia».]

Macrì, Oreste, «Dell'analogia naturale: Montale», in *Esemplari del sentimento poetico contemporaneo*, Firenze, Vallecchi, 1941, pp. 77-97.

–, «Esegesi del terzo libro di Montale», in *Realtà del simbolo*, Firenze, Vallecchi, 1968, pp. 73-146.

–, *Analisi del quarto libro di Montale*, in «L'Albero», fasc. XVI, n. 47, 1971 (n.s.), pp. 60-71.

–, «"L'angelo nero" e il demonismo nella poesia montaliana», in *Due saggi*, Lecce, Milella, 1977, pp. 3-75.

Manacorda, Giuliano, *Montale*, «Il Castoro», Firenze, La Nuova Italia, 1969.

Marabini, Claudio, *Montale '71*, in «Nuova Antologia», fasc. 2059, luglio 1972, pp. 346-365.

Marasco, Armida, *Per Eugenio Montale. Gli interventi della stampa quotidiana*, Galatina (Lecce), Congedo Editore, 1982.

Marcenaro, Giuseppe, *Il poeta e la sua città dolce e ingrata*, in «Il Secolo XIX», 15 settembre 1981.

Marchese, Angelo, *Visiting angel. Interpretazione semiologica della poesia di Montale*, Torino, SEI, 1977. [«Per gli ottant'anni di Eugenio Montale»; «Tempo e memoria nella poesia di Montale»; «Gli "Ossi di seppia" cinquant'anni dopo»; «Lo spazio nelle "Occasioni"»; «"Gli orecchini" e "Finisterre"»; «Psicosemiologia montaliana»; «Visiting angel»; «Aspetti del linguaggio poetico»; «Postille sull'ultimo Montale».]

–, «Introduzione» a *Eugenio Montale*, Torino, UTET, 1978, pp. IX-LVI.

Marchi, Marco, «Il lirismo contraddetto degli "Ossi di seppia"», in AA. VV., *Contributi per Montale*, a cura di Giovanni Cillo, Lecce, Milella, 1976, pp. 53-90; poi in *Sul primo Montale*, Firenze, Nuovedizioni Enrico Vallecchi, 1978, pp. 13-59.

Mariani, Gaetano, «Eugenio Montale», in *Poesia e tecnica nella lirica del Novecento*, Padova, Liviana, 1958, pp. 137-168.

–, «Linee compositive di un poemetto montaliano: lettura di "Mediterraneo"», in AA. VV., *Letteratura e critica. Studi in onore di Natalino Sapegno*, vol. III, Roma, Bulzoni, 1976, pp. 817-849.

Martelli, Mario, *Il rovescio della poesia. Interpretazioni montaliane*, Milano, Longanesi, 1977.

–, *I cani (o il cane?) di Montale*, in «Inventario», Nuova Serie, a. XIX, n. 1, gennaio 1981, pp. 107-113.

–, *Eugenio Montale. Introduzione e guida allo studio dell'opera montaliana*, Firenze, Le Monnier, 1982.

Marucelli, Gianni, «La metrica di Montale. Isosillabismo ed equivalenza ritmica dagli "Ossi di seppia" alle "Occasioni"», in AA. VV., *Contributi per Montale*, a cura di Giovanni Cillo, Lecce, Milella, 1976, pp. 91-108.

Mauri, Paolo, *Le confidenze inedite del poeta ventiquattrenne scritte sull'album della piccola Arletta a Monterosso. Trenta domande al giovane Eugenio*, in «la Repubblica», 15 settembre 1981.

Mauro, Walter, *Quando il «Nobel» traduce*, in «Momento Sera», 17 dicembre 1975.

Mengaldo, Pier Vincenzo, *La tradizione del Novecento. Da D'Annunzio a Montale*, Milano, Feltrinelli, 1975.
[«Da D'Annunzio a Montale»; «Per la cultura linguistica di Montale: qualche restauro (I. Un verso degli "Ossi" e il libretto della "Bohème" – II. "Corno inglese" e Alcione – III. Il mottetto "La gondola che scivola" e "Genova" di Campana)»; «Montale "fuori di casa"»; «Primi appunti su "Satura"».]

–, «La "Lettera a Malvolio"», in AA. VV., *Eugenio Montale. Profilo di un autore*, a cura di Annalisa Cima e Cesare Segre, Milano, Rizzoli, 1977, pp. 134-167.

–, *Un libro importante su Montale*, in «Studi Novecenteschi», a. VIII, n. 22, dicembre 1981, pp. 185-208 [su Gilberto Lonardi, *Il Vecchio e il Giovane e altri studi su Montale*, Bologna, Zanichelli, 1980].

Meoli Toulmin, Rachel, *Shakespeare ed Eliot nelle versioni di Eugenio Montale*, in «Belfagor», vol. XXVI, luglio 1971, pp. 453-471.

Milano, Paolo, *Il traduttor Montale*, in «L'Espresso», 23 novembre 1975.

–, *Le ironie del vecchio poeta*, in «L'Espresso», 16 ottobre 1977.

Mondo, Lorenzo, *Le nuovissime poesie di Montale. Prestigiatore del sublime*, in «La Stampa», 2 ottobre 1977.

–, *Montale poeta dell'antistoria*, in «La Stampa», 15 settembre 1981.

Montano, Rocco, *Comprendere Montale. 1. Storia della poesia di Montale. 2. Testi e commenti*, Napoli, Vico editrice, 1978.

Montesperelli, Francesca, *Montale e Browning: poesia dell'oggetto*, in «Paragone», n. 326, aprile 1977, pp. 55-81.

Musatti, Maria Pia, *Le strutture dell'aggettivo in «Satura» di E. Montale*, in «Strumenti critici», n. 35, febbraio 1978, pp. 76-98.

–, *Montale traduttore: la mediazione della poesia*, in «Strumenti critici», n. 41, febbraio 1980, pp. 122-148.

Musumeci, Antonino, *Silenzi montaliani: note sull'enjambement nella poesia di Montale*, in «Forum Italicum», vol. VI, n. 4, dicembre 1972, pp. 497-514.

Nascimbeni, Giulio, «Ricordo di Eugenio Montale», in *Il calcolo dei dadi. Storie di uomini e di libri*, Milano, Bompiani, 1984, pp. 115-146.

Neill, Edward D.R., *Strutture musicali della poesia di Montale*, in «Il Ponte», a. XXVI, n. 6, giugno 1970, pp. 719-732.

Orelli, Giorgio, «"L'anguilla"», in AA. VV., *Eugenio Montale. Profilo di un autore*, a cura di Annalisa Cima e Cesare Segre, Milano, Rizzoli, 1977, pp. 70-90.

–, *Tra le poesie dell'ultimo Montale*, in «Bloc Notes», a. I, n. 1, Bellinzona, settembre 1979, pp. 93-108.

Pampaloni, Geno, *Montale fa i conti con la storia*, in «L'Espresso», n. 37, 1956.

–, *Ottimismo disperato*, in «Corriere della Sera», 8 aprile 1973.

–, *È entrato fra i classici*, in «Il Giornale nuovo», 12 ottobre 1976.

–, *Isella e i «Mottetti» di Montale. I segni oscuri*, in «Il Giornale nuovo», 4 gennaio 1981.

Pancrazi, Pietro, «Eugenio Montale poeta fisico e metafisico», in *Scrittori d'oggi*, Serie III, Bari, Laterza, 1946, pp. 248-258.

–, «Le "Occasioni" di Montale», in *Scrittori d'oggi*, Serie IV, Bari, Laterza, 1946, pp. 209-215.

Paris, Renzo, *Eugenio Montale, un amore difficile*, in «il manifesto», 15 settembre 1981.

Parronchi, Alessandro, *Vecchia lettura di Montale*, in «La Fiera Letteraria», 12 luglio 1953.

Pasolini, Pier Paolo, «Montale», in *Passione e ideologia*, Milano, Garzanti, 1960, pp. 295-298.

–, *«Satura»*, in «Nuovi Argomenti», n. 21, gennaio-marzo 1971, pp. 17-20.

–, Οὖτις, in «Nuovi Argomenti», n. 27, maggio-giugno 1971, pp. 17-20.

Patocchi, Claudia - Pusterla, Fabio, *In margine a «Satura»: la suite «Dopo una fuga»*, in «Otto/Novecento», a. V, n. 2, marzo-aprile 1981, pp. 59-80.

Petrucci, Antonio, *Quasi un diario*, in «L'Osservatore Romano», 14 aprile 1973.

Piattelli Palmarini, M., *Come uno scienziato interpreta Montale*, in «Corriere della Sera», 4 novembre 1976.

Piccioni, Leone, «Appunti per una rilettura degli "Ossi" e delle "Occasioni"», in *Sui contemporanei*, Milano, Fratelli Fabbri Editori, 1953, pp. 301-309.

Pinchera, Antonio, *La versificazione tonico-sillabica nella poesia di Montale: I. «Ossi di seppia»*, in «Quaderni urbinati di cultura classica», n. 7, 1969, pp. 155-184.

Piovene, Guido, *La preistoria nel Duemila*, in «L'Espresso», 3 luglio 1966.

–, *«Diario del '71», in versi. Il radar di Montale*, in «La Stampa», 21 maggio 1972.

Pipa, Arshi, *Montale and Dante*, Minneapolis, The University of Minnesota Press, 1968.

Porzio, Domenico, *Con Montale a Stoccolma*, Milano, Ferro Edizioni, 1976.

–, *Eugenio Montale, «Quaderno di quattro anni». Come da una nebulosa a voce bassa e quieta*, in «la Repubblica», 30 settembre 1977.

Pozzi, Giovanni, «Eugenio Montale», in *La poesia italiana del Novecento*, Torino, Einaudi, 1965, pp. 160-186.

Praz, Mario, «T.S. Eliot and Eugenio Montale», in *T.S. Eliot, A Symposium*, London, Editions Poetry, 1948.

Raboni, Giovanni, *L'altro Montale*, in «Paragone», n. 256, giugno 1971, pp. 104-110.

–, *Montale interprete di altri poeti*, in «Tuttolibri», 20 dicembre 1975.

–, «Un lascito di Montale», in *Poesia degli anni Sessanta*, Roma, Editori Riuniti, 1976, pp. 225-257.

–, *La giovane voce del vecchio Montale*, in «Tuttolibri», 8 ottobre 1977.

Rago, Michele, *Il quarto libro di Montale*, in «l'Unità», 18 marzo 1971.

Ramat, Silvio, *Montale*, Firenze, Vallecchi, 1965; 2ª ed. accresciuta, *ibidem*, 1968.

–, «"Satura" e il progetto comico di Montale», in *La pianta della poesia*, Firenze, Vallecchi, 1972, pp. 293-332.

–, «Un pre-accordo», in AA. VV., *Letture Montaliane, in occasione dell'80° compleanno del Poeta*, Genova, Bozzi, 1977, pp. 393-410.

–, *Da «Stanze» a «Nuove Stanze»: una 'corrispondenza' montaliana*, in «Letteratura Italiana Contemporanea», a. II, n. 2, gennaio-aprile 1981, pp. 1-30.

Ranieri, Carlo, *Lingua degli «Ossi di seppia»*, in «Nuovi Argomenti», n. 61 (Nuova Serie), gennaio-marzo 1979, pp. 178-193.

Rebay, Luciano, *I diàspori di Montale*, in «Italica», vol. 46, n. 1 (primavera 1969), pp. 33-53.

–, *La rete a strascico di Montale*, in «Forum Italicum», a. V, n. 3, settembre 1971, pp. 329-350.

–, «Sull'"autobiografismo" di Montale», in AA. VV., *Innovazioni tematiche espressive e linguistiche della letteratura italiana del Novecento*. Atti dell'VIII Congresso dell'Associazione Internazionale per gli studi di lingua e letteratura italiana, New York, 25-28 aprile 1973, Firenze, Olschki, 1976, pp. 73-83.

Rosiello, Luigi, *Le sinestesie nell'opera poetica di Montale*, in «Rendiconti», n. 7, maggio 1963, pp. 1-19.

–, «Analisi statistica della funzione poetica nella poesia montaliana», in *Struttura, uso e funzioni della lingua*, Firenze, Vallecchi, 1965, pp. 115-147.

Rossi, Aldo, *Il punto su Montale dopo il quarto libro, «Satura»*, in «L'Approdo Letterario», n. 53 (Nuova Serie), marzo 1971, pp. 3-20.

–, *Poesia. Montale: quinto tempo*, in «L'Approdo Letterario», n. 62 (Nuova Serie), giugno 1973, pp. 113-114.

Sanguineti, Edoardo, «Da Gozzano a Montale», in *Tra liberty e crepuscolarismo*, Milano, Mursia, 1961, pp. 17-39.

–, «Da D'Annunzio a Gozzano», in *Tra liberty e crepuscolarismo*, Milano, Mursia, 1961, pp. 40-79.

–, «Documenti per Montale», in *Ideologia e linguaggio*, Milano, Feltrinelli, 1965, pp. 37-53.

–, «*Sulla poesia» di Montale*, in «L'Approdo Letterario», n. 77-78 (Nuova Serie), giugno 1977, pp. 284-287.

–, *L'uomo montaliano*, in «Rinascita», 31 ottobre 1977.

–, *Le galline di Montale*, in «Paese Sera», 24 novembre 1977.

–, «"Forse un mattino andando"», in AA. VV., *Letture Montaliane, in occasione dell'80° compleanno del Poeta*, Genova, Bozzi, 1977, pp. 47-52.

–, *Il testimone di una catastrofe*, in «Paese Sera», 14 settembre 1981.

–, *L'ultimo vate della Liguria*, in «Il Lavoro», 15 settembre 1981.

–, *La misura dell'onesto borghese*, in «Rinascita», 18 settembre 1981.

–, *Alcuni scritti stravaganti di Montale*, in «Paese Sera», 7 gennaio 1982.

Sapegno, Natalino (Silvestro Gallico), *Lettera di Silvestro a' suoi amici sui libri che legge*, I, in «Il Baretti», n. 6, 1926, pp. 91-92.

–, «*"Ossi di seppia"*», in «Leonardo», maggio-giugno 1928, pp. 151-152.

–, «*"Nel solco dell'emergenza"*», in AA. VV., *Letture Montaliane, in occasione dell'80° compleanno del Poeta*, Genova, Bozzi, 1977, pp. 213-220.

–, *Stil nuovo di pietra*, in «Rinascita», n. 39, 2 ottobre 1981.

Sasso, Giampaolo, «Montale: "Non recidere forbice"»; «Montale: "Lo sai"»; «Montale: "Gli orecchini"», in *Le strutture anagrammatiche della poesia*, Milano, Feltrinelli, 1982, pp. 21-45, 46-73, 74-101.

Scarpati, Claudio, *Invito alla lettura di Montale*, Milano, Mursia, 1973 e 1983².

Scrivano, Riccardo, *«La bufera»*, in «La Rassegna della Letteratura Italiana», a. 70°, n. 2-3, maggio-dicembre 1966, pp. 306-336.

–, «Intorno all'uso metaforico in Montale», in AA. VV., *Letteratura e critica. Studi in onore di Natalino Sapegno*, vol. II, Roma, Bulzoni, 1975, pp. 1025-1037.

–, *Eugenio Montale: «Quaderno di quattro anni» o i modi della ragione*, in «Critica Letteraria», a. VI, fase. III, n. 20, 1978, pp. 466-494.

Segre, Cesare, «Invito alla "Farfalla di Dinard"», in *I segni e la critica*, Torino, Einaudi, 1970, pp. 135-151.

Sereni, Vittorio, «In margine alle "Occasioni"», in *Letture preliminari*, Padova, Liviana, 1973, pp. 7-11.

–, «"Il ritorno"», in AA. VV., *Letture Montaliane, in occasione dell'80° compleanno del Poeta*, Genova, Bozzi, 1977, pp. 189-196.

Seroni, Adriano, «Commento ad "Arsenio"», in *Ragioni critiche*, Firenze, Vallecchi, 1944, pp. 95-110.

–, «Alle origini della poesia montaliana: "Fine dell'infanzia"», in AA. VV., *Omaggio a Montale*, a cura di Silvio Ramat, Milano, Mondadori, 1966, pp. 108-117.

Singh, Ghanshyam, *Eugenio Montale. A Critical Study of His Poetry, Prose and Criticism*, New Haven and London, Yale University Press, 1973.

Solmi Sergio, «Montale 1925», «"Le occasioni" di Montale», «La poesia di Montale», in *Scrittori negli anni*, Milano, il Saggiatore, 1963, pp. 19-24, 192-201, 278-314.

Spadolini, Giovanni, *Montale cittadino del mondo*, in «Nuova Antologia», fasc. 2136, ottobre-dicembre 1980, pp. 10-17.

–, *In quella stanzetta di via Solferino*, in «Corriere della Sera», 14 settembre 1981.

–, *Montale: un uomo libero contro «la nuova barbarie»*, in «Stampa sera», 14 settembre 1981.

Spagnoletti, Giacinto, «Preistoria di Montale», in AA. VV., *Omaggio a Montale*, a cura di Silvio Ramat, Milano, Mondadori, 1966, pp. 118-123.

–, *Il quarto Montale*, in «Il Messaggero», 25 febbraio 1971.

Spender, Stephen, *The Poetry of Montale*, in «The New York Review of Books», 1° giugno 1972.

Spinella, Mario, *Il quarto Montale dalla poesia alla «satira»*, in «Rinascita», 28 febbraio 1971.

Tedesco, Natale, «Di Montale (leggendo "Notizie dall'Amiata")», in *La condizione crepuscolare*, Firenze, La Nuova Italia, 1970, pp. 165-200.

Terracini, Enrico, *Montale con refusi*, in «Resine», n. 19, ottobre-dicembre 1976.

Trompeo, Pietro Paolo, *«La bufera e altro»*, in «Corriere della Sera», 14 agosto 1956.

Valentini, Alvaro, *Lettura di Montale. «Ossi di seppia»*, Roma, Bulzoni, 1971.

–, *Lettura di Montale. «Le occasioni»*, Roma, Bulzoni, 1975.

–, *Lettura di Montale. «La bufera e altro»*, Roma, Bulzoni, 1977.

Vigorelli, Giancarlo, «Nota per Montale», in *Eloquenza dei sentimenti*, Firenze, Rivoluzione, 1943, pp. 151-154.

–, *Montale e la «Mosca» tra romanzo e antiromanzo*, in «Tempo illustrato», 27 marzo 1971.

Vittorini, Elio, *«Arsenio»*, in «Circoli», n. 6, 1931; poi, parzialmente rifuso, in «Poesia italiana: la svolta di Montale e in Montale: negazione e inno, con elegia ma anche senza», in *Diario in pubblico*, Milano, Bompiani, 1957, pp. 28-32.

Vollenweider, Alice, *Zeitgemäbe Skepsis. Eugenio Montales späte Gedichte*, in «Frankfurter Allgemeine Zeitung», 19 febbraio 1977.

West, Rebecca, *The marginal concept in «Ossi di seppia»*, in «Italica», n. 4, 1978, pp. 402-417.

Zambon, Francesco, *Il sogno del nestoriano*, in «Studi Novecenteschi», a. III, n. 7, marzo 1974, pp. 57-74.

Zampa, Giorgio, *Ritorna la voce di Montale dopo sei anni di silenzio*, in «Corriere della Sera», 7 marzo 1963.

–, *Due saggi critici. Il poeta Montale*, in «La Stampa», 26 gennaio 1966.

–, *Britanniae amicum, Italiae lumen Eugenium Montale*, in «La Fiera Letteraria», a. XLII, n. 26, Roma, 29 giugno 1967, pp. 12-13 [firmato: Giorgio Lorenzelli].

–, *Gobetti editore del poeta*, in «Il Giornale nuovo», 27 giugno 1975.

–, *Il «Sesto» di Montale*, in «Il Giornale nuovo», 2 novembre 1975.

–, *Il «Quaderno di quattro anni». Montale in negativo*, in «Il Giornale nuovo», 2 ottobre 1977.

–, *Montale nel Parnaso. Una poesia del 1923*, in «Il Giornale nuovo», 7 dicembre 1980.

–, *Il «Protomontale»*, in «il Giornale», 17 aprile 1983.

–, *Montale, cittadino milanese in incognito*, in «il Giornale», 31 gennaio 1984.

Zanzotto, Andrea, *L'inno nel fango*, in «La Fiera Letteraria», 12 luglio 1953.

–, «Sviluppo di una situazione montaliana», in AA. VV., *Omaggio a Montale*, a cura di Silvio Ramat, Milano, Mondadori, 1966, pp. 151-158.

–, *In margine a «Satura»*, in «Nuovi Argomenti», n. 23-24, luglio-dicembre 1971, pp. 215-220.

–, «Da "Botta e risposta I" a "Satura"», in AA.VV., *Eugenio Montale. Profilo di un autore*, a cura di Annalisa Cima e Cesare Segre, Milano, Rizzoli, 1977, pp. 115-123.

Zazzaretta, Giacomo, *«Ossi di seppia» di Montale*, estratto dall'Annuario 1966-67 del Liceo Scientifico «G. Galilei» di Macerata, Macerata, tip. S. Giuseppe, s.d. [1967]; poi ampliato: *«Ossi di seppia» di Eugenio Montale, divagazioni e parafrasi*, Urbisaglia di Macerata, Cegna Editore, 1977.

–, *«Le Occasioni» di Eugenio Montale*, estratto dall'Annuario 1967-68 del Liceo Scientifico «G. Galilei» di Macerata, Macerata, tip. S. Giuseppe, s.d. [1968]; poi ampliato, Pollenza (Macerata), La Nuova Foglio, 1973.

–, *«La bufera e altro» di E. Montale (divagazioni e parafrasi)*, Pollenza, La Nuova Foglio, 1973.

–, *«Satura» di E. Montale (divagazione e parafrasi)*, Pollenza, La Nuova Foglio, 1973.

–, *19 fogli del «Diario del '71 e del '72» di Eugenio Montale*, Urbisaglia di Macerata, Cegna Editore, 1977.

7.   Traduzioni di liriche di Montale

Arsenio, in «The Criterion», VII, Londra, giugno 1928, pp. 54-55. Traduzione di Mario Praz.

Choix de poèmes, Introduzione di Gianfranco Contini, traduzione di D'Arco Silvio Avalle e Simone Hotelier, in collaborazione con Pierre Courthion, Ginevra, Éditions du Continent, 1946.

I limoni; Il fuoco che scoppietta...; Non chiederci la parola che squadri da ogni lato...; Meriggiare pallido e assorto...; Portami il girasole ch'io lo trapian-

ti...; Felicità raggiunta, si cammina...; Giunge a volte, repente...; I morti; Lo sai: debbo riperderti e non posso...; La Casa dei Doganieri; La bufera; Noi non sappiamo quale sortiremo...; Visita a Fadin; L'anguilla; La primavera hitleriana; So che un raggio di sole (di Dio?)...; Hai dato il mio nome a un albero? Non è poco...; Se t'hanno assomigliato...; Le processioni del 1949; Da un lago svizzero; Il rosso e il nero; Due sciacalli al guinzaglio; Intervista a Vicente Horia, in «Perspectives», n. 2 ('Poésie Italienne Contemporaine'), Dison, ottobre 1950. Fascicolo dedicato a Montale, a cura di Robert J. Van Nuffel.

Poesie, tradotte da Robert Lowell, con Introduzione di Alfredo Rizzardi e un acquerello di Giorgio Morandi, Bologna, Edizioni della Lanterna, 1960.

Poesie, Premessa di Eugenio Montale, traduzione e bibliografia a cura di Gösta Andersson, Stoccolma-Roma, Casa Editrice Italica, 1960.

Glorie des Mittags, Scelta e traduzione di Herbert Frenzel, Monaco di Baviera, Piper Verlag, 1960.

Montale issue, in «Quarterly Review of Literature», vol. XI, n. 4, New York, Primavera 1962. Traduzioni di Ben Belitt, Irma Brandeis, Glauco Cambon, Cid Corman, Alfredo De Palchi, Maurice English, Adrienne Foulke, Francis Keene, Robert Lowell, James Merrill, John Frederick Nims, Sonia Raiziss.

Poesie, Traduzioni di Koulis Alepis, Margherita Dalmati, D. Nikolareizi, Atene, Edizione dell'Istituto Italiano di Cultura, in occasione del viaggio in Grecia del poeta, maggio 1962.

Poems, Traduzione di George Kay, Edimburgo, Edinburgh University Press, 1964.

Selected Poems, Prefazione di Glauco Cambon, traduzioni di Ben Belitt, Irma Brandeis, Glauco Cambon, Cid Corman, Maurice English, G.S. Fraser, George Kay, Robert Lowell, James Merrill, John Frederick Nims, Alfredo De Palchi, Mario Praz, Sonia Raiziss, Vinio Rossi, Charles Wright, David P. Young, New York, Edinburgh University Press & New Directions, 1965.

Poésies, Prefazione e traduzione di Patrice Angelini, con la collaborazione di Louise Herlin, Georges Brazzola, Philippe Jaccottet, Genie Luccioni, Armand Robin, Parigi, Gallimard, 1966[3].

Montale tradotto da Pierre Van Bever, «Collection Bilingue de Poésie», Parigi, Istituto Italiano di Cultura, 1968.

Ital'janskaja lirica XX vek, Traduzioni di Leonid Martinov ed Evgenij Solonovič, Mosca, «Progress», 1968.

1028   *Bibliografia*

Provisional conclusions, Scelta di poesie di Eugenio Montale tradotte da Edith Farnsworth, Chicago, Regnery, 1970 e 1976[2].

Mottetti e altre poesie, Introduzione e versione poetica di Margherita Dalmati, Atene, Istituto Italiano di Cultura, 1971.

Antologia, Scelta, traduzione, prologo e note di Horacio Armani, Buenos Aires, Compañia General Fabril, 1971.

Cinquante ans de poésie de Eugenio Montale, Poesie scelte e tradotte da Patrice Angelini, Pollenza (Macerata), La Nuova Foglio, 1972.

Poesie, Prefazione di Giancarlo Vigorelli, traduzione di Anders Osterling, Stoccolma-Roma, Casa Editrice Italica, 1972.

Guzzoni, Giorgio, *Das Ding im Gedicht. Erläuterungen zu einem Gedicht Eugenio Montales*, con una scelta di liriche, Freiburg im Breisgau, Eckhard Becksmann Verlag, 1972, pp. 74-125.

Mediteran, Traduzione di Mladen Machiedo, Zagabria, Edicija «Pjesnici», 1973.

Poesie, Scelta e traduzione a cura di Ante Poposki e Naum Kitanoski, Skopje, Nova Makedonija, 1973.

Selected poems, a cura, con Introduzione e vocabolario, di Ghanshyam Singh, Manchester, Manchester University Press, 1975.

New Poems, Scelta da *Satura* e *Diario del '71 e del '72*, Traduzione e Introduzione di Ghanshyam Singh, con un saggio su *Xenia* di F.R. Leavis, New York, New Directions, 1976.

Digte, Scelta e traduzione di Uffe Harder e Jørgen Sonne, Prefazione di Uffe Harder, Copenaghen, Istituto Italiano di Cultura, 1976.

Eugenio Montale, con traduzione di 48 liriche di Issa I. Nauri, Estratto dal n. 4 di «Al-Aadab Al-Ajnabiyyah», rivista letteraria dell'Unione Scrittori Arabi, Damasco, 1976.

Pesmi, Lubiana, Cankarjeva Založba, 1976.

Der Sturmwind und anderes, Traduzione di Herbert Frenzel e altri, Zurigo, Coron-Verlag, 1976.

The Storm and other Poems, Traduzione di Charles Wright, Introduzione di Vinio Rossi, Field Translation Series 1, Oberlin College, 1978.

Carnet de poésie 1971 et 1972, Poèmes épars, Poésies V, Edizione con testo a fronte, traduzione di Patrice Dyerval Angelini, Parigi, Gallimard, 1979.

Izbrannoe, Traduzione di Evgenij Solonovič, Prefazione di Margarita Aliger, Mosca, «Progress», 1979.

Glorie des Mittags, Poesie scelte, traduzione con testo a fronte e Postfazione di Herbert Frenzel, Monaco di Baviera, Wilhelm Heyne Verlag, 1979.

Die geel van suurlemeene skyn, uit italiaans deur Rosa Nepgen, Tafel-berg-Uitgewers Beperk, Kaapstad, 1979.

Montale Quasimodo Ungaretti, Tre italienske lyrikere, Scelta e traduzione in norvegese di Trond Svana, Oslo, H. Aschehoug & Co. (W. Nygaard), 1980.

Xenia and Motets, Edizione con testo a fronte, traduzione di Kate Hughes, Londra, Agenda Editions, 1980.

Caiet pe Patru Ani, traducere si cuvînt înainte de Florin Chirițescu, București, Editura Univers, 1981.

Siprine Kosti, Traduzione, Prefazione, note e commento di Milan Komenič, Belgrado, Beogradski Izdavačko, Grafički Zavod, 1982.

Strebel, Ernst, *Uebersetzte italienische Lyrik des 20. Jahrhunderts im deutschen Sprachraum: Untersuchungen am Beispiel von Eugenio Montale (Disser-tation)*, Zurigo, Zentralstelle der Studentenschaft, 1984.

Indice dei titoli e dei capoversi

Indice generale

Ossi di seppia

Mediterraneo

Meriggi e ombre

I

II

III

Riviere

LE OCCASIONI
1928-1939

Il balcone

I

II. Mottetti

II. Dopo
Madrigali fiorentini

III. Intermezzo

IV. 'Flashes' e dediche

Xenia I

Xenia II

Satura I

QUADERNO DI QUATTRO ANNI

QUADERNO DI TRADUZIONI